BERNHARD SINKEL VÄTER UND SÖHNE

Väter und Söhne

athenäum

Die schicksalhafte Geschichte einer Familie des I.G.-Farben-Imperiums, ihre Intrigen und Liebschaften, wirtschaftlichen Erfolge, großen Erfindungen und Verbrechen beschreibt Bernhard Sinkel über die Zeitspanne von 1911–1948.

Nicht die Geschichte des „kleinen Mannes" wird erzählt, sondern die der Mächtigen in diesem Lande; die Verquickung von Wirtschaftsinteresse und Politik, ihre Rolle im Ersten Weltkrieg, ihre schuldhafte Verstrickung in die Verbrechen des Dritten Reichs. Angeklagt in Nürnberg, zu milden Haftstrafen verurteilt, bald jedoch wieder freigelassen, feiert man einige von ihnen später als Helden des deutschen Wirtschaftswunders. Das *Filmbuch* „Väter und Söhne" bietet durch die Suggestion des Bildes und die Identifikationsmöglichkeiten eines Familiendramas einen Kursus in deutscher Geschichte und ohne „Zeigefinger" eine Vertiefung der üblichen Geschichtsdarstellungen.

Bernhard Sinkel, geb. 1940, Regisseur der Filme „Lina Braake", „Berlinger", „Kaltgestellt" u.a., arbeitete vier Jahre an dem Buch „Väter und Söhne". Am Anfang stand seine eigene Familiengeschichte. Sein Urgroßvater war einer der Mitbegründer der I.G.-Farben.

Väter und Söhne

Bernhard Sinkel
Väter und Söhne
Eine deutsche Tragödie

CIP-Kurztitelaufnahme der Deutschen Bibliothek

Sinkel, Bernhard:
Väter und Söhne : e. dt. Tragödie / Bernhard Sinkel. –
Frankfurt am Main : Athenäum, 1986.
ISBN 3-7610-8416-1

Eine Fernsehproduktion der Bavaria Atelier © 1986 im Auftrag des WDR und in Zusammenarbeit mit dem Französischen Fernsehen FR 3, dem Italienischen Fernsehen RAI/RETE 1, dem Österreichischen Fernsehen ORF und Taurus Film.

Layout: Rambow, Lienemeyer, van de Sand
Umschlag: Entwurf und Fotomontage Rambow, Lienemeyer, van de Sand unter Verwendung eines Fotos von Rolf von der Heydt
Reproduktion: Reprostudio Janke & Gesser, Frankfurt am Main
Satz: Fotosatz Engelhard oHG, Bamberg
Druck und Bindung: Mohndruck GmbH, Gütersloh
Printed in Germany
ISBN 3-7610-8416-1

Inhalt

Das Drama einer Verführung

Ein Vorwort

Mitte der fünfziger Jahre hat, wie Gerd Bucerius kürzlich berichtete, einer der damaligen Verleger die „Zeit" verlassen, weil er es nicht mehr verantworten wollte, daß die Verbrechen der Nazi-Zeit immer noch das Blatt beschäftigten. Zehn Jahre nach Kriegsende müsse nun endlich Schluß sein.

Als 1978 in der ARD die Frage diskutiert wurde, ob, wann und wo man die amerikanische Fernsehproduktion "Holocaust" senden wolle, war die Mehrheitsmeinung, daß man dies den deutschen Zuschauern eigentlich nicht mehr zumuten könne. Mehr als dreißig Jahre nach Kriegsende hätten die Menschen ein Recht darauf, mit diesen Dingen nicht mehr behelligt zu werden.

Eberhard Fechners „Majdanek-Prozeß" 1985, Claude Lanzmanns „Shoa" 1986: Vierzig Jahre danach und immer noch kein Ende? Die „Gnade der späten Geburt" oder die „Arroganz der Spätgeborenen" – was gilt?

Bei der westdeutschen Erstaufführung des Defa-Films „Ehe im Schatten", ein jüdisches Schauspielerschicksal in der Nazi-Zeit behandelnd, war Premierengast Veit Harlan zu Beginn des Jahres 1948 („Meine Partei ist die Kunst") schockiert darüber, daß ihn ein empörtes Publikum aus dem Saal buhte. In der Tat hatte er kollegiale Gründe, der Veranstaltung beizuwohnen: Komponist Wolfgang Zeller hatte nicht nur die Musik für „Ehe im Schatten" geschrieben, sondern wenige Jahre zuvor auch die für „Jud Süß".

Historische Nähe begründet nicht unbedingt auch geschichtliches Bewußtsein. Im Gegenteil. Claude Lanzmann erinnerte kürzlich daran, daß Jean-Paul Sartre 1946 in seinen „Réfléxions sur la question juive" den Holocaust nur ganz am Rande erwähnt. Das Ungeheuerliche braucht Abstand, um in den Blick zu geraten, nicht nur für die Täter, auch für die Opfer und jene, die an ihrer Seite standen. Wo die Kräfte der Verdrängung wirken, hat die Erinnerung keine Chance.

Im I.G.-Farben-Prozeß 1947/48 mußten sich die führenden Männer der deutschen Chemie-Industrie wegen Teilnahme an Kriegsverbrechen verantworten. Soweit sie überhaupt verurteilt wurden, waren die Strafen gering. Nach ihrer Verbüßung kehrten die Herren an ihre Arbeitsplätze zurück und machten das Wirtschaftswunder. Ohne Verdrängung hätte das deutsche Volk vermutlich nicht weiterleben können. Kann es dies auch ohne Erinnerung?

Aus der unmittelbaren Nachkriegszeit stammt der fatale Begriff von der „Bewältigung der Vergangenheit", insinuiert er doch etwas ganz und gar Unmögliches (was gibt es da zu „bewältigen"?) und verweist zugleich als Aufgabe an die Medien, wozu man in der Wirklichkeit weder fähig noch bereit war. Die Chance der Erinnerung wurde zur lästigen Pflicht herabgemendelt und so in die Nischen einer Bewußtseinsindustrie verwiesen, die sich immer schon besser auf das Geschäft der Verdrängung verstanden hat.

In den Filmen der fünfziger Jahre (die schon in den späten Vierzigern begonnen hatten) kam die Nazi-Zeit nicht vor – freilich auch die eigene Wirklichkeit nicht. In beidem unterschieden sie sich nicht von den Filmen der dreißiger Jahre. „Die gute Laune ist ein Kriegsartikel", hatte Joseph Goebbels konstatiert. Sie bewies ihre Nützlichkeit auch für den Frieden. Es waren zum großen Teil ohnehin die gleichen Regisseure, die hier und da für Stimmung sorgten. Schon 1945 hatten sich in Hamburg acht führende Regisseure versammelt, um den Wiederaufbau des deutschen Films zu planen, unter ihnen auch der ehemalige Chef der Ufa, Wolfgang Liebeneiner, und Veit Harlan. In der Bemühung um Kontinuität unterschied man sich nicht von der Chemieindustrie, und auch nicht in der Unbekümmertheit, mit der die Frage nach Schuld gar nicht erst erlaubt wurde. Im Rausch des Wiederaufbaus konnte die Gesellschaft auf die Agenten der Massenmedien vertrauen. Selbst tief verstrickt in die Ereignisse der Nazi-Zeit, war ihr Interesse gering, sich auf den Dialog mit der Geschichte einzulassen. Die Angelegenheit wurde angesichts des wachsenden Wohlstandes auf die einfachste und schmerzloseste Weise erledigt, mit Geld.

Der Wandel kam mit dem Fernsehen. Eine neue Generation von Autoren und Regisseuren sah in diesem, von den Kräften des

Marktes unabhängigen Medium die Chance für eine andere Art von Film: wirklichkeitsnah, wahrhaftig, kritisch.

Die kulturrevolutionäre Bewegung der zweiten Hälfte der sechziger Jahre zerriß auch den Nebelvorhang, der sich vor die Vergangenheit geschoben hatte. Die Söhne forderten die Auseinandersetzung heraus, der sich die Väter bis dahin entzogen hatten.

Seitdem sind viele Filme gedreht worden über diese Zeit, im Fernsehen und außerhalb, gute und weniger gute, strenge und anrührende. Kein anderes Thema hat die Phantasie der Filmenden in den letzten zwanzig Jahren so nachhaltig bewegt. Freilich hat sich auch nirgendwo sonst Geschichte als so ergiebig erwiesen für die Dramen der Leinwand.

Auf eine merkwürdige Weise blieb eine wichtige Gruppe bisher unberührt, obwohl ihre Verstrickung in den Faschismus interessanter, weil komplizierter war als die anderer Teile der Gesellschaft: die Wirtschaft, die Bourgeoisie. Irgendwie hatte man sich daran gewöhnt, den Nationalsozialismus als einen Aufstand des Kleinbürgertums zu definieren – das Großbürgertum sah zu und schwieg. Die Wirklichkeit, wir wissen das längst, sah anders aus. Die Wirklichkeit orientierte sich an den Interessen.

„Interessengemeinschaft" war der zutreffende, aber etwas spröde Titel des Exposés, aus dem dann Jahre später der Film „Väter und Söhne" wurde. Es war während des Schnitts am „Felix Krull", daß Sinkel zum ersten Mal von dem Plan berichtete, in der eigenen Biographie die Spuren der Geschichte aufsuchen zu wollen. In den Akten des Nürnberger I.G.-Farben-Prozesses von 1947/48 lag das Material verborgen, auf das die Erzählung hinsteuern würde. Von Anfang an aber sollte der Bogen weiter sein, an die Wurzeln rühren. Größe und Elend der deutschen Industrie, oder eines Teils von ihr, über zwei Weltkriege hin.

Und nicht um Stahl sollte es gehen, nicht um Krupp, mit dem in zwei Kriegen deutsche Industrie international verknüpft worden war. Hatte doch die deutsche Chemie schon in den Anfängen dieses Jahrhunderts Weltrang wie heute. Eine Elite von Wissenschaftlern und Managern hatte das aufgebaut und durch frühe Konzernbildung die Macht gefestigt.

Wie konnte es geschehen, daß die führenden Kräfte dieser Industrie, diese in aller Welt geachteten Männer, in die Fänge der Hitlerschen Politik gerieten? Was hat diese gebildeten, großbürgerlich geprägten Wirtschaftsführer dazu gebracht, sich immer mehr und immer tiefer auf die verbrecherischen Ziele dieses Regimes einzulassen? Und was schließlich hat sie, als alles offenbar und vorbei war, befähigt weiterzumachen, als sei nichts passiert, wiedereinzutreten in die Geschichte, vor der sie ein für alle Mal diskreditiert zu sein schienen?

Bernhard Sinkel hat den Weg dieser Männer behutsam nachgezeichnet. Die Kardinalfrage stellte sich schon früh, lange vor Hitler. Muß jemand, der Giftgas erfindet und herstellt, nicht auch ein Interesse an seiner Anwendung haben?

In den dreißiger Jahren begann dann das Drama einer Verführung, vor allem verbunden mit zwei Erfindungen, die ebenso bedeutsam wie nutzlos zu sein schienen: der Entwicklung von Kunstgummi (Buna) und der Kohlehydrierung (Benzin aus Kohle). Für beide Produkte gab es keinen Markt, denn Kautschuk und Öl waren billiger und weltweit reichlich vorhanden. Erst Hitlers Autarkiestreben machte aus industriellen Flops die Erfolge. Auf diese Reihenfolge kommt es an: Nicht das Autonomiebedürfnis schuf sich den Rohstoffersatz, sondern der Ersatz erfand sich die Autarkie, unter der allein er zum industriellen Hit werden konnte.

Welche Wirtschaftsführung hätte da widerstehen können? In einem Augenblick, da die Weltmärkte zusammengebrochen waren, kam einer und sagte, ich will das Produkt, koste es, was es wolle. Mag die Frage weiterhin umstritten sein, ob und wie sehr die deutsche Industrie geholfen hat, Hitler an die Macht zu bringen – umgekehrt gibt es keinen Zweifel daran, daß Hitler zumindest Teile dieser Industrie groß und stark gemacht hat.

Sinkel schildert den Akt der Verführung über die (fiktive) Figur des Heinrich Beck (Bruno Ganz). Beck war alles andere als ein Nazi. Er war ein genialer Chemiker, Nobelpreisträger, sensibel, gebildet, aber auch ehrgeizig, karrierebewußt. Er vor allem treibt die Entwicklung der Hochdruckchemie voran bis in immer gigantischere Dimensionen. Unter seiner Leitung entsteht im besetzten Polen schließlich jenes Chemiekonzentrat, das, weil die Arbeiter dafür zunächst aus dem Stammlager und später aus dem eigens dafür errichteten I.G.-Lager Auschwitz kamen, zum Hauptpunkt der Anklage vor dem Nürnberger Gericht werden sollte.

An Beck erfahren wir auch den doppelten Vorgang der Verdrängung, der Schuld nicht zulassen mochte, weil er schon die Tat nicht ins Bewußtsein vordringen ließ. In „Väter und Söhne“ wird erlebbar gemacht, wie es dazu kommen konnte, daß verdienstvolle und ehrbare Männer und Frauen zu Helfern der Henker werden und dann, unberührt von Schuld und ohne Zeichen von Scham, weiterleben konnten.

Wir, die Spät- und Nachgeborenen, haben diesen Männern viel zu verdanken, denn das Fundament unseres Wohlstandes ist ihr Werk. Wir gehen durch Straßen, die ihren Namen tragen, und demonstrieren auf Plätzen, die sie gebaut haben. Was gibt uns das Recht, ihnen ein mangelndes Schuldgefühl vorzuwerfen, da wir es doch sind, die vom Gang der Geschichte profitieren?

„Väter und Söhne“ erinnert uns an die fortwährende Gegenwart der Vergangenheit. Der Film lehrt uns, daß die Nazi-Zeit noch nicht Geschichte ist, sondern Teil unseres Lebens, das zu begreifen er uns helfen könnte.

„Väter und Söhne“ ist ein sinnlicher und abenteuerlicher Exkurs über Verdrängung. Er wählt seine Demonstrationsobjekte im Fundus der Geschichte und bleibt uns dennoch dicht auf den Fersen. Der Film gewinnt seine ärgerliche Aktualität durch den Umstand, daß er Verdrängung in einem Augenblick diskreditiert, in dem diese ihre Fähigkeiten als Mittel der Überlebensstrategie voll entfaltet: Der „Kriegsartikel“ gute Laune hat wieder einmal Konjunktur. So spiegelt sich der Film in den Bedingungen seiner Rezeption und wird damit selbst die Geschichte, die zu beschreiben er vorgibt.

München, im Juli 1986

Günter Rohrbach

I.

LIEB VATERLAND

1911 – 1916

Ein Streichholz entflammt einen Bunsenbrenner. Die Flamme zischt auf, sie brennt bläulich, aus einer Pipette tropft rohes Anilinöl in einen Glaskolben. Die Masse erhitzt sich und bildet Blasen.

Der kleine Georg verfolgt mit großen Augen und offenem Mund den Ablauf des chemischen Versuchs. Geheimrat Deutz, Mitte 50, eine große, aufrechte Erscheinung, Patriarch, Gründer und Industrieller, nimmt eine Flasche mit der Aufschrift „Zinnchlorid" von einem Regal mit Chemikalien und öffnet sie. Mit einem Messer kratzt er vorsichtig, daß nichts verloren geht, das Pulver heraus und bringt die Messerspitze über den Glaskolben.

GEHEIMRAT **Paß auf**

Die Messerspitze kippt, das Zinnchlorid fällt in die Schmelze. Es entsteht ein prächtiger roter Farbstoff.

Auf Georgs Gesicht Erstaunen und Überraschung.

In der Labor- und Studierstube unterm Dach herrscht ein unbeschreibliches Durcheinander. Überall liegen Fachzeitschriften und Bücher herum, ungespülte Gläser, chemische Apparaturen; und überall dort, wo in diesem Durcheinander noch ein Plätzchen frei ist, stehen Chemikalien in Flaschen und Porzellantiegeln.

GEHEIMRAT **Bis zum heutigen Tage tragen die Herrscher und Kardinäle den Purpurmantel als Zeichen ihrer Macht. Purpur war die edelste Farbe – teurer als Gold und rot wie Blut. Es mußten Tausende von Purpurschnecken getötet werden, um nur einen Tropfen Farbe zu bekommen!**

GEORG **Ist das Blut von Schnecken gewesen?**

Der Geheimrat lacht.

GEHEIMRAT **Nein, ein Drüsensekret, das die Purpurschnecke bildet – im Augenblick des Todes. Gib mir mal dein Taschentuch.**

Georg kramt in seiner Tasche, bringt dabei erst allerlei Bubensachen zum Vorschein, die er auf den Tisch legt: ein Stück Schnur, einen Holzkreisel, ein Taschenmesser, zwei Glasmurmeln. Zum Schluß ein gebrauchtes Taschentuch, das er dem Geheimrat hinstreckt.

GEORG **Weil sie Angst haben vorm Sterben?**

Der Geheimrat hat sich in einen Korbsessel gesetzt. Das Licht fällt in den Mansardenraum auf seine Hände. Sie sind voller Narben. Die Fingernägel sind verätzt.

GEHEIMRAT **Tiere haben keine Angst vor dem Sterben. Nur die Menschen fürchten sich vor dem Tod.**

GEORG **Warum?**

GEHEIMRAT **Steck das jetzt mal da rein. Aber paß auf, verbrenn Dich nicht.**

Mit einer Eisenzange nimmt Georg den Kolben vom Feuer und stellt ihn auf einen Porzellanring. Er rollt das Taschentuch zusammen und steckt es rein. Es verfärbt sich knallrot.

Der Geheimrat kommt mit einem Stückchen Kohle in der Hand zum Labortisch. Er legt es neben Georgs Kostbarkeiten. Georg nimmt das Stück Kohle in die Hand, betrachtet es und dreht es hin und her. Seine Finger sind ganz schwarz.

GEHEIMRAT **Jahrtausende haben die Menschen nach dem Stein des Weisen gesucht. Nach dem großen Lebenselixier, der roten Tinktur, mit der man Gold machen kann oder Krankheiten heilen.**

GEORG **Haben sie ihn gefunden?**

Der Geheimrat schüttelt den Kopf. Er deutet auf das Stück Kohle.

GEHEIMRAT **Aber das hier haben sie dabei übersehen. In diesem Stück Kohle ist alles enthalten, wonach sie gesucht hatten.**

GEORG **Ist da Gold drin?**

GEHEIMRAT **Nein, etwas viel Wertvolleres. Medikamente und Arzneien, die die Menschen bewahren vor Krankheit und Schmerzen und frühem Tod. Und dann noch alle Farben. Ein ganzer Regenbogen voll. Man muß nur die richtige Formel finden.**

Mit einer Pinzette hat der Geheimrat das Taschentuch aus dem Kolben gefischt.

GEHEIMRAT **Dieses Rot zum Beispiel, entsteht durch Oxydation von Anilin und Toluitin, einem Destillat des Steinkohleteers. $CH_3C_6H_4NH_2$. Denn nur, wenn du die Formel gefunden hast, kennst du das Geheimnis, das in diesem Stückchen Kohle steckt. Dann hast du die Macht und bist der Meister dieses Stoffes.**

Georg schaut den Geheimrat mit offenem Mund und roten Backen an, er flüstert kaum hörbar.

GEORG **Wer die Formel kennt, hat die Macht...**

Ein Zug fährt durch eine hügelige Landschaft. Im Wageninnern auf braunem Polster, elegant die Beine übereinandergeschlagen, sitzt Friedrich Deutz, eine brennende Zigarette in der Hand.

Ihm gegenüber eine junge Dame mit einem modischen Federkopfputz, die unauffällig-auffällig hinauf zu Friedrichs Gepäcknetz starrt, in dem ein Handkoffer aus Krokodilleder und ein großer indianischer Häuptlingsschmuck aus Adlerfedern liegen.

Auch Friedrich schaut jetzt hinauf ins Gepäcknetz. Er schaut die Dame an. Die Dame kichert. Friedrich steht auf, holt den Häuptlingsschmuck aus dem Gepäcknetz und setzt sich ihn auf den Kopf. Er verschränkt die Arme.

FRIEDRICH **Was gibt es da zu lachen?**

Die Dame preßt sich ihr Taschentuch vor den Mund.

Friedrich steht auf, holt die Ledertasche aus dem Gepäcknetz, zieht seinen Staubmantel über und sucht mit der linken Hand nach einem sicheren Halt. Dann zieht er mit der rechten die Notbremse. Die Räder der Lokomotive blockieren, und mit quietschenden Bremsen hält der Zug auf freier Strecke. Reisende schauen aus den Fenstern.

Friedrich hat bereits die Coupétüre geöffnet und steigt aus.

SCHAFFNER **Das Betätigen der Notbremse ohne zwingenden Grund ist bei Geldstrafe verboten.**

Friedrich zückt seine Brieftasche.

FRIEDRICH **Was kostet der Spaß?**

SCHAFFNER **Fünfzig Mark!**

Friedrich zählt ihm einige Geldscheine auf die Hand.

FRIEDRICH **Bitte sehr. Der Rest für Sie.**

Friedrich wirft die Abteiltüre ins Schloß, gibt dem Lokomotivführer ein Zeichen zum Weiterfahren. Der Zug setzt sich langsam in Bewegung. Friedrich geht, in der einen Hand den Koffer, in der anderen den Indianerkopfschmuck, einen Feldweg hinunter.

6 REV MH2
2XV
Unt NA
Hier
Handbremse

Auf der Wiese vor der schloßartigen Villa Deutz findet ein Faustballspiel statt. Zwei Parteien von je vier Spielern stehen sich gegenüber. Auf einem hohen hölzernen Schiedsrichterstuhl sitzt Charlotte Deutz, vor sich einen großen Rechenschieber mit schwarzen und roten Kugeln.

CHARLOTTE **Ausgleich. 9:9.**

Die Spieler in weißen Leinenhosen, weißen Hemden, hochgekrempelten Ärmeln. Der Geheimrat kommt protestierend zum Schiedsrichterstuhl.

GEHEIMRAT **Der Ball war niemals aus. Du bist parteiisch, Charlotte, du hältst zu deinem Mann.**

Proteste auf der gegnerischen Seite. Ulrich läuft zur Seitenlinie, deutet auf den Boden.

ULRICH **Hier der Abdruck – ganz deutlich „aus".**

Der Geheimrat geht zur Seitenlinie, schaut finster hinunter.

GEHEIMRAT **Unsinn, ich bestimme hier, ob der Ball gut ist oder nicht.**

ULRICH **Das bestimmt der Schiedsrichter!**

Der Geheimrat schaut unmutig zum Schiedsrichterstuhl hoch.

GEHEIMRAT **Also bitte, was ist jetzt?**

Charlotte hebt beschwichtigend die Hände und schiebt die schwarze Kugel wieder zurück.

CHARLOTTE **Also gut, also gut, also gut. Um des lieben Friedens willen 10:8.**

Der Geheimrat schaut triumphierend seine Mitspieler an. Luise lacht etwas respektlos.

LUISE **Wenn Vater so weitermacht, gibt es bald keinen mehr, der mit ihm spielen will.**

ULRICH **Er ist unmöglich!**

Während das Spiel wieder in vollem Gange ist, kommt Friedrich mit dem Indianerschmuck auf dem Kopf über den Rasen. Charlotte sieht ihn als erste. Gleich darauf Luise.

LUISE **Ah... Friedrich. Wie siehst du denn aus!**

Sie läuft auf ihren Bruder zu und fällt ihm um den Hals.

Die Faustballspieler unterbrechen das Spiel und schauen überrascht auf den Ankömmling. Der Geheimrat gießt sich etwas zu trinken ein und blickt seinem Sohn entgegen.

GEHEIMRAT **Wir hatten Dich erst heute abend erwartet. Melzer sollte dich vom Bahnhof abholen. Aber wie ich vermute, bist du mit der Notbremse ausgestiegen.**

FRIEDRICH **Ich wollte euch überraschen.**

GEHEIMRAT **Obwohl ich es verboten hatte.**

Der Geheimrat ist sichtlich verärgert, ringt sich dann aber zu einer väterlichen Begrüßung durch.

GEHEIMRAT **Willkommen zu Hause, mein Sohn.**

Er umarmt ihn. Dann zieht er seine Taschenuhr und schaut Friedrich streng an.

GEHEIMRAT **Ich erwarte dich in einer halben Stunde. Ich habe mit dir zu reden.**

Jetzt begrüßt Ulrich Deutz seinen Bruder.

Ulrich **Willkommen, Friedrich.**

Die Brüder gehen auf und ab, beobachtet von Judith Bernheim und Charlotte Deutz. Beide freuen sich, daß Friedrich wieder da ist.

ULRICH **Wir haben jetzt unsere eigene Bahnstation.**
Es hat sich überhaupt viel verändert, während du drüben warst. – Vor allem in der Fabrik. Stell dir vor, ich habe Vater überreden können, in eine eigene Natronlaugenfabrikation zu investieren.
Wir können jetzt die anfallenden Nebenprodukte der Elektrolysenanlage zu Salzsäure verarbeiten und decken damit unseren gesamten Eigenbedarf. Wie findest du das?

FRIEDRICH **Weißt du, warum Vater so plötzlich wollte, daß ich nach Hause komme? Es ist doch sicher nicht nur wegen des Firmenjubiläums.**

ULRICH **Das wird er dir schon selber sagen.**

FRIEDRICH **Ich ahnte schon sowas. Willst du damit sagen, er ist mit meiner Arbeit unzufrieden?**

ULRICH **Na ja, sagen wir mal, du hast in New York in letzter Zeit ziemlich eigenmächtig gehandelt. Du kennst ihn ja.**

FRIEDRICH **Aber ich habe Erfolg gehabt.**

ULRICH **Davon wirst du ihn schon selber überzeugen müssen.**

Charlotte kommt mit einem Blumenstrauß ins Haus. Sie sucht nach einer Vase. Ulrich steht vor der Tür des Arbeitszimmers und lauscht offensichtlich der drinnen lautstark geführten Unterredung.

CHARLOTTE **Wie ein Dienstmädchen, das an der Türe ihrer Herrschaft lauscht.**

Ulrich fühlt sich ertappt und tut so, als würde er in den Papieren, die er bei sich hat, lesen.

CHARLOTTE **Wovor hast du Angst? Daß er mit seinen neuen Ideen deinen Einfluß bei Vater schmälern könnte? Da brauchst du dir keine Sorgen zu machen.**

Im Arbeitszimmer sitzt der Geheimrat hinter seinem Schreibtisch. Friedrich steht vor ihm wie ein Schüler, dem eine Standpauke gehalten wird.

GEHEIMRAT **... wer jedoch – nach allem, was ich gehört habe – so leichtsinnig mit den Werten der Firma umgeht wie du, ist noch nicht reif dazu.**

FRIEDRICH **Hör mich doch wenigstens erst einmal an, Vater.**

GEHEIMRAT **Deshalb habe ich dich kommen lassen. Also, ich höre.**

FRIEDRICH **Aufgrund der Kartellabsprache hatten wir im Amerika-Geschäft im ersten Monat einen Gewinnzuwachs von zehn Prozent. Im zweiten sogar von 12,6.**

GEHEIMRAT **Hast du alles vergessen, was du hier gelernt hast? Unser oberstes Gebot ist absolute Geheimhaltung und du gehst einfach hin und machst mit der Konkurrenz gemeinsame Sache. Ein chemisches Verfahren ist schnell verraten. Wie groß der Schaden dann ist, muß ich dir ja nicht sagen.**

FRIEDRICH **Durch eben diese Konkurrenz machen wir uns aber im In- und Ausland die Märkte kaputt und verderben die Preise. Wir müssen uns zusammenschließen. Chemiekartelle bilden, Konzerne aufbauen und uns die Märkte und Produkte aufteilen. Nur so erobert Deutschland das Weltmonopol auf dem Gebiet der Chemie. Deshalb habe ich in New York jede Gelegenheit genutzt, mit den Vertretern von BASF, Bayer und Hoechst ein gemeinsames Vertriebskartell aufzubauen.**

GEHEIMRAT **Vor 25 Jahren habe ich ein brachliegendes Grundstück gekauft mit geliehenen 1500 Mark .... und darauf diese Teer- und Farbenfabrik gebaut.**

Ich habe mit nichts angefangen, außer mit ein paar chemischen Formeln im Kopf und einem Laborjungen, der mir geholfen hat. Heute beschäftige ich siebzig Chemiker, rund dreitausend Arbeiter und unser Aktienkapital beträgt 10 Millionen Mark. Wir produzieren Arzneien und Farben. Und dabei soll es auch bleiben.

Also habt die Güte, meine Herren, die Eroberung von Weltmonopolen anderen zu überlassen. Ist das klar?

FRIEDRICH **Ja, Papa. Wie du willst.**

GEHEIMRAT **Gut. Thema beendet. Punktum und damit basta.**

Luise und Ulrich treten ein. Luise geht direkt auf ihren Vater zu.

LUISE **Geht das schon wieder los? Du hast mir doch versprochen, dich zusammenzunehmen, Papa.**

Sie zieht mit einer selbstverständlichen Geste ein Zigarettenetui aus der Tasche ihres Matrosenkleides, klopft die Zigarette auf dem Deckel des Etuis fest. Ulrich gibt ihr Feuer.

LUISE **Friedrich ist kaum zu Hause, da habt Ihr euch auch schon wieder in den Haaren.**

Sie inhaliert und stößt den Rauch aus.

LUISE **Es hat einen Unfall gegeben. Eine Explosion in der Chlorfabrik. Es hat Verletzte und Tote gegeben.**

GEHEIMRAT **Ich möchte die Verunglückten im Krankenhaus besuchen.**

Der Geheimrat geht zum Telefon.

GEHEIMRAT **Eine junge Dame raucht nicht. Rauchen schadet der Lunge.**

LUISE **Schadet auf jeden Fall weniger als deine Chemie.**

Der Geheimrat telefoniert.

GEHEIMRAT **Ja, natürlich, am besten gleich morgen früh. Sorgen Sie dafür, daß ein paar Herren von der Presse dabei sind und – was? Ja, ja, ich gebe eine Presseerklärung. Bereiten Sie alles Erforderliche vor für die Scheckübergabe. Gut, gut, schreiben Sie 20.000. Das sollte reichen.**

Luise wendet sich an ihre Brüder.

LUISE **Papa glaubt, die Sache jetzt mit einer großzügigen Spende aus der Welt schaffen zu können.**

GEHEIMRAT **Es ist besser, die Zeitungen berichten über unsere guten Taten. Kostet einiges, aber lohnt sich.**

LUISE **Du bist ein Zyniker.**

Es kracht. Durch die Fensterscheibe fliegt ein Lederball und springt auf den Boden. Der Geheimrat kann ihn fangen. Er geht zu dem kaputten Fenster und öffnet es. Im Garten stehen Georg, mit dem mitgebrachten Indianerschmuck auf dem Kopf, und Max Bernheim. Beide schauen schuldbewußt zu ihm hoch.

GEHEIMRAT **Du meldest dich, um dir deine verdiente Strafe abzuholen.**

Er zieht seine Uhr.

GEHEIMRAT **Pünktlich um Sieben. Ist das klar? Ich höre!**

GEORG **Ja, Großpapa.**

Das Gewächshaus ist von innen beleuchtet. Der Geheimrat ist mit seinen Orchideen beschäftigt. Erst nach einiger Zeit blickt er auf. Georg senkt seinen Blick zu Boden.

GEORG **Ich habe Strafe verdient und ich bitte darum.**

Georg beugt sich nach vorn. Der Geheimrat zieht ein dünnes Rohrstöckchen aus dem Boden, das zur Befestigung einer Pflanze gedient hat. Er schlägt zu. Georg beißt die Zähne zusammen. Tränen treten in seine Augen, doch kein Wort und kein Schmerzlaut kommt über seine Lippen.

GEHEIMRAT **Dein Taschentuch.**

Georg blickt den Geheimrat an. Er zieht sein rot gefärbtes Taschentuch aus der Tasche, hält es ihm hin. Der Geheimrat hält Georg das Tuch vor den Mund. Georg spuckt darauf. Der Geheimrat wischt seinem Enkel damit die Tränen aus den Augen.

GEHEIMRAT **Meinst du etwa, mir macht das Spaß?**

Georgs Blick ist verschlossen, fast feindselig.

GEHEIMRAT **Ich habe dich was gefragt.**

Georg schweigt.

Der Geheimrat bricht eine Blüte vom Stengel und zerdrückt sie mit seiner Hand. Er öffnet die Faust und läßt die zerdrückten Blütenblätter auf den Boden fallen. Georg läuft hinaus.

Charlotte, im seidenen Negligé, geht vom Bad hinüber ins Ankleidezimmer. In der Türe steht Georg. Sein Gesicht ist voller Trauer.

Charlotte streckt die Arme nach ihm aus. Georg fällt ihr um den Hals. Sie umarmt ihn zärtlich. Er bricht in Tränen aus. Charlotte fährt ihm über das Haar.

CHARLOTTE **Weine nicht, mein Kleiner. Großvater ist oft sehr, sehr streng, aber er ist auch immer wieder streng gegen sich selber. Willst du mir die Haare bürsten?**

Sie küßt ihm die Tränen aus den Augen, reicht ihm die Haarbürste und setzt sich vor den Spiegel. Georg kämmt ihr das Haar.

Georg sieht seine Mutter im Spiegel an wie ein kleiner Verführer. Er ist ganz nah an ihrem Ohr.

GEORG **Du bist so schön, Mama, und ich habe dich so lieb wie niemanden auf der ganzen Welt.**

Charlotte ist stolz auf das Bild, das sie und ihr Sohn im Spiegel abgeben. Sie streicht ihm zärtlich über die Wange.

CHARLOTTE **Ich dich auch.**

GEORG **Mehr als Papa?**

CHARLOTTE **Ja, mein kleiner Schatz. Und jetzt geh in dein Zimmer.**

GEORG **Gute Nacht, Mama.**

Georg gibt ihr einen Kuß.

CHARLOTTE **Gute Nacht, Liebling. Ich komm noch zu dir.**

Georg läuft zur Tür und rennt dabei fast Friedrich um, der im Türrahmen steht. Friedrich flüstert Georg etwas ins Ohr. Georg strahlt.

FRIEDRICH **Ich kann mich also auf dich verlassen.**

Georg nickt und geht raus.

Charlotte steht vor einem gut sortierten Kleiderschrank. Sie wählt ein violettfarbenes Abendkleid. Friedrich lehnt lässig in der Türe. Er holt ein silbernes Zigarettenetui aus der Seitentasche, entnimmt ihm eine Zigarette, klopft den Tabak fest und zündet sie sich an. Er schüttelt den Kopf, geht hinein ins Zimmer.
Er nimmt ein anderes Kleid aus dem Schrank und gibt es Charlotte. Charlotte hält es sich an und schaut in den Spiegel.

CHARLOTTE **Du hast schon immer gewußt, was mir steht.**

Friedrich hat die Zigarette im Mundwinkel. Charlotte dreht sich um, nimmt ihm die Zigarette aus dem Mund und tut einen tiefen Zug.

FRIEDRICH **Ich konnte dich nicht vergessen.**

Er steht jetzt ganz nahe vor ihr. Er versucht, sie zu küssen. Charlotte macht eine kleine Drehung und entzieht sich ihm.

Sie nimmt die Zigarette aus dem Mund und steckt sie wieder Friedrich zwischen die Lippen.

CHARLOTTE **Daß du dich damals nach Amerika hast abschieben lassen, dafür habe ich dich gehaßt.**

FRIEDRICH **Wenn ich nicht gegangen wäre...**

CHARLOTTE **Gegangen? Desertiert bist du, aus Angst, dein Vater oder Ulrich könnten etwas über uns entdeckt haben. Übrigens, wieviel haben sie dir eigentlich dafür geboten, daß du freiwillig davongelaufen bist?**

Charlotte lacht Friedrich herausfordernd an.

CHARLOTTE **Hands off! So sagt man doch drüben.**

Auf einem Fahrrad, Heinrich Beck. Eine auffallende Erscheinung im Frack mit weißen Glacéhandschuhen und Zylinder. Ihn begleitet ein bellender Schnauzer, der versucht, nach seinen Frackschößen zu schnappen.

Jetzt schnappt er nach Heinrichs Schuhen. Heinrich strampelt.

HEINRICH **Pfui! Laß das! Aus! Gib den Schuh her – Biest.**

Heinrich ist vom Fahrrad gestiegen und versucht, seinen Schuh aus dem Maul des Hundes zu kriegen, doch der hat sich festgebissen und der Schuh ist nicht loszukriegen. Heinrich bückt sich, nimmt einen kleinen Stock, spuckt mehrmals darauf und schmeißt den Stock die Auffahrt hinunter. Der Hund läßt den Schuh los und rast dem Stock hinterher. Heinrich springt aufs Rad und tritt in die Pedale so schnell er kann. Völlig außer Atem kommt er jetzt bei der Villa an.

Heinrich steigt ab, lehnt das Fahrrad an ein Mäuerchen. Er ist völlig naßgeschwitzt. Aus der Tasche holt er ein großes Taschentuch, nimmt den Zylinder vom Kopf und wischt sich über die Stirn und über die kurzen, igelhaft geschnittenen Haare. Er nimmt die Fahrradklammern von den Hosen, zieht die weiße Frackweste stramm, schiebt das energische Kinn nach vorne und schreitet die Stufen hoch.

Der Hund hockt unten an der Treppe und wartet. Heinrich knurrt den Hund an. Der Hund knurrt zurück.

Jetzt wird die Türe geöffnet von einem Hausmädchen im schwarzen Kleid mit weißer Schürze und weißem Häubchen. Bevor Heinrich das Haus betreten kann, ist der Schnauzer schon an ihm vorbei.

HEINRICH **Entschuldigen Sie – bin ich zu früh?**

HAUSMÄDCHEN **Bitte, treten Sie doch ein.**

Das Hausmädchen führt Heinrich vom Treppenhaus durch die Halle in das Musikzimmer. Überall Vorbereitungen für das abendliche Fest. Girlanden werden angebracht.

HAUSMÄDCHEN **Wenn Sie bitte ein paar Minuten hier Platz nehmen wollen.**

Das Hausmädchen schließt die Tür. Heinrich schaut sich neugierig um. Sein Blick fällt auf die Standuhr.

Er tippt den Pendel an. Der Pendel bleibt stehen. Heinrich nimmt den Zylinder vom Kopf, zieht seine Handschuhe und die Frackjacke aus, krempelt die Ärmel hoch. Er steigt auf einen Hocker und schraubt den Regulator aus dem Gehäuse. Er will vom Hocker heruntersteigen.

Der Schnauzer sitzt auf dem Boden und knurrt Heinrich an.

Luise erscheint im Ballkleid in der Türe zum Spielzimmer.

Heinrich, den Regulator in der Hand, blickt hilfesuchend zu Luise hinüber. Sie lacht.

LUISE **Was machen Sie da?**

HEINRICH **Das sehen Sie doch. Ich repariere diese Uhr.**

Luise verscheucht den Hund.

LUISE **Raus hier.**

Kurz entschlossen nimmt nun Luise ein goldenes Ührchen, das sie an einer Kette um den Hals trägt.

LUISE **Vielleicht könnten Sie meine Uhr auch noch reparieren, wenn Sie schon dabei sind.**

Heinrich schaut Luise nach.

Der Geheimrat macht ein Spiel mit seinem Hund.

GEHEIMRAT **Sitz! Na – na.**

Er legt ihm ein Stück Zucker auf die Schnauze.

GEHEIMRAT **Kommt vom Franzos.**
Kommt vom Ruß.
Kommt vom Preuß.

Beim Wort „Preuß“ schnappt der Hund nach dem Zuckerstück.
Der Geheimrat lacht zufrieden und streichelt ihn.

GEHEIMRAT **Guter Kerl. Guter Kerl.**

Ulrich kommt die Treppe heruntergeschlendert. Im Knopfloch seiner Frackjacke befestigt er eine weiße Nelke. Die Vorbereitungen für das Fest sind fast abgeschlossen. Die ersten Gäste treffen ein. Bedienstete nehmen die Garderobe ab. Luise kommt auf Ulrich zu, spricht mit ihm.

LUISE **Hast du diesen merkwürdigen Uhrmacher bestellt?**

ULRICH **Ach du meine Güte, das muß Heinrich sein, den habe ich ja völlig vergessen.**

Ulrich durchquert rasch die Halle. In der Tür zum Musikzimmer bleibt er stehen. Heinrich steht vor der Wanduhr. Der Pendel schlägt aus. Heinrich stellt gerade den großen Zeiger auf die richtige Zeit.

Ulrich ist verdutzt stehengeblieben. Doch er faßt sich rasch und geht zu Heinrich hinüber.

ULRICH **Entschuldigen Sie, lieber Dr. Beck. Aber keiner hat mir ausgerichtet, daß Sie bereits eingetroffen sind.**

Heinrich dreht sich um.

HEINRICH **Keine Ursache, lieber Deutz. Ich hatte alle Hände voll zu tun. Wie ist es gelaufen?**

Ulrich hat Heinrich unter den Arm gefaßt und führt ihn hinüber zu dem Modell der neuen Fabrik, das auf dem Billardtisch im Spielzimmer steht.

ULRICH **Die Kapitalerhöhung ist durch. Wir können jetzt mit dem Bau der Schwefelsäurefabrik beginnen. Wenn Sie vielleicht einen Blick auf das Modell werfen möchten? Sie können sich selbst ein Bild davon machen.**

Im Vordergrund ist das Modell der neuen Fabrik aufgebaut. Ulrich deutet auf die Fabrik. Heinrich hockt über dem Modell wie ein Schachspieler überm Schachbrett. Ulrich schaut ihn gespannt an. Heinrichs Gesicht ist konzentriert. Er schüttelt immer wieder mit dem Kopf.

HEINRICH **Die Absorbtionstürme liegen zu nah am Flußufer. Das Gelände da ist sandig, nicht wahr?**

ULRICH **Ja.**

HEINRICH **Die ganze Chose wird sich losreißen und in den Fluß wandern. Der Produktionsablauf muß in umgekehrter Richtung stattfinden. Dann können Sie zwei Fliegen mit einer Klappe schlagen. Sehen Sie, so.**

Er versetzt die Bauten des Modells.

HEINRICH **Die Flußkähne mit dem Pyrit ankern hier, und das Zeug kommt ohne Zwischentransport sofort in die Rostöfen. Das Gas strömt von hier durch die Staubkammern in die Kontaktöfen und wird von den Pumpen in die Absorbtionstürme gepreßt, hier. Und jetzt befinden sich die Lagertanks mit der Schwefelsäure direkt neben den Gleisanlagen. Und kann von dort mit den Kesselwagen direkt zur Farbenproduktion transportiert werden.**

Ulrichs Gesicht mit dem Ausdruck großer Verblüffung.

ULRICH **Phantastisch, Doktor, phantastisch. Sie haben mir eben eine Lektion in chemischer Strategie erteilt.**

Heinrich hat sich aufgerichtet.

HEINRICH **Ich habe Ihnen eben ein paar hunderttausend Mark gespart. In Ludwigshafen haben wir viel Lehrgeld zahlen müssen.**

Beide schauen sich an und lachen.

An der Stirnseite des Festsaals ist ein Transparent angebracht. Mit goldenen Lettern:
1886 bis 1911
25 Jahre
Teer- und Farbenfabrik AG
Carl Julius Deutz

Am Vorabend zu den offiziellen Feierlichkeiten hat der Geheimrat zu einem großen Ball eingeladen. Anwesend sind die Honoratioren der Stadt, befreundete Industriellenfamilien mit ihren Söhnen und Töchtern, Professoren von der Universität und natürlich die Herren Offiziere der Armee seiner Kaiserlichen Majestät. Eine farbenfrohe, fröhliche Gesellschaft, die noch sorglos sich am Vorabend des Ersten Weltkrieges zusammengefunden hat. Die Herren im Frack, soweit sie nicht dem Militär angehören, die Damen in großer, festlicher Abendgarderobe. Livrierte Diener bieten auf silbernen Tabletts Getränke an.

Ulrich, an einem mit zwei Lorbeerbäumchen geschmückten Pult, kommt zum Ende seiner Festrede.

ULRICH **Die Teer- und Farbenfabrik Carl Julius Deutz ist in den 25 Jahren ihres Bestehens aus kleinsten Anfängen zu einem machtvollen Unternehmen entwickelt worden, dessen rastloses Fortschreiten nicht mehr aufzuhalten ist. Zum heutigen fünfundzwanzigsten Jubiläum sei deshalb der Wunsch ausgesprochen...**

Friedrich steht neben Charlotte. Er nagt an der Unterlippe.

ULRICH **... es möge das Werk auch in der Zukunft allzeit tüchtige Führer an seiner Spitze haben, die voll Tatkraft die eingeschlagenen Richtlinien wie bisher weiterverfolgen und in starker Initiative auf der Höhe ihrer Zeit zu stehen bestrebt sind. Nie möge es mangeln an tüchtigen Arbeitern, bewährten Mitarbeitern, deren persönliches Interesse auch das Interesse des Ganzen ist...**

Der Geheimrat steht neben Luise. Luise kichert. Sie spricht Ulrichs Text leise mit.

LUISE **Und so erhebe ich mein Glas...**

ULRICH **Und so erhebe ich mein Glas...**

LUISE **...mit dem Wunsch, der da lautet...**

ULRICH **...mit dem Wunsch, der da lautet...**

GEHEIMRAT **Sei nicht albern!**

ULRICH **. . . es werde das Werk immerdar ein angesehenes, würdiges Mitglied der schönen, stolzen chemischen Industrie Deutschlands sein und bleiben.**

Ulrich erhebt sein Glas.

ULRICH **Auf dich, Vater.**

Allgemeiner Applaus. Die Festgesellschaft auf der Tanzfläche macht Platz, denn wie von Geisterhand bewegt, kommt ein weißgedeckter Tisch, darauf die Jubiläumstorte, eine Nachbildung der Silhouette der Fabrik aus Zuckerguß und Teig, in den Festsaal gerollt. Die Schornsteine auf der Jubiläumstorte fangen an zu rauchen. Friedrich stößt mit seinem Vater an.

FRIEDRICH **Und daß die Schornsteine nie aufhören mögen zu rauchen.**

Georg und Max haben sich unter dem Tisch verborgen. Sie erzeugen den Rauch mit einer Imkerpfeife. Der Rauch beißt in den Augen. Sie müssen husten. Sie kommen unter dem Tisch hervorgekrochen. Georg läuft zu Charlotte hinüber. Charlotte gibt ihm einen Kuß.

Der Geheimrat bricht ein Stück von der Torte ab.

GEHEIMRAT **Kommt her, Kinder.**

Er gibt Georg und Max ein Stück und probiert unter Beifall und Gelächter der Gäste selbst ein Stück.

GEHEIMRAT **Schmeckt lecker, was?**

CHARLOTTE **So, ihr zwei, ab ins Bett. Ich sehe später noch nach euch.**

Der Geheimrat hat mit Luise den Ball eröffnet.
Nach und nach kommen andere Tänzer dazu.
Friedrich wird von Judith aufgefordert.

Judith preßt ihr kleines Spitzentaschentuch, um die heißen Hände trocken zu halten. Friedrich wirbelt sie leicht wie eine Feder im Dreivierteltakt.

Heinrich lehnt an einer Säule. Er hat ein Champagnerglas in der einen und eine dicke Zigarre in der anderen Hand. Von hier aus kann er sehr gut die Tanzenden beobachten. Vor allem Luise. Ihr Gesicht ist erhitzt. Sie lacht. Anmutig schwebt sie über die Tanzfläche.

Der Geheimrat führt Luise von der Tanzfläche. Er streicht ihr zärtlich über das Haar.

GEHEIMRAT **Das reicht. Du hast dich lange genug mit mir abgegeben. Misch dich unters junge Volk.**

Er gibt Luise einen kleinen Schubs. Er schaut ihr nach. Neben den Geheimrat ist jetzt der Bankier Bernheim getreten.

GEHEIMRAT **Sieht sie nicht genau aus wie ihre Mutter?**

Der Bankier nickt. Der Geheimrat blickt einen Augenblick nachdenklich vor sich hin.

BANKIER **Wie aus dem Gesicht geschnitten.**

GEHEIMRAT **Kommen Sie, Bernheim. Haben Sie Lust auf eine gemütliche Zigarre?**

Der Geheimrat hat den Bankier unter den Arm gefaßt und führt ihn in die Halle zum Kaminfeuer.

Durch die offene Türe kann man die Tanzenden beobachten. Gerade wirbeln Friedrich und Judith vorbei.

Der Geheimrat macht den Bankier auf das junge Paar aufmerksam.

GEHEIMRAT **Ein bezauberndes Paar.**

BANKIER **Wer Augen hat, kann sehen.**

Der Geheimrat entzündet einen Holzspan am Kaminfeuer, lehnt sich zurück.

Im Ballsaal hat Judith aufgehört zu tanzen. Sie ringt nach Luft.

JUDITH **Mir ist ganz schwindelig im Kopf. Alles dreht sich.**

Friedrich ist ganz außer Atem.

FRIEDRICH **Ein bißchen frische Luft. Gleich geht es Ihnen wieder besser.**

Judith läuft durch die Halle auf die Veranda.

Der Geheimrat gibt dem Bankier Feuer. Er zwinkert ihm zu.

GEHEIMRAT **Eine familiäre Bindung unserer Familien – das könnte mir gut gefallen.**

Der Bankier zwinkert zurück.

BANKIER **Es wäre gut für die jungen Leute und nicht schlecht fürs Geschäft.**

Im Ballsaal nimmt Heinrich einen letzten Schluck aus seinem Glas, so, als tränke er sich Mut an. Mit einer eleganten Bewegung zieht Heinrich Luises Ührchen aus der Tasche und hält sie ihr am goldenen Kettchen baumelnd vor die Nase. Luise schluckt.

LUISE **Ich wette, die geht jetzt wieder.**

Ulrich taucht hinter Luise auf.

ULRICH **Darf ich dich bekanntmachen mit meinem alten Studienfreund Heinrich Beck. Doktor der Chemie, Ingenieur und wahrscheinlich zukünftiger Nobelpreisträger.**

Ulrich legt seinen Arm um Luise.

ULRICH **Und das ist meine Schwester Luise. Sie wollten sie doch schon immer mal kennenlernen!**

Luise hält ihre Hände vors Gesicht.

LUISE **Der Uhrmacher.**

Heinrich nickt. Auf seiner Stirne haben sich kleine Schweißperlen gebildet. Die Stimme scheint ihm zu versagen. Er bringt nur einen krächzenden Laut heraus.

LUISE **Uhrmacher. Wie peinlich. Nein, sagen Sie nichts, lassen Sie mich reden. Sonst wird alles nur noch schlimmer. Und Sie, Sie sind Chemiker?**

Heinrich nickt.

LUISE **Ich hab's gewußt. Ich wette, Sie können auch nicht tanzen. Nein?**

Heinrich schüttelt den Kopf.

LUISE **Dacht ichs doch... also, Sie sind Chemiker... also, warum sagen Sie mir nicht endlich, woran Sie arbeiten zur Zeit?**

HEINRICH **Interessiert Sie das wirklich?**

Luise holt tief Luft, so schnell hat sie gesprochen.

LUISE **Brennend.**

Heinrich braucht noch einen Moment, bevor er seine „Ladehemmung" überwunden hat.

HEINRICH **Nun, wir arbeiten an einem neuen Verfahren, den Stickstoff der Luft chemisch zu binden.**

LUISE **Klingt wundervoll. Aber ich habe keine Ahnung, worum es dabei geht.**

HEINRICH **Es ist eigentlich sehr einfach. Es geht darum, einen Raumteil Stickstoff mit drei Raumteilen Wasserstoff bei hohem Druck und hoher Temperatur mittels eines Katalysators zu zwei Raumteilen Ammoniak zu verbinden. Also N_2 plus $3H_2$ ergibt $2NH_3$. Ist doch klar.**

LUISE **Klar, ist doch ganz einfach.**

Beide schauen sich schweigend an, dann fangen sie an zu lachen. Luise streckt ihm ihre Hand hin.

LUISE **Jetzt habe ich Durst.**

HEINRICH **Ich auch.**

LUISE **Kommen Sie.**

Charlotte sitzt an Georgs Bett. Georg hat die Hände gefaltet.

GEORG **Müde bin ich, geh zur Ruh,**
schließe beide Augen zu,
Vater, laß die Augen dein,
über meinem Bettchen sein.

CHARLOTTE **Gute Nacht, mein Liebling. Träum was Schönes.**

Charlotte gibt Georg einen Kuß. Sie deckt ihn zu. Dann geht sie hinüber zum Fenster, öffnet es. Auf der Veranda sieht sie Friedrich und Judith. Friedrich hat seine Arme um Judith gelegt.

FRIEDRICH **Sie dürfen beim Walzer nicht die Augen schließen.**

JUDITH **Aber es ist so schön, wenn alles verschwimmt.**

FRIEDRICH **Soll ich Ihnen was zu trinken holen?**

JUDITH **Nein, bleiben Sie, gehen Sie nicht.**

FRIEDRICH **Sie zittern ja. Ist Ihnen kalt?**

Judith schaut Friedrich an.

JUDITH **Ich liebe Sie, Friedrich.**

FRIEDRICH **Aber Sie sind ja fast noch ein Kind.**

JUDITH **Ich habe Sie schon geliebt, als ich noch ein kleines Mädchen war und Sie mich überhaupt nicht wahrgenommen haben. Küssen Sie mich, bitte. Lieben Sie mich wenigstens ein bißchen?**

Judith legt ihre Arme um Friedrich. Ihre Lippen berühren sich. Sie küssen sich.

Charlotte lehnt in der Türe. Sie räuspert sich.

Judith und Friedrich schauen erschrocken hinüber. Judith macht sich los. Sie lächelt Friedrich mit ihren schwarzen Augen an.

JUDITH **Ich werde auf Sie warten.**

Sie läuft an Charlotte vorbei zurück in den Festsaal. Friedrich folgt ihr.

CHARLOTTE **Ich gratuliere! Eine exzellente Partie.**

Ulrich kommt mit zwei Gläsern Champagner auf die Veranda. Er reicht das eine Charlotte. Er macht eine Kopfbewegung hinüber in den Ballsaal, in dem Friedrich und Judith verschwunden sind.

ULRICH **Du beobachtest ihn schon den ganzen Abend.**

CHARLOTTE **Ich stand ganz zufällig hier draußen, Ulrich.**

ULRICH **Ich habe das Gefühl, du gehst mir aus dem Weg, seit Friedrich wieder zurück ist. Du liebst ihn immer noch?**

Charlotte stößt mit Ulrich an. Sie nippt an ihrem Glas.

CHARLOTTE **Hör doch auf damit, warum quälst du dich so?**

ULRICH **Weil ich – weil ich ...**

CHARLOTTE **Du hast keinen Grund, eifersüchtig zu sein. Laß uns reingehen.**

Im Ballsaal tanzen Luise und Heinrich. Heinrich konzentriert sich auf seine Füße.

LUISE **Achten Sie gar nicht darauf, was da unten los ist. Aber nicht aufhören. Was also war mit dem Katalysator?**

HEINRICH **Der Katalysator beschleunigt die chemische Reaktion. Er wirkt durch seine bloße Gegenwart.**

LUISE **Eins, zwei, drei, eins, zwei, drei.**

HEINRICH **Ich glaube, ich hör jetzt lieber auf.**

LUISE **Ich habe immer noch nicht verstanden, was das ist, ein Katalysator. Sie erklären das viel zu kompliziert.**

HEINRICH **Ich erkläre es Ihnen von da oben.**

Sie gehen das Treppchen hinauf auf die Balustrade, von wo sie den Ballsaal überblicken können.

HEINRICH **Nehmen wir mal an, die Herren da unten im Frack, das sind die Stickstoffatome – und die Damen in ihren Abendgarderoben, das sind die Wasserstoffatome. Und das, was die beiden zusammenbringt und sie sich im Rhythmus drehen läßt, daß sie sich umfassen und Paare bilden, das ist ... die Musik. Die Melodie, die das zustande bringt, wirkt wie ein Katalysator.**

LUISE **Und wozu das alles?**

HEINRICH **Wenn wir es nicht fertigbringen, mit dem Stickstoff der Luft künstliche Düngemittel herzustellen, dann bedeutet das in absehbarer Zeit Hungersnöte unvorstellbaren Ausmaßes.**

Der Tanz ist zu Ende. Die Musiker machen eine Pause. Luise schaut Heinrich mit großen Augen an.

LUISE **An so etwas Wichtigem arbeiten Sie? Haben Sie ihn schon gefunden – den Katading, die Melodie?**

Heinrich schüttelt den Kopf.

HEINRICH **Wissen Sie, es ist, wie wenn man eine Nadel im Heuhaufen sucht. Wir haben schon tausende von Versuchen gemacht. Wir haben alles ausprobiert vom Blumendraht bis zum Edelstahl, von der Eisenfolie bis zum Pulver.**

Luise blitzt Heinrich mit lustigen Augen an. Sie greift sich ins Haar, zieht eine Haarnadel heraus. Sie hält Heinrich die Nadel unter die Nase.

LUISE **Na, dann versuchen Sie es doch einmal damit.**

Heinrich hat Luises Haarnadel in einen Schraubstock gespannt und feilt sie wie Siegfried das Schwert Notung im Rhythmus des Walzers zu kleinen, feinen Eisenspänen und singt dazu. Vorsichtig schiebt er die Späne auf ein weißes gefalztes Stück Papier. Mit sicherer Hand nimmt er das Papier mit den Eisenspänen und geht mit merklich schwankenden Schritten zu einem der Versuchsöfen. Er öffnet den Ofen, schüttet die Eisenspäne in die Kontaktkammer. Dann verschließt er ihn wieder sorgfältig. Er schaltet die Heizung ein und öffnet die Hähne der Gaszylinder. Stickstoff und Wasserstoff strömen in die Gaskammer. Heinrich bückt sich, schaltet den Kompressor an. Die Zirkulationspumpe setzt sich in Bewegung. Dann nimmt er einen tiefen Schluck aus einer mitgebrachten, halbleeren Sektflasche.

HEINRICH **Jetzt wolln wir mal sehen.**

Er prüft Meßinstrumente und Ventile. Die Quecksilbersäule leicht verschwommen, beziehungsweise etwas verdoppelt. Sie steigt. Die Manometernadel spielt sich ein.

Heinrich nickt zufrieden. Er zieht seine Jacke aus, setzt sich vor den Ofen, stützt das Gesicht auf die Hände. Seine Augen fallen ihm zu. Er schläft ein.

Es ist bereits hell. Auf dem Labortisch brennt ein Bunsenbrenner. Auf dem Dreifuß ein Rundkolben, in dem kochendes Wasser sprudelt. Daneben ein Erlenmeyer-Kolben mit Trichter und Faltenfilter. Ein Assistent brüht einen starken Kaffee. Er nimmt aus dem Regal eine Abdampfschale aus Porzellan, in die er Kaffee eingießt und Heinrich unter die Nase hält.

1\. ASSISTENT **Ammoniak hat sich gebildet, Herr Dr. Beck.**

Heinrich blinzelt verschlafen.

HEINRICH **Welche Konzentration?**

1\. ASSISTENT **2,5 Prozent.**

HEINRICH **Erhöhen Sie den Druck.**

Die Manometernadel steigt langsam.

1\. ASSISTENT **140 Atmosphären.**

HEINRICH **Erhöhen Sie. Aber passen Sie auf, daß der Wasserstoff nicht rabiat wird und uns die Fetzen um die Ohren fliegen.**

Die Nadel steigt langsam.

1\. ASSISTENT **Meinen Sie, Nobel ist es besser ergangen bei der Erfindung des Nitroglyzerins?**

Heinrich lacht.

Der Assistent steht vor der Tafel und füllt sie mit chemischen Symbolen.

1\. ASSISTENT **Welchen Katalysator hatten Sie diesmal in der Kontaktkammer?**

HEINRICH **Eisenspäne von einer Haarklammer. Ein Engel erschien heut in der Nacht und schenkte sie mir.**

Der Assistent hat aufgehört zu schreiben. Heinrich schaut versonnen vor sich hin. Er summt eine Walzermelodie. Plötzlich bricht er ab.

HEINRICH **Was zum Teufel geht Sie das eigentlich an?!**

1\. ASSISTENT **Es funktioniert. Bei 200 Atmosphären bekommen wir ein Prozent mehr.**

Heinrich schreit.

HEINRICH **Ein Prozent. Oh Gott ... Ein Prozent mehr, das ist reine Wissenschaft. Die Dimensionen, in denen wir denken, ist die Tonne und nicht Milligramm. Wir produzieren nicht für wissenschaftliche Fachzeitschriften. Wir produzieren für den Weltmarkt, auf dem wir in Zukunft Milliarden verdienen wollen...**

Heinrich begleitet seine Rede mit Gesten.

HEINRICH **... mit dem Stickstoff aus der Luft und dem Wasser aus dem Rhein.**

Der Geheimrat schreitet die Betten ab wie ein General seine Kompanie. Er wird begleitet von einigen Reportern und Fotografen der lokalen Presse.

GEHEIMRAT **Abermals hat das Schicksal die Kräfte der Elemente, die der Mensch zum Segen der Menschheit entdeckt und gebändigt hat, gegen uns gewandt und uns in Not gebracht. Wenn es so etwas gibt, worin wir Trost finden können in dieser bitteren Stunde, so ist es das Bewußtsein, daß die harten Aufgaben, die unser auch fernerhin harren, der Erhaltung und dem Ruhm unseres Vaterlands dienen.**

Der Geheimrat schaut sich um. Aus einer Jackentasche holt er seinen Füllfederhalter und unterschreibt den vorbereiteten Scheck.

GEHEIMRAT **Für die Errichtung eines Lungensanatoriums.**

Der Geheimrat überreicht das Formular dem Anstaltsleiter. Die Reporter umringen ihn und stenographieren die kurze Ansprache mit.

Luise verbindet einen der Verunglückten. Ein kurzer Blickwechsel zwischen ihr und dem Geheimrat.

GEHEIMRAT **Schachner!**

Schachner versucht sich aufzurichten.

SCHACHNER **Jawohl, Herr Direktor!**

GEHEIMRAT **Zwei Töchter, drei Buben. Wilhelm, August und Friedrich. Stimmt's?**

Auf dem Gesicht des Verunglückten ein Strahlen.

SCHACHNER **Jawohl, Herr Direktor.**

GEHEIMRAT **Und Ihr Befinden? Werden Sie gut versorgt?**

SCHACHNER **Das Fräulein Doktor hier, erstklassige Behandlung, Herr Direktor.**

Der Geheimrat runzelt die Stirn. Dann räuspert er sich.

GEHEIMRAT **Das Fräulein Doktor. Soso. Naja, lassen wir das für den Augenblick.**

Er wendet sich mißbilligend an seine Tochter.

GEHEIMRAT **Wie du dich aufspielst als Fräulein Doktor.**

LUISE **Du hast mir doch selbst die Erlaubnis gegeben, in den Ferien im Werkskrankenhaus zu arbeiten.**

GEHEIMRAT **Hab ich das? Na ja dann. Punktum und damit basta.**

Ein Fotoreporter hat seine Kamera in Positur gebracht.

FOTOREPORTER **Einen Augenblick, Herr Geheimrat. Eine fotografische Aufnahme für unsere Leser.**

GEHEIMRAT **Kopf hoch, Schachner. Wird schon alles wieder werden. Hier sind wir alle eine große Familie**

SCHACHNER **Jawohl, Herr Direktor.**

Der Geheimrat stellt sich am Kopfende des Krankenbetts in Positur. Schachner richtet sich im Bett auf. Der Geheimrat richtet seinen Schnurrbart. Schachner tut es ihm nach. Das Magnesium flammt auf. Der Geheimrat verläßt das Krankenhaus. Luise begleitet ihn hinaus.

LUISE **Außerdem will ich Medizin studieren.**

GEHEIMRAT **Fang damit nicht schon wieder an.**

LUISE **Ulrich und Friedrich durften ja auch studieren.**

GEHEIMRAT **Bei deinen Brüdern ist das eine Selbstverständlichkeit. Du aber bist eine Frau. Heirate, gründe eine Familie, dann kannst du tun und lassen, was du willst, wenn es dir dein Mann dann erlaubt.**

Der Geheimrat lacht wie über einen gelungenen Scherz. Luise ist wütend.

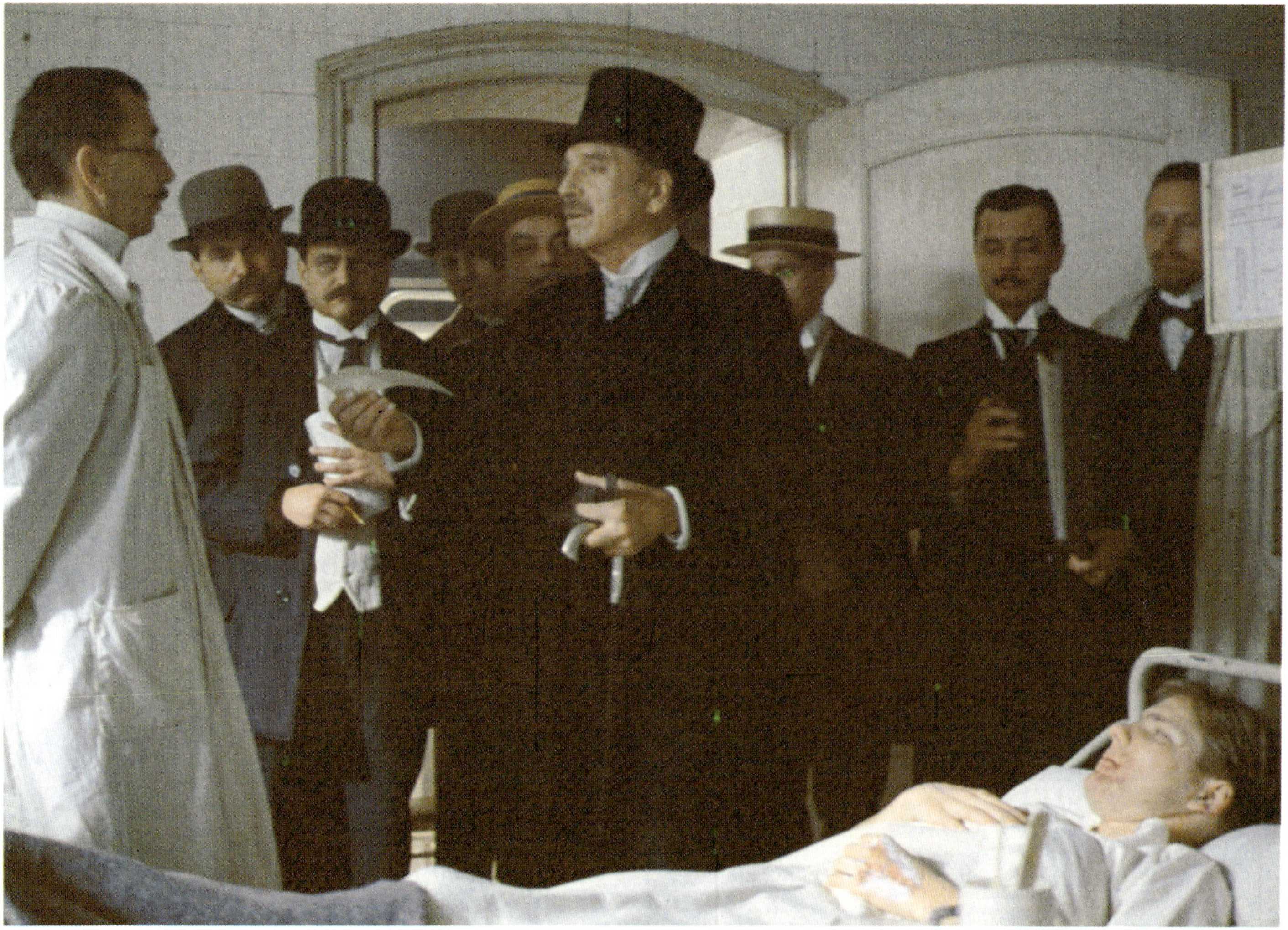

Ein spiegelnder Seitenarm des Rheins. Es ist ein heißer Sonntagnachmittag. Heinrich hat sich die Hosenbeine hochgekrempelt. Er watet im seichten Wasser. Auf dem Kopf hat er ein an vier Ecken geknotetes Taschentuch zum Schutz gegen die Sonne. Am Ufer liegen Botaniknetz und Botaniktrommel. Heinrich käfert, oder besser, er krabbt. Er fängt Flußkrebse.

Aus der Entfernung sieht er aus wie ein Storch. Er stakst vorsichtig durch das Wasser, plötzlich eine Untiefe. Heinrich verliert das Gleichgewicht, kann sich nicht mehr halten, fällt der vollen Länge nach hinein.

Von der Uferböschung ein helles Gelächter. Luise sitzt im offenen Auto. Sie raucht eine Zigarette. Offensichtlich hat sie Heinrich schon länger beobachtet. Luise steigt aus und kommt die Böschung heruntergelaufen.

LUISE **Warten Sie, ich helfe Ihnen. Na, kommen Sie.**

Luise streckt Heinrich die Hand hin.

Heinrich zieht Luise fast zu sich herunter, doch dann findet er an einem herabhängenden Weidenast Halt und wuchtet sich hoch. Wie ein begossener Pudel steht er vor ihr. Luise denkt praktisch. Sie rennt zum Auto. In der einen Hand ein Plaid, in der anderen einen vollgepackten Picknickkorb kommt sie zurück.

LUISE **Das müssen Sie ausziehen. Hier nehmen Sie die Decke.**

Heinrich wickelt sich die Decke um den Leib und beginnt, sich auszuziehen. Er hängt die nassen Sachen auf die Weidenäste. Luise fängt an, sich hinter einem Busch auszuziehen.

HEINRICH **Was machen Sie denn da?**

LUISE **Ich will schwimmen gehen. Schauen Sie in die andere Richtung.**

Luise schlüpft in einen einteiligen schwarzen Badeanzug und springt ins Wasser. In dem Augenblick ein Knall und dann das Heulen der Werkssirene. Heinrich reißt die halbtrockenen Kleider von den Ästen, zieht sich so schnell er kann an. Er rennt die Böschung hoch, setzt sich in Luises Auto, läßt den Motor an.

HEINRICH **Warten Sie. Ich bin in ein paar Stunden wieder zurück.**

Luise steht mitten im Fluß.

LUISE **He! Warten Sie! Wohin fahren Sie denn?**

HEINRICH **Ich muß sofort ins Werk. Es ist was passiert.**

LUISE **Halt, ich will mit!**

Heinrich hat den Rückwärtsgang eingelegt, rangiert zurück auf den Schotterweg.

HEINRICH **Geht nicht. Sie dürfen nicht aufs Werksgelände.**

LUISE **Und wer verbietet das?**

HEINRICH **Ich.**

Heinrich verschwindet mit dem Wagen in einer großen Staubwolke.

Luise schlägt vor Wut mit beiden Fäusten ins Wasser.

Die Hochdrucköfen sind in Betonkasematten eingemauert und durch eine Schwarzblechwand abgeschirmt. Aus einem Rohrkrümmer strömt unter ohrenbetäubendem Getöse und unter 200 atü Druck das 400 Grad heiße Wasserstoffgas. Mehrere Schlosser versuchen fieberhaft, das Sicherheitsventil zu schließen.

Heinrich nähert sich vorsichtig der Bruchstelle.

1. SCHLOSSER **Chef, gehen Sie weg! Das Gas kann sich jeden Augenblick selbst entzünden.**

Das Regulierventil klemmt. Heinrich setzt die Zange an. Er versucht mit aller Kraft, das Ventil zu bewegen.

Das Ventil bricht ab. Die Arbeiter schauen sich an.

HEINRICH **Verdammtnochmal! Verdammtnochmal!**

Er schaut sich um, arbeitet weiter.

HEINRICH **Schraubenmutterzange.**

Einer der Schlosser reicht ihm das gewünschte Werkzeug. Heinrich fixiert die Mutter.

HEINRICH **Nein, nein, einen Franzosen.**

Ein zweiter Schlosser reicht ihm ein Werkzeug. Heinrich arbeitet mit den Schlossern wie mit einem Operationsteam. Er setzt einen Handgriff nach dem anderen.

HEINRICH **Körner und Flachhammer. Wenn es sich lockert, mit mir das Rohr nach unten ziehen! Sind Sie soweit?**

Heinrich schlägt mit dem Flachhammer auf den Körner. Es bewegt sich nichts. Heinrich versucht es noch einmal. Das Restventil ist so nicht zu lösen. Heinrich wechselt das Werkzeug.

Die Bruchstelle fängt an zu glimmen. Mit einem Knall entzündet sich das Gas zu einer großen, blauen Stichflamme. Heinrich schaut nur kurz zurück, dann macht er zwei kräftige Schläge. Der Spund löst sich. Die Zange faßt. Zwei Mann drücken und ziehen mit großer Anstrengung. Der Ventilzapfen bewegt sich.

HEINRICH **Jetzt, ziehen, ziehen!**

Heinrich und die Männer am Ventil setzen jetzt alle Kraft ein. Die Stichflamme wird kleiner und kleiner, schließlich ist sie erloschen. Stille. Dann Jubel. Die Männer fallen sich in die Arme.

HEINRICH **Jetzt eine Runde Bier für alle.**

Ein Ingenieur überreicht Heinrich ein Bruchstück des geborstenen Ofens.

INGENIEUR **Hier, ein Stück aus dem geplatzten Hochdruckofen.**

HEINRICH **Warm, wie Apfelkuchen.**

Heinrich hat das Eisenstück zwischen die Backen eines Parallelschraubstocks gespannt und fängt mit der Präzisionsfeile an, das Stahlstück zu bearbeiten. Er prüft den Schliff, nimmt von einer Stellage eine Ätzchemikalie, träufelt sie auf den Stahl, gibt das Stück auf den Objekttisch des Labormikroskops, setzt sich dahinter und schaut hindurch.

HEINRICH **Sehen Sie sich das mal an.**

Er winkt seinen Assistenten heran, macht ihm Platz.

Unter dem Mikroskop wird der Objekttisch hin und her bewegt.

HEINRICH **Sehen Sie die Seite, wo das Eisen mit dem Gas in Berührung gekommen ist?**

ASSISTENT **Ja.**

HEINRICH **Fällt Ihnen etwas Besonderes auf?**

Der Assistent schaut zu Heinrich hoch.

ASSISTENT **Am Rand ist es etwas heller.**

Heinrich setzt sich auf einen Laborhocker.

HEINRICH **Eisen enthält Kohlenstoff. Das macht es hart. Aber wo das Gasgemisch mit dem Stahl in Berührung gekommen ist, ist der Kohlenstoff völlig verschwunden. Das heißt, der Wasserstoff hat den Kohlenstoff aus dem Stahl herausgelöst und damit die ganze Struktur geschwächt.**

Die Mitarbeiter schauen sich schweigend an.

HOCHDRUCKLABOR **15'** TAG/INNEN

SCHLOSSERMEISTER **Chef, das heißt, daß wir Stahl als Baustoff nicht benutzen können. Das ist das Ende.**

Auf den Gesichtern der Mitarbeiter Ratlosigkeit. Heinrich starrt vor sich hin. Dann schüttelt er den Kopf.

HEINRICH **Warten Sie. Der Kontaktofen hat zwei Aufgaben. Er muß den hohen Druck aushalten und muß das Gas am Entweichen hindern. Warum nicht diese beiden Funktionen separieren und zwei übereinanderliegende Mäntel nehmen. Welches Material ist so dicht, das Gas zu halten?**

Heinrich legt seine beiden Hände zur Anschauung ineinander. Es ist still.

INGENIEUR **Kupfer?**

HEINRICH **Das war schon bei den Regenerationsrohren löchrig wie ein Sieb.**

1. ASSISTENT **Was ist mit Silber?**

HEINRICH **Geht nicht.**

1. ASSISTENT **Warum nicht?**

HEINRICH **Zu empfindlich. Beim Aufheizen staucht es sich und beim Abkühlen zieht es sich so schnell zusammen, daß es an den Enden reißt.**

INGENIEUR **Wir müssen es mit Bronze versuchen.**

Die Männer sind aufgestanden, nur Heinrich ist sitzengeblieben.

Er streicht sich mit der Hand über das stachlig aufstehende Haar.

HEINRICH **Wartet mal. Wie wäre es mit weichem Eisen? Weiches Eisen enthält fast keinen Kohlenstoff, kann also vom Wasserstoff nicht zerstört werden. Erfüllt dadurch Funktion zwei: Das Gas kann nicht entweichen. Um das weiche Eisenrohr legen wir dann einen harten Stahlmantel, der dem Druck standhält. Ja.**

Er lacht.

INGENIEUR **Geht nicht. Denn der Wasserstoff geht durch das weiche Eisen und greift dann den Stahlmantel an.**

HEINRICH **Dann bohren wir eben Löcher in den harten Mantel und lassen den Wasserstoff entweichen. An die Arbeit, meine Herren! Ich wünsche Ihnen einen schönen Sonntag.**

Luise sitzt vor dem Picknickkorb und starrt mit einer tiefen Falte auf der Stirn vor sich hin. Schließlich schnappt sie sich Heinrichs Fahrrad und fährt los.

Auf der Landstraße kommt ihr jetzt Heinrich in Luises Kabrio entgegen. Er singt. Nach einem kurzen Wortwechsel verstauen sie das Fahrrad auf dem Rücksitz und fahren zur Badestelle zurück.

Luise steuert den Wagen. Sie hat sich eine Zigarette angezündet, die sie lässig zwischen den Lippen hält. Heinrich scheint das etwas zu irritieren, aber er kann sich beherrschen.

LUISE **Sprechen Sie's ruhig aus, Herr Doktor. Eine Frau raucht nicht. Denn rauchen schadet dem Körper, dem Kreislauf und der Lunge. Stimmt's?**

Heinrich nickt.

LUISE **Sowas lernen wir schon im ersten Semester.**

Heinrich schaut Luise erstaunt an.

HEINRICH **Sie studieren?**

Luise nickt.

LUISE **Ja, in Heidelberg. Medizin.**

Luise drückt ihre Zigarette aus. Sie lacht. Der Wagen erreicht jetzt den Platz, wo Luise Heinrich am Morgen aufgestöbert hat. Beide steigen aus und laufen die Böschung hinunter. Die Sachen liegen noch so, wie sie sie zurückgelassen haben: die Botanisiertrommel, das ausgebreitete Plaid und vor allem der sehr gut sortierte Picknickkorb. Heinrich ist stehengeblieben. Er schaut auf Luise mit verliebten Augen hinunter, während sie sich anschickt, den Korb auszupacken.

HEINRICH **Und wenn Sie fertig sind mit Ihrem Studium, was haben Sie dann vor?**

LUISE **Vielleicht bewerbe ich mich später einmal bei Ihnen. Der wahre Gebrauch der Chemie ist nicht, Gold zu machen, sondern Arznei.**

HEINRICH **Wer sagt das?**

Luise zerteilt einen Hummer. Heinrich entkorkt eine Flasche Wein.

LUISE **Paracelsus.**

HEINRICH **Aha! Paracelsus.**

LUISE **Jetzt erzählen Sie mir doch endlich, was passiert ist. Ich bin so neugierig. Was war eigentlich los?**

HEINRICH **Entweder habe ich heute eine große Dummheit gemacht, oder ich habe etwas Großartiges gefunden. Wenn wir heute Glück gehabt haben, dann bauen wir in Zukunft Hochdrucköfen in einer Größe, von der wir bisher nur geträumt haben. Maschinen und Apparaturen von unerhörter Leistungsfähigkeit. Etwas Gigantisches – Überwältigendes.**

Heinrich klettert die Böschung hoch. Er macht Luise ein Zeichen, ihm zu folgen.

HEINRICH **Kommen Sie!**

Luise und Heinrich liegen halb auf der Böschung und blicken über eine weite, plane Ebene: Kartoffelacker und Weizenfelder, Klatschmohn und Kornblumen und im Hintergrund im Abendlicht die kleine Ortschaft Oppau.
Heinrich breitet die Arme aus und zeigt auf die Landschaft.

HEINRICH **An dieser Stelle wird die Ammoniakfabrik einmal stehen.**

Luise hat sich aufgerichtet. Sie schaut Heinrich an.

LUISE **Ammoniak. Aber das ist das Ausgangsprodukt für Salpetersäure. Aus Salpetersäure werden Sprengstoffe gemacht, Dynamit, Munition. Viele sagen, es gibt bald Krieg. Einige lassen sich als Sanitäter ausbilden.**

HEINRICH **Ich verspreche Ihnen, Luise, diese Fabrik wird nur dem Wohle der Menschen dienen. Wir werden hier das Ausgangsprodukt für Düngemittel herstellen. Können Sie sich vorstellen, was das heißt? Hunderttausend Tonnen mehr Brotgetreide, Millionen Tonnen Kartoffeln jedes Jahr. Friedrich der Große hat einmal gesagt: Der, welcher machen kann, daß zwei Halme wachsen, wo sonst nur einer wuchs, hat für die Interessen seines Vaterlandes mehr getan, als alle Politiker zusammengenommen.**

Heinrich legt seinen Arm um Luise. Er nähert seinen Mund ihren Lippen.

LUISE **Was machen Sie denn da?**

HEINRICH **Ich, ich versuche, Sie zu küssen.**

LUISE **Küssen Sie mich nur, wenn Sie mich wirklich lieben.**

HEINRICH **Ich liebe Sie und will, daß Sie meine Frau werden.**

LUISE **Kannst du Faustball spielen?**

HEINRICH **Was?**

LUISE **Wenn du bei Vater etwas werden willst, mußt du Faustball spielen können.**

Heinrich drückt Luise einen Kuß auf den Mund.

Das preußische Kriegsministerium. Es schneit. Ein dunkelgetäfelter Konferenzsaal, in der Mitte ein Konferenztisch. Auf der einen Seite des Raumes Herren in Uniform, auf der anderen Seite eine kleine Gruppe Zivilisten.

Eine schwarze Militärlimousine hält vor dem Portal. Die Wachen nehmen Haltung an. Ein junger Ordonanzoffizier öffnet den Wagenschlag. Heinrich steigt aus, geht mit raschen Schritten die Treppen hoch. In der Tür wird er von Friedrich in Empfang genommen. Beide gehen einen langen Korridor hinunter.

FRIEDRICH **Ulrich schreibt, an der Westfront verbluten ganze Jahrgänge von jungen Offizieren, Regimenter werden aufgerieben. Eine einzige Materialschlacht.**

HEINRICH **Wie geht es Luise?**

FRIEDRICH **Sie hat sich als Lazaretthelferin gemeldet. Beim Roten Kreuz.**

Friedrich öffnet die Türe zum Sitzungssaal. Sie treten ein.

HEINRICH **Ist das da Rathenau?**

An der Stirnseite des Raumes, unter dem Konterfei des Kaisers, ein kühl und distanziert wirkender Mann.

FRIEDRICH **Ja. Der Leiter der neuen Kriegsrohstoffabteilung.**

HEINRICH **Und der Mann neben ihm?**

Ein korpulenter jüngerer Mann in Uniform legt Rathenau eine dicke Akte vor.

HEINRICH **Hauptmann Körner. Chemiebeauftragter. Ein Organisationstalent.**

Rathenau nimmt an der Stirnseite des Tisches Platz. Er wendet sich jetzt nach links zu den Vertretern der Großindustrie.

RATHENAU **Meine Herren, ich möchte die Vertreter der Industrie, die meiner Einladung gefolgt sind, recht herzlich begrüßen. General von Falkenhayn hat die Einrichtung dieser Kriegsrohstoffbehörde unter meiner Leitung angeordnet, ob Ihnen das nun paßt oder nicht, es ist mir völlig egal.**

1. GENERAL **Die Industrie hat sich aus militärischen Angelegenheiten gefälligst herauszuhalten.**

RATHENAU **Das zeigt, daß die Herren des Generalstabes immer noch nicht den Sinn der britischen Seeblockade erfaßt haben, sonst würden sie die simple Notwendigkeit einer industriellen Mobilmachung endlich begreifen, um für den Fall eines Erschöpfungskrieges gerüstet zu sein.**

Einer der Militärs springt auf. Er ist zornrot im Gesicht.

2. GENERAL **Herr! Was erlauben Sie sich, die Autorität des Kriegsministeriums, der obersten Heeresleitung und die Seiner Majestät in Frage zu stellen! Die Armee steht ohne jeden Zweifel vor dem großartigsten Sieg ihrer Geschichte.**

Rathenau winkt ab.

RATHENAU **Setzen Sie sich und hören Sie zu. Zugegeben, ich bin Industrieller und kein Stratege, aber ich kann eins und eins zusammenzählen. Der Feldzug im Westen ist zu einem Stellungskrieg erstarrt. Der Schlieffen-Plan und damit die Hoffnung auf einen raschen Sieg sind begraben. Dabei ist viel mehr Munition verbraucht worden, als Sie jemals gerechnet haben.**

Die Militärs sind in größter Erregung. Rathenau hat mit der flachen Hand auf den Tisch geschlagen. Es tritt sofort Ruhe ein.

RATHENAU **Allein was die Vorräte von Kaliumnitrat, Ausgangsprodukt für die Herstellung von Munition anbelangt, kann der Krieg von unserer Seite höchstens noch etwa sechs Monate geführt werden.**

Alles redet durcheinander.

1. GENERAL **Das ist eine ungeheuerliche Unterstellung. Die erforderlichen Reserven für die Munitionsherstellung sind selbstverständlich vorhanden.**

Rathenau hat sich in seinen Sessel zurückgelehnt.

RATHENAU **Da bin ich aber mal gespannt, woher Sie Ihr Kaliumnitrat beziehen wollen.**

Gespannte Gesichter bei den Vertretern der Industrie; besonders Heinrich schaut neugierig.

1. GENERAL **Aus dem Kalilager in Staßfurt.**

Der General schaut triumphierend in die Runde. Heinrich zuckt zusammen. Seine Stimme ist ganz leise.

HEINRICH **Sagten Sie, Sie beziehen Kaliumnitrat aus den Kalisalzlagern in Staßfurt?**

1. GENERAL **Jawohl. Wie Sie sehen, haben wir an alle Eventualitäten gedacht.**

Heinrich schaut zu Rathenau.

HEINRICH **Haben Sie das gewußt, Herr Rathenau?**

RATHENAU **Ich wollte es erst selber nicht glauben, aber jetzt haben Sie's ja mit eigenen Ohren gehört.**

Heinrich schüttelt den Kopf.

FRIEDRICH **Das ist ja unglaublich.**

Heinrich fängt erst langsam an, dann wird er immer schneller, immer lauter.

HEINRICH **Alle Explosivstoffe sind Nitroverbindungen und bedürfen zu ihrer Herstellung der Salpetersäure. Und Salpetersäure gewinnt man aus Kaliumsalpeter. Für Sprengstoff ist nur dieses Kalisalz geeignet. Ihr Kalisalz aus Staßfurt, Kaliumchlorid, das können Sie sich bestenfalls auf Ihr Frückstücksei streuen.**

Die Militärs machen betretene Gesichter. Rathenau öffnet die vor ihm liegende Mappe.

RATHENAU **Deshalb habe ich Sie hierhergebeten. Sie haben geschafft, was keiner für möglich gehalten hätte. Die Synthese von Ammoniak. Finden Sie jetzt einen Weg, das Ammoniak in Salpeter umzuwandeln. Sonst ist das Reich verloren. Sie bekommen alles, was Sie brauchen. Hilfsmittel, Ingenieure, Handwerker. Nur eines haben Sie nicht: Zeit.**

Heinrich schaut auf.

HEINRICH **Vorausgesetzt, wir finden den richtigen Katalysator, garantiere ich Ihnen Salpetersäure unter folgenden Bedingungen. Erstens: Unser gesamtes Personal muß sofort aus der Armee entlassen werden. Zweitens: Sie müssen uns garantieren, daß die erforderlichen Maschinen, Baumaterialien, technischen Ausrüstungsgegenstände ab sofort zu unserer uneingeschränkten Verfügung stehen.**
Drittens: Zur Absicherung aller unserer Aktionäre muß das ganze Projekt staatlich subventioniert sein.

Rathenau nickt. Er wendet sich jetzt an die Vertreter des Kriegsministeriums.

RATHENAU **Ihre Forderungen werden alle erfüllt, oder haben Sie etwas dagegen einzuwenden?**

Die Militärs schütteln stumm die Köpfe.

RATHENAU **Schön. Ohne mich weiter in Ihre Aufgaben einmischen zu wollen, eine Frage noch. Ich denke, daß ohne die Garantie eines regelmäßigen Munitionsnachschubs jede große Offensive an der Westfront unmöglich ist. Wir müssen also in der Zwischenzeit nach anderen Möglichkeiten suchen, um die Front in Bewegung zu bringen.**

FRIEDRICH **Wir könnten die Abfallprodukte der deutschen Chemieindustrie zum Einsatz bringen, vor allem Brom und Chlor, aber auch andere toxische Chemikalien, die man mit geringem Aufwand in eine wirksame Angriffswaffe verwandeln kann.**

RATHENAU **Was meinen Sie dazu, meine Herren?**

1. GENERAL **Wir befürchten, daß der Einsatz von Giftgas dem Angriffsgeist der Truppe schadet. Giftkampfstoffe einzusetzen, ist unsoldatisch.**

Rathenau ist aufgestanden.

RATHENAU **Meine Herren. Dieser Krieg ist eine Materialschlacht, die nicht mehr an der Front, sondern in der Heimat geschlagen wird. Eine Schlacht um Rohstoffe.**

An den Wänden eine Batterie von Kaninchenställen. Ein Assistent holt ein paar der Tiere aus den Käfigen und bringt sie in einen gekachelten Versuchsraum. Die Türe wird geschlossen. Durch ein Sichtfenster kann die Reaktion der Tiere beobachtet werden.

Das Ventil einer Gasflasche, die mit einem roten Gummischlauch mit dem Versuchsraum verbunden ist, wird aufgedreht.

Friedrich und sein Assistent beobachten das Verhalten der Tiere. Aus einem Ventil in der Decke strömt das Gas ein und senkt sich langsam zu Boden. Friedrich gibt ein Zeichen. Der Assistent dreht die Flasche zu.

FRIEDRICH **Wie hoch ist das Mischverhältnis?**

ASSISTENT **Eins zu hunderttausend.**

FRIEDRICH **Das genügt. Wir wollen sie ja nicht gleich vergiften, sondern nur ein bißchen in Bewegung bringen.**

Die Tiere haben sich dicht an den Boden gepreßt. Langsam senkt sich das Gas. Die Tiere geraten in Panik. Friedrich hat sich an einen Tisch gesetzt und rechnet.

FRIEDRICH **Wir brauchen also ungefähr pro Meter Front vierzig Kilogramm Chlorgas. Das macht pro Meter zwei 20-Kilogramm-Bomben.**

Ein Adjutant betritt mit Hauptmann Körner den Laborraum.

FRIEDRICH **Wie geht die Arbeit in Berlin? Man hört ja tolle Geschichten über das Büro Haber im Kaiser-Wilhelm-Institut. Ein ganzes Nest von Nobelpreisträgern. Walter Nernst, Emil Fischer...**

KÖRNER **Die Giftgasversuche sind fast abgeschlossen. Wie kommen Sie hier mit der Produktion zurecht? Das Gasregiment muß spätestens Anfang nächsten Jahres einsatzfähig sein.**

FRIEDRICH **Kommen Sie mit.**

In einem abgedunkelten Raum sind unzählige Stahlzylinder gelagert.

FRIEDRICH **Das also sind unsere Maulwürfe.**

Er läßt Körner eintreten. Beide gehen an den Flaschen vorbei.

KÖRNER **Maulwürfe?**

FRIEDRICH **Ja, sie werden eingegraben.**

Körner ist an einem der Stahlzylinder stehengeblieben. Er berührt das Öffnungsventil.

FRIEDRICH **Vorsichtig, Herr Hauptmann. Die Chlorbombe ist im Innern wie ein Siphon gebaut. Vom Ventil hier geht ein Rohr bis zum Boden des Stahlmantels. Dreht man das Ventil auf, spritzt das unter Druck stehende Chlor nach außen und geht in der Luft augenblicklich in Gas über.**

KÖRNER **Wieviel Chlorgas benötigen Sie, um einen Frontabschnitt von zehn Kilometern einzunebeln?**

FRIEDRICH **Um den Feind aus der Stellung zu treiben, pro Meter ungefähr zwei dieser Zwanzig-Kilogramm-Chlorbomben, macht auf die ganze Länge des Frontabschnitts vierhunderttausend Kilogramm Chlorgas. Was Sie hier sehen, ist also nur ein geringer Teil des Bedarfs. Solche Mengen schafft ein einzelnes Unternehmen nicht allein. Alle müssen sich jetzt zusammenschließen.**

Körner streicht über den kühlen, blauen Stahlzylinder. Dann verläßt er zusammen mit Friedrich das Magazin.

KÖRNER **Lassen Sie mal. Dafür werden wir schon sorgen.**

WERKSGELÄNDE: FORSCHUNGSLABOR/MAGAZIN **18'** TAG/INNEN/AUSSEN

Friedrich und Körner kommen ins Entrée. Ein Bediensteter nimmt ihnen die Uniformmäntel ab. Dann gehen sie die Treppe hoch in den ersten Stock.

Friedrich und Körner betreten einen Salon im Stil der Gründerzeit. Eine kleine Gesellschaft von Künstlern, Architekten, Schriftstellern hat sich hier zusammengefunden.

Judith steht am Flügel. Sie singt die Hugo-Wolff-Vertonung eines Möricke-Liedes.

JUDITH **Du bist Orplid, mein Land,**
das ferne leuchtet.
Vom Meere dampfet
dein besonnter Strand...

Friedrich und Körner sind in der Türe stehengeblieben.

Judith hat Friedrich sofort entdeckt. Ihre Augen leuchten.

JUDITH **... den Nebel, so der Götter Wange feuchtet,**
uralte Wasser steigen
verjüngt um deine Hüften, Kind,
vor deiner Gottheit beugen sich
Könige, die deine Wärter sind.

Der Bankier kommt auf seine neuen Gäste zu. Friedrich stellt seinen Begleiter vor.

FRIEDRICH **Hauptmann Körner, Chemiebeauftragter der Kriegsrohstoffbehörde.**

BANKIER **Hauptmann, überall hört man nur das Allerbeste über Ihren Einsatz. Chemie ist aus dem modernen Krieg nicht mehr wegzudenken. Ihre Anstrengungen entscheiden schließlich über Sieg oder Niederlage.**

KÖRNER **Deshalb fordern wir, daß die gesamte Industrie mobil macht.**

BANKIER **Diese Programme müssen aber schließlich finanziert werden.**

Der Bankier macht einen Schritt zur Seite und wendet sich an Friedrich.

BANKIER **Erlauben Sie, daß ich Ihren Freund für einen Augenblick entführe?**

Hinter Friedrich ist jetzt Judith getreten. Der Bankier lächelt.

Friedrich dreht sich um.

FRIEDRICH **Ich habe Ihnen etwas mitgebracht.**

Friedrich überreicht Judith eine mit einer Geschenkschleife zugebundene Schachtel. Judith will sie öffnen.

FRIEDRICH **Nein, nicht hier.**

Judith schaut Friedrich erstaunt an.

Friedrich und Judith verlassen den Salon und gehen in das angrenzende Bibliothekszimmer. Mit einer Geste fordert er Judith auf, den Karton zu öffnen. Judith hebt den Deckel hoch, und heraus schaut ein Kaninchen.

FRIEDRICH **Freuen Sie sich?**

Judith nimmt das Kaninchen aus dem Karton.

JUDITH **Es ist süß. Wo haben Sie es herbekommen?**

FRIEDRICH **Aus unserer Forschungsabteilung.**

JUDITH **Wo Sie Ihre schrecklichen und grausamen Versuche mit diesen arglosen Tieren machen?**

FRIEDRICH **Ohne diese schrecklichen Versuche hätten wir ja keine Möglichkeit herauszufinden, welche Arzneien die Menschen vor Krankheiten schützen und welche schädlich sind.**

JUDITH **Warum lügen Sie mich an? Meinen Sie, ich wüßte nicht, um welche Versuche es sich in Wirklichkeit handelt?**

Judith will das Kaninchen zurück in den Karton setzen, doch es zappelt, springt von ihrem Arm. Das Kaninchen ist nullkommanix unter einer Couch verschwunden.

Die Troddeln der Couch werden zur Seite geschoben, und es erscheinen die Gesichter von Judith und Friedrich.

JUDITH **Da! Da ist es!**

Friedrich versucht, das Kaninchen mit der Hand zu fassen.
Das Kaninchen hoppelt etwas zur Seite.

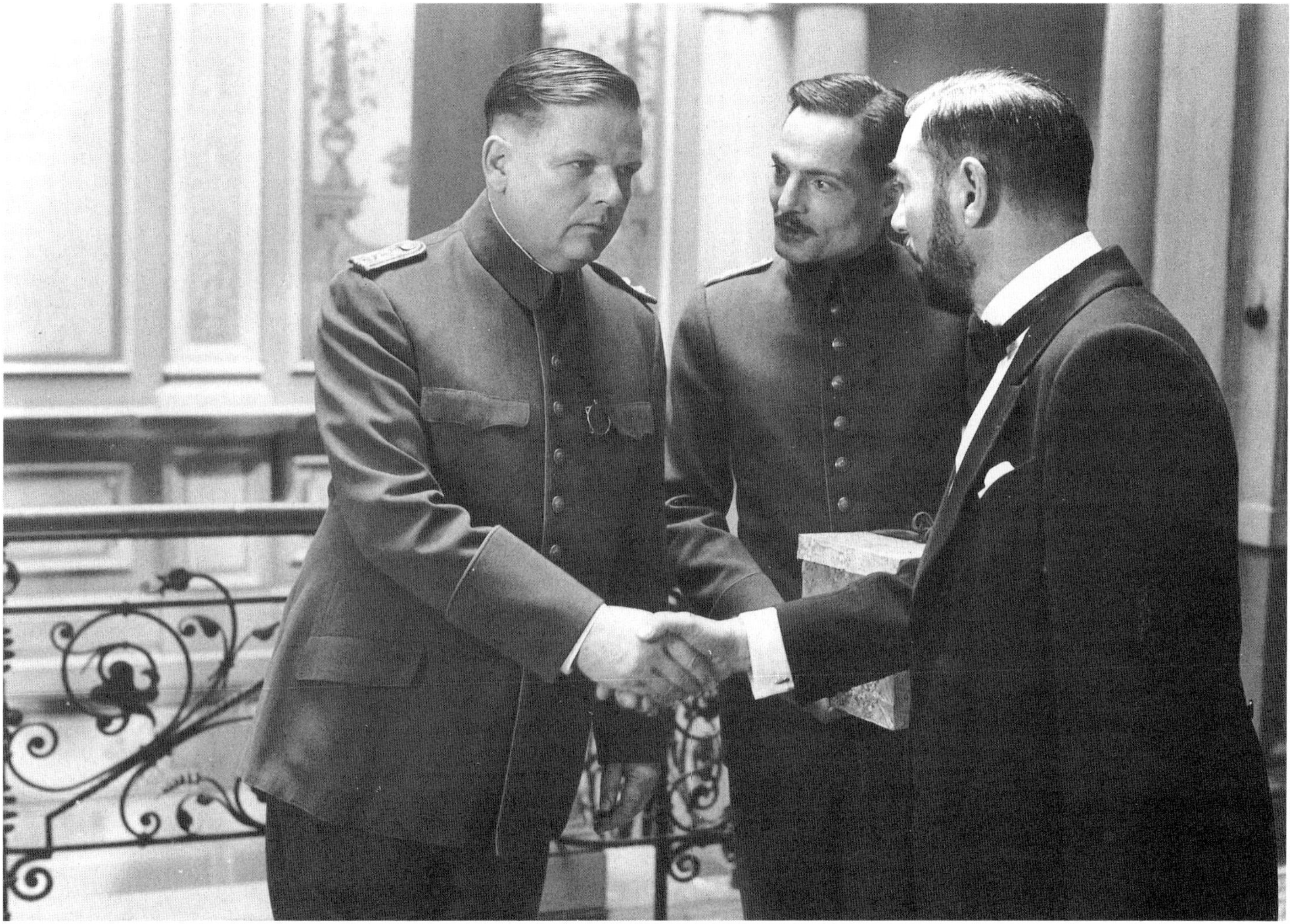

FRIEDRICH **Kommst du da raus!**

Friedrich und Judith liegen nebeneinander auf dem Teppich. Friedrich tastet mit der linken Hand unter das Sofa. Dabei schaut er nach rechts, neben ihm Judiths Gesicht. Sie sind sich beide zum Küssen nahe.

FRIEDRICH **Ich liebe Sie, Judith.**

Der Bankier und Körner stehen in der Türe. Der Bankier mit dem Rücken zum Salon, so daß er Friedrich und Judith von hier aus ganz gut beobachten kann.

KÖRNER **Rathenau will, daß die chemische Industrie sich endlich zu einem Kartell zusammenschließt.**

BANKIER **Duisberg versucht das schon seit Jahren ohne sichtlichen Erfolg. Denn die kleineren Firmen haben Angst, von den großen Dreien geschluckt zu werden.**

KÖRNER **Dann werden wir sie eben zwingen müssen.**

BANKIER **Und wie wollen Sie das anstellen?**

KÖRNER **Durch Kontingentierung von Rohmaterialien, Preisfestlegung, Produktionsauflagen oder auch Buchprüfungen, Aufdecken von Betriebsgeheimnissen. Jedes Mittel ist recht, um endlich die Zentralisierung der deutschen Wirtschaft zu erreichen und sie zu Höchstleistungen anzutreiben.**

BANKIER **Was ist eigentlich Ihre Rolle dabei, Herr Hauptmann?**

KÖRNER **Diese Maßnahmen zu koordinieren.**

Soldaten des Gasregiments beim Eingraben der Chlorgasbomben. Am Ende des Schützengrabens an einer weiß-rot geringelten Fahnenstange eine Windhose, wie man sie auf Flugplätzen benützt. Daneben ein Soldat, in der Hand ein Anemometer. Der Schalenstern mit den Hohlschalen dreht sich konstant. Auf dem Gerät, das die Windgeschwindigkeit anzeigt, pendelt sich die Nadel bei drei Meter pro Sekunde ein.

SOLDAT **Windgeschwindigkeit drei Meter pro Sekunde. Richtung Nord-Nord-Ost. Stabile Lage.**

Ein Nachrichtensoldat gibt die Meldung per Feldtelefon durch zum Stab, der ungefähr hundert Meter von dem Schützengraben entfernt Aufstellung genommen hat. Der Nachrichtensoldat beim Stab überbringt die Meldung den Offizieren, die auf ihren Pferden sitzen und mit Feldstechern hinüber zu dem Schützengraben schauen. Der Nachrichtensoldat nimmt vor Friedrich Haltung an.

SOLDAT **Windgeschwindigkeit drei Meter pro Sekunde, Nord-Nord-Ost, stabile Lage.**

Friedrich setzt das Fernglas ab und wendet sich an einen der beiden Generäle.

FRIEDRICH **Herr General, wir sind soweit.**

GENERAL **Dann geben se mal Befehl zum Abblasen.**

Friedrich nickt dem Meldesoldaten zu.

FRIEDRICH **Befehl zum Abblasen.**

Der Meldesoldat läuft zurück zum Feldtelefon. Er kurbelt.

MELDESOLDAT **Befehl zum Abblasen.**

Im Vordergrund die Vertreter des Generalstabs. Im Hintergrund jetzt deutlich zu sehen das Aufkommen einer grünen, dichten Gaswolke. Sie wird mit dem Wind über den Platz getrieben.

Der General wendet sich an Friedrich.

GENERAL **Und wo sind Ihre Freiwilligen?**

Friedrich deutet hinüber auf die andere Seite.

FRIEDRICH **Dort drüben in den Stellungen. Sie haben sich eingegraben. Natürlich ohne Gasmasken.**

Der General lacht leutselig.

Die Chlorgaswolke wird dichter, treibt langsam über den Platz auf die Stellungen zu. Bevor die Chlorgaswolke die Stellung erreicht hat, springen die Freiwilligen aus den Schützengräben und rennen davon. Auf Friedrichs Gesicht die nackte Wut.

FRIEDRICH **Diese Feiglinge!**

Friedrich gibt seinem Pferd die Sporen und verschwindet in der abtreibenden Wolke. Das Pferd scheut, geht hoch. Friedrich nimmt es hart an die Kandare. Das Pferd fängt an zu keuchen und zu zittern. Es stolpert. Friedrich wird abgeworfen. Von der Last befreit, galoppiert das Pferd davon.

Friedrich ist von dem Sturz etwas benommen. Er hustet, würgt, will hoch, schafft es nicht. Er kriecht auf allen vieren, ringt nach Luft, kommt hoch, fällt wieder hin.

Die beiden Generäle schauen gespannt mit ihren Feldstechern hinüber zu der Chlorgaswolke, in der Friedrich verschwunden ist.

GENERAL **Schneidige Haltung, der Mann.**

Aus der Chlorgaswolke kommt jetzt das reiterlose Pferd galoppiert.

Friedrich liegt mit dem Rücken auf dem Boden, vor dem Mund blutiger Schaum.

Der Geheimrat kommt mit dem Militärarzt die Treppe herunter in den Keller.

MILITÄRARZT **Er hat sehr große Schmerzen. Und er ist – bitte erschrecken Sie nicht – noch blind. Wir hoffen, es ändert sich in ein paar Tagen, wenn er Glück hat. Kommen Sie bitte.**

Friedrich liegt in einem abgedunkelten, gekachelten Raum. Über den Augen eine weiße Binde. Er atmet schwer und versucht, zu sprechen. Aber es ist nur ein Krächzen.

GEHEIMRAT **Friedrich, mein Junge! Nein, laß, sag nichts.**

Der Geheimrat ist jetzt an Friedrichs Krankenbett angelangt. Er blickt auf Friedrich hinunter.

GEHEIMRAT **Ich bin gekommen, um zu sagen, wir alle, das heißt ich, bin wirklich stolz auf dich.**

Friedrichs Hand tastet nach der Hand seines Vaters. Er findet sie. Der Geheimrat erwidert den Händedruck. Der Geheimrat ist sehr bewegt. Er räuspert sich, um seine Gefühle zu verbergen.

GEHEIMRAT **Ich bin beauftragt, dir auszurichten, du bist befördert worden zum Oberleutnant Friedrich Deutz.**

Auf dem Gesicht des Geheimrats jetzt ein stolzes Lächeln.

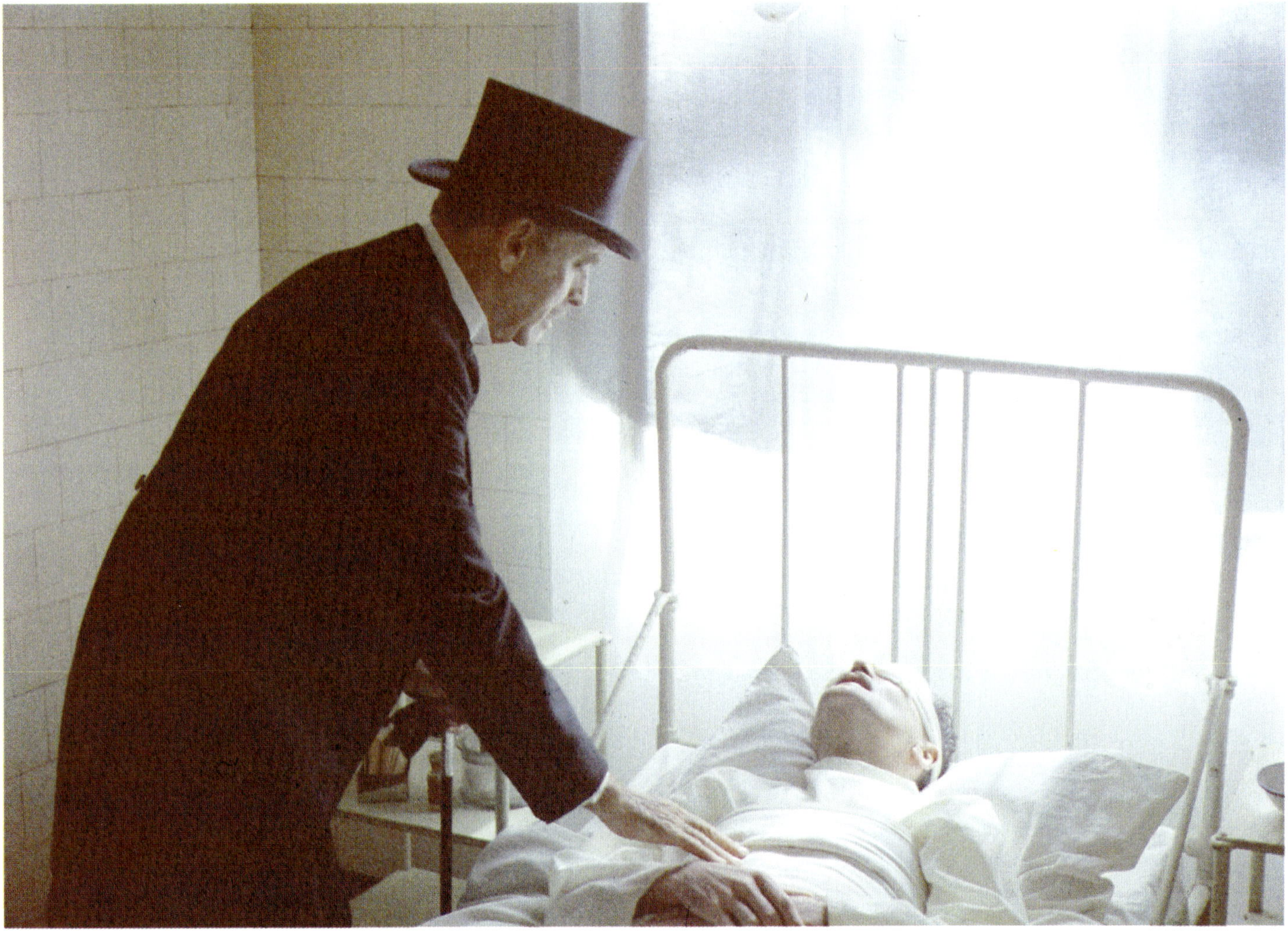

Vor dem Eingang zur Salpeteranlage sind mit Sandsäcken Schutzvorrichtungen aufgebaut worden. Zwei Männer des Werkschutzes beobachten den Nachthimmel.

1. WERKSCHUTZMANN **Heute nacht kommen sie von da.**

2. WERKSCHUTZMANN **Von da sind sie gestern nacht gekommen. Heute nacht kommen sie von dort.**

1. WERKSCHUTZMANN **Still! Hörst du nichts?**

Aus der angegebenen Richtung ein leises Brummen, das sich rasch nähert. Die beiden Werkschutzmänner schauen sich an. Sie setzen die Alarmanlage in Betrieb.

Über das Dach der Werkshalle kommt ein Doppeldecker. An den Tragflächen deutlich zu sehen: französische Hoheitszeichen.

In der Werkshalle sind Feldbetten aufgeschlagen. An den Kontaktöfen werden die Meßgeräte überprüft. Die Männer stehen starr, blicken nach oben. Das Flugzeuggeräusch entfernt sich rasch. Die Männer fangen wieder an zu arbeiten, so als wäre nichts geschehen.

In naher Entfernung eine Detonation. Dann eine zweite. Die Männer gucken zu Heinrich hinüber. Heinrich ist aufgestanden. Er schaut nach oben.

HEINRICH **Die Fabrik steht viel zu nah an der Front. Sie wissen genau, wonach sie suchen müssen. Ein Treffer hier, und der Krieg ist entschieden.**

Wieder eine Detonation und ein Einschlag. Das Licht flackert. Es geht aus.

HEINRICH **Herrgott nochmal. Werft die Notgeneratoren an. Achtet auf den Druck der Kompressoren.**

Langsam fangen die großen Schwingräder wieder an zu laufen.

HEINRICH **Der Druck ist wieder normal. Sehr gut, weiter so.**

Die Ammoniakanlage liegt im Dunkeln. Dann beginnen die elektrischen Birnen aufzuflackern, und innerhalb von kurzer Zeit ist wieder die volle Energieleistung erreicht.

Heinrich liegt auf einem Feldbett. Er ist eingeschlafen. Körner steht vor ihm, tippt ihm mit der Hand auf die Schulter. Heinrich wacht auf.

HEINRICH **Oh, Körner, entschuldigen Sie, aber ich habe in den letzten zweiundsiebzig Stunden kein Auge zugetan. Wann sind Sie eingetroffen?**

KÖRNER **Ich komme direkt aus Berlin. Man wartet dort ungeduldig auf Ihre Antwort.**

Heinrich reibt sich den Schlaf aus den Augen.

HEINRICH **Oh, kommen Sie mit. Das Hauptproblem ist, die Schutthöhe und die Gasgeschwindigkeit so aufeinander abzustimmen, daß eine optimale Reaktion während der Berührungsdauer von Kontaktmasse und Gas stattfindet. Eine zu kurze Berührungsdauer mit dem Katalysator läßt einen Teil des Ammoniak unoxydiert. Dauert der Kontakt zu lange, bewirkt die hohe Temperatur einen Zerfall des bereits gebildeten Stickoxyds.**

Körner ist ungeduldig.

KÖRNER **Ich möchte hier keinen Vortrag in Chemie. Ich möchte wissen, ob Sie Ihr Versprechen einhalten können.**

Heinrich steht mit Körner vor der Berieselungsanlage aus Sandstein. In gläsernen Auffangbehältern die Salpetersäure. Sie qualmt rötlich. Heinrich dreht sich um.

HEINRICH **So, wie es in den letzten Tagen gelaufen ist...**

KÖRNER **Na, was ist?**

HEINRICH **... garantieren wir eine Großanlage mit einhundertfünfzig Tagestonnen Salpetersäure wie versprochen ab Mai. Die Kanonen des deutschen Heeres werden nie wieder von den Salpeterimporten aus Chile abhängig sein. Melden Sie das in Berlin.**

Körner nimmt Haltung an und salutiert.

Die Anlage ist in vollem Betrieb. Heinrich und seine Mitarbeiter kontrollieren die Öfen. Die Instrumente arbeiten einwandfrei.

Ein Mitarbeiter eilt die eiserne Treppe hinauf und bringt Heinrich eine Botschaft. Heinrich reißt sich los, stürzt die Treppe hinunter.

Ein Lazarettwagen kommt in den Hof gefahren und hält unter dem Turm vor dem Portal.

Charlotte kommt die Treppe hinunter gerannt. Der Geheimrat erwartet sie unten.

Luise in Schwesterntracht steigt aus dem Lazarettwagen aus. Zwei Sanitäter heben Ulrich auf einer Tragbahre heraus. Sein Gesicht ist zerschossen.

Charlotte schreit auf, als er an ihr vorbeigetragen wird.

Die Sanitäter tragen den Schwerverletzten durch den Flur im ersten Stock und bringen ihn in Charlottes Zimmer.

Heinrich kommt ins Treppenhaus, rennt die Treppe hoch. Luise kommt ihm im ersten Stock entgegen.

HEINRICH **Wie geht es ihm?**

LUISE **Es ist sehr schlimm.**

Auf einem Bett liegt Ulrich im Sterben. Das Gesicht ist zur Hälfte verdeckt. Charlotte sitzt neben ihm.

Heinrich und Luise betreten das Zimmer, gehen hinüber zu Ulrichs Bett.

Ulrich öffnet die Augen. Er erkennt Heinrich und Luise.

HEINRICH **Es wird alles wieder gut, Ulrich.**

Ulrich schließt die Augen.

Heinrich und Luise kommen aus Ulrichs Zimmer. Heinrich setzt sich auf den oberen Treppenabsatz. Er verbirgt das Gesicht in seinen Händen. Luise sitzt neben ihm, sie legt ihre Arme um ihn.

LUISE **Es ist besser für ihn, wenn er stirbt.**

HEINRICH **Oh, mein Gott!**

Heinrich reißt sich los. Er rennt die Treppe hinauf.

Luise geht langsam die Treppe hinauf. An der Tür zum Dachboden-labor bleibt sie stehen. Eine Detonation. Glas geht zu Bruch.

Luise öffnet die Tür. Heinrich fegt mit einer Armbewegung die letzten Gläser und Chemikalien vom Tisch. Er dreht sich um, blickt zur Türe.

Luise steht in der Türe.

LUISE **Heinrich, Lieber.**

Heinrich starrt vor sich hin.

HEINRICH **Bleib, wo du bist!**

Luise schüttelt den Kopf. Sie hat die Türe hinter sich geschlossen.

LUISE **Es ist nicht deine Schuld. Der Krieg hat Ulrich umgebracht.**

HEINRICH **Der Krieg wäre längst zu Ende, wenn wir uns nicht eingemischt hätten.**

LUISE **Das ist nicht wahr. Du weißt, daß das nicht wahr ist. Ohne euch wäre er längst verloren. Die Männer an der Front brauchen Munition. Du kannst sie jetzt nicht im Stich lassen.**

HEINRICH **Der, welcher machen kann, daß zwei Halme wachsen, wo sonst nur einer wuchs, hat mehr für die Interessen seines Vaterlands getan als alle Politiker zusammen. Erinnerst du dich? Auf meinen Befehl liefert das Stickstoffmolekül jetzt Bomben anstelle von Butter. Das habe ich nicht gewollt. Bleib, wo du bist! Komm ja nicht näher.**

Ganz langsam geht Heinrich in die Knie. Sie macht die letzten Schritte auf ihn zu und versucht, ihn aufzufangen. Sein Körper zieht sie mit hinunter. Heinrich weint. Luise fährt ihm übers Haar.

HEINRICH **Geh weg, laß mich, bevor es zu spät ist!**

Luise schüttelt den Kopf.

LUISE **So wirst du mich niemals los.**

Heinrich legt seinen Kopf an ihre Schulter. Er weint.

HEINRICH **Geh weg!**

LUISE **Einer muß immer dasein, der auf dich aufpaßt und dich schützt vor dir selbst.**

Luise legt ihren Arm um ihn und legt sich neben ihn.

Die Leiche Ulrichs ist in der Hauskapelle aufgebahrt. Der Geheimrat und Georg, Luise und Heinrich, Charlotte und Friedrich erweisen dem Toten die letzte Ehre.

Das Gesicht des Geheimrats ist starr. Georg kämpft mit den Tränen.

Charlotte tritt jetzt neben den offenen Sarg. Sie streichelt seine gefalteten Hände. Dann läuft sie aus der Kapelle.

Friedrich schaut seinen Vater an. Der Geheimrat nickt. Friedrich folgt Charlotte.

Friedrich steht vor der Türe und klopft. Er öffnet die Türe und tritt ein. Das Zimmer ist dunkel, die Vorhänge sind zugezogen. Charlotte steht in ihrem schwarzen Witwenkleid im Dunkeln und starrt an die Wand. Friedrich geht zu ihr, streichelt ihr übers Haar und küßt ihren Mund. Charlotte legt ihre Arme um ihn und erwidert den Kuß.

In der Bibliothek sind Weihnachtsbäume aufgestellt. Gabentische sind aufgebaut. Die brennenden Kerzen machen ein warmes Licht. Georg schiebt den aus einer Tischdecke provisorisch gebastelten Vorhang zur Seite.

Ein merkwürdig makabres Bild bietet sich den Zuschauern. Georg erscheint in der Tracht einer Rotkreuzschwester mit goldenen Flügeln auf dem Rücken. Max, Maria darstellend, hat sich über das Gesicht eine Gasmaske gestülpt.

GEORG **Es begab sich aber zu der Zeit, daß ein Gebot ausging vom Kaiser Augustus, daß alle Welt geschätzet würde. Da machte sich auf auch Josef aus Galiläa, aus der Stadt Nazareth, auf daß er sich schätzen ließe, mit Maria, seinem vertrauten Weibe, die war schwanger. Und sie gebar ihren ersten Sohn und wickelte ihn in Windeln und legte ihn in eine Krippe, denn sie hatten sonst keinen Raum in der Herberge.**

Judith und Friedrich schauen hinüber zu dem Geheimrat. Der Geheimrat sitzt in seinem Sessel mit versteinertem Gesicht.

Heinrich und Luise haben Mühe, das Lachen zu unterdrücken.

Charlottes Gesicht ist voller Sorge.

GEORG **Fürchtet euch nicht. Siehe, ich verkündige euch große Freude, die allem Volk widerfahren wird, denn euch ist heute der Heiland geboren, welcher ist Christus der Herr in der Stadt Davids. Ehre sei Gott in der Höhe und Frieden auf Erden und den Menschen ein Wohlgefallen.**

Georg ist mit der Weihnachtsgeschichte zu Ende.

Die Zuschauer wissen nicht so recht, ob sie applaudieren sollen oder nicht. Der Geheimrat steht auf und applaudiert. Die anderen atmen auf; sie tun es ihm nach.

GEHEIMRAT **Fröhliche Weihnachten euch allen.**

Man geht hinüber in den Speisesaal. Der Bankier hakt sich bei Charlotte unter.

Die Mädchen kommen mit den silbernen Tabletts die Treppe im kleinen Treppenhaus hoch. Die Gäste haben ihre Plätze eingenommen. Auf ein Zeichen des Geheimrats öffnet sich die Türe, und mehrere große, knusprig braungebratene Gänse werden hereingetragen und auf die Tafel gestellt. Der Geheimrat erhebt sich feierlich von seinem Platz.

GEHEIMRAT **Meine Herren...**

Alle männlichen Anwesenden müssen aufstehen.

GEHEIMRAT **... die Damen.**

Einige verbeugen sich vor ihren Tischdamen, die anderen vor den Gänsen. Bis auf Friedrich, Heinrich und dem Geheimrat, haben die anderen Herren wieder Platz genommen. Der Bankier als „Unparteiischer“ gibt das Zeichen.

BANKIER **Auf die Plätze, fertig, los.**

Unter den Anfeuerungsrufen aller Anwesenden beginnen der Geheimrat, Friedrich und Heinrich mit dem Wettranchieren.

Der Geheimrat schneidet die Flügelknochen in den Gelenken, er durchtrennt die starken Sehnen.

Friedrich macht einen bogenförmigen Einschnitt am Oberschenkel und trennt die Keule vom Rumpf. Heinrich zerlegt Ober- und Unterschenkel.

Der Geheimrat tranchiert die Brust in dünne Scheiben. Friedrich legt die Gabelknochen frei.

Der Bankier geht von einem zum anderen, um zu schauen, ob das Wettranchieren auch fachgemäß durchgeführt wird.

Der Geheimrat hebt Tranchiermesser und Gabel.

GEHEIMRAT **Fertig.**

Heinrich hebt jetzt seinerseits Tranchiermesser und Gabel. Auch er ist fertig. Der Bankier prüft die Karkassen. Der Bankier wendet die Karkasse. Er zeigt auf den Rücken.

BANKIER **Von wegen fertig. Der Dumme läßt sitzen. Hier noch alles dran.**

GEHEIMRAT **Bernheim, ich ziehe mein Geld aus Ihrer Bank ab.**

BANKIER **Doktor Beck ist der Sieger.**

Luise ist aufgesprungen, umarmt Heinrich.

Heinrich streckt Luise den Gabelknochen hin. Sie faßt ihn am anderen Ende. Beide ziehen. Der Gabelknochen bricht entzwei. Luise hält das längere Stück in ihrer Hand. Sie schließt die Augen, denkt nach, nickt, öffnet die Augen. Heinrich hat ihr neugierig zugesehen.

HEINRICH **Also, was hast du dir gewünscht?**

LUISE **Das ist geheim.**

Max hat die Gasmaske neben sich auf den Tisch gelegt. Judith gibt ihrem Bruder unter dem Tisch einen kleinen Tritt.

JUDITH **Tu endlich dieses schreckliche Ding da weg. Wo hast du die eigentlich her?**

FRIEDRICH **Von mir natürlich. Gib sie her.**

Judith schaut Friedrich ärgerlich an. Max steht auf und bringt die Maske hinüber zu Friedrich.

FRIEDRICH **Unser neuestes Modell. Bei einem Gaskrieg braucht man wirksame Schutzmasken. Eigentlich soll es eine Überraschung für dich sein, Vater. Die Kriegsrohstoffbehörde hat mich beauftragt, im Werk die Produktion auf diese Gasmasken umzustellen. Ich habe Hauptmann Körner zugesagt, daß wir...**

Der Geheimrat unterbricht ihn.

GEHEIMRAT **Was fällt dir ein, irgendetwas zuzusagen! Wenn jemand entscheidet, was hier in Zukunft produziert werden soll, dann treffe ich diese Entscheidung!**

Friedrich ist bleich geworden.

FRIEDRICH **Aber Vater, ich habe gedacht, jetzt, wo Ulrich . . .**

Der Geheimrat schaut mit strengem Gesicht hinüber zu Friedrich.

GEHEIMRAT **Solange du deine Füße unter meinen Tisch stellst, tust du, was ich sage. Falls dir das mißfällt, die Tür steht offen. Du kannst gehen.**

Der Bankier schüttelt den Kopf.

BANKIER **Ich verstehe gar nicht, was Sie haben. Das ist doch ein Geschenk des Himmels. Seit Kriegsausbruch haben wir alle Auslandsmärkte verloren. Achtzig Prozent unserer Farbenproduktion ist davon betroffen.**

HEINRICH **Die Armeen haben sich eingegraben, und der Feind ist mit Granaten aus seinen Stellungen nicht mehr zu vertreiben. Vielleicht sollte der Generalstab sich endlich entscheiden, ob er die neuen Gaskampfstoffe einsetzen will oder nicht.**

Judith legt mit einem Knall ihr Besteck auf den Tisch neben ihren Teller.

JUDITH **Es ist ein Verbrechen, wehrlose Menschen mit Gas zu vergiften.**

Die Tischgesellschaft schaut gestört zu ihr hinunter.

JUDITH **Jeder hier am Tisch weiß genau, daß die Anwendung von Giftkampfstoffen unvereinbar ist mit der Haager Konvention.**

Die Tischrunde schaut zu ihr hinüber wie zu einem kleinen, unartigen Kind, das sich weigert, seinen Teller leer zu essen.

FRIEDRICH **Sie irren. Die Bestimmungen der Haager Konvention werden überhaupt nicht angetastet. Ziel ist ja nicht, den Gegner zu vergiften, sondern ihn aus seinen Stellungen zu treiben.**

JUDITH **Und warum?**

FRIEDRICH **Damit unsere Soldaten wieder auf ihn schießen können.**

Judith, die mit zusammengepreßten Lippen vor sich hin starrt, schaut Friedrich jetzt mit blitzenden Augen an.

JUDITH **Wollen Sie etwa leugnen, daß die Haager Konvention explizit jede Anwendung von Giftkampfstoffen verbietet?**

Der Geheimrat schlägt mit der flachen Hand auf den Tisch.

GEHEIMRAT **Das reicht jetzt. Es ist Heiligabend. Ich verbiete jede weitere Diskussion darüber. Punktum. Und damit basta.**

Judith ist heftig aufgestanden. Sie schmeißt ihre Serviette auf den Tisch und läuft aus dem Speisesaal.

Der Geheimrat wischt sich den Mund, nimmt das mit Rotwein gefüllte Glas, trinkt. Er winkt das Mädchen heran.

GEHEIMRAT **Schenken Sie mir nach.**

Friedrich läuft Judith nach in die Bibliothek. Aus einer Ecke kommt Judiths Stimme. Sie steht am Fenster.

JUDITH **Warum laufen Sie mir nach?! Gehen Sie wieder zurück zu den anderen.**

Friedrich geht hinüber zu ihr.

FRIEDRICH **Was haben Sie?**

JUDITH **Wie Sie reden. Wie Sie sich von Ihrem Vater abkanzeln lassen. Haben Sie keine Selbstachtung?**

FRIEDRICH **Das verstehen Sie nicht.**

JUDITH **Behandeln Sie mich nicht wie ein Kind. Ich weiß genau, um was es dabei geht. Ich liebe Sie, aber ich verachte Sie dafür, wie Sie sich herumkommandieren lassen, und ich hasse, was Sie vorhaben zu tun.**

FRIEDRICH **Sie sind eine Idealistin.**

Judith blitzt Friedrich an.

JUDITH **Respektieren Sie bitte meine Gefühle.**

FRIEDRICH **Krieg hat nichts mit dem Respektieren von Gefühlen zu tun.**

Judith blickt erregt aus dem Fenster. Es schneit. Friedrich hat sich eine Zigarette angezündet. Er raucht ärgerlich.

JUDITH **Was verstehen Sie schon von Gefühlen. Sie und Ihre Chemie. Sie merken ja noch nicht einmal, wie Sie helfen, die technischen Voraussetzungen zu schaffen für einen schmutzigen Krieg. Einen hinterlistigen, feigen, verschlagenen Krieg.**

FRIEDRICH **Meinen Sie, unsere Feinde scheren sich um Konventionen? Nein. Schon deshalb müssen wir auf jeden Fall für einen Gaskrieg gerüstet sein. Komme, was da wolle.**

Friedrich wirkt jetzt geradezu aufgebracht.

JUDITH **Sind Sie einverstanden mit diesem Krieg?**

Friedrich blickt zu Boden.

FRIEDRICH **Ich weiß es nicht. Ich habe keine andere Wahl.**

In Judiths Augen stehen Tränen.

JUDITH **Sie werden sich aber entscheiden müssen, ob Sie wollen oder nicht.**

Es regnet. Aus dem Magazin werden Gasflaschen auf Lastwagen verladen. Friedrich leitet die Aktion. Der Geheimrat und Georg kommen über den Hof.

Der Geheimrat verabschiedet sich von seinem Sohn. Sie umarmen sich.

GEHEIMRAT **Gott segne dich, mein Sohn. Paß gut auf dich auf.**

Georg geht an den Käfigen mit den Kaninchen vorbei. Er holt ein Kaninchen raus und hält es auf dem Arm. Der Geheimrat steht an einem Stehpult und schaut Papiere durch. Georg schaut seinen Großvater an.

GEORG **Kann ich so eins behalten?**

Der Geheimrat schüttelt den Kopf.

GEHEIMRAT **Ich fürchte, nein. Die brauchen wir hier.**

GEORG **Wozu?**

GEHEIMRAT **Um Versuche zu machen.**

Arbeiter schieben einen Korb aus Stahlgeflecht vorbei. Er ist voll mit toten Kaninchen.

GEORG **Sind die tot?**

GEHEIMRAT **Ja.**

GEORG **Aber sie haben doch keinem etwas getan!**

GEHEIMRAT **Stell dich nicht so an. Sollen wir etwa Menschen dazu nehmen? Komm jetzt.**

Georg bleibt wie angewurzelt stehen.

Ein Werkschutzmann gibt dem Geheimrat ein Flugblatt.

WERKSCHUTZMANN **Herr Geheimrat, schon wieder eines dieser Flugblätter.**

Der Geheimrat liest.

GEHEIMRAT **Die Männer sind zum Schweigen gebracht. Der Krieg hat ihr Bewußtsein getrübt, ihren Willen gelähmt, ihr Wesen entstellt...**

Der Geheimrat zerknüllt das Flugblatt.

GEHEIMRAT **Gesindel.**

Georg sitzt gelangweilt in seinem Zimmer. Die Klinke zu seiner Tür wird runtergedrückt. Judiths Gesicht erscheint. Georg macht Judith ein Zeichen, hereinzukommen. Judith, mit Muff und Pelzmütze, hat einen Korb in der Hand.

GEORG **Wo ist es?**

JUDITH **Pssst. Erst mußt du mir die Stelle zeigen.**

Georg geht zu einem Wandschrank und holt das Modell der Fabrik hervor. Er stellt es vor Judith auf den Tisch. Georg deutet auf ein langgestrecktes Gebäude.

GEORG **Hier kannst du rauf. Und da sind die Fenster. Paß aber auf, es gibt Wachen da.**

Judith holt das Kaninchen, welches Friedrich ihr geschenkt hat, aus dem Korb und gibt es Georg. Georg ist selig. Er hat das Kaninchen auf dem Arm. Judith sieht sich genau das Modell an. Sie konzentriert sich, um sich alles einzuprägen. Sie sieht Georg beschwörend an.

JUDITH **Du darfst keinem hier etwas davon erzählen, hörst du? Und paß auf, daß er dir nicht davonläuft. Sonst nehmen sie ihn dir wieder weg, und er kommt zurück zu den anderen.**

GEORG **Und du, du läßt sie alle frei? Versprochen?**

JUDITH **Versprochen.**

Judith geht leise hinaus, während Georg mit dem Kaninchen auf dem Arm in sein Kinderhaus geht, um es zu füttern.

Friedrich in Uniform durchquert mit großen Schritten die prächtige Halle. Max Bernheim kommt ihm die Treppe herunter entgegen.

FRIEDRICH **Ist deine Schwester zu Hause?**

MAX **Nein.**

Friedrich atmet tief durch. Er hat es eilig.

FRIEDRICH **Wann kommt sie denn zurück?**

MAX **Sie ist bei Freunden. Sie übernachtet auch dort.**

Friedrich verläßt das Haus und läßt sich zu Judiths Freunden fahren. Dort angekommen stürmt er die Treppe herauf. In einem Dachzimmer sind Judith und ihre Freunde um einem Tisch versammelt, offensichtlich damit beschäftigt, Texte für Flugblätter zu verfassen und zu drucken. Bei Friedrichs Eintritt betretenes Schweigen. Die Freunde verlassen den Raum. Judith erhebt sich langsam und schaut Friedrich feindselig an.

JUDITH **Die Entscheidung ist also gefallen, Herr Oberleutnant.**

FRIEDRICH **Wir rücken aus, morgen früh. Ich bin gekommen, um mich von Ihnen zu verabschieden. Warum sagen Sie nichts?**

JUDITH **Was gibt es zwischen uns jetzt noch zu sagen?**

Friedrich macht einen Schritt auf sie zu.

FRIEDRICH **Judith – ich liebe Sie.**

Judith dreht sich ab. Sie steht ganz starr.

JUDITH **Bleiben Sie, wenn Sie mich wirklich lieben.**

FRIEDRICH **So verstehen Sie doch. Es geht nicht um mich. Es geht...**

JUDITH **Um mich?**

FRIEDRICH **Ich kann nicht – leben Sie wohl.**

Friedrich will Judiths Hände nehmen.

JUDITH **Fassen Sie mich nicht an!**

Friedrich kommt aus dem Portal. Eine Ordonnanz öffnet den Wagenschlag des Autos. Friedrich steigt ein.

Hinter einem Vorhang, kaum wahrnehmbar am Fenster, Judiths Gesicht. Sie sieht, wie Friedrich davonfährt.

Auf dem Werkshof stehen 20 Arbeiter im Regen. Sie frieren, ziehen die Köpfe ein, schauen stumm hinauf zu einem Fenster, hinter dem der Geheimrat zu sehen ist. Sie werden bewacht von Soldaten.

SCHACHNER **Der Alte will uns fertigmachen. Das wird er nicht schaffen. Er will uns kleinkriegen.**

Ein Unteroffizier deutet auf Schachner.

UNTEROFFIZIER **Sie da. Mitkommen.**

Die Arbeiter drängen sich eng zusammen, bilden eine Mauer. Er bahnt sich einen Weg und folgt dem Unteroffizier.

Der Geheimrat steht am Fenster. Im Raum wird das Licht angemacht. Der Geheimrat dreht sich vom Fenster weg.

In einem Arbeitskontor hat sich der Untersuchungsrichter ausgebreitet. Schachner wird von dem Unteroffizier hereingebracht. Vor dem Untersuchungsrichter bleibt er stehen. Der Untersuchungsrichter hält ihm ein Flugblatt vors Gesicht.

Der Geheimrat schaut enttäuscht zu ihm hinüber.

UNTERSUCHUNGSRICHTER **Die Männer sind zum Schweigen gebracht. Der Krieg hat ihr Bewußtsein getrübt, den Willen gelähmt, den Verstand benebelt, ihr Wesen entstellt . . . Haben Sie das geschrieben? Wissen Sie, was das ist? Das ist Sabotage. Sie kommen alle vor ein Kriegsgericht. Alle.**

Also, wer hat das verfaßt?

Ach, sie wollen wohl nicht?

Wir können Sie zum Sprechen zwingen – Sie alle.

Die Namen!

Der Schnauzer des Geheimrats sitzt vor seinem Herrn, hat ein Stück Zucker auf der Schnauze, schaut den Geheimrat erwartungsvoll an.

Der Geheimrat schaut hinunter.

GEHEIMRAT **Kommt vom Franzos.**

Der Hund rührt sich nicht.

GEHEIMRAT **Kommt vom Ruß.**

Der Hund macht keinen Mucks. Der Geheimrat hebt den Zeigefinger.

GEHEIMRAT **Kommt vom Preuß.**

Der Hund wirft das Zuckerstück in die Luft und fängt es mit der Schnauze auf.

Schachner hat den Hund bei seinem Kunststück heimlich beobachtet. Der Geheimrat nimmt Hut und Mantel vom Gardarobenständer und schickt sich an zu gehen.

GEHEIMRAT **Das hätte ich am allerwenigsten von Ihnen erwartet, Schachner.**

Schachner beißt die Zähne zusammen.

Eine Backsteinmauer der Fabrik. Judith hat die Kapuze ihres Capes tief ins Gesicht gezogen. Sie bleibt kurz stehen, schaut sich um.

Zwei Wachsoldaten gehen über den Werkshof. Sie kommen auf Judith zu.

Judith duckt sich. Die Soldaten bleiben jetzt stehen, drehen um, verschwinden in der Dunkelheit.

Judiths Gesicht an einer Fensterscheibe. Sie schaut hinein.

Das Magazin ist vollgestellt mit Gasflaschen.

Mit einem Glasschneider macht Judith ein Loch in die Fensterscheibe. Das Glas fällt klirrend zu Boden. Judith öffnet das Fenster, steigt ein.

Die Soldaten, auf ihrem Rundgang, bleiben stehen.

1\. SOLDAT **Ich sage dir, ich hab was gehört.**

2\. SOLDAT **Du hörst Geister.**

1\. SOLDAT **Es war wie Glas.**

2\. SOLDAT **Das sind die Karnickel.**

1\. SOLDAT **Und wenn trotzdem was war?**

2\. SOLDAT **Laß das nur meine Sorge sein.**

Judith öffnet die Käfige mit den Kaninchen. Dann geht sie zu den Stahlflaschen, öffnet die Ventile. Das Gas zischt. Es bildet sich ein gelblicher Nebel. Judith hustet. Sie hält sich ihr Taschentuch vor den Mund. Sie öffnet eine Flasche nach der anderen, sie stolpert, fällt hin.

Das Gas senkt sich langsam zu Boden. Judith versucht, sich wieder aufzurichten, bekommt keine Luft, fällt hin, bleibt liegen.

Die Soldaten kommen am Direktionsgebäude vorbei. Im Treppengang brennt Licht. Der Geheimrat kommt aus der Türe. Die beiden Posten nehmen Haltung an. Der Geheimrat nickt ihnen zu. Er will in seinen Wagen steigen. Dann stutzt er.

Vor seinem Wagen sitzt im Licht der Hofbeleuchtung ein Kaninchen. Er schaut sich um. Überall auf dem Hof die freigelassenen Kaninchen.

Aus dem Fenster des Magazins quillt eine gelbe dicke Chlorgaswolke. Der Geheimrat rennt die Werksstraße hinunter zum Eingang.

Er schließt die Tür auf und weicht zurück. Eine Gaswolke kommt ihm entgegen. Er nimmt sein Taschentuch und hält es sich vors Gesicht. Zurücktaumelnd und hustend erreicht er den Kasten mit dem Alarmknopf und der dort verwahrten Gasmaske. Er drückt den Alarmknopf und versucht, sich die Gasmaske überzustreifen. Durch eine dichte Gaswolke tastet er sich nun mit der Gasmaske durch den Raum. Er schließt die Ventile der Gasbehälter, bleibt stehen und schaut hinunter. Er sieht Judith auf dem Boden liegen. Er bückt sich, nimmt Judith auf die Arme und trägt sie hinaus.

Der Geheimrat legt Judith vorsichtig auf die Rampe. Er kniet nieder, richtet ihren Oberkörper auf, legt ihren Kopf auf sein Knie. Ein kleiner Trupp kommt die Werkstraße herunter gelaufen.

UNTEROFFIZIER **Da müssen noch mehr drin sein. Keiner darf entkommen. Jeder Winkel ist zu durchsuchen. Sorgen Sie dafür, daß die Flaschen geschlossen werden!**

Die Soldaten laufen auseinander. Der Geheimrat beißt die Zähne zusammen.

GEHEIMRAT **Wie, um Gottes willen, konnte das nur passieren.**

Der Geheimrat nimmt sein Taschentuch und wischt den roten Schaum von Judiths Mund. Judith ist tot. Der Geheimrat preßt sie an sich, nimmt sie hoch.

Pioniere des Gasregiments heben einen Schützengraben aus. Die Chlorbomben werden eingegraben, Sandsäcke aufgeschichtet. Plötzlich halten die Soldaten inne. Man hört eine Detonation, dann ein Pfeifen, alle schmeißen sich in den Matsch, dann ein Einschlag.

Eine zweite Detonation. Friedrich schmeißt sich auf den Boden. Eine Erdfontäne geht auf ihn herunter.

Die Detonationen erreichen den Höhepunkt. Ein ohrenbetäubender Lärm. Plötzlich Ruhe. Die Kanonen schweigen. Friedrich nimmt die Watte aus den Ohren. Er schaut auf die Uhr, dann hinüber zu dem Pionier mit dem Windgeschwindigkeitsmesser.

Der Pionier nickt. Friedrich gibt ein Zeichen. Er öffnet das Ventil der Chlorgasbombe.

FRIEDRICH **Befehl zum Abblasen.**

Zischend tritt das Gas aus.

Die Pioniere des Gasregiments öffnen die Ventile. Das Gas tritt aus und wird zu einer gelblich-weißen Wolke.

Im Kinderhäuschen, das in einer Ecke des Kinderzimmers aufgebaut ist, sitzt Georg und streichelt das kleine Kaninchen, das Friedrich Judith geschenkt hatte. Die Türe wird aufgerissen, Georg schaut ängstlich auf, nimmt das Kaninchen schützend in den Arm.

Am Fenster des Kinderhäuschens erscheint übergroß Friedrichs Gesicht.

FRIEDRICH **Komm da raus. Auf der Stelle!**

Georg kommt aus dem Kinderhaus. Im Arm das Kaninchen. Vor Friedrich bleibt er stehen und schaut auf den Boden. Friedrich zieht Georg am Ohr.

FRIEDRICH **Wo hast du das her? Lüg mich nicht an. Ich weiß, wer es dir gegeben hat. Also, ich höre.**

Georg beißt vor Schmerz die Zähne zusammen.

FRIEDRICH **Du willst nicht?**

Georg schüttelt den Kopf. Das Kindermädchen ist dazugetreten.

FRIEDRICH **Nehmen Sie ihm das Ding da weg.**

Das Kindermädchen versucht, Georg das Kaninchen wegzunehmen. Georg läßt das Kaninchen los.

FRIEDRICH **Ich habe Großvater alles erzählt. Er erwartet dich.**

Das Gewächshaus ist von innen beleuchtet.
Der Geheimrat hält eine Orchideenblüte in der Hand. Erst nach einiger Zeit blickt er auf. Georg schaut ihn herausfordernd an.

GEHEIMRAT **Mit Beginn des neuen Schuljahres wirst du dieses Haus verlassen. Du kommst in eine Kadettenanstalt, in Zucht und Ordnung. Wenn deine Erziehung abgeschlossen ist, nehme ich dich in die Firma, und du lernst hier alles von der Pike auf. Ich erwarte, daß du gehorchst. Du bist ein Deutz, und ich will stolz auf dich sein. Geh jetzt.**

Georg sitzt auf seinem Bett. Charlotte ist bei ihm, sie umarmt ihn. Beide weinen.

GEORG **Ich komme ja wieder zu dir zurück. Und in den Ferien bleiben wir beide zusammen, nur wir zwei. Ich will tapfer sein. Ich werde auch kein Heimweh haben, und ich weine auch nicht. Ich verspreche dir, ich will dir keine Schande machen, bestimmt.**

Charlotte streichelt ihm über den Kopf.

CHARLOTTE **Das weiß ich doch, mein Kleiner. Auch ich will tapfer sein.**

Der Geheimrat sitzt im Ledersessel am Fenster. Friedrich steht am Schreibtisch.

FRIEDRICH **Im ganzen Reich haben sie zum Streik aufgerufen und die Fabriken besetzt. Wir werden ihnen schon zeigen, wer hier der Herr im Hause ist. Aber nur dann, wenn auch wir uns jetzt einig sind und uns zusammenschließen zu einer großen, starken Interessengemeinschaft.**

Der Geheimrat blickt auf.

GEHEIMRAT **Und verlieren unsere Identität.**

FRIEDRICH **Fürs Vaterland.**

GEHEIMRAT **Ach, wäre Ulrich noch am Leben.**

Friedrich geht zu dem Geheimrat hinüber.

FRIEDRICH **Er wäre jetzt auch dafür gewesen. Der Krieg braucht unseren ganzen Einsatz. Wir müssen es tun, jetzt. Die Dividenden waren noch niemals so hoch. Fast 27 Prozent. Und es ist eine alte Weisheit, Kartellabsprachen zu treffen in Zeiten, in denen es einem wirtschaftlich gut geht.**

Der Geheimrat schaut zum Fenster hinaus.

GEHEIMRAT **Also gut. Unter einer Bedingung: Daß du niemals deine Zustimmung dazu gibst, daß dieses Kartell jemals fusioniert.**

Zwanzig Männer haben um einen Tisch Platz genommen. Der Vorsitzende der Runde begrüßt die Anwesenden.

GEHEIMRAT DUISBERG **Ich begrüße recht herzlich die Direktoren der Badischen Anilin- und Soda-Fabrik, die Direktoren der Farbwerke vormals Friedrich Beyer & Co., der Chemischen Fabrik Griesheim, Elektron, der Chemischen Fabrik vormals Weiler-ter Meer, der Teer- und Farbenfabrik Carl Julius Deutz AG...**

Friedrich erhebt sich fast unmerklich und nickt.

GEHEIMRAT DUISBERG **... die Vertreter der Kalle & Co., der Farbwerke vormals Meister Lucius & Brüning, die Aktiengesellschaft für Anilinfabrikation AGFA und der Farbenfabrik Leopold Casella & Co. Endlich ist der Tag gekommen, an dem die deutschen Farbenfabriken eine einzige, große, mächtige Vereinigung bilden, zum Segen der deutschen chemischen Industrie und damit des Vaterlandes. Dem Mutigen gehört die Welt. Darum schnell ans Werk. Kriegszeiten bieten dafür die besten Voraussetzungen.**

Ein Saaldiener öffnet die Mitteltüre. Im Nebenraum hat ein Fotograf seine Kamera in Positur gestellt. Er gibt ein Zeichen. Die Männer stehen auf, und auf ein weiteres Zeichen des Fotografen nehmen sie Platz, schauen in Richtung des Fotoapparates. Ein Magnesiumblitz zuckt auf. Das Bild friert ein.

II.

DER KONZERN

1922 – 1931

Auf der großen Schiefertafel der Devisenabteilung werden die neuesten Dollarnotierungen vorgenommen. Augenblicklicher Stand: 1 US-Dollar = 9 Millionen fünfhunderttausend Mark. Ein Bankangestellter löscht mit einem nassen Schwamm den letzten Stand und notiert: 1 US-Dollar = 9 Millionen siebenhundertfünfzigtausend Mark. Auf die Theke zählt ein anderer Bankbeamter in großen Scheinen Bargeld ab, die der Bankkunde in einem mitgebrachten Koffer verstaut. Im Schalterraum des Bankhauses Bernheim & Co. herrscht gedämpfte Atmosphäre. Die Inflation treibt zwar ihrem Höhepunkt zu, aber man hat das Gefühl, sich wie in einer Kathedrale zu befinden. Auf der Schiefertafel übersteigt der Dollar-Kurs jetzt die Zehn-Millionen-Grenze. Aus diesem Grund entsteht für einen kurzen Augenblick Unruhe und Aufregung, doch dann herrscht wieder diese gedämpfte Atmosphäre und das geschäftliche Treiben geht seinen gewohnten Gang.

Über dem Schalterraum liegt das Kontor des Bankiers wie eine Kommandozentrale, von der aus man alle Bewegungen, die unten passieren, überblicken kann.

Der Bankier blickt hinunter. Dann wendet er sich an seinen Gast. Körner blättert Geldscheine vor sich hin.

KÖRNER **... achtzig, neunzig, einhunderttausend.**

BANKIER **Dafür bekommen Sie heutzutage nicht einmal ein Frückstücksei, und Sie bezahlen ihre ganzen Hypothekenschulden damit für Ihren kürzlich ersteigerten Gutshof. Kein schlechtes Geschäft. Die Zeit ist, was das Monitäre anbelangt, aus den Fugen geraten.**

Körner schließt seine Aktentasche.

KÖRNER **Es gilt die Gunst der Stunde zu nutzen und alte Schulden und Kredite mit Inflationsgeld zurückzuzahlen. Ich werde die Firma aus dieser Nachkriegsmisere herausholen. Ich bin sicher, daß wir schon in nächster Zeit mit einer Währungsreform rechnen können.**

Körner setzt sich seinen Hut auf. Der Bankier öffnet die Türe.

BANKIER **De jure, Körner, mögen Sie im Recht sein, de facto – naja, lassen wir das. Erhasteter Reichtum vermindert sich. Nur, wer allmählich sammelt, vermehrt ihn. Aber was sollen die Leute heutzutage noch sammeln, wenn die Reichsbank schon mit dem Drucken der Geldscheine nicht mehr nachkommen kann.**

Der Bankier wirft das Geld achtlos in einen großen Wäschekorb, der bis zum Rand gefüllt ist mit Papiergeld.

Max, erwachsen geworden, kommt durch das Portal. Er will am Pförtner vorbei.

PFÖRTNER **Ihr Vater wünscht Sie zu sehen.**

Max ist stehengeblieben. Er dreht sich um.

MAX **Hat er gesagt warum?**

Der Pförtner schüttelt den Kopf.

MAX **Das kann nichts Gutes bedeuten.**

Der Bankier begleitet Körner hinaus in das prächtige Treppenhaus.

BANKIER **Sie sind doch der Finanzmann im I.G.-Kartell. Was schlagen Sie vor?**

Max kommt die Treppe herauf. Er sieht seinen Vater in Begleitung von Körner und versteckt sich hinter einer Säule. Der Bankier und Körner kommen die breite Marmortreppe herunter.

KÖRNER **Mir schwebt bis zur Währungsumstellung so eine Art Notgeld vor, ein eigener Anilin-Dollar.**

BANKIER **Und wie wollen Sie die Auflagen der französischen Besatzungsmacht erfüllen, die eine zusätzliche Deckung durch Devisen verlangen?**

KÖRNER **Mit einer eigenen Firma in der Schweiz.**

Der Bankier sieht Körner kopfschüttelnd von der Seite an.

BANKIER **Mit einer Scheinfirma?**

KÖRNER **Ich würde es eher als eine elegante Umgehung der schweizerischen Devisenrestriktionen bezeichnen.**

BANKIER **Nennen Sie es, wie Sie wollen. Wir lassen uns da auf krumme Touren ein. Wer unsträflich wandelt, der wandelt sicher...**

Der Bankier schaut hinüber zur Säule, hinter der sich Max versteckt hat.

BANKIER **... wer krumme Wege geht, der wird ertappt. Max, ich habe mit dir zu reden.**

Max kommt hinter der Säule zum Vorschein. Er geht zu seinem Vater hinüber.

KÖRNER **Gratuliere zum bestandenen Abitur.**

BANKIER **Mein Sohn hier ist ein rechter Tunichtgut. Er will sich unbedingt taufen lassen, und wissen Sie warum? Damit er in eine Burschenschaft eintreten kann.**

Die Villa liegt im Licht der schon tiefstehenden Sonne. Es ist ein warmer Sommertag.

Auf der Terrasse wird der Kaffeetisch gedeckt. Teller klappern. Die Zwillinge Edmund und Elli, 9 Jahre alt, helfen Charlotte beim Tischdecken. Edmund ist ungeschickt. Elli flüstert.

ELLI **Klapper nicht so mit den Tassen. Du weckst ja Großvater auf.**

Charlotte bringt einen großen Geburtstagskuchen heraus. Sie schaut hinauf zum Fenster und lauscht. Dann schaut sie auf ihre Uhr.

CHARLOTTE **Ich muß ihn sowieso gleich wecken, wenn er nicht bald aufsteht.**

EDMUND **Nein, ich wecke ihn.**

Es geht ein leichter, warmer Wind. Insektengesumm im Efeu an der Hausmauer. Die Rolläden sind heruntergelassen und nach außen gestellt. Auf dem Fußboden Sonnenflecken. Ein stummer Diener mit den Kleidungsstücken des Geheimrats. Ein Mahagonispiegel erlaubt den Blick in ein geräumiges, gekacheltes Badezimmer. Der Geheimrat liegt im Morgenmantel auf seinem Bett. Der Mund ist leicht geöffnet. Sein Atem geht gleichmäßig. Sein Hund am Bettende wacht auf, gähnt, schaut sich um und schubst den Geheimrat an. Der Geheimrat tastet mit seiner linken Hand nach ihm.

GEHEIMRAT **Nein, noch nicht aufwachen, Aki. Es ist ein so schöner Traum. Noch ein paar Minuten.**

Der Hund beschnuppert die tastende Hand und faßt das als Aufforderung auf, sie abzulecken. Der Geheimrat setzt sich auf. Er blinzelt. Er versucht, sich zurechtzufinden.

GEHEIMRAT **Du bist ja so gemein.**

Der Geheimrat schnuppert.

GEHEIMRAT **Hm. Kaffeeduft.**

Er steckt die Füße in die bereitstehenden Kamelhaarpantoffeln und schlurft hinüber zum Badezimmer.

Der Geheimrat steht vorm Spiegel. Er prüft sein Gesicht. Mit einer kleinen Schere schneidet er sich die Haare in der Nase.

GEHEIMRAT **Komischer Traum. Das Leben und die Geschäfte, dafür sind wir hier. Und mit Stolz stehen wir dafür ein. Nicht schlecht. Darf nicht vergessen, das zu notieren.**

Der Geheimrat betrachtet seine Hände. Dann nimmt er den Metallknopf, an dem nur noch ein kleines Seifenrestchen hängt und wäscht sich. Mit einem Frotteehandtuch trocknet er sich ab. Er nimmt eine Haarbürste und striegelt sich die Haare. Er nimmt die Haare aus der Bürste und prüft, wie viele daran hängengeblieben sind. Er füllt das Glas mit kaltem Wasser, spritzt ein paar Tropfen Mundwasser hinein, nimmt einen Schluck und gurgelt. Unten von der Veranda sind Stimmen zu hören.

Mit spitzem Mund spuckt der Geheimrat das Mundwasser in einer dünnen Fontäne in die Badewanne. Er läßt Wasser nachlaufen.

Der Hund steht in der Badezimmertüre und schaut ihn mit schräggelegtem Kopf an.

Der Geheimrat atmet schwer. Er nimmt eine bereitstehende Schüssel, füllt sie mit Wasser und stellt sie dem Hund auf den Boden. Er muß sich abstützen. Ihm wird schlecht. Er läßt sich auf einen Stuhl sinken.

Der Geheimrat hat sich von dem Schwächeanfall erholt. Sorgfältig nimmt er vom stummen Diener die Kleidungsstücke, eines nach dem anderen, und kleidet sich an.

GEHEIMRAT **Komm, Aki, Gratulanten läßt man nicht warten.**

Der Geheimrat kommt die Treppe herunter. Der Hund vorneweg. An einer Blumenvase bleibt er stehen, bis der Geheimrat nachgekommen ist. Der Geheimrat nimmt eine Blüte und steckt sie sich ins Knopfloch.

Der Geburtstagskuchen mit den brennenden Geburtstagskerzen, in der Mitte eine große 65 aus Schokolade. Der Geheimrat holt tief Luft. Alles redet durcheinander. Die Familienmitglieder, die sich zur Gratulation zusammengefunden haben, feuern ihn an.

FRIEDRICH **Das ist ja nach Beaufort Windstärke 8. Du sollst die Kerzen nicht davon-, sondern nur ausblasen.**

ELLI **Pustekuchen! Pustekuchen!**

HEINRICH **Ausgeatmete Luft enthält vier Prozent Kohlendioxyd CO_2, mehr als acht Prozent sind ungiftig, farblos, Schmelzpunkt minus 56,7 Grad Celsius, einskommafünfmal schwerer als die Luft.**

CHARLOTTE **Streng dich doch nicht so an.**

LUISE **Doch, er muß alle auf einmal ausblasen.**

CHARLOTTE **Aber er hat schon einen ganz roten Kopf.**

Mit letzter Kraft hat der Geheimrat alle Kerzen ausgeblasen. Er schaut sich um, stolz, wenn auch etwas außer Atem.

Alles applaudiert, und die ganze Familie singt: „Hoch soll er leben." Der Geheimrat sitzt in einem Sessel und ist gerührt. Der Reihe nach gratuliert die ganze Familie. Er nimmt als erstes die Enkelkinder Elli, Edmund und Carl in den Arm. Luise umarmt ihren Vater und gibt ihm einen dicken Kuß auf die Backe.

LUISE **Alles Gute zum Geburtstag, Väterchen.**

Jetzt gratuliert Charlotte.

Dann nimmt ihn Heinrich in die Arme. Er erdrückt ihn fast, gibt ihm auf beide Backen rechts und links einen Kuß.

Friedrich räuspert sich. Er hat sich in Positur gestellt.

FRIEDRICH **Lieber Vater. Zu deinem fünfundsechzigjährigen Geburtstag wünschen wir dir alle Gesundheit, Glück und daß du auch in Zukunft wie bisher die Geschicke der Familie und der Fabrik zum Wohle aller leitest.**

Der Geheimrat ist bewegt, er räuspert sich.

GEHEIMRAT **Danke schön. Ich danke euch. Euch allen. Das waren schöne Worte, mein Sohn. Besonders, was du zur Firmenleitung gesagt hast. Man hörte in den letzten Tagen immer wieder von Fusionsplänen. Ich möchte, daß Ihr wißt, Ihr alle, daß ich mich gegen ein solches Vorhaben mit allen Mitteln zur Wehr setzen werde. Ich kann nicht begreifen, warum unsere Betriebe ihre Unabhängigkeit aufgeben sollten. An diesem Tage, meinem fünfundsechzigsten Geburtstag, möchte ich mit großem Nachdruck und allem Ernst euch vor Augen führen, daß durch die Fusion die Identität der Firma verlorengeht. Wenn ihr zulaßt, daß unser Name ausgelöscht wird, dann habt ihr aufgehört, Unternehmer zu sein, dann seid ihr nur noch Beamte und Funktionäre. Ich glaube, ich habe mich deutlich ausgedrückt.**

Friedrich und Heinrich Beck schauen etwas betreten. Der Geheimrat merkt, daß er für die Festtagsstimmung zu ernsthaft geworden ist. Er springt auf.

GEHEIMRAT **Na sowas, gibt es hier keine Kinder, die Kuchen essen wollen?**

Der Geheimrat schneidet mit einem großen Messer den Kuchen an und verteilt die Stücke an seine Enkel.

Es kommen neue Gäste: Der Bankier, sein Sohn Max und Körner.

BANKIER **Ich hoffe, wir kommen nicht zu spät. Lieber Deutz, alles Gute zum Geburtstag und auch weiterhin auf gute Zusammenarbeit zwischen unseren Häusern.**

Auch Max gratuliert. Der Geheimrat schaut sich um.

GEHEIMRAT **Wo ist eigentlich Georg?**

Charlotte bietet Kuchen an.

CHARLOTTE **Er wird bestimmt gleich da sein. Sicher ist er aufgehalten worden durch ein wichtiges Kolleg.**

Max nimmt ein Stück Geburtstagskuchen. Er schaut Charlotte erstaunt an.

Charlotte blickt erst zu Max, dann zum Geheimrat hinüber. Sie macht Max ein Zeichen, nicht zu reden.

Der Bankier stellt Körner vor.

BANKIER **Carl, darf ich vorstellen? Direktor Körner. Engster Mitarbeiter von Geheimrat Duisberg.**

GEHEIMRAT **Willkommen in meinem Haus.**

BANKIER **Er wollte Ihnen unbedingt seine Aufwartung machen, um ein ungewöhnliches Geschenk zu überreichen.**

Körner hält die linke Hand auf dem Rücken verborgen. Mit der Rechten gratuliert er.

KÖRNER **Ich gratulieren Ihnen recht herzlich zu Ihrem Geburtstag.**

Mit einer eleganten Bewegung bringt er einen nagelneuen Faustball zum Vorschein. Der Geheimrat greift den Ball wie ein Kind, mit beiden Händen. Auf seinem Gesicht ein Strahlen. Er drückt den Ball zärtlich, wie etwas Zerbrechliches, riecht daran, dann läßt er ihn auf den Boden fallen. Der Ball springt zurück in seine Hände. Er schaut sich um.

GEHEIMRAT **Na, was ist? Oder braucht jemand an meinem Geburtstag eine Extra-Einladung?**

Charlotte, in der Hand das halbleere Kuchenblech, macht ein etwas unglückliches Gesicht.

CHARLOTTE **Aber was ist mit dem Geburtstagskaffee?**

GEHEIMRAT **Kann warten. Dann haben wir auch alle den richtigen Appetit. Kommen Sie, meine Herren.**

Sie haben jetzt die Jacketts abgelegt und beginnen ihre Hemdsärmel hochzukrempeln.

Die Herren laufen die Wiese hinunter zum Faustballplatz. Die kleine Elli läuft ihnen hinterher. Sie kommt weinend zurück zu Charlotte. Heinrich beugt sich zu ihr runter.

HEINRICH **Was hast du denn für einen Kummer?**

Elli weint.

HEINRICH **Warum spielst du denn nicht mit den anderen.**

ELLI **Die lassen mich ja nicht.**

Charlotte streichelt ihrer Tochter über den Kopf.

CHARLOTTE **Sie ist ja auch noch so klein.**

HEINRICH **Dann machen wir sie groß.**

Er nimmt sie und hilft ihr auf den Schiedsrichterstuhl.

HEINRICH **Du darfst auf den Schiedsrichterstuhl.**

CHARLOTTE **Aber bitte sorge dafür, daß Großvater nicht verliert. Du verstehst schon, hm?**

Max hat sich in einen der herumstehenden Korbstühle gesetzt. Er beobachtet Charlotte.

Charlotte hat sich neben Luise in einen Stuhl fallen lassen. Sie schaut Heinrich und Elli nach. Luise hat Carl auf dem Schoß.

LUISE **Er liebt kleine Kinder.**

CHARLOTTE **Du bist jung, warum schafft ihr euch nicht noch welche an?**

LUISE **Er würde schon, aber ich nicht. Auf jeden Fall jetzt noch nicht.**

Charlotte schaut Luise erstaunt und fragend an.

LUISE **Du wirst das nicht verstehen. Aber meine Arbeit am Forschungsinstitut ist mir zur Zeit wichtiger.**

CHARLOTTE **Wichtiger als deine Familie?**

LUISE **Ja, so ist es. Ich liebe meinen Beruf.**

Charlotte nagt an der Unterlippe. Dann schaut sie Luise spöttisch an.

CHARLOTTE **Gib doch nicht so an. Du bist ganz einfach egoistisch.**

LUISE **Und du bist nur neidisch. Das sieht man dir doch an.**

Charlotte lacht.

CHARLOTTE **Darauf, daß du dich in einem stinkenden Labor verkriechst? Schau dich doch mal an. Wie du aussiehst. Wie ein Blaustrumpf. Wie soll ich da neidisch auf dich sein.**

Luise schaut trotzig geradeaus.

LUISE **Doch! Bist du. Weil du dich langweilst in diesem Alptraum von Haus.**

CHARLOTTE **Vielleicht ist da was Wahres dran, liebe Schwägerin. Es ist ein Alptraum. Aber es ist mein Haus.**

Charlotte schaut hinüber zu dem Stuhl, in dem Max gesessen hat.

Der Stuhl ist leer. Aus dem Musikzimmer ertönt Klaviermusik. Charlotte steht auf, geht über die Veranda.

Max sitzt am Flügel und spielt den langsamen Satz einer Beethoven-Sonate.

Charlotte bleibt in der Türe stehen, schaut ihm dabei zu. Dann kommt sie ins Musikzimmer und stellt sich neben Max. Max schaut auf, er bricht ab. Sie schauen sich an und lachen.

Auf dem kurzgeschnittenen Rasen ist eine Leine gespannt. Der Geheimrat hält den neuen Faustball zum Aufschlag bereit.

Der Ball wird in die Luft geworfen, er steigt, bleibt den Bruchteil einer Sekunde stehen, fällt und wird mit voller Wucht von der geballten Faust getroffen.

Der Ball wird mehrmals hin- und hergespielt. Beide Parteien kämpfen verbissen. Mit einem Schmetterschlag schlägt der Geheimrat den Ball ins gegnerische Feld.

ELLI **Der war aus der Ball!**

GEHEIMRAT **Ich protestiere. Der Ball war gut.**

Auf einem hohen, hölzernen Schiedsrichterstuhl sitzt Elli. Vor sich einen großen Rechenschieber mit schwarzen und roten Kugeln. Sie schiebt eine schwarze Kugel nach rechts.

ELLI **Protest abgelehnt. Ausgleich. 8:8**

GEHEIMRAT **Nur noch zwei Punkte und wir haben gewonnen.**

Der Bankier wischt sich mit dem Taschentuch den Schweiß von der Stirn. Körner knöpft sich einen Kragenknopf auf.

BANKIER **Ich würde jetzt viel lieber von dem Geburtstagskuchen essen.**

Friedrich steht gespannt mit Blickrichtung Seil.

FRIEDRICH **Nun mach schon!**

Der Geheimrat senkt langsam die Hand, die den Ball zum Aufschlag bereitgehalten hat. Der Ball kullert von der Hand auf den Boden.

FRIEDRICH **Was ist!?**

Der Geheimrat greift sich an die Brust. Er steht jetzt nach vorne hängend, so, als suche er etwas.

Elli auf dem Schiedsrichterstuhl begreift als erste.

ELLI **Dem Opa ist schlecht.**

Friedrich dreht sich um.

Der Geheimrat gibt stöhnend einen Laut von sich, dann geht er langsam in die Knie.

Alle laufen zu ihm hinüber.

Luise ist aufgestanden. Sie kommt die Wiese heruntergelaufen.

Das Gesicht des Geheimrates ist leichenblaß. Luise streicht ihm über die Stirn. Der Geheimrat öffnet die Augen.

GEHEIMRAT **Was ist passiert?**

LUISE **Du hast Faustball gespielt.**

GEHEIMRAT **Kommt jetzt der Tod?**

LUISE **Still, Vater.**

GEHEIMRAT **Wo ist mein Ball?**

Luise schaut hoch.

LUISE **Helft mir. Wir bringen ihn ins Haus.**

Der Geheimrat liegt auf seinem Bett. Luise ist bei ihm. Sie hat neben sich ihren kleinen Arztkoffer aufgeklappt. Der Geheimrat will sich aufrichten. Luise drückt ihn sanft wieder zurück in die Kissen.

LUISE **Bleib liegen, Vater.**

Mit einem Stethoskop hört sie seine Herztöne ab.

LUISE **Tief einatmen. So, und jetzt die Luft anhalten.**

Der Geheimrat will sich wieder aufrichten.

GEHEIMRAT **Es geht mir wieder gut.**

LUISE **Still.**

GEHEIMRAT **Immer mußt du deinen Dickkopf durchsetzen. Schon als kleines Mädchen.**

Luise fühlt seinen Puls.

LUISE **Du mußt jetzt schlafen.**

GEHEIMRAT **Ich will aber nicht. Ich bin nicht müde.**

Luise deckt ihren Vater zu, gibt ihm einen Kuß.

LUISE **Gib jetzt Ruhe. Ich schaue später nach dir.**

Sie zieht die Vorhänge zu.

Der Geheimrat beobachtet sie, auf seinem Gesicht ein stolzes Lächeln.

GEHEIMRAT **Sie sind sehr streng, Frau Doktor.**

LUISE **Psst. Punktum und damit basta.**

Körner steht vor dem großen Gemälde der Fabrik. Heinrich kommt mit einer Kiste Zigarren. Er bietet Körner eine Havanna an.

Körner schüttelt dankend den Kopf.

KÖRNER **Eine neue Ära bricht an. Die Ära der Motorisierung. Autos, Flugzeuge und Ozeandampfer. Alles braucht Benzin und die Erdölvorräte sind knapp. Knapper als damals der Chile-Salpeter im Weltkrieg.**

Heinrich zündet sich eine Zigarre an.

HEINRICH **Dummerweise ist schon vor zehn Jahren Bergius auf die Idee gekommen, synthetisches Benzin aus Kohle herzustellen. Und er hat sie patentieren lassen. Deutsches Reichspatent. 303272 vom 25.12.1914.**

Heinrich raucht.

HEINRICH **Durch das Diktat von Versailles haben wir unser Ammoniakmonopol verloren. Und seitdem sind unsere Anlagen in Leuna praktisch stillgelegt. Jedoch die Technologie für die Ammoniak-Synthese und die Kohleverflüssigung ist fast dieselbe. Besorgen Sie uns das Bergius-Patent. Und wir stellen die Leuna-Werke um auf künstliches Benzin.**

KÖRNER **Die Kohleverflüssigung verfahrenstechnisch in den Griff zu kriegen, wird sehr teuer. Wissen Sie, was das bedeutet? Kapitalaufstokkung. Und wie bitte wollen Sie die im Aufsichtsrat durchsetzen? Die alten Herren wollen doch Leuna lieber heute als morgen liquidieren.**

HEINRICH **Die Interessengemeinschaft muß fusionieren. Haben Sie schon mal einen Unternehmer kennengelernt, der gegen seine Interessen gearbeitet hat?**

Körner schüttelt den Kopf.

HEINRICH **Sehen Sie. Wir müssen ihnen also nur klarmachen, daß die Fusion ihren eigenen Interessen dient.**

Körner deutet nach oben.

KÖRNER **Wie wollen Sie ihn dazu bringen?**

HEINRICH **Es ist an der Zeit, daß er abtritt. Er scheidet aus dem Vorstand aus und wird abgefunden mit einem Posten im Aufsichtsrat.**

Körner und Heinrich gehen hinüber in die Bibliothek. Der Bankier steht auf der Galerie der Bibliothek. Er hat den Kopf etwas seitlich geneigt, damit er besser verstehen kann, was die zwei in der Mitte des Zimmers halblaut miteinander zu besprechen haben.

KÖRNER **Gut. Nehmen wir an, er geht darauf ein. Was ist mit den anderen Anteilinhabern, dem Bankier, Luise und vor allem Charlotte?**

HEINRICH **Überlassen Sie das mir. Ich spreche erst mal mit Friedrich.**

Heinrich bemerkt, daß der Bankier versucht, sie zu belauschen. Er nimmt Körner unter den Arm und führt ihn in das angrenzende Musikzimmer.

Charlotte kommt mit einem großen Tablett in das Musikzimmer.

CHARLOTTE **Der Kaffee ist fertig. Darf ich bitten?**

Luise erscheint.

LUISE **Du möchtest bitte zu Vater kommen. Er fragt nach dir.**

CHARLOTTE **Entschuldigen Sie mich.**

HEINRICH **Wie geht es ihm?**

LUISE **Viel besser. Setzen Sie sich doch.**

Die Lampe ist mit einem Tuch abgedunkelt. Auf dem Nachttisch Gläser und Arzneien.

CHARLOTTE **Schläfst du?**

Der Geheimrat macht mit der linken Hand eine Bewegung, die Charlotte auffordert, sich zu ihm zu setzen.

CHARLOTTE **Wie geht es dir?**

GEHEIMRAT **Oh, viel besser, viel besser. Komm setz dich. Ich muß mit dir sprechen. Vor acht Jahren ist Ulrich gefallen. In letzter Zeit muß ich oft an ihn denken, besonders, wenn ich Georg sehe.**

CHARLOTTE **Ja, er wird ihm jetzt sehr ähnlich.**

GEHEIMRAT **Ulrich dachte und handelte wie ich: Ausdenken, herstellen, verkaufen. Ein Produkt nach dem anderen, eins besser als das andere. Er war der einzige von euch, der mich verstanden hat. Er würde einer Fusion nie zustimmen. Heinrich ist jetzt die treibende Kraft. Er hat nur noch seine Hochdruckchemie im Kopf, die uns alle eines Tages noch ruinieren wird. Er hat Friedrich auf seine Seite gebracht, denn Friedrich ist schwach. Ich habe immer gewußt, daß er schwach ist.**

Der Geheimrat stützt sich hoch. Das Licht der abgedunkelten Lampe fällt auf sein Gesicht.

GEHEIMRAT **Sobald er zu Ende studiert hat, nehme ich ihn zu mir. Ich werde ihm alles beibringen, von A bis Z. Er wird fortsetzen, was ich aufgebaut habe. Und wenn die Zeit gekommen ist, wird er meine Stelle einnehmen. Willst du das nicht auch für ihn?**

Charlotte nickt. Der Geheimrat greift nach ihrer Hand.

CHARLOTTE **Ja, das will ich.**

Der Geheimrat blickt Charlotte dankbar an. Er drückt ihre Hand. Dann läßt er sich wieder zurücksinken auf das Kissen.

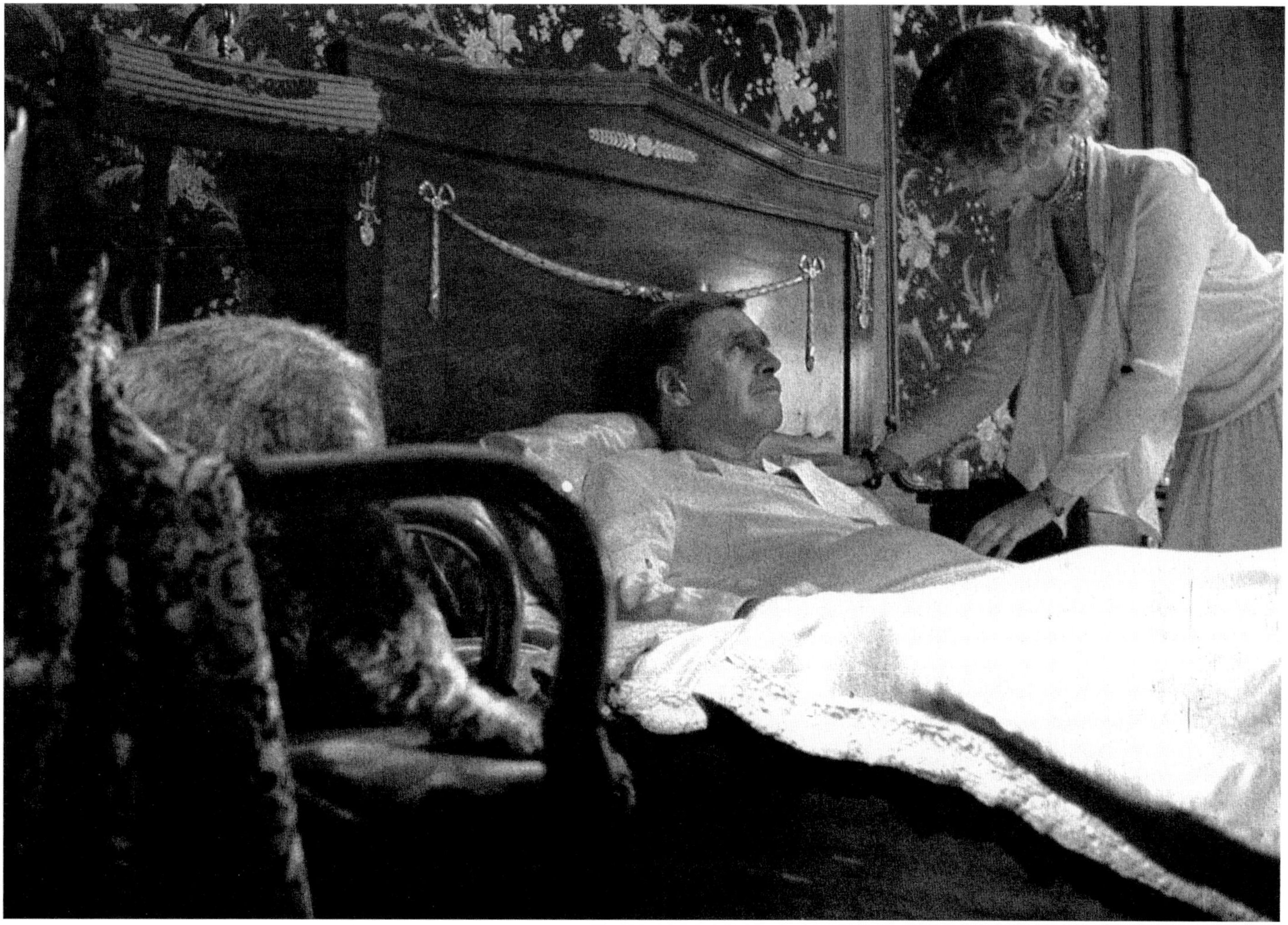

Max und Georg lassen sich in einem Zweier ohne Steuermann auf dem Fluß treiben.

MAX **Was wirst du jetzt machen?**

GEORG **Weiß ich noch nicht.**

MAX **Freust du dich denn gar nicht, daß du die Penne hinter dir hast? Was ist eigentlich mit dir los?**

GEORG **Großvater will, daß ich Chemie studiere und dann in die Fabrik eintrete.**

MAX **Ach komm, du hast es doch gut. Du weißt wenigstens, was du tun mußt. Mir sagt keiner mal was. Weißt du, was ich am liebsten machen würde? Autorennen fahren.**

GEORG **Dann werd doch Rennfahrer. Auf die Plätze fertig zum Endspurt.**

Georg fängt wieder an zu rudern. Das Boot nimmt rasch Fahrt auf.

Eine große, schwarze Limousine kommt den Weg herunter zu der Anlegestelle neben dem Bootshaus. Der Chauffeur parkt den Wagen neben einem kleinen zweisitzigen Sportcabriolet. Charlotte dreht die Scheibe herunter.

CHARLOTTE **Wieviel Uhr ist es, Melzer?**

MELZER **Gleich halb fünf.**

Georg und Max kommen den Fluß heruntergerudert und steuern auf die Anlegestelle zu. Sie springen aus dem Boot, heben es an Land.

MAX **Warum kommst du nicht mal mit?**

GEORG **Ich habe keine Lust.**

MAX **Heut abend, großer Ringelpitz mit Anfassen.**

Die Freunde kommen aus dem Bootshaus über den Platz gelaufen. Georg geht um das Auto herum, der Chauffeur hat den Wagenschlag geöffnet. Georg setzt sich neben seine Mutter. Er gibt ihr einen Kuß.

CHARLOTTE **Guten Tag, mein Liebling.**

GEORG **Guten Tag, Mama. Lieb, daß du mich abholst.**

CHARLOTTE **Hoffentlich hast du dich nicht wieder zu sehr angestrengt.**

Max steht neben dem Auto. Er klopft an die Fensterscheibe. Charlotte kurbelt das linke Fenster herunter. Max legt lässig die Hand aufs Dach, stellt einen Fuß aufs Trittbrett. Charlotte schaut hinauf zu ihm.

CHARLOTTE **Können wir Sie mitnehmen?**

MAX **Nein, danke. Ich habe meinen eigenen Wagen. Aber vielleicht kann ich Sie dazu überreden, mich heute abend zu begleiten, anstelle von Georg.**

Charlotte lacht.

CHARLOTTE **Und wohin möchte der junge Herr mich ausführen?**

MAX **Ich kenne da ein paar Schlupfwinkel der Liederlichkeit.**

CHARLOTTE **Der Liederlichkeit. – In Ihrem Alter.**

MAX **Schade, ein andermal vielleicht.**

Charlotte kurbelt langsam das Fenster hoch.

CHARLOTTE **Vielleicht – ein andermal.**

Das Fenster ist jetzt geschlossen. Charlotte gibt dem Chauffeur ein Zeichen. Das Auto fährt an.

Die Limousine fährt am Fluß entlang. Charlotte streicht ihrem Sohn eine Haarsträhne aus der Stirn.

CHARLOTTE **Warum gehst du nicht mal aus und amüsierst dich, lernst ein nettes Mädchen kennen?**

GEORG **Mama!**

CHARLOTTE **Wie willst du denn sonst irgendwann jemand Netten kennenlernen. Du gehst ja nie aus.**

GEORG **Mama, bitte fang nicht schon wieder damit an. Hast du mit Großvater gesprochen?**

Charlotte sieht Georg mit einem sorgenvollen Blick von der Seite an.

CHARLOTTE **Liebling, ich mach mir Sorgen um dich, und ich weiß, daß ich dir nicht helfen kann.**

Georg schaut seine Mutter an.

GEORG **Heißt das, du hast ihn nicht umstimmen können?**

Charlotte schüttelt den Kopf.

CHARLOTTE **Er besteht darauf, daß du Chemie studierst und in die Firma eintrittst. Georg, es tut mir leid.**

GEORG **Ich hasse ihn.**

Der Professor geht durch die Reihen und beaufsichtigt die Experimente seiner Studenten.

Etwa zehn Studenten arbeiten an gleichaussehenden Arbeitsplätzen im Chemielabor der Universität. Georg titriert, mißt, trägt das Ergebnis in eine Tabelle ein. Sokolowski, der den Arbeitsplatz hinter ihm hat, beugt sich vor, versucht zu provozieren.

SOKOLOWSKI **Na, was ist, Deutz? Wollen Sie nicht doch bei uns eintreten?**

Olga, eine Kommilitonin, die neben Georg arbeitet, dreht sich um.

OLGA **Warum können Sie ihn nicht in Ruhe lassen.**

PROFESSOR **Sie haben die chemischen Zusammenhänge im Bereich der anorganischen Chemie anhand qualitativer Analysen zu erlernen. Dann wiederholen Sie das gleiche mit der quantitativen Analyse. Haben Sie die Stoffe zuvor qualitativ und visuell nachgewiesen, so müssen Sie nun isolieren, wiegen oder titrieren. Das verlangt äußerste Genauigkeit. Dazu gehört eine saubere und ordentliche Arbeitsweise, wie sie sich der Chemiker für sein ganzes Leben anerziehen muß.**

Der Professor ist hinter Georg stehengeblieben. Georg schaut versonnen hinunter auf seine Bürette.

PROFESSOR **Aber es genügt selbstverständlich nicht, daß man sich mit den Händen in der Tasche vor seine Apparatur stellt und sich bestätigt, man sei ein großer Chemiker.**

Die Kommilitonen lachen.

PROFESSOR **Das genügt für heute. Sie können gehen.**

Olga räumt ihren Arbeitsplatz auf. Ab und zu schaut sie hinüber zu Georg.

Georg betrachtet seine Hände. Sie sind voller roter Flecken.

Olga geht jetzt hinüber zu ihm. Sie nimmt seine Hände.

OLGA **Das sieht böse aus. Sie sollten unbedingt etwas dagegen tun.**

Georg zieht seine Hände zurück. Er macht ein trotziges Gesicht.

GEORG **Ach, lassen Sie nur, es ist nichts Ernstes.**

Olga schaut ihn erstaunt an.

OLGA **Aber Ihre Hände!**

GEORG **Nur eine blöde Allergie.**

Er kann der Versuchung nicht widerstehen zu kratzen.

GEORG **Es juckt ein bißchen.**

Olga schaut Georg erstaunt an.

OLGA **Sind Sie allergisch gegen dies Zeug da? Kommen Sie mal mit.**

Olga begleitet Georg über den Gang zum Sanitätsraum. Sie geht zu einem weißen Medizinschrank und holt ein Porzellantöpfchen mit Salbe.

Georg schaut Olga an. Dann krempelt er die Ärmel hoch. Seine Arme sind mit roten Flecken übersät. Olga streicht mit einem Spachtel die Salbe auf Georgs Arme.

GEORG **Und wer hat Sie gezwungen, Chemie zu studieren? Sie sind die einzige Kommilitonin hier in der ganzen Fakultät.**

OLGA **Niemand. Mein Vater ist nur ein einfacher Chemiearbeiter. Ich hab's gewollt. Er hat nie geglaubt, daß ich es schaffe. Aber es gibt natürlich Dinge, die ich lieber tun würde. Und wie ist es bei Ihnen?**

GEORG **Ich weiß nicht.**

OLGA **Sie scheinen ja sehr wenig über sich zu wissen.**

Olga hat das Porzellantöpfchen wieder verschlossen.

OLGA **Ist es jetzt besser?**

Georg nickt.

GEORG **Es hat aufgehört zu jucken.**

Er zieht den Ärmel wieder runter, knöpft ihn zu.

OLGA **Wenigstens das wissen Sie. Haben Sie Zeit?**

GEORG **Ich weiß nicht – wozu?**

OLGA **Kommen Sie doch mit.**

GEORG **Wohin?**

OLGA **Sie werden schon sehen.**

VASELIN
FLAV.

In einem völlig verräucherten Schankzimmer sitzen Füchse, Burschen und alte Herren in voller Wichs. Vor ihnen große Bierkrüge. Es werden verschiedene Salamander gerieben:

1. BURSCHE **Die Wunden des Versailler Diktats werden niemals vernarben.**

2. BURSCHE **Sie haben uns ein Achtel unseres Volkes genommen. Sie haben uns ein Achtel unserer Heimat genommen. Darüber werden sie niemals froh werden.**

MAX **Die Ehre ist kein leerer Wahn. Sie hat man uns genommen.**

3. BURSCHE **Sie haben uns die Besatzungskosten auferlegt. Das bleiben sie uns immer schuldig.**

4. BURSCHE **Sie haben uns als Kriegsverbrecher verurteilt. Das werden wir nie vergessen.**

Olga und Georg betreten den Schankraum. Georg schaut Olga erstaunt an. Olga schüttelt den Kopf. Sie lacht, zieht ihn mit sich durch den Schankraum zum anderen Ende. Dort führt eine Treppe hinunter zum Theatersaal.

Sokolowski ist aufgestanden, erhebt das Glas.

SOKOLOWSKI **Kommilitonen, vereint im Kampf gegen die bolschewistische Opposition im Innern. Vereint im Kampf gegen den Willen der Sieger, uns zu vernichten.**

Alles prostet sich zu.

In der Mitte eines tennenartigen leeren Gastsaales eine bühnenartige Erhöhung, auf der einer der Studenten vor den anderen auf und ab geht.

STUDENT **Der neue Kunstwille erstrebt nicht unterhaltende Schönheit, sondern will Predigt sein, Predigt gegen die Herren Stinnes und Thyssen und Flick, die durch Spekulation auf Kosten der kleinen Leute riesige Konzerne und Industrieimperien zusammengeraubt haben. Die kleinen Leute haben den Krieg bezahlt mit ihrem Sparguthaben. Das ist die Wahrheit. Und das Schlimme ist, sie wissen es nicht. Deshalb müssen wir es ihnen im Theater sagen.**

Der Student ist stehengeblieben. Er entdeckt Olga und Georg, die die Treppe herunterkommen.

STUDENT **Da bist du ja endlich. Alles auf die Plätze.**

Die Studenten verteilen sich auf der Bühne. Olga verschwindet hinter einem Vorhang. Georg schaut der Probe zu.

SCHREIBER **Ich notiere.**

1. BANKIER **Waffenwerke zum Kurs von 350.**

2. BANKIER **Ich überbiete 400.**

3. BANKIER **400 biete an.**

Der vierte Bankier zerrt den dritten nach vorn. Im Hintergrund Gemurmel der Bietenden und Verkaufenden. Der vierte Bankier zum dritten.

4. BANKIER **Gehört? Rückzug notwendig. Große Offensive. Wird mißlingen.**

3. BANKIER **Reserven?**

4. BANKIER **Menschenmaterial wird schlecht.**

Georg schaut gespannt zu. Dann wird er gestört. Über ihm werden die Fenster geöffnet.

2. BANKIER **Soeben Telegramm: Die Schlacht im Westen verloren.**

1. BANKIER **Meine Herren! Die Schlacht im Westen ist verloren!**

Rufe, Geschrei, Kreischen.

STIMMEN **Verloren!**

STIMME **Waffenwerke biete an. Zu 150.**

STIMME **Flammenwerfer Trust. Ich biete an.**

Im Fenster liegen die Burschenschafter und schauen zu.

STIMME **Kriegsgebetbuch m.b.H. Ich biete an.**

STIMME **Giftgaswerke biete an.**

STIMME **Kriegsanleihe biete an.**

3. BANKIER **Ich zeichne nochmals 100000.**

STIMME **Hoho... bei dieser Baisse?**

STIMME **Wer sagte, daß die Schlacht verloren?**

STIMME **Ist wahr die Nachricht? Oder Börsencoup?**

Die Studenten lassen sich von den Burschenschaftern nicht provozieren. Sie spielen weiter.

SCHREIBER **Ich notiere.**

Der Begleiter tritt auf. Er führt eine Frau, Olga.

BEGLEITER **Meine Herren, Sie notieren zu voreilig. Blut und System! Mensch und System! Der Satz ist brüchig. Ein Fußtritt und die Mechanik ist zerbrochnes Kinderspielzeug. Achtung! Sprich du!**

OLGA **Meine Herren: Menschen. Ich wiederhole: Menschen.**

Die Türe zur Treppe wird aufgestoßen. Die Burschenschafter kommen pöbelnd in den Theaterraum.

Die beiden feindlich gesinnten Gruppen stehen sich schweigend gegenüber. Einer der Burschenschafter reißt Theaterplakate ab, knüllt sie zusammen, wirft sie auf den Boden. Max bückt sich, will die Plakate aufheben. Sokolowski setzt den Fuß stampfend darauf. Die Kommilitonen fallen ein. Ein drohendes, rhythmisches Stampfen entsteht. Sokolowski stimmt ein Lied an, die anderen singen mit.

SOKOLOWSKI **Nun danket alle Gott**
Für diesen braven Mord.
Den Erzhalunken, scharrt ihn ein.
Heilig soll uns der Mörder sein,
die Fahne schwarz-weiß-rot.

Sokolowski schaut hinunter zu Max.

SOKOLOWSKI **Na, was ist denn mit dir? Sing mit!**

Sokolowski stampft den Takt des Liedes immer wilder.

SOKOLOWSKI **Auch Rathenau, der Walter,**
erreicht kein hohes Alter.
Die Rache, die ist nah.
Hurra, hurra, hurra.

Georg schaut zu seinem Freund Max hinüber. Max zögert noch, doch dann singt er mit.

MAX **Knallt ab den Walter Rathenau,**
die gottverfluchte Judensau . . .

Max ist weiß im Gesicht. Auf seiner Stirn Schweißtropfen.

Ein Taxi kommt in den Hof und hält. Georg steigt aus. Er holt aus dem Fond einen großen Blumenstrauß. Olga kurbelt die Fensterscheibe herunter. Georg bückt sich zu ihr.

GEORG **Halt mir die Daumen.**

Olga nickt. Sie zeigt ihm aufmunternd ihre geballten Fäuste.

Georg steht mit dem Blumenstrauß in der Mitte des Zimmers seines Großvaters.

GEHEIMRAT **Ich habe verstanden. Der Herr will also zum Theater. Das fahrende Volk ist ihm wichtiger, als hier seine Pflicht zu erfüllen. Der Herr will sich davonstehlen.**

GEORG **Ich habe die Aufnahmeprüfung zur Schauspielschule bestanden. Die Professoren waren sehr zufrieden mit meiner Leistung.**

GEHEIMRAT **Leistungen, so! Brotlose Kunst nenn ich das. Ich wünsche, nie wieder etwas davon zu hören. Du beendest dein Chemie-Studium. Ist das jetzt klar?**

GEORG **Du hast mich nicht verstanden, Großvater. Ich gebe es auf. Ich werde unter keinen Umständen Chemie studieren. Ich gehe nach Berlin.**

GEHEIMRAT **Ich verbiete dir, nach Berlin zu gehen.**

GEORG **Ich bin alt genug, für mich selber zu entscheiden. Und ich habe mich entschieden. Du wirst mich nicht daran hindern.**

Der Geheimrat kommt auf Georg zu. Georg bleibt stehen. Er schaut ihn trotzig an. Der Geheimrat schlägt zu. Georg zuckt zusammen, dann dreht er sich wortlos um und verläßt das Zimmer. Der Geheimrat ruft ihm nach.

GEHEIMRAT **Ich befehle es dir! Georg, komm zurück! Georg! Erwarte ja keine Unterstützung von mir.**

GEORG **Ich werde mich schon selber durchschlagen. Mach dir nur keine Sorgen.**

Georg läuft die Treppe herunter. Oben schlägt die Türe, Georg dreht sich nicht um.

Charlotte kommt die Treppe hinauf, ihm entgegen. Sie umarmt ihren Sohn.

CHARLOTTE **Georg, Liebling, bitte tu, was er sagt. Du kannst nicht einfach weglaufen. Laß uns nochmal darüber reden. Georg, Bitte!**

Georg macht sich los.

GEORG **Warum bist du auf seiner Seite, Mama?**

CHARLOTTE **Wieso tust du nicht, was er dir sagt?**

GEORG **Ich kann nicht mehr zurück. Leb wohl.**

Er umarmt seine Mutter, dann nimmt er die letzten Stufen. Ohne sich noch einmal umzusehen, wirft er die Türe ins Schloß.

Der Geheimrat steht oben am Geländer.

Charlotte sitzt auf dem unteren Treppenabsatz. Sie weint. Friedrich setzt sich zu ihr, legt seinen Arm um sie.

Georg kommt aus dem Haus. Olga öffnet die Wagentür. Georg setzt sich zu ihr. Der Taxifahrer läßt den Motor an.

Georg schaut stumm vor sich hin. Olga nimmt seine Hand.

OLGA **Jetzt bist du frei.**

Friedrich sitzt in einem Café. Durchs Fenster beobachtet er den Eingang eines Stundenhotels. Max kommt eilig die Straße herauf und verschwindet im Hoteleingang.

Charlotte liegt halb ausgezogen auf dem Bett.

Max sucht seine überall auf dem Boden herumliegenden Kleidungsstücke zusammen. Endlich findet er seine Jacke. Aus der Tasche nimmt er ein kleines, weißes Couvert, geht zurück zum Bett, setzt sich neben Charlotte. Max schüttet das Kokain auf den Spiegel, kehrt es zu einem schmalen, weißen Strich zusammen. Er hat ein Röhrchen in der Hand.

MAX **Hier, den Spiegel, halt ihn.**

Er beugt sich runter und zieht das Kokain ein.

CHARLOTTE **Und jetzt?**

MAX **Du bist dran.**

Er gibt ihr das Röhrchen und hält den Spiegel. Charlotte atmet aus, das Kokain wird weggeblasen.

MAX **So eine Verschwendung.**

CHARLOTTE **Oh Max.**

MAX **Ist ja nicht schlimm.**

CHARLOTTE **Oh! Tut mir leid.**

Er schüttet neues Kokain auf den Spiegel.

MAX **Es ist noch was übrig. Hältst Du?**

CHARLOTTE **Ich stell mich so blöd an. Nicht atmen – nicht ausatmen!**

MAX **Nicht nießen, nicht husten.**

Er gibt ihr das Röhrchen, sie nimmt einen tiefen Zug. Dann lehnt sie sich zurück und räkelt sich. Sie streckt die Arme nach ihm aus und zieht ihn an sich.

CHARLOTTE **Komm!**

Friedrich kommt die Treppe hoch. Dann geht er den Korridor entlang. An der Hotelzimmertüre bleibt er stehen. Er horcht.

Friedrich stößt die Türe auf.

Charlotte und Max liegen eng umschlungen und lieben sich. Max ist erschrocken zusammengefahren, doch Charlotte hält ihn.

Friedrich steht in der Türe. Er sagt kein Wort, doch sein Blick verrät Eifersucht, aber auch Triumph.

Charlotte hat ihren Arm wie schützend um Max gelegt. Sie schaut an ihm vorbei zu Friedrich hinüber. Um ihren Mund ein kleines, spöttisches Lächeln. Dann wird sie zornig.

CHARLOTTE **Sei so gut und schließe die Türe hinter dir zu, wenn du das Zimmer verläßt!**

Friedrich verläßt das Zimmer.

Charlotte sitzt im Negligé vor ihrem Schminktisch. Sie bürstet mit kräftigen Strichen das Haar. Zwischen den Lippen eine Zigarette. Der aufsteigende Rauch beißt, daß sie die Augen zukneift. Charlotte nimmt die Zigarette aus dem Mund, legt sie in den Aschenbecher. Plötzlich hält sie inne. Im Spiegel sieht sie Friedrich, der lässig in der Tür lehnt.

FRIEDRICH **Alles ist noch genauso wie früher. Nichts hat sich verändert.**

CHARLOTTE **Doch, du hast dich verändert.**

Friedrich kommt in das Zimmer. Er lächelt. Aus seinem Zigarettenetui nimmt er eine Zigarette, klopft den Tabak fest. Er beugt sich runter zur Charlotte.

FRIEDRICH **Hast du Feuer?**

Er nimmt Charlottes Feuerzeug vom Schminktisch, zündet die Zigarette an.

CHARLOTTE **Du weißt hoffentlich, daß auf das, was du vorschlagen wirst, Gefängnis steht.**

Charlotte steht auf, geht an ihm vorbei ins Badezimmer und putzt sich die Zähne. Friedrich nimmt ein paar der Flakons, die auf dem Schminktisch herumstehen, er riecht daran. Er verzieht das Gesicht.

FRIEDRICH **Hat er dir das geschenkt?**

Er schaut auf. Dann greift er in die Tasche seines Schlafrocks und bringt ein Dokument zum Vorschein.

FRIEDRICH **Erpressung? Du wirst doch nicht glauben, daß ich dich erpressen will. Erpressung, das ist ein durch rechtswidrige Drohung zugefügter Vermögensnachteil. Und rechtswidrig ist die Tat nur, wenn die Drohung zu dem angestrebten Zweck als verwerflich anzusehen ist. Wenn sich hier aber jemand den Vorwurf der Verwerflichkeit gefallen lassen muß, dann bestimmt am allerwenigsten ich. Also bitte, sei so freundlich und unterschreibe diese Vollmacht.**

Charlotte kommt zurück und setzt sich wieder. Sie nimmt das Dokument und liest.

FRIEDRICH **Du überträgst uns deine Stimmrechte, die wir in Zukunft für dich und in deinem Interesse ausüben. Es wird ganz bestimmt nicht zu deinem Nachteil sein.**

Friedrich hat sich zu Charlotte heruntergebeugt. Er ist ihr jetzt ganz nahe. Charlotte macht eine kleine, abwehrende Kopfbewegung.

CHARLOTTE **Und was wird das für mich bedeuten?**

Friedrichs Lippen berühren ihre Schläfen.

FRIEDRICH **Daß du keine andere Wahl hast, meine Liebe.**

CHARLOTTE **Wo soll ich unterschreiben?**

Friedrich deutet auf das Dokument.

FRIEDRICH **Hier.**

Aus der Tasche holt er einen Füllfederhalter, schraubt ihn auf und reicht ihn ihr. Charlotte unterschreibt.

CHARLOTTE **Ich unterschreibe meine Abdankungsurkunde.**

Charlotte schaut zu Friedrich hinauf.

CHARLOTTE **Was sind das für Interessen, die du für mich vertreten wirst?**

FRIEDRICH **Die Fusion.**

CHARLOTTE **Das wird Vater nicht überleben.**

FRIEDRICH **Mach dir um ihn keine Sorgen. Er wird. Er ist zäh. Gute Nacht.**

Er geht hinüber zur Tür, bleibt in der Türe noch einmal stehen, dreht sich um.

FRIEDRICH **Ich dachte, es würde dich vielleicht interessieren, was mit deinem jungen Liebhaber geschehen ist. Sein Vater hat ihn nach Amerika geschickt. Wie findest du das?**

Charlotte starrt vor sich hin. Dann fällt sie in ein erst lautloses, dann immer lauteres Lachen.

CHARLOTTE **Nein, das ist gut. Nach Amerika. Genau wie du damals, du Schuft.**

Der Bankier hat die Arme auf dem Rücken verschränkt. Er schaut hinunter in die Halle, holt die an einer eisernen Kette hängende Taschenuhr aus der Tasche, läßt den Deckel aufspringen.

Friedrich geht auf und ab. An der Türe bleibt er stehen.

FRIEDRICH **Er wird schon kommen.**

Heinrich betrachtet die eiserne Kette, an der die Taschenuhr befestigt ist.

HEINRICH **Gold zur Wehr, Eisen zur Ehr.**

Der Bankier klappt den Uhrendeckel wieder zu, schüttelt den Kopf.

BANKIER **Mir gefällt das nicht.**

HEINRICH **Sie wollen doch jetzt nicht noch kneifen, oder?**

In der Halle unten erscheint Körner.

Er macht eine Geste zum Fenster hinauf.

Der Bankier geht zur Türe, öffnet. Körner kommt herein. Er ist noch ganz außer Atem.

KÖRNER **Bergius verlangt ein Vermögen für das Patent.**

HEINRICH **Wieviel?**

KÖRNER **Zehn Millionen. Auch die Engländer sind daran interessiert. Wir müssen uns beeilen.**

FRIEDRICH **Wir können das Patent nicht kaufen, bevor nicht die Fusion unter Dach und Fach ist.**

HEINRICH **Und das nur, well eln paar alte Männer aus sentimentalen Gründen an ihrem Firmennamen festhalten wollen.**

KÖRNER **Ich könnte das Patent doch über eine unserer Tarnfirmen in der Schweiz erwerben.**

Heinrich schaut hinüber zu dem Bankier.

HEINRICH **Das gäbe uns vielleicht etwas Luft.**

Der Bankier schüttelt den Kopf.

BANKIER **Was wir betreiben, sind die Geschäfte und kein Glücksspiel.**

HEINRICH **Wir haben vor neun Jahren das Kartell mit dem Ziel gegründet, es eines Tages zu einem einzigen mächtigen Chemiekonzern zu fusionieren.**

Körner geht ein paar Schritte auf und ab.

KÖRNER **Und dieser Tag ist jetzt gekommen. Es gibt geheime Aufrüstungspläne der Reichswehr.**

Der Bankier schaut Friedrich, Heinrich und Körner ungläubig an.

KÖRNER **Man will noch einige Zeit abwarten, bevor man damit an die Öffentlichkeit geht. Wenn das zutrifft, dann wird die Reichswehr eine zuverlässige Treibstoffquelle brauchen. Wenn die I.G. nicht sofort handelt, schnappen uns andere das Bergius-Patent vor der Nase weg.**

Friedrich, Heinrich und Körner schauen erwartungsvoll zu dem Bankier hinüber.

Der Bankier schaut nachdenklich vor sich hin.

HEINRICH **Machen Sie's.**

Der Bankier schaut auf.

BANKIER **Können wir uns eine solche Gelegenheit entgehen lassen, meine Herren?**

Die Skyline von Manhattan. Ankommende Passagierdampfer, die Freiheitsstatue.

Friedrich und Heinrich kommen in ihr Hotel. Fotoreporter gehen vor ihnen her, lassen ihre Blitzlichter aufflackern, bombardieren sie während des Gehens mit Fragen.

HEINRICH **Ich mag nicht, ich hasse die Presse.**

FRIEDRICH **Aber du mußt.**

HEINRICH **Ich muß überhaupt nichts.**

FRIEDRICH **Du sollst doch nur ein paar Fragen beantworten. Die Presse hier in Amerika hat viel mehr Einfluß als bei uns. Das müssen wir doch ausnützen.**

Stimmengewirr bei ihrem Eintritt in den Presseraum.

1. REPORTER: **Was ist der Grund Ihrer Reise in die Vereinigten Staaten? Kommen Sie als Privatmann?**

FRIEDRICH **Ich bin hier, um die amerikanischen Arbeitsmethoden und das amerikanische Leben kennenzulernen.**

2. REPORTER **Werden Sie mit Vertretern der Regierung Besprechungen haben?**

HEINRICH **Vielleicht. Aber hauptsächlich werde ich mit amerikanischen Industriellen verhandeln.**

1. REPORTER **Werden Sie die Niagara-Fälle besuchen?**

FRIEDRICH **Wenn ich Zeit dazu habe.**

4. REPORTER **Haben Sie vor, die Arbeitsmethoden von Henry Ford zu studieren?**

HEINRICH **Mein Hauptinteresse gilt der Chemie.**

1. REPORTER **Hat die I.G. vor, in den USA eigene Fabriken zu gründen?**

FRIEDRICH **Wenn die Zeit gekommen ist, werden wir mit unseren amerikanischen Freunden darüber reden.**

1. REPORTER: **Durch die Fusion ist die I.G. der größte Konzern Europas und das größte Chemieunternehmen der Welt. Was waren die eigentlichen Motive für den Zusammenschluß?**

HEINRICH: **Die Erschließung bisher unerforschter Gebiete der Chemie.**

3. REPORTER: **Was heißt I.G. eigentlich?**

FRIEDRICH: **Das heißt Interessengemeinschaft.**

4. REPORTER: **Was verstehen Sie unter Interessengemeinschaft?**

HEINRICH: **Zusammenarbeit für das Gemeinwohl.**

4. REPORTER: **Danke.**

1. REPORTER: **Werden Sie ihren amerikanischen Konkurrenten DuPont in Wilmington aufsuchen?**

FRIEDRICH: **Selbstverständlich. Vor allem interessiere ich mich für seine Gewächshäuser.**

Überblendung: Eine Zeitungsmeldung der New York Times. Unter der Schlagzeile „Deutsche Wirtschaftsmanager auf Amerika-Tournee" eine Fotografie Friedrichs und Heinrichs bei der Pressekonferenz in New York. Heinrich hat seinen Regenschirm erhoben, um die Blitzlichter abzuwehren.

Irénée DuPont zeigt Friedrich und Heinrich das Palmenhaus. Friedrich bewundert die herrlichen Bäume.

FRIEDRICH **Es hat sich ja alles hier ziemlich entwickelt. Wie lange ist das her, seitdem ich hier war. Fünfzehn Jahre ist das her.**

DuPonts Äuglein funkeln lustig hinter der kleinen Goldrandbrille.

DUPONT **Ja, wir haben kräftig aufgeholt in der Zwischenzeit.**

HEINRICH **Mit Hilfe unserer Technologie und unserer Patente.**

DUPONT **Sie hatten Pech. Sie haben den Krieg verloren. Wir haben ihn gewonnen und davon profitiert.**

DuPont lacht.

DUPONT **Aber Sie haben doch nicht die lange Reise nach Amerika gemacht, um mit mir über vergangene Zeiten zu plaudern. Weshalb sind Sie wirklich hier?**

Friedrich lacht.

FRIEDRICH **Wir haben vor, hier in den Vereinigten Staaten ein paar Firmen zu gründen.**

DuPont blickt ihn fragend an.

DUPONT **Wollen Sie mir hier im eigenen Land Konkurrenz machen?**

FRIEDRICH **Nein, nein. Das ist nicht unsere Absicht. Wir wollen nur unsere Besitzungen wieder zurückbekommen, die während des Weltkrieges als feindlicher Besitz beschlagnahmt worden sind.**

DuPont ist sichtlich erleichtert.

DUPONT **Okay. Wenn es Ihnen darum geht, meine Unterstützung haben Sie.**

Friedrich ist weitergegangen.

FRIEDRICH **Das sind ja prächtige Palmfarne, Cycas, die aber nicht zur Familie der Palmen gehören, sondern zur Familie der Gymnospermen, der nacktsamigen Blütenpflanzen, richtig?**

DuPont bleibt plötzlich stehen.

DUPONT **Sehr richtig. Aber das ist doch nicht alles?**

Friedrich dreht sich um.

FRIEDRICH **Nein.**

DUPONT **Also heraus damit.**

FRIEDRICH **Wir werden in der nächsten Woche in New York einen kleinen Empfang geben in der Carl-Schurz-Gesellschaft. Hätten Sie nicht Lust?**

DUPONT **Ich werde kommen.**

FRIERICH **Wenn Sie es dabei so einrichten könnten, daß auch ein paar der maßgeblichen Herren von Rockefellers, Standard Oil und von Goodyear dabei sein könnten...**

DuPont spitzt die Lippen. Ein kleiner, leiser Pfeifton ist zu hören. Doch er hat sich wieder schnell in der Gewalt und lächelt.

DUPONT **Dachte ich's doch, es geht Ihnen also um Kohlehydrierung und synthetischen Kautschuk, um Petrochemie. Habe ich recht?**
Sie können sich auf mich verlassen. Selbstverständlich werden Ihnen die maßgebenden Herren aus der Öl- und Reifenbranche aufmerksam zuhören. Aber lassen Sie sich was einfallen. Wir Amerikaner sind wie Kinder. Wir lieben Überraschungen.

Eine Gruppe von sieben jungen Tänzerinnen tanzen „in der Reihe". Die dritte von rechts, 18 Jahre alt, langbeinig: Anni. Das Orchester spielt einen schwungvollen Foxtrott.

An einem kreisrunden Tisch sitzen ein paar wichtig aussehende Herren im Frack und Smoking, unter ihnen DuPont und Packard von der Standard Oil. Heinrich sitzt zwischen ihnen und redet auf sie ein.

HEINRICH **Unsere Entwicklung in Leuna ist weitreichender und verblüffender als alle Forschungsergebnisse, die die Weiterentwicklung des Radios, der Elektrizität und der Luftfahrt betreffen. Wir machen aus einem Ackergaul ein Rennpferd, aus minderwertiger Kohle hochwertiges Benzin und Buna.**

PACKARD **Was ist Buna?**

Heinrich macht ein Zeichen zur Bühne hin.

Die Kapelle spielt einen Tusch, die Mädchen verlassen die Bühne, Friedrich steht mit ausgebreiteten Armen an der Rampe. Ein Spot wird auf ihn gerichtet.

FRIEDRICH **Sie wollen wissen, was Buna ist? Ladies and Gentlemen, Buna, der erste synthetische Reifen – Buna ist „Made in Germany".**

Friedrich macht eine Geste nach vorn. Der Spot streift diagonal über die Gesellschaft ins gegenüberliegende Eck.

Ein glänzender schwarzer Autoreifen rollt hüpfend die Treppe hinunter.

Die Gäste haben sich umgedreht, einige stehen auf, um besser sehen zu können.

Der Reifen rollt auf den freigelassenen Tanzplatz in der Mitte, rollt im Kreis an den Tischen vorbei, immer mehr in einer Spirale nach innen, bis er schließlich genau in der Mitte des Parketts auf dem Boden liegen bleibt. In dem Augenblick, wo der Reifen zur Ruhe kommt, springen die Gäste auf und brechen in einen donnernden Applaus aus.

Packard ist mit seinen Begleitern aufgestanden. Er geht, gefolgt von Friedrich und Heinrich, durch den Saal in einen angrenzenden kleinen Konferenzraum.

Packard ist am anderen Ende des Konferenzraumes stehengeblieben. Er zieht nachdenklich an seiner Zigarre, dann dreht er sich um.

PACKARD **Reden wir über die Geschäfte. Die I.G. ist der größte Chemiekonzern der Welt. Wir aber handeln nur mit Öl.**

FRIEDRICH **Sagen wir, die Standard Oil kontrolliert das Öl auf den Weltmärkten.**

Packard nickt.

PACKARD **Zusammen mit der holländischen Shell.**

Er nimmt sich einen Stuhl, setzt sich, schaut Heinrich erwartungsvoll an. Auch Heinrich nimmt sich einen Stuhl und setzt sich. Er spricht leise, fast behutsam.

HEINRICH **In Deutschland gibt es kein Öl. Wir besitzen auch keine Ölquellen im Ausland. Unser Gebiet ist die Chemie. Doch unsere neuesten Forschungsergebnisse und Entwicklungen liegen nicht mehr auf dem klassischen Sektor wie Farben, Lacke, Waschmittel, Medikamente – durch die Hochdruckchemie sind wir in ein völlig neues Gebiet vorgestoßen – das der Petrochemie.**

FRIEDRICH **Ein Gebiet, wo sich unsere Interessen möglicherweise berühren. Und deshalb fragen wir uns: Wie wird die Standard Oil darauf reagieren?**

Packard blickt Friedrich gespannt an.

PACKARD **Und zu welchen Schlüssen sind Sie gekommen?**

FRIEDRICH **Entweder die Standard Oil nimmt den Kampf auf gegen unsere Ölprodukte auf den Weltmärkten. Bei dem Milliarden-Kapital, das Ihnen zur Verfügung steht, halten wir diesen Preiskampf nicht lange durch.**

PACKARD **Sehr richtig. Und die Alternative?**

FRIEDRICH **Sie nehmen uns auf in Ihre Weltölabsprache.**

PACKARD **Warum, meinen Sie, sollten wir das tun?**

HEINRICH **Ganz einfach, weil Sie durch unser Hydrierverfahren in Zukunft aus einer Tonne Öl das doppelte an Benzin gewinnen.**

Packard steht auf. Er geht ein paar Schritte auf und ab. Dann bleibt er stehen.

PACKARD **Sie wissen, wir haben daran erhebliche Zweifel. Aber, vorausgesetzt es stimmt: Wie hoch ist der Preis?**

Friedrich schaut zu Heinrich hinüber. Heinrich nickt.

FRIEDRICH **Die Abgrenzung unserer jeweiligen Gebiete. Für Sie, alle Entwicklungen auf dem Gebiet des Öls, für uns, alle auf dem Gebiet der Chemie. Dazu finanzielle Beteiligung an den Entwicklungskosten in Devisen.**

Heinrich ist aufgestanden.

HEINRICH **Lassen Sie sich Zeit. Am besten, Sie kommen zu uns nach Deutschland. Besuchen Sie Leuna. Überzeugen Sie sich mit Ihren eigenen Augen.**

Friedrich kommt auf die Empore des Ballsaals. Er zündet sich eine Zigarette an, schaut hinunter.

Die Tische im Festsaal sind zur Seite gerückt, die Stühle aufgestuhlt. Die Tanzgirls vom Vorabend bei ihrem allmorgendlichen Aufwärmtraining. Friedrich lehnt sich auf die Brüstung und schaut ihnen dabei zu. Er nimmt eine Blume aus dem Knopfloch, wirft sie hinunter, Anni vor die Füße.

Anni hat die Blume, die Friedrich hinuntergeworfen hat, aufgehoben. Sie schaut zu ihm hinauf. Friedrich geht langsam die Treppe hinunter. Dann bleibt er plötzlich stehen. Ein junger Mann mit Hut und Mantel kommt ihm eilig entgegen.

Max ist noch ganz außer Atem.

MAX **Man hat mir gesagt, daß ich Sie hier finden würde. Ich hatte schon befürchtet, Sie seien abgereist. Ich habe eine große Bitte an Sie.**

FRIEDRICH **Guten Tag Max.**

Max überreicht Friedrich einen Stapel ungeöffneter Briefe. Friedrich liest die Adresse, liest den Absender.

FRIEDRICH **Max Bernheim, New York**
Charlotte Deutz, Deutschland.
Sie haben sie ja nicht mal gelesen?

MAX **Das ist richtig. Ich möchte, daß Sie wissen, ich habe Charlotte wirklich geliebt.**

FRIEDRICH **Sie sind nicht der einzige, den man deshalb nach Amerika geschickt hat. Und was soll ich jetzt damit anfangen?**

MAX **Ihr die Briefe zurückgeben. Ich bin noch jung, ich möchte frei sein, Sie verstehen das doch, nicht wahr?**

FRIEDRICH **Ja, werden Sie erst einmal erwachsen.**

Er steckt die Briefe in die Tasche. Max macht eine Verbeugung.

MAX **Grüßen Sie sie von mir, wenn Sie sie sehen. Sagen Sie ihr, es geht mir gut. Danke.**

Er verläßt eilig die Halle.

Die Mädchen beenden ihr Training. Friedrich schaut Max hinterher und geht entschlossen auf Anni zu.

FRIEDRICH **Wo gehen Sie hin?**

ANNI **Wieso fragen Sie?**

FRIEDRICH **Weil ich neugierig bin und mich mit Ihnen unterhalten möchte.**

ANNI **Oh, wenn ich aber nicht will?**

FRIEDRICH **Sie tun es doch bereits seit genau 10 Sekunden.**

ANNI **Also gut. Was wollen Sie wissen?**

FRIEDRICH **Alles. Wo kommen Sie her? Was machen Sie hier? Was sind Ihre Pläne?**

ANNI **Ist das nicht etwas viel für den Anfang?**

Friedrich nimmt ihre Hand. Er tut so, als würde er in ihr lesen.

FRIEDRICH **Sie kommen aus Wien. Ihr Engagement in New York endet in einer Woche. Sie gehen anschließend auf Tournee in Europa.**

Anni schaut Friedrich erstaunt an.

ANNI **Woher wissen Sie das alles?**

FRIEDRICH **Von Ihrem Manager.**

ANNI **Oh, warum?**

Friedrich verbeugt sich und küßt ihr die Hand.

FRIEDRICH **Weil ich Lust habe, Sie dabei zu begleiten.**

Heinrich kommt eilig die Treppe herunter.

HEINRICH **Es gibt viel zu tun. Wir reisen heute abend. Hast du schon gepackt?**

FRIEDRICH **Ich glaube, ich werde noch ein paar Tage bleiben.**

HEINRICH **Was?**

FRIEDRICH **Warum nicht? Die Amerikaner haben es doch auch nicht eilig.**

Heinrich schaut Friedrich wütend an.

HEINRICH **Wie du willst. Dann nehme ich die Sache eben alleine in die Hand.**

Auf dem Boden liegen überall Kleidungsstücke herum. Friedrich liegt in der Badewanne. Anni zieht sich ein seidenes Hemd und Höschen an.

FRIEDRICH **Was du alles kannst! Woher weißt du das denn alles?**

ANNI **Naturbegabung.**

FRIEDRICH **Das haben dir deine Liebhaber beigebracht. Du hast doch Liebhaber. Wie viele Liebhaber hast du gehabt?**

Anni setzt sich vor die Badewanne. Sie fängt an, an den Fingern abzuzählen.

ANNI **Fünfeinhalb.**

FRIEDRICH **Fünfeinhalb! Was'n das – ein halber Liebhaber?!**

Anni lacht. Dann beugt sie sich hinunter zu seinem Ohr, flüstert. Friedrich macht ein verdutztes Gesicht.

FRIEDRICH **Sowas gibt es? Das müssen wir unbedingt auch mal machen.**

Friedrich versucht, Anni zu sich herunterzuziehen, doch Anni macht sich los.

ANNI **Nicht alles auf einmal.**

FRIEDRICH **Wo willst du hin? Hiergeblieben. Komm, geh nicht. Bleib hier bei mir. Ich mag nicht, daß du Nacht für Nacht von fremden Männern angestarrt wirst.**

Friedrich hat ihre Hand genommen und hält sie fest.

ANNI **Du bist ja eifersüchtig, du bist ein eifersüchtiger Liebhaber und das ist sehr, sehr gefährlich. Wenn du willst, daß ich deine Geliebte werde und mir versprichst, nie mehr eifersüchtig zu sein, dann gebe ich die Tanzerei vielleicht auf.**

Friedrich umarmt sie stürmisch.

ANNI **Aber diesen Vertrag möchte ich noch erfüllen.**

FRIEDRICH **Ich kauf dich frei.**

Anni wird jetzt plötzlich sehr ernst.

ANNI **Nehmen Sie sich in acht, Herr Direktor, und merken Sie sich eins gut: Ich bin nicht käuflich.**

Fahrt durch eine hügelige Landschaft. Im Wageninneren Friedrich, eine brennende Zigarette in der Hand. Neben ihm Anni in einem weißen Pelzmantel mit modischem Federkopfputz. Sie schläft.

Friedrich steht auf, holt die Ledertasche aus dem Gepäcknetz, zieht seinen Staubmantel über. Er berührt Anni.

FRIEDRICH **Aufwachen! Wir sind da!**

Mit der linken Hand sucht er nach einem sicheren Halt, dann zieht er mit der rechten die Notbremse.

Die Räder der Lokomotive blockieren.

Mit quietschenden Bremsen hält der Zug auf freier Strecke.

Friedrich hat bereits die Coupétür geöffnet, er steigt aus.

SCHAFFNER **Das Betätigen der Notbremse ohne zwingenden Grund ist bei Geldstrafe verboten.**

Friedrich hilft Anni aus dem Eisenbahncoupé, dann zückt er seine Brieftasche.

FRIEDRICH **Was kostet der Spaß?**

SCHAFFNER **Fünfzig Mark.**

Friedrich zählt ihm einige Geldscheine auf die Hand.

FRIEDRICH **Bitte sehr. Der Rest für Sie.**

Friedrich wirft die Abteiltüre ins Schloß, gibt dem Lokomotivführer ein Zeichen.

Friedrich geht, in der einen Hand den Koffer, in der anderen einen Indianerkopfschmuck, den Feldweg hinunter. Anni folgt ihm verschlafen.

3
B
Hier
andbremse

Charlotte sitzt im Musikzimmer an dem großen schwarzen Flügel. Sie spielt eine Sonate von Beethoven. Friedrich steht auf der Veranda. Charlotte ist so versunken in ihr Spiel, daß sie Friedrich nicht bemerkt.

Friedrich ist, bezaubert von Charlottes Aussehen, in der Türe stehengeblieben und schaut ihr zu.

Charlotte braucht einige Zeit, bis sie Friedrich erkennt. Sie springt auf, läuft ihm entgegen. Fast hat es den Anschein, als wolle sie sich ihm in die Arme werfen, doch so spontan sie aufgesprungen ist, so plötzlich hält sie inne.

CHARLOTTE **Ich hab dich gar nicht so früh erwartet. Sag bloß, du bist wieder...**

Friedrich nickt.

CHARLOTTE **Hast du eine Nachricht von ihm?**

Friedrich übergibt Charlotte einen dicken Umschlag. Charlotte nimmt ihn aufgeregt und läuft damit die Treppe hinauf in ihr Zimmer.

Friedrich folgt ihr, doch dann bleibt er stehen. Oben fliegen Gegenstände an die Wand. Friedrich beeilt sich und betritt das Zimmer. Charlotte liegt auf dem Bett und weint. Friedrich setzt sich neben sie, versucht, sie zu trösten. Er streichelt ihr über das Haar. Charlotte blickt ihn an. Sie zerreißt wütend die Briefe.

CHARLOTTE **Er gibt mir den Laufpaß.**

Sie springt auf und verschwindet im Badezimmer.

Charlotte hat das weiße Pulver auf dem Rand des Waschbeckens zu einem Strich zusammengeschoben. Sie zieht es mit einem goldenen Röhrchen tief ein.

FRIEDRICH **Ist Vater zu Hause?**

CHARLOTTE **Nein, er ist in Berlin auf einer Sitzung. Er ist in der letzten Zeit überhaupt selten hier.**

FRIEDRICH **Ich habe noch jemanden mitgebracht. Anni.**

Friedrich ist jetzt aufgestanden und geht zur Badezimmertür hinüber. Charlotte verwischt die Spuren.

CHARLOTTE **Wer ist Anni?**

Friedrich ist in der Badezimmertür stehengeblieben.

FRIEDRICH **Eine Tänzerin.**

Charlotte geht an ihm vorbei. Sie weiß, welchen Eindruck sie auf ihren Schwager macht. Friedrich schaut ihr fasziniert hinterher.

CHARLOTTE **Solo?**

FRIEDRICH **Nein. In einer Gruppe.**

Charlotte dreht sich um. Ihre Erscheinung: strahlend und unnahbar. Das Pulver tut seine Wirkung. Sie ist zum Fenster gegangen und macht eine Kopfbewegung hinunter.

CHARLOTTE **Ist sie das?**

Friedrich geht hinüber zu Charlotte, schaut hinunter. Unten tanzt Anni mit Edmund und Elli. Edmund hat den großen Indianerschmuck aus Adlerfedern auf dem Kopf.

CHARLOTTE **Sie hat Talent. Wie alt ist sie?**

FRIEDRICH **Achtzehn.**

CHARLOTTE **Tingelgirl heiratet Millionär. Wie findest du das? Halt sie dir als Mätresse, kauf ihr ein Haus. Du hast genügend Geld. Sperr sie ein in einen goldenen Käfig. Mit der Zeit wird sie sich daran gewöhnen. Und dann, als Camouflage, kannst du mich ja heiraten. Wir passen sowieso viel besser zusammen.**

Friedrich zuckt zusammen. Er blickt Charlotte an. Charlotte hält seinen Blick aus.

FRIEDRICH **Ist das dein Ernst?**

Friedrich beugt sich hinunter zu ihr. Charlotte weicht ihm aus, sie lacht.

CHARLOTTE **Keine Angst. Dein Vater würde doch niemals einwilligen.**

Friedrich packt Charlottes Hand mit einem festen Griff. Er drückt zu.

CHARLOTTE **Du tust mir weh.**

FRIEDRICH **Spiel nicht mit mir!**

Friedrich läßt Charlottes Hand langsam los. Die beiden schauen sich eine Zeitlang an. Dann legt Charlotte ihren Arm um ihn, zieht ihn hinunter zu sich.

CHARLOTTE **Eigentlich bin ich sehr schlecht auf dich zu sprechen, lieber Schwager. Wolltest du nicht meine Interessen vertreten? Während deiner Abwesenheit sind die Dividenden gekürzt worden. Heinrich und sein Finanzgenie Körner sollen dabei die treibende Kraft gewesen sein.**

Sie küßt ihn.

Friedrich kommt mit Chauffeur und Wagen das Kopfsteinpflaster der Auffahrt zum Rondell vor dem Haupteingang heruntergefahren. Friedrich steigt aus, geht ins Haus.

Luise kommt die Treppe herunter. Sie ist schwanger. Sie lacht.

LUISE **Friedrich! Seit wann bist du zurück?**

Sie fällt ihrem Bruder um den Hals. Friedrich küßt sie zärtlich.

FRIEDRICH **Wann ist es soweit?**

LUISE **In ein paar Wochen. Hast du mir alles mitgebracht?**

Der Chauffeur kommt mit einem großen Stapel dicker medizinischer Fachbücher in die Diele.

FRIEDRICH **Ich habe in New York alle medizinischen Fachbuchhandlungen abgeklappert.**

Luise nimmt sich sofort das obenaufliegende Buch und beginnt darin zu blättern.

LUISE **Legen Sie die Bücher einfach da auf die Treppe.**

Sie setzt sich daneben auf den Treppenabsatz. Friedrich folgt ihr.

FRIEDRICH **Ich muß unbedingt Heinrich sprechen.**

LUISE **Er hat keine Zeit. Er hat nie Zeit. Er arbeitet zu viel. Oft kommt er tagelang nicht nach Hause. Er übernachtet im Werk. Dann schließt er sich tagelang ein, läßt niemanden an sich heran. Nur Carl darf zu ihm.**

FRIEDRICH **Er behandelt dich schlecht? In deinem Zustand?**

LUISE **Ja. Er hat mir alles verboten. Meine Arbeit im Institut, die Dozentur an der Universität. Ich langweile mich hier.**

FRIEDRICH **Was soll's denn werden? Ein Mädchen oder ein Junge?**

LUISE **Er möchte ein Mädchen.**

FRIEDRICH **Was ist mit dir?**

LUISE **Du hast recht, Brüderchen. Es ist nicht einfach mit ihm. Er ist oft genau so streng wie Vater. Manchmal denke ich, das einzige, was ihn interessiert, ist seine Arbeit.**

Sie umarmt Friedrich. Friedrich legt seinen Arm um sie.

FRIEDRICH **Ich werde mit ihm reden.**

LUISE **Nein, nein, er will jetzt nicht gestört werden.**

Im Arbeitszimmer auf den Tischen stehen Schaukästen mit Schmetterlingen. Heinrich öffnet sie, deutet auf die verschiedenen Exemplare. Carl versucht, die richtige Antwort zu geben.

CARL **Ein Schwärzling. Und das ist ein großer Fuchs.**

HEINRICH **Falsch! Herrgottnochmal! Wie oft soll ich dir das noch sagen. Das ist der kleine Fuchs. Aglais Urticae. Und das hier, das ist der Große. Das sind alles Nesselfalter. Hier, siehst du die goldschwarze Musterung mit der Halbmondfleckenreihe am Flügelrand?**

Heinrich gibt seinem Sohn das Vergrößerungsglas. In dem Raum sieht es aus wie in einem Museum für Entomologie. Friedrich kommt zur Türe herein.

Friedrich faßt Carl am Arm, schiebt ihn zur Türe.

FRIEDRICH **Raus mit dir. Und du – hör endlich auf, dich hinter dieser dilettantischen Pseudo-Wissenschaft zu verstecken.**

Heinrich ist offensichtlich etwas irritiert über Friedrichs Aggressivität.

HEINRICH **Was zum Teufel ist denn mit dir los?**

FRIEDRICH **Wie konntet ihr während meiner Abwesenheit und hinter meinem Rücken den Beschluß fassen, die Dividenden zu kürzen?**

HEINRICH **Weil wir es wichtiger finden, die Existenz unserer 125.000 Mitarbeiter zu sichern, als Gewinne auszuschütten, während du dich herumtreibst mit deinem Flittchen.**

Heinrich hat sich in Rage geredet.

FRIEDRICH **Wer ist wir?**

HEINRICH **Der gesamte Vorstand und ich. Wir brauchen das Geld für den Ausbau von Leuna.**

Friedrich hat es die Sprache verschlagen.

FRIEDRICH **Habt ihr den Verstand verloren? Willst du etwa ohne das Abkommen mit den Amerikanern ins Öl- und Benzingeschäft einsteigen? Willst du dich anlegen mit denen, mit Standard Oil? Es war doch abgemacht, erst ihre Reaktion abzuwarten.**

Heinrich dreht sich um, schaut Friedrich feindselig an.

HEINRICH **Die Herren von Standard Oil haben sich für die nächste Woche bei uns angesagt. Sie scheinen ganz wild zu sein auf unser Verfahren.**

Friedrich greift sich an den Kopf.

FRIEDRICH **Daß die Amerikaner Interesse zeigen, heißt noch lange nicht, daß sie zu unseren Bedingungen abschließen. Wir brauchen nicht nur ihr Wohlwollen, wir brauchen ihre Dollars. Wir brauchen Devisen.**

HEINRICH **Geld, Geld, du redest immer nur vom Geld. Dein Bruder war da von ganz anderem Kaliber. Der ging ins Risiko, wenn es darauf ankam. Und diesmal kommt es darauf an.**

Zwei Limousinen fahren vor. Heinrich, Friedrich, Körner und die Amerikaner steigen aus, ein Mädchen öffnet die Türe.

HEINRICH **Well, Gentlemen.**

Er läßt die Besucher vorausgehen. Dann wendet er sich an das Mädchen.

HEINRICH **Ist alles vorbereitet, Martha?**

MARTHA **Ja, gnädiger Herr.**

Carl begrüßt seinen Vater.

HEINRICH **Guten Tag, mein Sohn. Wo ist deine Mutter?**

CARL **Sie ist in die Stadt gefahren.**

Heinrich zieht den Mantel aus. Er ist verstimmt. Er geht in die Diele, Carl folgt ihm.

HEINRICH **Hat sie nicht gesagt wohin?**

Carl schüttelt den Kopf.

CARL **Nein, sie ist weg mit ihren Büchern.**

Die amerikanischen Besucher haben um den großen ovalen Mahagoni-Eßtisch Platz genommen. Auf dem Tisch stehen Kaffee und Kuchen. Packard hält eine Kaffeetasse in der Hand.

PACKARD **Well, Gentlemen. Die riesenhaften Ausmaße der Forschungs- und Versuchseinrichtungen Ihrer Werke haben einen starken Eindruck bei uns hinterlassen. Ihre Experimente mit dem synthetischen Öl und Benzin sind ganz offensichtlich das Wichtigste, mit dem wir uns in Zukunft auseinandersetzen müssen.**

Heinrich ist aufgestanden.

HEINRICH **Was hindert uns also daran, das gemeinsame Abkommen jetzt zu schließen?**

Er nickt Körner zu. Körner blättert in einer Handakte.

KÖRNER **Es enthält die Gründung einer gemeinsamen Firma, der Standard I.G. mit Sitz in den Vereinigten Staaten auf der Ebene 80 % Anteile für Sie, 20 % für uns. Wir übertragen der Standard I.G. alle weltweiten Rechte am Hydrierverfahren mit der Ausnahme Deutsches Reich. Die Standard überschreibt uns 2 % ihrer gesamten Publikums-Aktien, das sind etwa 500.000 Anteile, mit einem Buchwert von etwa 35 Millionen Dollar.**

Packard trinkt seinen Kaffee aus. Er wischt sich den Mund.

PACKARD **Ich werde die Eindrücke, die ich hier gesammelt habe, zu Hause vortragen. Dann sehen wir weiter.**

Heinrich macht ein enttäuschtes Gesicht. Er wendet sich an Körner.

HEINRICH **Sie wollen Zeit gewinnen.**

Er wendet sich wieder an Packard.

HEINRICH **Ist das alles?**

Packard nickt.

PACKARD **Mehr kann ich Ihnen beim allerbesten Willen zur Zeit nicht zusagen.**

Der Geheimrat und der Bankier liegen im Garten auf Liegestühlen, zugedeckt mit Wolldecken, wie zwei unzufriedene Pensionäre.

BANKIER **Sie haben uns aufs Altenteil gesetzt.**

GEHEIMRAT **Geschieht Ihnen ganz recht. Denn Sie haben ja selbst dafür gesorgt.**

BANKIER **Oder schlimmer noch, sie schieben uns in ihre Aufsichtsräte ab. Ich sitze, warten Sie mal, in vierundachtzig. Und Sie?**

GEHEIMRAT **Erst dreiundfünfzig.**

BANKIER **Was nicht ist, kann ja noch werden.**

Ein Dienstmädchen bringt dem Geheimrat ein Telegramm. Der Geheimrat reißt den Umschlag auf, überfliegt es.

GEHEIMRAT **Von Friedrich. Die Jungen geben jetzt den Ton an. Fahren nach Amerika und nehmen dabei den Mund ganz schön voll. Ein chemisches Weltmonopol wollen sie errichten. Können Sie sich etwas darunter vorstellen?**

Der Geheimrat schüttelt den Kopf.

GEHEIMRAT **In Frankfurt haben sie ihr modernes Wallhall geplant, ein riesiges Verwaltungsgebäude. Sie nennen es Grüneburg, und ihre Angestellten bezeichnen sich jetzt als Beamte. I.G.-Beamte, als ob sie etwas Besonderes wären.**

Auf der Veranda erscheint ein kleines Männchen, das an seiner auffällig-unauffälligen Kleidung sofort als Privatdetektiv auszumachen ist. Das Mädchen deutet hinunter in den Park. Der Privatdetektiv kommt die Treppe herunter. Der Geheimrat ist ihm schon ein paar Schritte entgegengegangen.

GEHEIMRAT **Haben Ihre Nachforschungen Erfolg gehabt?**

Der Bankier schaut interessiert hinüber zu den beiden Männern. Der Privatdetektiv erklärt mit großen Gesten, was er in den letzten vierundzwanzig Stunden alles unternommen hat.

GEHEIMRAT **Kommen Sie, Bernheim. Oder haben Sie für heute abend schon was vor?**

An der Theke: Alkoholiker, Arbeitslose, Schieber, Huren, Zuhälter. Unter dem Publikum: Arbeiter, Angestellte, ehemalige Frontkämpfer, angehende Nazis.
Georg und Olga hinter der Bühne. Der Besitzer des Kabaretts treibt die beiden zur Eile an.

BESITZER **Beeilt Euch! Ihr seid dran! Auf die Bühne!**

Olga hat sich mit einem Kissen den Rock so ausgestopft, daß sie aussieht wie eine Schwangere. Georg hat sich einen weißen Kittel übergezogen und um den Hals ein Stethoskop gehängt. Olga zieht ihn in Richtung Bühne.

OLGA **Nun komm schon.**

Olga zieht Georg auf die Bühne, Georg stolpert, fällt fast hin. Die Leute lachen. Olga gibt dem Klavierspieler ein Zeichen. Der Klavierspieler nickt, dreht sich zu seinem Instrument, haut in die Tasten.

Georg und Olga beginnen ihr Couplet. Aus dem Publikum Pfiffe und Rufe.

OLGA **Herr Doktor, die Periode...**

GEORG **Na, freuen Sie sich doch mann, daß die Bevölkerungsquote mal'n bißchen wachsen kann.**

OLGA **Herr Doktor, ohne Wohnung...**

GEORG **Na, 'n Bett wer'n Sie wohl noch ham.**
Dann gönn' Sie sich'n bißchen Schonung
und halten Sie sich'n bißchen stramm.
Da sind Sie mal 'ne nette kleine Mutter
und schaffen mal'n Stück Kanonenfutter;
dazu ham' Sie 'n Bauch, und das müssen Sie auch;
und das wissen Sie auch
und jetzt keinen Stuß
und jetzt werden Sie Mutter
und Schluß.

Georg und Olga tanzen zum Refrain obszön und ordinär ein Mittelding zwischen Tango und Schieber.

OLGA **Herr Doktor, 'n Arbeitsloser, daß der nich'n Kind haben kann...**

GEORG **Na, Frauchen, sowas is'n bloßer Antrieb für Ihren Mann.**

OLGA **Herr Doktor, bitte...**

GEORG **Frau Renner, da kann ich Sie nicht verstehen.**
Sehn Sie Frauchen, der Staat braucht Männer, die an der Maschine stehn.
Da sind Sie mal 'ne nette kleine Mutter und schaffen noch 'n Stück Kanonenfutter
dazu ham Sie'n Bauch und das müssen Sie auch
und das wissen Sie auch und jetzt keinen Stuß
und jetzt werden Sie Mutter und Schluß.

Der Geheimrat und der Bankier werden von dem Detektiv in das rauchgeschwängerte Lokal geführt. Sie bekommen in der Loge einen Platz zugewiesen, von dem aus sie alles gut beobachten können, ohne selbst gesehen zu werden.

Auf der Bühne geht in der Zwischenzeit das Couplet weiter.

OLGA **Herr Doktor, wo soll ich denn liegen...**

GEORG **Frau Renner, quasseln Sie nicht. Erst wollen Sie das Vergnügen. Und dann wollen Sie nicht Ihre Pflicht.**

Der Geheimrat beobachtet mit unbeweglichem Gesicht das Geschehen auf der Bühne.

Der Bankier schaut zu ihm hinüber.

GEORG **Und wenn wir mal was verbieten, dann wissen wir schon, was wir tun. Und drum sein Sie mal ganz zufrieden und lassen Sie das mal unsere Sache sein, ja? und nun . . .**

Olga und Georg fordern das Publikum auf, mitzusingen.

GEORG UND OLGA **Seien Sie mal'ne nette kleine Mutter und schaffen mal'n Stück Kanonenfutter.**
Dazu ham Sie 'n Bauch und das müssen Sie auch
und das wissen Sie auch
und jetzt keinen Stuß
und jetzt werden Sie Mutter und Schluß.

Der ganze Saal hat den Refrain mitgegrölt. Man klatscht, schreit, jubelt, während Georg und Olga ihren Schieber tanzen.

Der Bankier beugt sich zu dem Geheimrat hinüber.

BANKIER **Er ist begabt, da gibt es überhaupt keinen Zweifel.**

Der Geheimrat nickt.

GEHEIMRAT **Wieviel Anteile halten wir an der Ufa?**

BANKIER **Für Ihre Pläne reicht es.**

Der Geheimrat schiebt dem Detektiv einen größeren Geldschein zu und ein Kuvert.

GEHEIMRAT **Erledigen Sie das. Aber der Junge darf nichts merken. Ist das klar?**

Der Geheimrat und der Bankier sind aufgestanden.

BANKIER **Wenn der Reiche redet, so schweigt jedermann, und sein Wort erhebt man in den Himmel.**

Sie verlassen die Loge.

Der Privatdetektiv ist Olga und Georg hinter die Bühne gefolgt. Er schaut sich suchend um, entdeckt die beiden in der Garderobe.

PRIVATDETEKTIV **Ich soll Ihnen sagen, daß Sie sich hier bei dieser Adresse melden sollen.**

Der Privatdetektiv tippt auf ein Kuvert, das er Georg übergibt.

Georg schaut den Detektiv fragend an.

GEORG **Aber das ist ja die Ufa. Was soll ich denn da?**

PRIVATDETEKTIV **Sie sind doch Schauspieler, oder?**

Georg nickt.

PRIVATDETEKTIV **Na sehen Sie.**

GEORG **Na und?**

PRIVATDETEKTIV **Na und – was? Vielleicht hat man was mit Ihnen vor. Mit Ihnen beiden. Was haben Sie denn sonst gedacht? War ja ne tolle Nummer da draußen. Donnerwetter!**

Der Privatdetektiv tippt mit einem Finger an seine Hutkrempe und schickt sich an zu gehen.

GEORG **He! Wer sind Sie eigentlich?**

Der Privatdetektiv dreht sich um.

PRIVATDETEKTIV **Das tut doch hier überhaupt nichts zur Sache. Aber wenn Sie's unbedingt wissen wollen, so 'ne Art Agent.**

Luise sitzt über einem Mikroskop. Neben sich ein paar der Fachbücher, die Friedrich mitgebracht hat. Sie vergleicht, macht Eintragungen in ein kleines blaues Quartheftchen.

Der Hausmeister kommt zur Türe herein.

HAUSMEISTER **Ach Sie sind es, Frau Doktor. Ich sah das Licht brennen.**

Luise schaut auf. Sie versucht mit müden Augen den Hausmeister zu erkennen.

LUISE **Ich bin gleich fertig.**

HAUSMEISTER **Ich mach solange die Läden zu.**

Das Telefon klingelt. Luise schaut auf.

HAUSMEISTER **Ich geh schon ran.**

Der Hausmeister hält die Hand auf die Sprechmuschel.

HAUSMEISTER **Ihr Mann. Er fragt, ob Sie hier sind.**

Luise steht auf, wirft sich den Mantel über die Schulter.

LUISE **Sagen Sie ihm, ich bin schon auf dem Weg nach Hause.**

Es regnet. Dicke Tropfen fallen auf das Kopfsteinpflaster. Luise kommt mit ihrem Auto in großer Geschwindigkeit die Straße heruntergefahren.

Der Regen wird stärker. Luise hat die Scheibenwischer eingestellt. Ein Auto kommt ihr entgegen.

Luise wird von den entgegenkommenden Scheinwerfern geblendet. Sie nimmt den Arm hoch, hält ihn schützend vor ihre Augen. Sie bremst. Die Reifen quietschen. Luise reißt das Steuer nach rechts.

Das entgegenkommende Auto rast an Luises Wagen vorbei. Luises Wagen kommt ins Schleudern, schlingert über die Straße, fährt rechts in einen Wagen. Das entgegenkommende Auto hält mit quietschenden Reifen. Der Fahrer springt heraus, läuft hinüber zur Unfallstelle. Luises Wagen hat sich überschlagen, liegt auf der Seite, die Vorderräder bewegen sich noch.

Luise ist aus ihrem Wagen hinausgeschleudert worden. Sie liegt halb auf der Straße, halb auf der Böschung. Der andere Fahrer kniet sich hin, er horcht, stellt fest, daß sie noch lebt. Er nimmt sie auf die Arme, trägt sie hinüber zu seinem Wagen.

Der Stationsarzt kommt aus dem Krankenzimmer. Die Schwester deutet hinüber zur Bank. Heinrich steht auf.

STATIONSARZT **Ihre Frau kriegen wir durch, das Kind war nicht mehr zu retten. Sie können jetzt zu ihr.**

Luise liegt in einem abgedunkelten Raum. Heinrich setzt sich neben sie auf einen Stuhl und nimmt ihre Hand.

Luise dreht ihren Kopf in seine Richtung.

LUISE **Es war ein Mädchen.**

Heinrich versucht gegen die Tränen anzukämpfen. Es gelingt ihm nicht. Er legt seinen Kopf auf das Bett und weint.

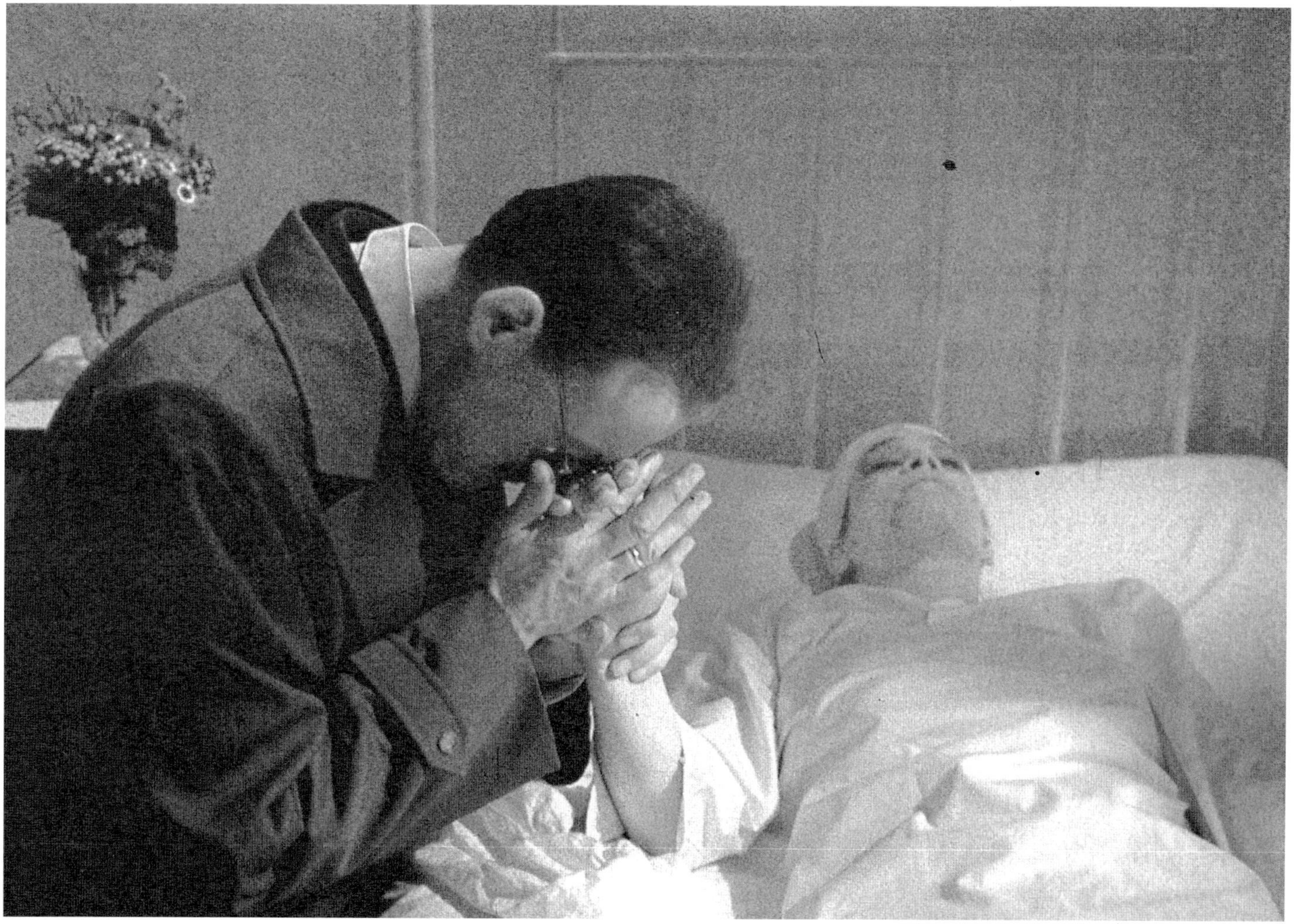

Körner drückt den Klingelknopf. Die Türe wird geöffnet. Carl erscheint im Schlafanzug, darüber einen offenen Bademantel.

KÖRNER **Guten Abend, Carl. Ich möchte deinen Vater sprechen.**

CARL **Es ist niemand da. Mama ist noch im Krankenhaus.**

KÖRNER **Aber dein Vater. Einer muß doch da sein.**

CARL **Er ist nicht zu Hause.**

KÖRNER **Du willst doch auch einmal ein großer Chemiker werden.**

Carl nickt.

Körner ist in die Hocke gegangen. Während er mit Carl spricht, macht er ihm den Bademantel zu.

KÖRNER **Du willst doch auch mal in der I.G. arbeiten, wie dein Vater, wenn du groß bist.**

Carl nickt.

KÖRNER **Und große Fabriken bauen, wie dein Vater.**

KÖRNER **Du willst doch nicht, daß alles, was dein Vater aufgebaut hat, jetzt kaputt geht.**

Carl schüttelt den Kopf.

KÖRNER **Dann mußt du mir helfen, deinen Vater zu finden.**

Carl nimmt Körner bei der Hand.

CARL **Kommen Sie mit.**

Carl führt Körner durch den Garten hinauf zu einer kleinen Sternwarte mit Kuppeldach. Carl legt seinen Zeigefinger auf die Lippen. Dann geht er zur Türe und macht sich mit einem rhythmischen Klopfzeichen bemerkbar.

CARL **Ich bin's Papa, mach auf.**

Ein Schlüssel dreht sich im Schloß. Carl öffnet die Türe, macht Körner ein Zeichen, ihm zu folgen.

In einem hohen Raum der Sternwarte stehen mehrere Fernrohre, ein Himmelsglobus, an den Wänden astronomische Karten. Dazwischen eine Unmenge ausgetrunkener Flaschen. Heinrich sitzt auf einem barhockerähnlichen Stuhl neben einem Fernrohr. Er hat eine Decke um die Schultern geschlagen, in der Hand eine halbausgetrunkene Flasche. Er ist unrasiert. Körner ist in der Türe stehengeblieben. Er macht sich bemerkbar, indem er das Klopfzeichen von Carl am Türpfosten wiederholt.

Heinrich hat das rechte Auge am Okular des Fernrohrs. Mit dem linken schielt er hinüber zur Türe.

HEINRICH **Was wollen Sie hier?**

KÖRNER **Ich muß mit Ihnen sprechen.**

HEINRICH **Ich habe keine Zeit. Lassen Sie mich allein.**

Heinrich dreht vorsichtig an einer Schraube. Deutlich ist zu erkennen, daß seine Hände zittern.

Körner versucht, ein paar Schritte in den Raum zu kommen. Dabei stößt er einige der Flaschen um. Er gibt es auf.

KÖRNER **Morgen tritt der Vorstand zusammen. Die Lage ist ernst. Wichtige Entscheidungen stehen an.**

HEINRICH **Aha.**

KÖRNER **Die Pläne für das neue Verwaltungsgebäude werden vorgestellt. Sie dürfen sich hier nicht einschließen.**

HEINRICH **Interessiert mich nicht.**

KÖRNER **Es geht um die Zukunft Leunas. Das Benzinprojekt steht auf dem Spiel. Wenn Sie jetzt nicht unser Projekt vertreten, und zwar persönlich, dann wird morgen alles gestoppt. Es ist Ihre verdammte Pflicht und Schuldigkeit. Sie müssen Ihre Sache vertreten.**

Heinrich nimmt einen tiefen Schluck aus der Flasche. Dann wendet er sich an Körner und schreit.

HEINRICH **Ich habe keine Verantwortung gegenüber irgendwem. Gehen Sie weg.**

Körner macht eine kleine Pause.

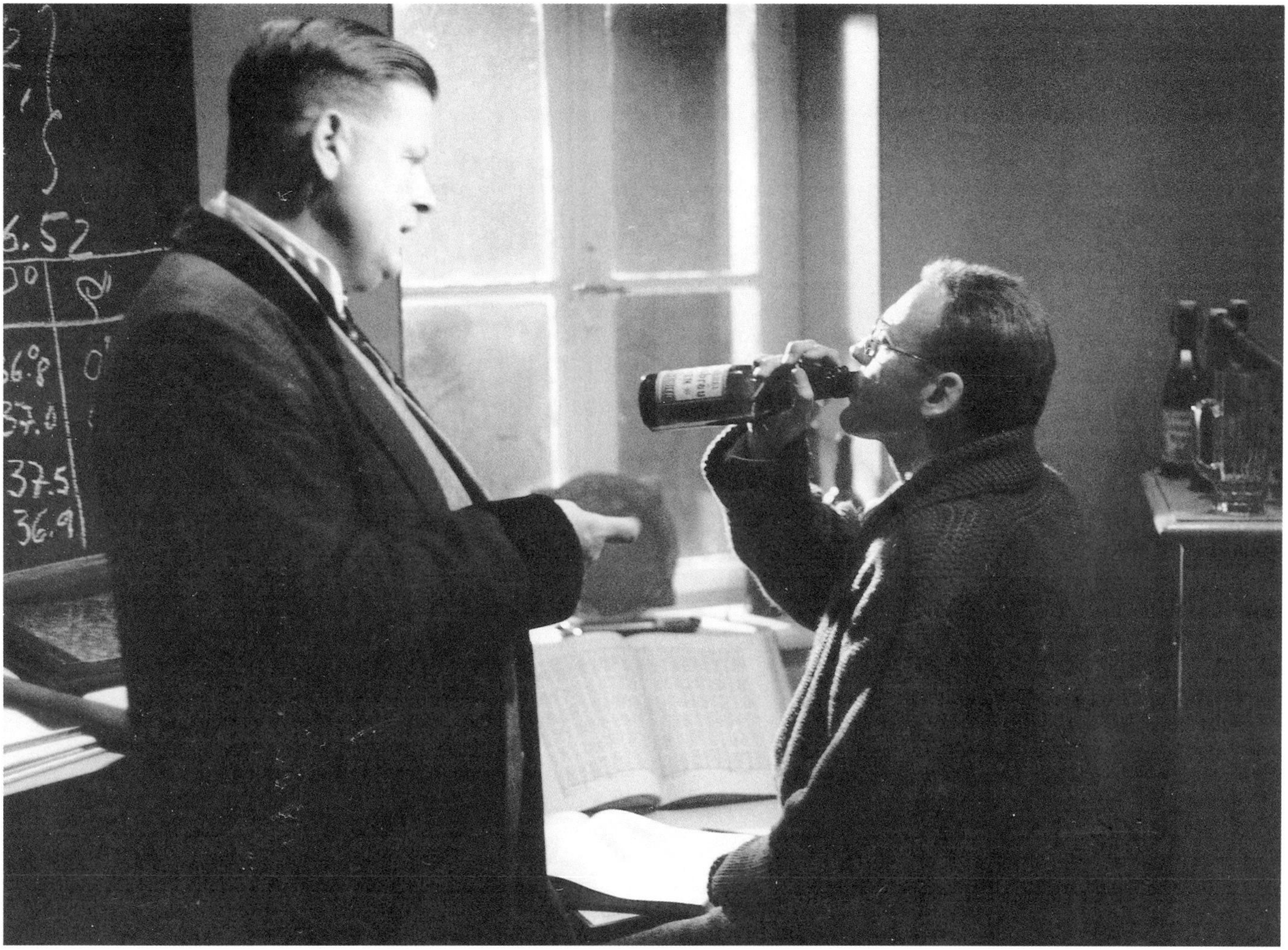
37.5
36.9

KÖRNER **Ich möchte Ihnen sagen, wie leid es uns allen tut – der Unfall Ihrer Frau. Aber Sie können Gott danken, daß sie noch lebt.**

Heinrich kickt mit dem rechten Fuß einige Flaschen um.

HEINRICH **Bitte, lassen Sie den aus dem Spiel.**

KÖRNER **Ich dachte, daß Sie damit nach IHM gesucht haben.**

Körner macht eine Geste hinüber zu den Fernrohren. Dann macht er eine knappe Verbeugung und verläßt die Sternwarte.

Carl hat das Gespräch mit ängstlichen Augen verfolgt. Er geht hinüber zu seinem Vater, nimmt seine Hand.

CARL **Papa, komm doch. Ich bin so allein im Haus. Ich habe Angst. Wird Mama wieder gesund?**

HEINRICH **Ja, sie wird bald wieder da sein.**

CARL **Und du?**

Heinrich nimmt Carl in den Arm. Er drückt ihn an seine Brust.

HEINRICH **Oh, mein Sohn.**

Ein großer, braungetäfelter Sitzungsraum. Die vierzig Vorstandsmitglieder der Interessengemeinschaft haben sich um das den Raum beherrschende Modell der „Grüneburg" versammelt. Friedrich trägt vor.

FRIEDRICH **Es gibt zwei Konzerne, die das gesamte Weltöl kontrollieren. Die Standard Oil und die holländische Shell. Wir haben der Standard unser Projekt angeboten. Entweder, sie nimmt den Kampf gegen unser synthetisches Benzin auf, das bedeutet: rücksichtsloser Preiskampf, dem wir niemals gewachsen sind, oder sie beteiligt uns an ihrer Weltölabsprache. Deshalb, meine Herren, ist das Abkommen mit der Standard eine conditio sine qua non für uns. Es gibt jedoch zur Zeit noch keine Anzeichen dafür, daß die Amerikaner mit uns abschließen werden. Sie versuchen, Zeit zu gewinnen, sie wünschen noch einmal eine längere Versuchspause, um das Verfahren gründlich zu überprüfen.**

Heinrich kommt die Treppe herunter. Er sieht völlig verändert aus. Frisch rasiert, tadellos sitzender Anzug. Er öffnet die Sitzungstüre, geht mit großen Schritten hinüber zu dem Modell.

FRIEDRICH **Deshalb stimme ich zum gegenwärtigen Zeitpunkt gegen einen Ausbau von Leuna und verlange die sofortige Einstellung aller Produktionen und die Stillegung des Werkes.**

Friedrich schaut sich um, um die anerkennenden Gesten der anderen Vorstandsmitglieder in Empfang zu nehmen.

Heinrich fängt, ohne um das Wort gebeten zu haben, an zu sprechen.

HEINRICH **Beeindruckend – sehr beeindruckend. Meine Herren, wie wir alle wissen, hat unser Land nur eine beschränkte Rohstoffbasis und keine Möglichkeiten, dieses Manko durch eigene territoriale Interessengebiete wettzumachen. Wenn wir also jetzt Ersatzstoffe anbieten, so tun wir das nicht nur aus rein privatwirtschaftlichen Gründen des Gewinnstrebens, sondern auch aus nationalen Interessen. Das fürs erste.**

Heinrich nimmt ein vor ihm stehendes Glas, füllt es mit Wasser, nimmt einen Schluck.

HEINRICH **Wir brauchten fünfzehn Jahre, um die Stickstoffproduktion auf den heutigen Stand zu bringen. Auch der Benzingewinnung muß man Zeit lassen, um zur Rentabilität zu gelangen. Wie ernst gegenwärtig die Lage auf dem Ölsektor ist, können Sie daraus ersehen, daß der amerikanische Präsident die Aufgabe auf einen Federal Oil Conservation Board übertragen hat, um herauszufinden, wie hoch die momentanen Ölreserven sind. Ich habe das Ergebnis hier. Es ist niederschmetternd. Die Reserven belaufen sich auf viereinhalb Milliarden Barrels, und das reicht höchstens für die nächsten sechs Jahre.**
Meine Herren, deshalb verlange ich die Erweiterung von Leuna.

Es wird eine Filmszene probiert. Eine Tankstelle mit dem rautenförmigen Signet „Leuna". Georg im blauen Drillichanzug. Er wartet auf Kundschaft.

Olga kommt in einem Cabriolet und hält an der Tankstelle. Sie drückt auf die Hupe. Georg rennt hinüber zu dem Auto. Georg und Olga singen ein Lied:

GEORG UND OLGA **Guten Tag mein Fräulein, darf ich fragen,**
soll es etwas sein mit Ihrem Wagen?
Ach, er fährt so holprig, ich kann's kaum begreifen.
Sie fahren ja auch mit einem platten Reifen.
Brauch ich etwa einen neuen Schlauch?
Nein, ein bißchen Luft tut's auch.
Das ist alles so wie bei der Inflation
Die ganze Luft ist raus aus der Nation.
Ja, dann packen wir's mal an.
Ein jeder pumpt sich, was er kann.
Ja, wir leben nur auf Spesen
wie die Hochfinanz,
und die Zeche zahlt der kleine Mann.

REGISSEUR **Schluß – Klappe. Wie Sie hier den Tankwart mimen, das sieht ja aus, als ob 'n Herrenreiter auf einem Biergaul sitzt.**

GEORG **Haben Sie schon mal einen Tankwart gesehen, der singt und tanzt während der Arbeit? Die Leute werden sich biegen vor Lachen.**

REGISSEUR **Ganz im Gegenteil. Wenn Sie das so bringen, dann fangen die Leute an zu heulen.**

GEORG **Genau, über dieses schwachsinnige Lustspiel hier von der Tankstelle.**

Der Regisseur steht auf und schreit.

REGISSEUR **Wer zum Teufel, glauben Sie, sind Sie eigentlich? Weshalb glauben Sie, sind Sie überhaupt hier? Wegen Ihrer blauen Augen? Leute wie Sie gibt es dutzendweise. Sie sind hier, weil Sie protegiert worden sind, weil ein paar einflußreiche Leute dafür gesorgt haben. Weil irgend jemand, wer auch immer, für Sie bezahlt hat. Ihr Vater oder Ihr Großvater oder was weiß ich. Kapiert?**

Er setzt sich wieder in seinen Regiestuhl und wendet sich zum Team.

REGISSEUR **Zehn Minuten Pause.**

SCRIPT **Also, ich melde diese Einstellung dann ab. Ja?**

Olga hat sich neben Georg gestellt. Sie legt ihm den Arm um die Schulter, so, als wolle sie ihn beschützen.

Georg ist fassungslos. Wie benommen verläßt er das Studio. Olga folgt ihm.

LEUNA
LEUNA
LEUNA
LEUNA
LEUNA

Georg hat seine Ledertasche auf den Schminktisch gestellt. Er packt. Olga hockt vor dem Spiegel und schaut ihm dabei zu. Er hat Tränen in den Augen.

OLGA **Was willst du denn jetzt tun?**

GEORG **Ich weiß es nicht. Vielleicht wieder tingeln.**

OLGA **Alleine?**

Georg hat den Kopf in den Händen vergraben. Er weint.

Olga ist aufgestanden, geht zu Georg hinüber. Sie legt die Arme um ihn.

OLGA **Du schaffst es. Du mußt nur ganz fest an dich glauben.**

Georg schüttelt den Kopf.

GEORG **Da bin ich mir nicht so sicher. Wenn du an mich glaubst, komm mit mir.**

OLGA **Nein, diesen Weg mußt du alleine gehen. Lauf nicht weg. Geh hin zu ihm. Der Alte glaubt, dich kaufen zu können. Jetzt kannst du beweisen, daß er verloren hat.**

Ein runder Tisch und um ihn herum zum Frühstück versammelt neun ältere Herren. Auf dem Tisch frische Hörnchen, Honig, silberne Töpfchen voll violetter und roter Marmelade, dampfender Kaffee, heiße Schokolade, Eier, sowie Champagner, frische Austern, mit Butter bestrichenes Schwarzbrot. Der Geheimrat klopft mit dem Eierlöffel an die Tasse, räuspert sich.

GEHEIMRAT **Meine Herren, ich freue mich, daß Sie alle meiner Einladung zu diesem Arbeitsfrühstück gefolgt sind.**

Der Geheimrat verbeugt sich vor dem rechts neben ihm Sitzenden.

GEHEIMRAT **Ich möchte Ihnen, Herr Professor, im Namen aller hier, zur Ernennung zum Reichswirtschaftsminister unsere herzlichen Glückwünsche aussprechen.**

Die anderen klopfen beifällig mit der flachen Hand auf die weiße Tischdecke.

GEHEIMRAT **Wir, die wir alle einmal wie Sie dem Aufsichtsrat der I.G. angehört haben, sind darüber erleichtert, können wir doch davon ausgehen, daß am Kabinettstisch auch weiterhin unsere Interessen vertreten sind.**

Die Mitglieder des Kreises nicken beifällig und lachen.

Der Geheimrat schmiert ein Hörnchen mit Honig und beißt mit einem herzhaften Biß in das knusprige Gebäck.

GEHEIMRAT **Wir sollten es jedoch auf jeden Fall vermeiden, uns politisch einseitig festzulegen und alles nur auf eine Karte zu setzen.**

Der Bankier träufelt etwas Zitrone auf seine Austern, schlürft sie mit Genuß und spült mit einem Glas Champagner nach.

BANKIER **In Amerika hat man Lösungen gefunden, die, wie ich meine, ganz gut auf unsere politischen Verhältnisse hier übertragen werden können. Dort wird die ganze Politik von einem einzigen Gremium von Wirtschaftlern gemacht. Vor jeder großen politischen Entscheidung kommen sie zusammen und setzen die Richtlinien fest, die von den Abgeordneten dann im Kongreß vertreten werden.**

Einer der dienstbaren Geister kommt mit einer Kanne frischen Kaffee. Der Geheimrat läßt etwas nachgießen und nimmt einen kleinen Schluck.

GEHEIMRAT **Daß wir uns unter uns verständigen, da gibt es gar keinen Zweifel. Vernünftige Menschen kommen immer zu vernünftigen Ergebnissen.**

Er schaut fragend nach links und rechts. Die ihm gegenüber sitzenden Herren nicken.

Der Geheimrat hebt den Deckel des kleinen geflochtenen Körbchens, in dem die weichgekochten Eier warmgehalten werden, wählt eines und zerdeppert die Spitze mit kleinen, gezielten Schläge. Er würzt es mit ein bißchen Salz, läßt es sich schmecken und deutet dann mit dem Eierlöffel nach hinten ins Vage.

GEHEIMRAT **Wie aber setzen wir unsere Entschlüsse durch? Das ist die Frage. Worauf wir einwirken können in diesem demokratischen System – ob wir die Republik nun mögen oder nicht –, das sind die Parteien. Nicht alle selbstverständlich, die bürgerlichen Parteien wohlgemerkt. Doch mit Vernunft und Argumenten auf diese Parteien einwirken wollen, führt zu nichts. Das einzige, womit wir bei ihnen unsere Interessen durchsetzen können, ist Geld. Und Geld, meine Herren, ist etwas, über das wir reichlich verfügen.**

Der Bankier hat eine weitere Auster gelöst und sie mit Zitrone beträufelt. Er tut jetzt eine kleine Prise Pfeffer darauf, führt sie zum Mund und schluckt sie schlürfend hinunter.

BANKIER **Unser Fond enthält zur Zeit zweihundertachtzigtausend Mark. Ich bitte also um Vorschläge.**

Der Geheimrat benutzt die Frühstückshörnchen zur Demonstration.

GEHEIMRAT **Die Deutsche Volkspartei erhält zweihunderttausend Mark.**

Er übergibt das Hörnchen mit einer großen Geste dem Bankier. Alles lacht.

GEHEIMRAT **Die Deutschen Demokraten, dreißigtausend.**

Der Geheimrat zerteilt ein Hörnchen und schiebt es hinüber zu seinem Nachbarn.

Der Geheimrat nimmt den restlichen Teil des Hörnchens und beißt kräftig hinein.

GEHEIMRAT **Und das Zentrum fünfzigtausend.**
Eine gerechte Verteilung.

Der Wirtschaftsminister scheint mit dieser Aufteilung nicht ganz zufrieden zu sein.

WIRTSCHAFTSMINISTER **Und was ist, wenn es wieder Wahlen gibt?**

BANKIER **Für die Wahlen stehen dann insgesamt dreihunderttausend Mark zur Verfügung. Die Deutschen Demokraten und das Zentrum bekommen einhunderttausend. Und für die Volkspartei wieder zweihunderttausend. Die also mir zustehen, da ich wieder für diese Partei zu kandidieren gedenke.**

Die Villa in der Abenddämmerung. Im Gewächshaus brennt Licht. Der Geheimrat sitzt in einem Korbstuhl und liest. Georg steht in der offenen Türe des Gewächshauses: unrasiert und bleich.

GEORG **Du hattest recht, ich habe es nicht geschafft. Ich muß mit dir reden.**

Der Geheimrat schaut auf. Er ist keineswegs überrascht über Georgs Anwesenheit.

GEHEIMRAT **Komm herein, mein Junge. Komm herein. Willkommen daheim. Ich wußte, du würdest zurückkommen.**

GEORG **Du irrst dich. Ich bin nur gekommen, um dir zu sagen, jeder hat seinen Preis. Auch ich bin käuflich. Aber nicht mit deinem Geld.**

Der Geheimrat schaut Georg aufmerksam an.

GEHEIMRAT **Aber ich... ich wollte dir doch nur helfen.**

Georg preßt die Lippen aufeinander und ballt die Hände.

GEORG **Ich will deine Hilfe nicht. Ich lehne sie ab. Laß mich in Ruhe. Verstehst du denn nicht? Punktum und damit basta. Kapiert?**

Der Geheimrat steht bestürzt auf und geht auf ihn zu.

GEHEIMRAT **Warum redest du so mit mir? Du bist ein Deutz. Das wirst du niemals ändern.**

Er geht mit offenen Armen auf Georg zu.

GEHEIMRAT **Es wird Zeit, daß du aufhörst damit, dich hinter Schminke und Maske zu verbergen und dir die Köpfe anderer aufzusetzen. Du gehörst hierher. Hier ist dein Zuhause.**

GEORG **Wieso bist du dir da so sicher. Kannst du immer noch nicht verstehen, daß du verloren hast? Du dummer alter Mann.**

GEHEIMRAT **Du bist betrunken.**

GEORG **Vielleicht bin ich betrunken. Stört es dich etwa?**

GEHEIMRAT **Warum schläfst du dich dann nicht aus – und wir sprechen morgen darüber in aller Ruhe.**

Georg geht auf den Geheimrat zu. Ganz dicht vor ihm bleibt er stehen. Er faßt ihn mit beiden Händen am Revers.

GEORG **Ja, ja, in aller Ruhe. Das ist doch völlig sinnlos. Du willst mich doch gar nicht verstehen, du doch nicht.**

Georg schaut ihn haßerfüllt an. Er läßt ihn los und geht.

GEHEIMRAT **Ich wollte immer nur dein Bestes.**

Georg dreht sich um.

GEORG **Das hast du mich zur Genüge spüren lassen mit deiner Selbstgerechtigkeit, mit deiner maßlosen Strenge.**

GEHEIMRAT **Man ist streng zu denen, die man besonders liebt.**

GEORG **Auf diese Liebe kann ich verzichten.**

Der Geheimrat ruft ihm nach.

GEHEIMRAT **Georg! Bitte! Georg!**

Georg geht raus und dreht sich nicht mehr um.

Der Geheimrat ringt mühsam um Fassung. Er schreit ihm hinterher.

GEHEIMRAT **Schließ bitte die Tür! Schließ die Tür!!**

Der Geheimrat kommt aus der Halle des Treppenhauses, geht die Treppe hinauf. Überall, wo er vorbeikommt, löscht er die Lichter.

Der Geheimrat sitzt auf der Bettkante in seinem Zimmer. Er schaut vor sich hin. Dann steht er auf, sorgfältig, fast pedantisch beginnt er sich auszukleiden, er legt seine Hose exakt gefaltet über den stummen Diener, hängt die Jacke über den Bügel. Er löst die Schleife, öffnet den steifen Kragen, legt den Kragenknopf auf den Nachttisch, dann zieht er das Hemd über den Kopf, zieht die Socken aus, legt sie übereinander, streicht sie glatt. Er zieht sich einen seidenen Morgenmantel über, geht hinüber ins Badezimmer.

Er läßt ein Glas Wasser vollaufen und trinkt. Er betrachtet sich im Spiegel. Auf der Stirn Schweißperlen. Er ist bleich.

GEHEIMRAT **Das Leben und die Geschäfte, dafür sind wir hier. Und mit Stolz stehen wir dafür ein.**

Er setzt sich auf die Kante der Badewanne. Er tastet mit der rechten Hand an seine Brust. Dann reißt er sich zusammen, geht merkwürdig steif und mit staksigen Schritten zurück ins Zimmer. An seinem Bett bricht er zusammen.

In einem Meer von Blumen ist die Leiche des Geheimrats in der Kapelle aufgebahrt.

Charlotte weint. Georg tröstet sie.

GEORG **Verzeih mir.**

CHARLOTTE **Oh, Georg, du mußt mir verzeihen, mein Liebling.**

Georg schaut seine Mutter fragend an.

CHARLOTTE **Ich muß dir etwas sagen. Ich werde Friedrich heiraten.**

GEORG **Liebst du ihn?**

CHARLOTTE **Er liebt mich.**

GEORG **Und du?**

CHARLOTTE **Ich habe ihn geliebt.**

GEORG **Mehr als mich?**

Charlotte streicht Georg über das Haar wie einem kleinen Jungen.

CHARLOTTE **Oh, Georg, dich liebe ich am allermeisten auf der ganzen Welt.**

III.

ÜBER ALLES IN DER WELT

1932 – 1939

Das sechsteilige I.G.-Farben Hochhaus in Frankfurt am Main.

Auf der Hinweistafel die verschiedenen Arbeitsgebiete der I.G.-Farbenindustrie: Farbstoffe, Textilien, Wachse, Pharmacie, Fotografie, Kunstseide, synthetische Stickstoffprodukte für Düngemittel, Ölprodukte. Darunter: Betriebsgemeinschaft Oberrhein, Mittelrhein, Niederrhein. Darunter: Aufsichtsrat und Verwaltungsrat, Vorstand und Zentralausschuß.

Anni hat sich in diesem Labyrinth verirrt. Ab und zu kommen Sekretärinnen aus den Büros, Prokuristen, Verwaltungsleute, Boten. Sie kreuzen ihren Weg, kommen ihr entgegen, überholen sie. Neben ihr eine Besuchergruppe aus Fernost. Der Fremdenführer ist mit seinem kleinen Vortrag fast zu Ende.

FREMDENFÜHRER **Sie befinden sich hier im Herzen der Verkaufs- und Verwaltungszentrale der I.G. Wenn Sie den Vergleich erlauben – sozusagen ein Walhall des 20. Jahrhunderts. Herrscherin über 135 000 Arbeiter und Angestellte in 50 über das ganze Reich verteilte Fabriken. . .**

Die fernöstlichen Besucher machen Fotografien. Auf einer Weltkarte führen bunte Schnüre von Frankfurt zu unzähligen Punkten in aller Welt. Die Geschäftsverbindungen der I.G. sehen aus wie ein Spinnennetz.

Im Sitzungssaal im 6. Stock sitzen sich auf der einen Seite Mitglieder des Zentralausschusses der I.G. und auf der anderen Vertreter der Arbeitnehmer gegenüber.

KÖRNER **Die Folgen der Weltwirtschaftskrise sind verheerend. Das sind die neuesten Zahlen. Es ist eingetreten, was wir alle befürchtet haben. Ein Umsatzrückgang von 40 Prozent.**

Heinrich legt die Zigarre auf den Aschenbecher, holt tief Luft.

HEINRICH **Sie wissen, was das heißt, meine Herren? Weitere Kündigungen!**

Die Konferenz findet in einem langen, großen, dunkelbraun getäfelten Raum statt, der in der Mitte von einem großen langgestreckten, rechteckigen Tisch beherrscht wird. An den Wänden Schautafeln, Karten, Tabellen.

GEWERKSCHAFTSFUNKTIONÄR **Herr Geheimrat, mit weiteren Entlassungen jagen Sie Arbeiterfrauen und Kinder auf die Straße und damit in Hunger und Not. Wenn Sie hier behaupten, das läge alles im Interesse des deutschen Volkes und geschehe zum Schutz der deutschen Industrie, dann ist das blanker Zynismus.**

FRIEDRICH **Wir werden uns um Arbeitsbeschaffungsprogramme kümmern, zum Beispiel Sanierung der Mietskasernen. Vielleicht sollten wir auch wieder die Schrebergartenidee aufgreifen. Kleine Siedlungen für die Arbeiter. Das bringt sie wenigstens weg von der Straße.**

GEWERKSCHAFTSFUNKTIONÄR **Wir wissen nun, woran wir sind. Widerstand bis zum letzten. Aber wirklich bis zum letzten heißt die Parole.**

Die Gewerkschaftsdelegation ist aufgesprungen.

FRIEDRICH **Hören Sie doch auf damit. Die Leute wollen doch schon längst von Ihren Klassenkampfparolen nichts mehr wissen. Wir bieten Ihnen statt dessen Partnerschaft im Betrieb, als Zelle der großen Volksgemeinschaft.**

Im 6. Stock verläßt Anni den Paternoster. Sie geht über den Korridor zum Hauptsekretariat. Die Sekretärinnen versuchen sie aufzuhalten. Anni schlägt mit ihrer kleinen Hand flach auf einen Schreibtisch.

ANNI **Bitte, lassen Sie mich vor. Ich möchte zu Herrn Direktor Deutz.**

Eine Sekretärin schaut in den Terminkalender.

SEKRETÄRIN **Tut mir leid, der Herr Direktor ist in einer wichtigen Konferenz.**

ANNI **Dann rufen Sie ihn eben heraus.**

Die Sekretärin schüttelt fassungslos den Kopf.

SEKRETÄRIN **Bitte, bitte, bitte! Es tut mir außerordentlich leid, haben Sie doch Verständnis.**

ANNI **Dann warte ich eben.**

Sekretärin **Das geht nicht.**

ANNI **Warum nicht?**

Die große Flügeltüre wird aufgestoßen. Die Gewerkschaftsdelegation verläßt schweigend und mit verbitterten Gesichtern den Konferenzraum. Körner ist ihnen nachgegangen. In der Türe bleibt er stehen.

KÖRNER **Aber meine Herren! In erster Linie werden von den Kündigungen nur alte und wenig einsatzfähige Arbeiter betroffen sein. . .**

Die Sekretärin macht Friedrich an Körner vorbei in den Sitzungsraum hinein ein Zeichen. Friedrich steht auf und geht zu ihr.

KÖRNER **. . .wenn wir jetzt weiter Entlassungen vornehmen, dann doch nur, um den Abteilungen die jüngeren und kräftigeren Leute zu erhalten. Dafür müssen doch auch Sie Verständnis haben.**

Friedrich ist bei der Sekretärin angekommen.

SEKRETÄRIN **Herr Direktor, eine Dame sagt, es sei dringend.**

Anni ist neben Friedrich aufgetaucht.

ANNI **Wenn du mich noch einen Augenblick hier stehen läßt, dann mache ich eine Szene.**

FRIEDRICH **Was willst du hier? Was soll das Theater?**

Friedrich nimmt Anni unterm Arm, schiebt sie vor sich her in sein Büro.

ANNI **Au! Du tust mir weh!**

LIFT

Anni macht ein Gesicht wie ein trotziges Kind. Friedrich geht vor ihr auf und ab.

FRIEDRICH **Völlig unmöglich, wie du dich aufführst.**

Anni kramt aus ihrer Tasche einen zerknüllten Brief.

ANNI **Du willst wieder mit ihr verreisen in die Ferien.**

FRIEDRICH **Du spionierst mir nach?**

ANNI **Du hast ihn ja ganz offen bei mir liegenlassen.**

FRIEDRICH **Charlotte ist schließlich meine Frau.**

ANNI **Schläfst du eigentlich mit ihr?**

Friedrich holt aus.

ANNI **Ah ja. Schlag nur zu. Damit es alle hier wissen, wie du mich behandelst.**

FRIEDRICH **Hör auf! Ich verspreche dir, wir reden über alles – heute abend.**

ANNI **Dann laß dir aber ja etwas Gescheites einfallen.**

In der Türe stößt sie mit Körner zusammen.

ANNI **Das gilt auch für Sie!**

Anni wirft mit einem Knall die Türe ins Schloß.

KÖRNER **Dicke Luft?**

FRIEDRICH **Charlotte und ich, wir wollen mit den Kindern dieses Jahr ins Salzkammergut.**

KÖRNER **Und Anni ist eifersüchtig.**

FRIEDRICH **Daß es nicht mehr zum Aushalten ist!**

Körner und Friedrich gehen hinüber zum Sitzungssaal.

KÖRNER **Schicken Sie Anni nach Berlin. Ich brauche da einen diskreten Ort für unauffällige Kontakte. Anni hat Witz, und bei ihrem Aussehen ist sie prädestiniert dazu, für uns einen Salon zu führen. Einen halboffiziellen Treffpunkt für in- und ausländische Wirtschaftsführer, Industrielle und Politiker.**

FRIEDRICH **Gut gemischt mit ein paar Literaten, Künstlern, Leuten von Film und Funk. So'n bißchen Klatsch und Tratsch ist ja manchmal wichtiger als die Börsennachrichten. Keine schlechte Idee.**

Die Sekretärin schließt die große Tür zum Sitzungssaal. Friedrich und Heinrich gehen zurück zu ihren Plätzen.

Heinrich kaut auf seiner kalten Zigarre. Er tippt mit dem linken Zeigefinger auf die vor ihm liegenden Zahlen.

HEINRICH **So, dann können wir ja endlich weitermachen. Der katastrophale Preisverfall des Erdöls hat unsere ganze Strategie zerstört. Vor einem Jahr kostete der Liter Benzin noch 12 Pfennige. Heute ist er für 5 Pfennige zu haben.**

FRIEDRICH **Du hast uns doch erst vor einem Jahr noch vor einer weltweiten Ölkrise gewarnt, weil die Reserven zu Ende gehen.**

Heinrich schaut Friedrich mit zusammengekniffenen Augen an. Er verschränkt die Arme vor der Brust und entschließt sich, lieber zu schweigen. Körner beugt sich vor.

KÖRNER **Die Lobby der Automobilindustrie will die Regierung zwingen, die Schutzzölle zu senken, um billigeres Benzin an den Tankstellen anbieten zu können. Das Kabinett Brüning war wenigstens noch auf unserer Seite, aber ob man das auch von Papen und seinen Baronen behaupten kann?**

Friedrich springt auf.

FRIEDRICH **Wir müssen sofort die Benzinproduktion in Leuna stillegen, solange wir noch Zeit dazu haben.**

Friedrich hat eines der Fenster geöffnet. Er dreht sich um. Auch Heinrich ist aufgestanden, steht vor ihm.

HEINRICH **Das zeigt nur, daß du wieder mal überhaupt keine Ahnung hast von der technischen Seite des Problems. Wenn wir die Benzinproduktion in Leuna jetzt stillegen, sparen wir keinen Pfennig. Wir zahlen sogar noch drauf, denn die fixen Kosten werden ins Unermeßliche steigen. Wann begreifst du endlich, daß es die Anlagen sind, die Millionen kosten, und nicht die Rohstoffe.**

Heinrich beruhigt sich nur langsam. Er setzt sich wieder hin.

HEINRICH **Wie stehen denn die Verhandlungen mit dem Reichswirtschaftsministerium?**

Körner steckt sich eine Praline in den Mund.

KÖRNER **Ein staatlich garantierter Mindestabnahmepreis war einfach nicht durchzusetzen zu diesem Zeitpunkt.**

Heinrich haut mit der Faust auf den Tisch.

HEINRICH **Hat der Herr Wirtschaftsminister vergessen, daß er vor noch nicht allzu langer Zeit ein Mitglied gewesen ist in diesem Vorstand?**

Körner steckt sich eine weitere Praline in den Mund. Für einen Augenblick herrscht Ruhe. Heinrich brütet vor sich hin. Dann schaut er auf.

HEINRICH **Wie entwickeln sich eigentlich unsere Verbindungen zu den Nationalsozialisten, meine Herren?**

Alle, bis auf Körner, schauen mit erstaunten Gesichtern zu Heinrich hinüber.

HEINRICH **Schauen Sie mich nicht so an. Schließlich dürfen wir unsere Augen nicht davor verschließen, daß Herr Hitler mit seiner NSDAP die stärkste Partei im Reichstag geworden ist.**

Friedrich hat seine Aktenmappe auf den Tisch gelegt.

FRIEDRICH **Dieser ungehobelte Herr der Arenen und Versammlungshallen! Das ist doch nicht dein Ernst! Sein Lieblingsziel, wenn er gegen das internationale jüdische Finanzkapital zu Felde zieht, das sind unsere Herren im Aufsichtsrat: Warburg, Weinberg, Bernheim, Merton, Oppenheim, Mendelssohn Bartholdy und von Simson. Hier, überzeug dich selbst.**

Friedrich hat eine Akte mit Zeitungsausschnitten aus der Mappe geholt, darunter auch Karikaturen, die die I.G. als Shylock und als I.G. Moloch darstellen.

KÖRNER **Immerhin versprach Hitler in seiner Rede vor dem Düsseldorfer Industrieclub eine neue Ordnung, verbunden mit unternehmerischer Autonomie, Steuerprivilegien und dem Ende der Gewerkschaftsmacht.**

Heinrich hat sich eine neue Zigarre angezündet.

HEINRICH **Ich glaube, man sollte ihn nicht so wörtlich nehmen. Seit seinem Wahlerfolg hat er wenigstens aufgehört, jeden Morgen zum Frühstück einen Juden zu verspeisen. Es wäre auf jeden Fall kein Fehler herauszufinden, was er und seine Leute wirklich wollen.**

Heinrich löscht das Streichholz und stößt den Zigarrenrauch genüßlich aus der Nase.

HEINRICH **Mir ist zwar klar, daß ein Gentleman-Agreement mit den Nationalsozialisten zur Zeit nicht wünschenswert ist. Aber es ist doch immerhin denkbar, daß diese Partei in absehbarer Zukunft nicht mehr von der Regierungsmacht auszuschließen ist. Wir sollten deshalb unbedingt darauf hinarbeiten, daß sie sich, sollten sie an die Regierung kommen, an bestimmte, für uns unabdingbare Prinzipien halten.**

Heinrich hat die Zeitungsausschnitte mit den Karikaturen in die Hand genommen.

HEINRICH **Wir müssen so schnell wie möglich herausfinden, welches Interesse die Nazis an der Kohlehydrierung haben und ob sie bereit sind, unser finanzielles Risiko abzusichern. Kann man denn diese Schmierereien hier nicht abstellen?**

Heinrich schaut zu Körner hinüber. Körner nickt.

KÖRNER **Ich habe bereits ein paar unverbindliche Kontakte aufgenommen.**

FRIEDRICH **Aber bitte so unauffällig wie möglich. Ich will morgen nicht in den Zeitungen lesen, daß wir seinen Wahlkampf finanzieren.**

Vor der Gulaschkanone drängeln sich arbeitslose Männer und Frauen. Wie jeden Tag wird in der Notküche kostenloses Essen ausgegeben. Die, die einen Teller Suppe ergattert haben, löffeln sie frierend im Stehen. Ein paar tragen Pappschilder, auf denen sie ihre Fähigkeiten und ihre Arbeitskraft anbieten.

Eine schwarze Limousine kommt langsam die Straße hochgefahren.

Ausgemergelt, unrasiert, auf dem Kopf ein zerbeulter Hut: Sokolowski löffelt hastig die warme Suppe in sich hinein.
Die schwarze Limousine ist auf der gegenüberliegenden Straßenseite mit laufendem Motor stehengeblieben. Der Chauffeur schaut durch die Scheibe hinüber zur anderen Straßenseite, dann wendet er sich nach hinten.

CHAUFFEUR **Da drüben ist er. Er ist meistens hier. Seine Stempelstelle. Aber er ist auch hier wegen der Notküche.**

Aus der Dunkelheit des Wagenfonds taucht jetzt das Gesicht von Körner auf.

KÖRNER **Dann holen Sie ihn mal rüber.**

Etwa 15 bis 20 Arbeitslose haben Aufstellung genommen.

Der Chauffeur steigt aus, überquert die Straße. Er blickt in die Gesichter der Männer und Frauen, liest den Text auf ihren Schildern. Vor Sokolowski bleibt er stehen. Er deutet mit den Fingern auf ihn. Sokolowski folgt dem Chauffeur hinüber zu der Limousine. Körner dreht das Seitenfenster herunter.

Körner trägt einen Homburg und einen schweren Mantel mit Pelzbesatz. Er mustert Sokolowski. In seinem Gesicht sieht man, daß er ihn für käuflich hält. Sokolowski schaut trotzig vor sich hin.

KÖRNER **Sie heißen Sokolowski?**

Sokolowski nickt. Körner liest den Text des Pappschildes.

KÖRNER **Schreibe Geschichten für jede Gelegenheit, erledige Korrespondenzen...**

Körner blickt Sokolowski ins Gesicht. Sokolowski hält den Blick.

KÖRNER **Sie sind doch Chemiker, nicht wahr?**

Sokolowski nickt.

KÖRNER **Steigen Sie ein.**

Sokolowski nimmt vorne neben dem Fahrer Platz.

Die Limousine nähert sich einer Kreuzung, auf der ein Schupo den Verkehr regelt. Ein Lastwagen mit singenden SA-Männern.

SA-MÄNNER **Im Arbeitsschweiß die Stirn**
den Magen hungerleer
die Hand voll Ruß und Schwielen
umspannet das Gewehr
so stehen die Sturmkolonnen
zum Rassenkampf bereit...

Der Wagen hält direkt auf der Kreuzung. Die SA-Männer springen vom LKW ab, verschwinden in einer Seitengasse – offensichtlich, um sich mit den arbeitslosen Demonstranten zu prügeln.

Sokolowski macht Anstalten auszusteigen. Körner legt die Hand auf seine Schulter.

KÖRNER **Ihre Kameraden kommen auch ohne Sie zurecht. Es gibt wichtigere Dinge, als sich auf der Straße die Köpfe einzuschlagen.**

Der Verkehrspolizist greift ein. Der LKW fährt wieder an, gibt die Straße frei. Körners Limousine fährt über die Kreuzung.

BERGMANNSTRASSE **4**^{III} TAG/AUSSEN

Körner geht die paar Schritte hinüber zu einer reich verzierten Türe, die zu einer Etagenwohnung führt. Er schließt die Türe auf und gibt den Weg frei. Sokolowski tritt in die Wohnung.

Körner schließt hinter ihm die Türe. Dann geht er an ihm vorbei. Sokolowski folgt ihm. Körner tritt in ein elegant, luxuriös eingerichtetes Wohnzimmer im Art-Deco-Stil. In der Mitte bleibt er stehen und dreht sich um. Sokolowski steht noch in der Türe.

KÖRNER **So nehmen Sie doch endlich dieses dumme Schild ab, und gehen Sie erst mal ins Bad und waschen sich. Ziehen Sie sich um. Sie finden alles, was Sie brauchen.**

Körner wirft die abgetragenen, schmutzigen Kleider des jungen Mannes in einen Abfalleimer. Bevor er die Jacke wegschmeißt, knöpft er das Parteiabzeichen vom linken Revers.

Sokolowski kommt aus dem Bad, er sieht völlig verändert aus: rasiert, gekämmt, in einem seidenen Morgenrock, barfuß. Körner wirft ihm das Parteiabzeichen zu.

KÖRNER **Sehr intensiv scheint sich Ihre Partei ja nicht gerade um ihre Mitglieder zu kümmern.**

SOKOLOWSKI **Was können Sie schon viel verlangen bei einem Heer von sechs Millionen Arbeitslosen.**

Körner geht zum Schreibtisch, öffnet die Schublade und holt eine Akte hervor. Dann fordert er Sokolowski auf, auf dem gegenüberliegenden Sessel Platz zu nehmen. Körner läßt sich Zeit, er blättert in dem Dossier.

KÖRNER **Widerstand gegen die Staatsgewalt, Landfriedensbruch, Körperverletzung, Nötigung, unerlaubter Waffenbesitz. . . Sie haben sich ja tatkräftig für die Bewegung engagiert. Sie sind verurteilt worden wegen Diebstahls?**

SOKOLOWSKI **Haben Sie niemals Hunger gehabt?**

Körner blättert in dem Dossier.

KÖRNER **Sie saßen im Gefängnis?**

SOKOLOWSKI **Ich fand keine Arbeit.**

KÖRNER **Sie sind eine ziemlich verkrachte Existenz, Herr Doktor Sokolowski. Mit 30 Jahren sind Sie eigentlich noch zu jung dazu. Vor allem bei Ihrem Ehrgeiz und Ihrem Talent. Sie haben ein paar bemerkenswerte Aufsätze in Fachzeitschriften veröffentlicht.**

SOKOLOWSKI **Davon alleine kann man nicht leben.**

KÖRNER **Sie bewegen sich in gewissen politischen Zirkeln, die für uns einmal wichtig werden können.**

SOKOLOWSKI **Sie sind von der Kripo. Ich hab's geahnt. Sie wollen mich als Spitzel, Sie Schwein!**

Er macht ein paar rasche Schritte auf Körner zu. Er holt aus. Blitzschnell hat Körner reagiert und ihm den Arm auf den Rücken gedreht.

KÖRNER **Vergessen Sie nicht, daß ich Sie von der Straße aufgelesen habe. Vergessen Sie das niemals, Herr Sokolowski. Ich hoffe, ich habe mich klar und deutlich ausgedrückt.**

Sokolowski zuckt zusammen. Er nickt.

SOKOLOWSKI **Jawohl.**

KÖRNER **Ab sofort beziehen Sie diese Wohnung. Sie kriegen ein monatliches Gehalt von 2400,– Mark. Ich werde Sie in die allerersten Kreise einführen, gehen Sie ins Theater, in die Oper.**

Körner überreicht Sokolowski das vor ihm liegende Aktenpaket.

KÖRNER **Alles weitere finden Sie hier drin.**

Körner tritt hinaus auf den Korridor, zieht den Mantel über, setzt den Hut auf. Sokolowski folgt ihm langsam. In der Wohnungstüre dreht sich Körner noch einmal um.

KÖRNER **Ach ja, bevor ich's vergesse, Ihr Wohnungsschlüssel. Sie werden von mir hören.**

SOKOLOWSKI **Wer sind Sie, und was wollen Sie von mir?**

KÖRNER **Daß Sie für uns arbeiten. Sie stehen am Anfang einer großen Karriere.**

Sokolowski sitzt hinter dem Schreibtisch und diktiert seiner Sekretärin.

SOKOLOWSKI **An alle Auslandsvertretungen: Das alte parlamentarische System hat im Wettlauf der politischen Ideen den Atem verloren. Das deutsche Volk muß endlich wieder nach jahrelangem Irrweg den Glauben an sich selber finden. Eine neue Periode deutscher Geschichte wird dann beginnen und mit ihr die Wende zu einem neuen geistigen und wirtschaftlichen Erfolg. Das heißt, in Zukunft soll der Grundsatz gelten, Gemeinnutz geht vor Eigennutz. Ein Grundsatz, den wir als verantwortungsbewußte Unternehmer stets befolgt haben.**

Es regnet. Eine Etagenwohnung im ersten Stock in der Nähe des Prinzregenten-Theaters. Eilige Passanten mit aufgespannten Regenschirmen. Ein Taxi hält vor dem Haus. Sokolowski steigt aus, bezahlt den Taxifahrer. Im Nu ist er naß. Er zieht den Hut tiefer ins Gesicht und schlägt den Kragen seines Trenchcoats hoch. Er klemmt die Aktentasche unter den Arm, schaut hinauf in den ersten Stock. Vor dem Eingang Bittsteller und Neugierige. Zwei SA-Männer sorgen für Ordnung. Sokolowski zeigt seinen Passierschein. Er wird durchgelassen.

Sokolowski kommt die Treppe hinauf, geht zur Wohnungstüre. Über einem Messingschild mit den Initialien A.H. ein Klingelknopf. Sokolowski drückt darauf. Eine Haushälterin öffnet. Sokolowski übergibt seine Visitenkarte. Die Haushälterin wirft einen kurzen Blick darauf.

HAUSHÄLTERIN **Bitte schön, kommen 'S herein, Herr Doktor.**

Sie hilft ihm aus dem nassen Mantel. Sokolowski legt den Hut auf die Ablage.

HAUSHÄLTERIN **Sie müssen sich bitte schön ein bißchen gedulden. Er ist erst vor ein paar Minuten zurück von einer Wahlveranstaltung. Bitte, treten Sie ein.**

Die Haushälterin öffnet die Türe zu einem Salon. Sokolowski tritt ein. Das Zimmer wird von einer Stehlampe beleuchtet. Die Möblierung ist spärlich. Ein Schreibtisch, ein Klavier, ein Tisch, zwei Polstersessel. Auf dem Boden mehrere Stöße aufeinandergeschichteter alter Zeitungen. Aus der Türe, die ins Nebenzimmer führt, tritt Hitler, 43 Jahre alt, die Haare aus der Stirn gekämmt; der kleine Schnurrbart auf der Oberlippe ist kurz geschnitten. Sokolowski nimmt Haltung an, doch Hitler kommt mit ein paar raschen Schritten auf ihn zu, streckt ihm freundlich die Hand entgegen.

HITLER **Entschuldigen Sie, Herr Doktor, daß ich Sie warten ließ. Aber Sie werden verstehen, daß mich der politische Kampf gerade jetzt ganz besonders in Anspruch nimmt. So setzen Sie sich doch.**

Sokolowski nimmt in einem Sessel Platz.

HITLER **Sie gestatten, daß ich ein wenig auf und ab gehe. Aber ich halte das Benzinproblem für so wichtig, daß ich versuchen will, dadurch meine natürliche Müdigkeit ein wenig zu überwinden. Eine Wirtschaft ohne Öl ist undenkbar in einem Deutschland, das politisch unabhängig bleiben will. Deshalb muß deutsches Benzin und Motoröl Wirklichkeit werden . . .**

Es klopft. Hitler bleibt stehen.

HITLER **Was gibt es denn? Sie wissen doch, daß ich jetzt nicht gestört werden will.**

Die Haushälterin kommt mit einem Tablett in den Salon.

HAUSHÄLTERIN **Aber Sie müssen jetzt endlich etwas essen.**

HITLER **Stellen Sie es bitte auf den Tisch. Nehmen Sie eine Tasse Kaffee?**

Sokolowski nickt. Die Haushälterin stellt den Erdbeerkuchen und ein Schüsselchen Schlagsahne auf den Tisch. Hitler gießt ihm Kaffee ein. Hitler hat einen Teller mit Erdbeerkuchen und Schlagsahne genommen und stellt ihn vor sich auf den Schreibtisch.

HITLER **. . .auch wenn das große Opfer erfordert. Deshalb ist es dringend notwendig, daß Sie die Kohlehydrierung fortsetzen und ausbauen.**

Hitler hat sich ein Löffelchen von der Schlagsahne genommen. Er schiebt den Teller demonstrativ zur Seite, um nicht in Versuchung geführt zu werden.

HITLER **Aus dem Verlauf des Weltkrieges habe ich folgendes gelernt. Die Rohstoffarmut Deutschlands ist durch den Erfolg der Blockade der Briten noch vergrößert worden. Deshalb will ich mit einem Programm der Selbstversorgung Deutschlands Rohstoffarmut ein für allemal beseitigen und damit die Grundlagen zu einer eigenständigen militärischen Macht schaffen.**
Sagen Sie Ihren Herren, daß – wenn wir an die Regierung kommen – sie sich ganz auf unsere politische und finanzielle Unterstützung verlassen können. Sie sollen sich ganz auf die technische Ausführung der damit verbundenen Probleme konzentrieren.

Eine schwarze Limousine mit Hakenkreuzständer kommt die Fahrstraße zum Hotel hinauf. Der Wagen hält an. Ein SA-Mann in Uniform springt heraus, reißt die hintere Wagentüre auf und salutiert. Sokolowski steigt aus. Er macht einen übermüdeten Eindruck.

Heinrich und Luise Beck kommen in Wanderkleidung auf den Hof.

HEINRICH **Ah, Doktor Sokolowski!**

SOKOLOWSKI **Guten Tag, Herr Doktor Beck.**

Sie schütteln sich die Hände. Sokolowski begrüßt Luise mit einem Handkuß.

In ihrem Hotelzimmer liegen Charlotte und Friedrich erschöpft, aber zufrieden auf dem weißen Bettuch. Charlotte rollt sich zur Seite, Friedrich küßt ihren Rücken. Charlotte nimmt eine neben dem Bett liegende Zigarette und zündet sie sich an.

CHARLOTTE **Magst du eine Zigarette?**

FRIEDRICH **Nein, ich bin beschäftigt. Mann und Weib, ein Leib.**

Friedrich nimmt einen Zug aus ihrer Zigarette. Charlotte fährt ihm mit der Hand durchs Haar. Sie zieht ihn zu sich herunter. Das Telefon klingelt.

Friedrich greift nach dem Telefonhörer. Charlotte legt ihre Hand auf seine. Sie schüttelt den Kopf. Sie küßt ihn. Das Telefon klingelt. Friedrich macht sich los, hebt ab.

FRIEDRICH **Ja, ich komme gleich runter.**

Er steht auf, zieht sich an.

CHARLOTTE **Was ist denn?**

FRIEDRICH **Dr. Sokolowski ist zurück aus München. Heinrich will, daß ich zu ihnen hinunterkomme.**

CHARLOTTE **Beeil dich nur. Dein Herr und Meister hat gerufen.**

Friedrich dreht sich wütend um. Charlotte lacht.

Friedrich kommt in den Garten. Heinrich sitzt auf einem der Holzstühle, vor sich ein Glas Bier. Sokolowski sitzt ihm gegenüber.

HEINRICH **Willst du auch ein Bier?**

FRIEDRICH **Nein.**

HEINRICH **Oder möchtest du lieber Champagner?**

Sokolowski zieht die scharfen Bügelfalten seiner Flanellhose ein wenig hoch, schlägt die Beine elegant übereinander. Er fährt mit seinem Bericht fort.

SOKOLOWSKI **Nun, Hitler war erstaunlich gut über die technische Seite des Verfahrens unterrichtet. Er sprach von einem Plan, der zu Deutschlands Unabhängigkeit von Ölimporten führen soll, und den er mit uns verwirklichen will.**

Heinrich hat sich vorgebeugt.

HEINRICH **Das sind alles nur Absichtserklärungen. Hat er denn nichts Konkretes zugesichert?**

SOKOLOWSKI **Ja, daß wir uns auf seine politische und finanzielle Unterstützung verlassen können, wenn er an die Regierung kommt.**

FRIEDRICH **Was ist mit den Angriffen gegen uns in der nationalsozialistischen Presse?**

SOKOLOWSKI **Er will sich persönlich dafür verwenden, daß der sozialistische Flügel der Partei aufhört, uns als Instrument des internationalen Finanzkapitals zu bekämpfen.**

HEINRICH **Machen Sie sich ein ruhiges Wochenende hier in Salzburg. Vielleicht ergattern Sie sogar noch ein paar Karten für die Festspiele. Erholen Sie sich. Genießen Sie die Sehenswürdigkeiten. Aber dann will ich alles über seine Parteifinanzen wissen. Schulden, Steuern, einfach alles. Der Mann ist viel vernünftiger als ich dachte.**

Elli steht in einer Umkleidekabine. Sie zieht sich aus, hängt ihre Kleider auf einen hölzernen Bügel. Sokolowski steht in der Badehose vor der Kabine und schaut ihr dabei zu. Elli spürt die Blicke des jungen Mannes. Sie dreht sich um.

Sokolowski bekommt einen roten Kopf, er senkt den Blick. Elli schüttelt den Kopf.

ELLI **Haste Töne, na so was Freches.**

Sie setzt sich die Bademütze auf und läuft hinunter zum Wasser. Mit einem Hechtsprung taucht sie ins Wasser.

Sokolowski hat sich neben Edmund auf ein Handtuch gelegt.

SOKOLOWSKI **Wenn uns unsere Gegner erklären, euer Auftreten ist für uns eine Provokation, dann sagen wir, wir kämpfen heute! Wir kämpfen morgen! Wir halten nächste Woche wieder eine Versammlung ab. Wenn sie sagen, dann schlagen wir euch, so viele Opfer sie uns auch aufbürden, unser junges Deutschland wird weitermarschieren.**

EDMUND **Geben Sie sich keine Mühe. Das ist nichts für mich.**

SOKOLOWSKI **Aber Jungens wie dich brauchen wir in der Bewegung.**

EDMUND **Jeder soll bleiben, wo er hingehört. Ich will Offizier werden wie mein Vater. Ich diene dem Vaterland und nicht der Bewegung.**

SOKOLOWSKI **Und wenn eines Tages die Bewegung und Vaterland eins sind?**

Elli kommt aus dem Wasser. Sie schnappt sich ein Handtuch, rubbelt damit ihre Haare trocken. Sie breitet das Handtuch aus und legt sich darauf, platt wie eine Flunder. Sokolowski hat sich neben sie gesetzt. Elli dreht sich auf den Rücken und schließt die Augen.

Sokolowski nähert sich ihren Lippen, berührt sie fast. Elli hat noch immer die Augen fest geschlossen. Sie rührt sich nicht. Es scheint, als ob sie es darauf anlegen würde, von Sokolowski geküßt zu werden.

Friedrich und Charlotte liegen auf Liegestühlen im Schatten.

CHARLOTTE **Woher kommt der eigentlich? Das ist schon das zweite Wochenende, das er bei uns verbringt.**

FRIEDRICH **Heinrich hat ihn eingeladen. Hast du was gegen ihn?**

CHARLOTTE **Ich weiß nicht. Nur so ein Gefühl.**

Friedrich läßt die Zeitung sinken.

FRIEDRICH **Er ist intelligent, hat tadellose Manieren, und er ist überaus tüchtig. Er hat für uns in Berlin innerhalb kürzester Zeit ein sehr effektives Presse- und Informationsbüro aufgebaut. Er scheint über gute Verbindungen zu verfügen. Und er versteht es, sich unentbehrlich zu machen.**

CHARLOTTE **Genau das ist es, was mir an ihm nicht gefällt.**

Friedrich schaut Charlotte erstaunt an.

FRIEDRICH **Was meinst du damit?**

CHARLOTTE **Er ist hinter Elli her.**

Bevor es zu dem Kuß kommt, geht ein kalter Wasserguß auf Sokolowskis Rücken nieder. Sokolowski fährt hoch, auch Elli ist ganz naß.

ELLI **Du Schuft, wie gemein!**

Edmund rennt um sein Leben. Sokolowski ist hinter ihm her.

Ein Motorrad mit Seitenwagen kommt den Fahrweg herauf, biegt in die Auffahrt, hält vor dem Haus. Ein Fotoreporter mit einem großen Fotoapparat und sein Kollege klingeln.

REPORTER **Ist Herr Geheimrat Beck zu Hause? Wir sind vom Tageblatt.**

FOTOREPORTER **Weißt du eigentlich, wie er aussieht?**

REPORTER **Mittelgroß. Dunkelblond.**

Der Reporter verschwindet im Haus, der Fotoreporter geht den Kiesweg um das Haus, der zum Garten führt. Dort schaut er sich suchend um.

Heinrich Beck hat eine Gartenschürze um. Er schneidet an den Rosen. Der Fotoreporter geht in die Knie, das Blitzlicht flammt auf.

Heinrich fährt ärgerlich auf.

HEINRICH **Was machen Sie da? Was soll das?**

Der Reporter geht mit gezücktem Block und Bleistift auf ihn zu. Er greift nach Heinrichs Hand, schüttelt sie.

REPORTER **Ich möchte Ihnen gratulieren.**

Der Fotoreporter ist immer noch in der Hocke, macht Aufnahmen.

REPORTER **Die Agenturen haben es erst vor einer Stunde gemeldet.**

Luise kommt aufgeregt auf die Veranda. In der Hand hält sie ein Telegramm.

LUISE **Heinrich, Telegramm für dich!**

Sie liest vor.

LUISE **Der Nobelpreis für Chemie für das Jahr 1932 wurde an Dr. Heinrich Beck in Anerkennung seiner Dienste für die Erfindung und Weiterentwicklung der Katalysatorentechnik und Hochdruckchemie verliehen.**

Luise fällt ihm um den Hals.

LUISE **Du hast den Nobelpreis bekommen.**

Der Fotoreporter hat die rechte Hand hochgehoben.

FOTOREPORTER **Ja, so ist es sehr gut.**

Er drückt auf den Auslöser. Das Blitzlicht flammt auf. Heinrich steht wie vom Donner gerührt.

HEINRICH **Nun, es wurde aber ja auch langsam Zeit.**

Der Reporter verdreht die Augen und wirft einen verzückten Blick zum Himmel. Dann schreibt er in sein Notizbuch.

REPORTER **Nobelpreisträger: Es wurde ja auch langsam Zeit. Das gibt eine prima Schlagzeile.**

In der Auffahrt vor der Haustüre haben sich ein paar Reporter eingefunden, die von Luise ins Haus gelassen werden. Heinrich hat hinter seinem Schreibtisch Platz genommen. Blitzlichter flammen auf. Die Reporter umlagern ihn, stellen Fragen.

ENGLISCHER REPORTER **Nur wenige Universitäten können so viele Nobelpreisträger zu ihren Mitarbeitern zählen, wie die I.G. Paul Ehrlich, Fritz Haber, Carl Bosch. Worauf führen Sie das zurück, Herr Geheimrat?**

HEINRICH **Den Vorsprung der deutschen Chemie in der Welt haben wir nur durch Wissenschaft und Forschung erreicht. Allein in die Entwicklung des synthetischen Benzins haben wir bis heute fast eine halbe Milliarde Mark investiert, weil wir der Ansicht sind, daß die Forschung in der chemischen Industrie der alleinige Träger der technischen Dynamik ist, und es ist genau diese Dynamik, die den Geschäftsverlauf bestimmt.**

FRANZÖSISCHER REPORTER **Die Nationalsozialisten haben bei den letzten Wahlen ihre Stimmen mehr als verdoppelt, auch die Kommunisten haben erheblich dazu gewonnen.**

HEINRICH **Ich bin Wissenschaftler und kein Politiker.**

FRANZÖSISCHER REPORTER **Aber Sie sind einer der wichtigsten Wirtschaftsführer in Deutschland.**

HEINRICH **Was wir hier in Deutschland dringend brauchen, ist endlich die Beendigung des Klassenkampfes in den Betrieben. Deshalb verhehle ich nicht eine gewisse Sympathie für eine Politik, die wieder Pflicht und Arbeit an die Spitze ihres Programms stellt, Eingriffe in die Privatindustrie vermeidet und Hand- und Kopfarbeiter einander näherbringt. Ich danke Ihnen, meine Herren.**

Heinrich steht auf. Er begleitet zusammen mit Luise die Reporter hinaus. Der französische Reporter ist immer noch nicht zufrieden.

FRANZÖSISCHER REPORTER **Darf ich noch eine letzte Frage stellen, bitte. Maßgebliche Industrielle haben sich bei Hindenburg für eine Kanzlerschaft Hitlers ausgesprochen. Will sich die I.G. einer solchen Empfehlung anschließen?**

HEINRICH **In unserem Land geht es in erster Linie um die Beseitigung der Massenarbeitslosigkeit. Insofern sind auch wir unter bestimmten Voraussetzungen eventuell bereit, einem starken Mann zu folgen. Das ist für uns Deutsche oft nötig gewesen. Denken Sie an Bismarck zum Beispiel. Meine Herren, ich danke vielmals. Auf Wiedersehen.**

Luise schließt die Türe hinter den Journalisten. Dann geht sie auf Heinrich zu.

LUISE **Sag mal. Hast du das vorhin ernst gemeint?**

HEINRICH **Was?**

LUISE **Die Sache mit dem starken Mann. Seid ihr jetzt auch für den verkrachten Kunstmaler?**

HEINRICH **Luise, bitte, ich habe jetzt keine Lust, mit dir über Politik zu diskutieren, und außerdem, davon verstehst du nichts.**

LUISE **Braune Jacke zur schwarzen Hose. Der Mann hat keinen Geschmack.**

HEINRICH **Politik ist keine Frage des Geschmacks.**

LUISE **So redet er: mit der Faust. Er argumentiert nur mit der Faust. Das heißt, er ist bereit, auch damit zuzuschlagen.**

Wochenschauaufnahme von der niedergebrannten Reichstagsruine. Dazu der Kommentar des Wochenschausprechers.

SPRECHER **Kommunistische Brandstifter legten im deutschen Reichstagsgebäude etwa 50 Brandherde. Diese Brandstiftung ist der bisher ungeheuerlichste Terrorakt des Bolschewismus und ein Signal für die kommunistische Partei zum allgemeinen Terror, zum Aufstand und zum Bürgerkrieg.**

Georg sitzt neben dem Tonmeister an einem Mischpult. Er steht auf.

GEORG **Nein. So geht das nicht. Das ist viel zu lasch.**

Der Wochenschausprecher steht an einem Pult. Vor sich das Manuskript, am Pult eine kleine Lampe. Er wiederholt den Kommentar. Auf der Leinwand wird immer die gleiche Schleife wiederholt, während der Wochenschausprecher seinen Text sagt. Georg tritt jetzt neben ihn.

GEORG **Können Sie nicht ein bißchen mehr Engagement in die Sätze legen? Das ist der Reichstag, der brennt. Nicht irgendsoein Gebäude. Das ist ein Anschlag auf das deutsche Volk. Also, noch mal von vorne.**

SPRECHER . . . **daß es dazu nicht kam, verdankt Deutschland, verdankt die Welt alleine der eisernen Entschlossenheit und harten Faust Adolf Hitlers und seiner nächsten Mitkämpfer, die, rascher als der Feind berechnet hat und härter, als er ahnen konnte, zuschlugen und gleich beim ersten Hieb ein für allemal den Kommunismus niederzwangen.**

Der Nachrichtensprecher beendigt den Text mit Emphase.

GEORG **Ja, so war es schon viel besser. Danke. Das wäre alles für heute. Sie können gehen.**

Im hinteren Teil des Studios sind ein paar Kinostühle aufgestellt. Der Vertreter des Propagandaministeriums nickt anerkennend. Er steht auf und geht auf Georg zu.

KULTURFUNKTIONÄR **Wir sind sehr zufrieden mit Ihrer Arbeit. Sie legen da eine Begabung an den Tag, die manchem Ihrer Kollegen heutzutage abgeht. Leute wie Sie brauchen wir, daß der deutsche Film endlich frei wird von der Vorherrschaft des Judentums. Oder gefällt es Ihnen etwa, wie die Juden unsere Frauen und Mädchen in Filmen zu Dirnen erniedrigen? Wie man sie da mit dem Schmutz gemeinster Erotik bewirft? Daß man unsere Männer darstellt als homosexuelle Schwächlinge und Verbrecher? Während die Helden unseres Volkes totgeschwiegen werden. In einer Zeit, in der sich ein revolutionäres Drama ohnegleichen vollendet, fehlt es nicht an Stoff, sondern nur am Mut, ohne wirklich anzupacken. Anstatt sich den großen Aufgaben der Zeitgestaltung zuzuwenden, begnügt man sich mit billigem Amüsement. Wir bieten Ihnen die Möglichkeit zu einer großen Karriere. Trauen Sie sich das zu?**

GEORG **Warum nicht?**

KULTURFUNKTIONÄR **Fein, ich glaube, wir haben uns verstanden. Heil Hitler.**

Georg erhebt zögernd den Arm zum Hitler-Gruß.

Auf der Bühne singen Olga und ihr neuer Partner Jimmy das Couplet mit dem Doktor und der schwangeren Frau. Ein Trupp SA-Männer stürmt das Lokal. Sie werfen Tische und Stühle um und stürmen auf die Bühne. Schreiend und in Panik laufen die Besucher zum Ausgang. Olga und ihr Partner rennen hinter die Bühne. Olga reißt sich im Laufen den umgeschnallten Bauch vom Körper und zieht sich hastig den Mantel an. Heil-Hitler-Rufe und das Geräusch von zu Bruch geschlagenem Mobilar und Gläsern.

JIMMY **Beeil dich, sie kommen. Beeil dich, du mußt hier weg. Geh, lauf, lauf!**

Sie entkommt durch den Hintereingang.

Es regnet. Georg im Trenchcoat und Hut kommt nach Hause. Er schließt auf und öffnet die Türe. Dann hört er ein Geräusch, er dreht sich um.

OLGA **Kein Licht!**

Georg knipst das Licht aus. Olga kommt aus ihrem Versteck. Sie steht jetzt vor Georg, hält ihm den Finger auf den Mund. Georg läßt sie ins Haus. Er schließt die Türe, folgt ihr. Olga ist völlig durchnäßt.

OLGA **Überall in der Stadt werden die Freunde und Genossen verhaftet. Die Nazis haben im Theater alles kurz und klein geschlagen. Aber sie haben mich nicht gekriegt.**

GEORG **Zieh erst mal die Sachen aus. Du bist ja völlig durchnäßt.**

OLGA **Ich habe mich den ganzen Tag über versteckt.**

Olga sitzt im Negligé vor einem Spiegel, sie trocknet sich mit einem Handtuch das Haar. Georg ist im Wohnzimmer, er sitzt in einem Sessel, die Beine übereinandergeschlagen. Er raucht. Aus dem Radio ertönt eine Rede von Göring.
Olga hat einen Stapel Papiere aus ihrer Tasche genommen und geht damit zu Georg.

OLGA **Kannst du die Manuskripte hier verstecken?**

GEORG **Ja, sicher.**

GÖRING-REDE **Am 27. Februar geht dann als erstes großes Fanal der deutsche Reichstag in Flammen auf. Bei diesem Verbrechen wurde zunächst ein Mann festgenommen. Es handelt sich, wie Sie aus den Zeitungen wissen, um einen holländischen Kommunisten, der soeben von Rußland zurückkam. Als Reichstagspräsident kann ich Ihnen sagen, daß alleine im Plenum mindestens an 20 verschiedenen Stellen Feuer angelegt war. Es muß festgestellt werden, daß am Nachmittag noch eine kommunistische Versammlung von Funktionären im Reichstag getagt hat.**

Olga geht zum Radio und dreht es ab. Dann setzt sie sich neben Georg auf die Lehne des Sessels.

OLGA **Du und Göring, du tust mir wirklich leid.**

GEORG **Sollen wir denen das Feld jetzt kampflos überlassen? Kannst du denn nicht sehen, daß in dieser Bewegung etwas Positives steckt? Dieser Enthusiasmus der Massen, die Hoffnung auf einen Neuanfang, der Glaube daran, die Sehnsucht danach. Diese dumpfen Energien gilt es jetzt zu sublimieren und zu zeigen, was in dem dunklen Drang dieser Volksbewegung wirklich steckt. Nur so können wir Schlimmeres verhüten.**

OLGA **Vielleicht tust du das richtige. Aber ich kann nicht hier bleiben, ich habe Angst. Nur sprich nicht so, als wärst du bereits einer von ihnen.**

Sie umarmt ihn und gibt ihm einen Kuß.

GEORG **Ich kann mein Vaterland nicht verlassen, denn es ist mein Volk, das sich hier einen Weg bahnt. Warum soll gerade ich mich davon ausschließen?**

OLGA **Es muß herrlich sein, in einer Zeit zu leben, die den Menschen so große Aufgaben stellt. Trotzdem, ich mache mir Sorgen um dich.**

Georg löst sich abrupt aus der Umarmung.

OLGA **Was ist denn? Was hast du?**

GEORG **Nichts. – Laß mich in Ruhe, das ist alles.**

OLGA **Hab ich denn was Falsches gesagt?**

GEORG **Nein, geh schlafen. Ich habe noch zu tun.**

Ein Scheinwerfer wird ausgeschaltet, dann ein zweiter. Die Beleuchter gehen über die Brücke. Um die Filmkamera herum steht nur noch die kleine Gruppe des engeren Teams. Dispositionen werden verteilt, man verabschiedet sich. Georg setzt sich in seinen Regiestuhl. Der Assistent verabschiedet sich.

ASSISTENT **Brauchen Sie mich noch?**

GEORG **Nein. Sie können gehen. Ich möchte nur noch die Szene für morgen hier in der Dekoration durchgehen.**

Max steht in der Türe. Die letzten Mitglieder des Teams kommen an ihm vorbei. Die Halle liegt in einem fahlen Arbeitslicht.

MAX **Georg Williams, ist das dein Künstlername?**

Georg schaut hoch. Max kommt langsam durch die Halle. Georg ist aufgestanden.

GEORG **Der Mädchenname meiner Mutter: Charlotte Williams. Sie ist in England geboren und dort aufgewachsen. Hat sie dir das nie gesagt? Und du, du bist zurück aus den Staaten?**

MAX **Wie du siehst.**

Max streckt Georg die Hand entgegen. Georg ergreift die ausgestreckte Hand.

MAX **Du hast dich mit ihnen arrangiert? Weg vom Hirn, zurück zum Herz, hin zum Vaterland?**

Georg zieht seine Hand zurück.

GEORG **Es kann ja nicht jeder hier alles stehn und liegenlassen und einfach davonlaufen. Warum bist du zurückgekommen?**

MAX **Antisemitismus ist keine Einzelerscheinung, die es nur hier in Deutschland gibt. Es gibt ihn ebenso im Ausland.**

GEORG **Hier bei uns werden Scheiben besser eingeschlagen. Hat dir denn niemand gesagt, daß du drüben bleiben sollst?**

MAX **Das haben sie im Ausland auch gemacht.**

GEORG **Was machst du so?**

MAX **Was ich schon immer machen wollte, Autorennen fahren. Ich mache Testfahrten. Die I.G. baut eine Versuchsabteilung auf. Wir testen da die neuen Buna-Reifen. Dein Onkel Friedrich hat mir die Leitung übertragen. Oder soll ich besser sagen – dein Stiefvater?**

Georg blickt zu Boden, dann schaut er auf.

GEORG **Kann ich irgend etwas für dich tun?**

MAX **Vielleicht eine Frage beantworten. Sind wir noch Freunde?**

Georg lacht auf.

GEORG **Du meinst wegen deiner Affäre mit Charlotte. Warum fängst du mit den alten Geschichten an?**

Max hat die Lippen zusammengepreßt, er schaut zu Boden.

MAX **Ich finde halt, es ist nicht geklärt zwischen uns.**

GEORG **Was gibt es da zu klären? Du hast sie gehabt, und ich war eifersüchtig wie ein betrogener Ehemann.**

MAX **Du hast noch immer eine Stinkwut, gib's doch zu.**

GEORG **Ja, du blöder Hund, ich geb's zu.**

MAX **Was also hindert dich daran?**

GEORG **Nichts.**

Er schlägt zu. Max fliegt durch das Atelier und durch eine Kulissenwand. Georg reicht ihm die Hand, Max nimmt sie, zieht sich daran hoch.

MAX **Dich muß man ja auch wirklich um die kleinste Kleinigkeit bitten.**

GEORG **Tut's weh?**

MAX **Es ist auszuhalten.**

Max tastet am rechten Auge.

MAX **Hoffentlich schwillt es nicht zu.**

Georg führt Max aus dem Atelier hinaus. Er löscht das Licht. Das Atelier liegt jetzt im Dunkeln.

Georg geht auf die Haustüre zu, will sie aufschließen. Er bemerkt, daß die Türe offen ist. Im Haus brennt überall Licht. Georg stößt die Türe auf und betritt das Haus.

GEORG **Olga!**

In der ganzen Wohnung herrscht ein unbeschreibliches Durcheinander. Überall sind die Schubladen geöffnet, Bücher sind aus dem Regal gerissen, Papiere liegen auf dem Boden herum. Georg schaut sich um. Am anderen Ende des Raumes entdeckt er einen Vertreter des Propagandaministeriums: eine elegante Erscheinung, intelligentes Gesicht, tadellos sitzender Anzug. Seine Augen blicken kalt durch eine randlose Brille. Das Radio ist angedreht. Die Stimme des Nachrichtensprechers tönt durchs ganze Haus.

RADIOSPRECHER **. . .der SA besetzt worden, die eine Durchsuchung vornahm und das Haus besetzt hielt. Die SA-Leute forderten die jüdischen Theateragenten auf, ihre Tätigkeit einzustellen und das Haus zu verlassen. In jede Abteilung des Bühnennachweises wurde ein Vertrauensmann der Nationalsozialisten beordert. Reichsinnenminister Frick erklärte heute in Frankfurt am Main: Wenn der neue Reichstag zusammentritt, werden die Kommunisten durch dringendere und nützlichere Arbeit verhindert sein, an der Sitzung teilzunehmen. Die Herrschaften müssen wieder an eine nutzbringende Arbeit gewöhnt werden. Dazu werden ihnen die Konzentrationslager Gelegenheit geben. Beuthen. Unter Ausschluß der Öffentlichkeit verhandelte gestern die 1. große Strafkammer gegen den kommunistischen Bergarbeiter Emil Prezenzha und verurteilte ihn wegen Vergehens gegen das Sprengstoffgesetz zu 8 Jahren Zuchthaus und 5 Jahren Ehrenrechtsverlust. Bei einer Haussuchung waren Sprengstoff sowie kommunistische Zersetzungsschriften gefunden worden. . .**

GEORG **Wo ist Olga?**

KULTURFUNKTIONÄR **Reisende soll man nicht halten. Wir haben sie abgeholt.**

Der Kulturfunktionär klappt das Buch zu, in dem er gelesen hatte und legt es zu den anderen Büchern. Er kommt langsam auf Georg zu. Georg nimmt unwillkürlich Haltung an.

KULTURFUNKTIONÄR **Ich denke, wir haben uns verstanden. Heil Hitler.**

GEORG **Heil Hitler.**

Der Fernschreiber tuckert. Sokolowski führt Heinrich durch die Büroräume.

SOKOLOWSKI **Hier legen wir das Archiv an für die wirtschaftspolitische Abteilung. Hier archivieren wir alle Informationen, die wir von unseren Auslandsvertretungen erhalten.**

Er durchquert den Raum, geht nach links, öffnet eine weitere Tür. An den Wänden Landkarten, Schautafeln, Tabellen.

SOKOLOWSKI **Das Material wird dann hier in der statistischen Abteilung ausgewertet.**

Heinrich schaut sich um, er nickt anerkennend.

HEINRICH **Passen Sie nur auf, daß Sie den Kollegen von den Geheimdiensten nicht allzusehr in die Quere kommen.**

Sokolowski öffnet die Türe zu einem Konferenzraum. Sie treten ein.

HEINRICH **Formulieren Sie bitte eine Grußadresse für den Empfang nachher beim Reichskanzler. Wichtig ist, daß zum Ausdruck kommt, daß wir zum ersten Mal das Gefühl haben, daß die neue Regierung nicht wieder nur Versprechungen macht, sondern handelt. Und dann ein paar Ausführungen zum Ethos der deutschen Arbeit und zur Bekämpfung des Kommunismus. Tragen Sie aber nicht zu dick auf. Sie verstehen, konservativ selbstverständlich, aber lange noch nicht nationalsozialistisch.**

In einem Empfangsraum im ersten Stock haben einige Vertreter der Industrie zusammen mit Heinrich Aufstellung genommen. Heinrich kommt zum Schluß seiner Ergebenheitsadresse.

HEINRICH **Es ist Ihnen, Herr Reichskanzler, gelungen, Ihre Vorstellung vom Ethos der deutschen Arbeit in breitestem Rahmen zu verwirklichen. Die Freude am tätigen Leben kommt allenthalben wieder zum Durchbruch, die Arbeit wird aus einer verfemten und verhaßten Last zu einer freudig und ehrenvoll übernommenen Aufgabe. Mit der energischen Bekämpfung des Kommunismus hat die Reichsregierung einen weiteren Störfaktor ausgeschaltet und damit der Wirtschaft wieder Sicherheit und ruhige Entwicklung gewährleistet. Die Jugendarbeitslosigkeit, eine wichtige Keimzelle kommunistischer Unruhen und Machenschaften, ist durch den Arbeitsdienst beseitigt worden.**

Hitler steht in Uniform neben seinem Schreibtisch.

HEINRICH **Als Wirtschaftsführer, der die Verantwortung für ein großes Unternehmen mit über hunderttausend arbeitenden Menschen trägt, stelle ich fest, daß dank Ihres eisernen Willens, Herr Reichskanzler, eine endgültige Lösung der Krise in Sicht ist und gemäß Ihren Worten das gesamte deutsche Volk wieder Arbeit und Brot haben wird. Lassen Sie mich zum Schluß noch eine persönliche Bitte anfügen. Mit großer Sorge verfolge ich. . .**

Hitler trommelt mit den Fingern unruhig auf der Schreibtischplatte.

HEINRICH **. . . seit einiger Zeit die systematische Vertreibung jüdischer Wissenschaftler aus Industrie und Universitäten, die unsere deutsche Physik und Chemie um hundert Jahre zurückwerfen wird, wenn Sie, Herr Reichskanzler. . .**

Hitler dreht sich abrupt um. Er klingelt.

HITLER **Dann werden wir eben ohne Physik und Chemie auskommen.**

Ein Adjutant in Uniform betritt den Raum.

HITLER **Der Geheimrat wünscht zu gehen.**

Heinrich beißt die Zähne zusammen. Er verbeugt sich.
Der Adjutant begleitet ihn über die Galerie im ersten Stock zur Freitreppe und hinunter zur Eingangshalle.

Friedrich betritt das Bankhaus. Er hat die Uniform aus dem ersten Weltkrieg an. Zwei junge SA-Männer beschmieren das Portal mit antisemitischen Parolen. Friedrich bleibt stehen, nimmt einem der Männer den Pinsel ab.

Friedrich taucht den Pinsel in den Farbtopf. Er streicht den Pinsel breit über das Gesicht des SA-Mannes. Der Mann ist so überrascht, daß er, ohne zu protestieren, sich den Farbpinsel wieder in die Hand drücken läßt. Dann läuft Friedrich die Treppe rauf.

Der Bankier steht am Fenster und blickt hinunter in die Schalterhalle.

BANKIER **Vor hundert Jahren hat einer unserer Leute geschrieben: Der Gedanke geht der Tat voraus wie der Blitz dem Donner. Der deutsche Donner ist freilich auch ein deutscher und nicht sehr gelenkig und kommt etwas langsam herangerollt, aber kommen wird er. Und wenn ihr es einst krachen hört, wie es noch niemals in der Weltgeschichte gekracht hat, so wißt: Der deutsche Donner hat endlich sein Ziel erreicht.**

Unten in der Schalterhalle versuchen SA-Männer das Publikum von den Schaltern abzudrängen. Sie schauen immer wieder hoch zum Fenster des Bankiers und heben demonstrativ den rechten Arm zum deutschen Gruß.

BANKIER **Der Pöbel regt sich auf, der Pöbel beruhigt sich wieder. Es kann ja nicht zugehen wie den ganzen Tag Börsenkrach.**

FRIEDRICH **Ich glaube nicht, daß Hitler das gewollt hat.**

BANKIER **Schließlich haben wir seinen letzten Wahlkampf mit 400 000 Mark finanziert.**
Was hört man von unseren amerikanischen Freunden?

FRIEDRICH **Sie haben gedroht, alle unsere Produkte zu boykottieren.**

Der Bankier deutet hinunter in die Schalterhalle.

BANKIER **Eine merkwürdige Art, Siege zu feiern, finden Sie nicht? Ich bin entschlossen, dieses Haus hier wie eine Festung zu verteidigen. Aber ich gebe zu, die Situation wird von Tag zu Tag unerfreulicher.**

SAU

Max hinter dem Lenkrad eines Sportwagens. Auf dem Kopf eine braune Lederkappe. Der Sportwagen kommt durch eine Kurve. Die Reifen quietschen. Max steuert dagegen. Der Sportwagen rast jetzt am Leitstand vorbei.

In und vor der Halle sind mehrere Autoreifen aufeinander getürmt. Sie sind mit Kreide beschriftet: Buna-S oder Buna-N. Ein Testingenieur nimmt die Zeit, trägt sie in eine Liste ein. Friedrich steht mit zwei Offizieren des Heereswaffenamtes an der Teststrecke.

FRIEDRICH **Wollen Sie nicht eine Wette abschließen, meine Herren? Ich behaupte, daß der Reifen aus Naturkautschuk eher platzen wird, als unser Buna-Reifen.**

Einer der beiden Offiziere hält dagegen.

OFFIZIER **Wenn Sie gewinnen, verpflichten wir uns, auf eigene Kosten Testversuche mit Militärfahrzeugen zu machen.**

FRIEDRICH **Das ist ein Angebot.**

Friedrich winkt einen Testingenieur zu sich.

FRIEDRICH **Was meinen Sie, wie lange wird es noch dauern?**

Der Testingenieur blättert in seinen Listen.

TESTINGENIEUR **Es muß jeden Augenblick passieren.**

Max hinter dem Lenkrad. Er schaut auf den linken vorderen Reifen; ein Stück Gummi hat sich gelöst. Die Tachonadel steht bei 135 km/h. Max nimmt Gas weg. Er versucht, den lädierten Reifen im Auge zu behalten. Es gibt einen Knall, der vordere, linke Reifen ist geplatzt. Der Wagen versucht auszubrechen. Max steuert mit allen Kräften dagegen. Sein rechter Fuß geht abwechselnd vom Bremspedal aufs Gaspedal. Der Wagen macht eine Drehung, aber Max gelingt es, ihn auf der Teststrecke zu halten.

Die Ingenieure am Leitstand sind losgerannt. Der Sportwagen läuft langsam aus, bleibt stehen. Die Testingenieure haben Max eingeholt, helfen ihm aus dem Cockpit, klopfen ihm auf die Schulter. Der Wagen wird zurückgeschoben. Sokolowski ist hinüber zu Max gegangen. Er gratuliert ihm.

SOKOLOWSKI **Das haben Sie ja fabelhaft gemacht. Haben Sie sich dabei verletzt?**

Max faßt mit der Hand an die verletzte Augenbraue, er lacht.

MAX **Nein, ich habe mich nur an einer Schranktür gestoßen.**

SOKOLOWSKI **Man kann nie vorsichtig genug sein.**

Er deutet auf den Sportwagen.

SOKOLOWSKI **Sonst werden Sie bei Ihrem Risiko noch eines Tages von einer Schranktüre erschlagen. Sie sind ein hervorragender Fahrer. Ich habe vor, zusammen mit dem ADAC in Kürze eine Industrievierfahrt zu organisieren, für unsere amerikanischen Besucher. Hätten Sie nicht Lust, sich daran zu beteiligen?**

MAX **Ich verstehe, wohl eine Propagandafahrt.**

SOKOLOWSKI **Das Ausland interessiert sich für das Bild des neuen Deutschland. Ich würde mich besonders freuen, wenn Sie und vor allem Ihr Vater, daran teilnehmen würden.**

MAX **Ich will sehen, was sich machen läßt, und vor allem, was mein Vater dazu sagt.**

Währenddessen mißt ein Testingenieur den Abrieb des rechten vorderen Reifens.

TESTINGENIEUR **Der Abrieb des Buna-Reifens beträgt nur 70 Prozent.**

Die Offiziere vom Heereswaffenamt beugen sich ungläubig über den intakten Buna-Reifen.

FRIEDRICH **Ich sagte Ihnen doch, daß der künstliche Reifen sehr viel haltbarer ist, als der aus natürlichem Kautschuk.**

OFFIZIER **Sie haben gewonnen. Ich werde mit den Tests beginnen, sobald Sie die Reifen liefern können.**

Die beiden Offiziere verabschieden sich.

Auf der Veranda wird ein üppiges Büfett aufgebaut. Mehrere Köche dekorieren die kalten Platten mit Hummer, Geflügel, Obst und Käse. In der Mitte ein großer Truthahn.

Charlotte kommt mit einem Korb voll Lampions hinaus auf die Veranda. Max steht an der Treppe zum Garten.

CHARLOTTE **Hallo Max, was machen Sie denn da so alleine?**

MAX **Ich wollte Sie . . . ich wollte Sie sehen. Sie haben sich nicht verändert.**

CHARLOTTE **Oh, doch, das habe ich, ich habe wieder geheiratet.**

MAX **Ich weiß. Georg hat es mir erzählt.**

CHARLOTTE **Sie haben Georg gesehen?**

MAX **In Berlin. Er läßt Sie grüßen.**

CHARLOTTE **Hier, helfen Sie mir mit den Lampions, kommen Sie.**

Max bringt Lampions an. Er steht auf einer großen Leiter und hat die Jacke abgelegt und die Ärmel aufgekrempelt.
Über den Rasen rollt ein großes Rhönrad mit Elli in weißem Turnzeug. Elli beschreibt vor der Leiter, auf der Max steht, einen eleganten Kreis. Sie steht kopfüber vor ihm und schaut aus dieser Position hinauf zu Max.

ELLI **Hallo, Sie da oben, Sie stehen da verkehrt herum.**

Sie lacht und rollt über den kurzgeschnittenen Rasen davon.

Das Gartenfest mit vielen Gästen, darunter auch amerikanische Geschäftsleute, ist in vollem Gange. Aus dem Haupthaus ertönt Musik. Es ist ein schöner Sommertag. Bankier Bernheim ist von amerikanischen Geschäftsleuten umringt.

AMERIKANISCHER GESCHÄFTSMANN **Mister Bernheim, wie stehen Sie zur Meinung dieses Herrn Hitler, daß das internationale Finanzjudentum schuld sei an Weltkrieg, Niederlage, der Inflation und der Wirtschaftskrise?**

Der Bankier schüttelt etwas irritiert den Kopf, dann wendet er sich seinem Gesprächspartner zu.

BANKIER **Wie bitte? Ach ja. Gentleman, obwohl ich Jude bin, billige ich die nationale Bewegung. Ich habe mein gesamtes Vermögen in Deutschland investiert, habe im Ausland keinen einzigen Pfennig. Ich bin und bleibe deutscher Staatsangehöriger, das war's doch, was Sie eigentlich wissen wollten, nicht wahr?**

Friedrich und Charlotte stellen sich zu der Gruppe, die sich um den Bankier geschart hat.

BANKIER **Was Ihre Presse in den Staaten über uns schreibt, sind ausgemachte Greuelmärchen. Es herrschen Ruhe und Ordnung in diesem Land, und der wirtschaftliche Aufschwung macht sich überall bemerkbar. Wenn Sie draußen Ihre Boykottmaßnahmen gegen deutsche Waren nicht aufheben, werden diese Abwehrkampagnen gegen die internationale jüdische Hetzpropaganda, wie man das hier nennt, immer und immer wieder gestartet, und wir kommen niemals mehr zur Ruhe.**

AMERIKANISCHER GESCHÄFTSMANN **Man hat uns gesagt, daß alle Juden aus ihren Ämtern und Stellungen vertrieben worden sind.**

Der Bankier wirft Friedrich einen flehenden Blick zu.

BANKIER **Abgesehen von den vielen Aufsichtsratsposten, die ich innehabe, arbeite ich in dieser Wirtschaft und bin nicht vertrieben worden. Ich sitze im Generalrat der Deutschen Reichsbank, ich bin Mitglied der Hamburg-Amerika-Linie, der Deutsch-Atlantischen Telefongesellschaft und verschiedener Hochschulbehörden. Ich hoffe, daß Sie das überzeugt.**

Friedrich hat den Bankier am Arm genommen und führt ihn von der Gruppe weg.

Sokolowski kommt auf Friedrich zu, und beide gehen etwas abseits auf und ab.

SOKOLOWSKI **Was ich mir von unseren amerikanischen Freunden habe alles anhören müssen in den letzten Tagen, sieht nicht gut aus.**

FRIEDRICH **Was schlagen Sie vor?**

SOKOLOWSKI **Gegenpropaganda.**

FRIEDRICH **Haben Sie da schon Ideen?**

SOKOLOWSKI **Wir müssen die Aufmerksamkeit aufs Kulturelle lenken.**

FRIEDRICH **Sie meinen Furtwängler, Gründgens, Strauß?**

SOKOLOWSKI **Nein. Ich meine unsere Verbindungsleute. Alles Akademiker, gebildet, von hohem Niveau. Die kann man nicht so leicht als Propagandisten abstempeln.**

Friedrich nickt anerkennend. In diesem Augenblick erscheinen Edmund und Elli mit Charlotte in der Verandatüre. Er in einem tadellos sitzenden Smoking mit weißem Dinner-Jacket, sie in einem seidenen Abendkleid. Der Auftritt der Zwillinge erregt Aufmerksamkeit. Einige klatschen. Friedrich geht seiner Familie entgegen und führt sie in den Garten.

Max hat vom Garten aus den Auftritt der Zwillinge verfolgt. Er geht langsam auf sie zu. Friedrich nickt Max freundlich zu.

MAX **Die Gentlemen da drüben sind sehr beeindruckt. Ihr Doktor Sokolowski versteht sein Handwerk.**

FRIEDRICH **Ich freue mich, daß Sie Ihren Vater mitgebracht haben.**

MAX **Auch wir haben uns gefreut darauf.**

Sokolowski tritt zu der Gruppe.

SOKOLOWSKI **Elli, darf ich Sie einen Augenblick entführen?**

FRIEDRICH **Amüsier dich.**

Er geht zu seinen Gästen. Max ist stehengeblieben und schaut Elli an.

SOKOLOWSKI **Du siehst bezaubernd aus.**
Oh, darf ich dir unseren famosen Testfahrer vorstellen? Max Bernheim. Er würde die 24 Stunden von Le Mans glatt in der Hälfte der Zeit schaffen, wenn er mich als Co-Piloten akzeptieren würde.

Elli hat sich umgedreht. Sie streckt Max jetzt ihre rechte Hand entgegen. Sie zieht ihn ein wenig zu sich herunter und geht auf die Zehenspitzen und gibt ihm einen flüchtig gehauchten Kuß auf den Mund. Dann läuft sie ins Haus.

Sokolowski beißt sich ärgerlich auf die Lippen.

Max greift in einer hastigen Bewegung nach dem nächstbesten Champagnerglas und leert es in einem Zug. Sokolowski ist Elli ins Haus gefolgt. Auch Max schlendert hinterher.

In der Türe des hell erleuchteten Gewächshauses bleibt Max stehen.

Sokolowski versucht gerade, Elli zu küssen. Er bekommt von ihr eine Ohrfeige. Er läßt sie verdutzt los und geht, an Max vorbei, hinaus.

Max und Sokolowski schauen sich an. Max heuchelt Mitgefühl, Sokolowski beißt die Zähne zusammen.

Elli hat sich auf eine Bank gesetzt. Sie schaut Sokolowski mit beleidigtem Gesicht nach, doch rasch ändert sich ihre Miene, als sie Max entdeckt, der auf sie zukommt.

MAX **Sind Sie immer so schlagfertig?**

ELLI **Kommt darauf an. Wollen Sie's auch einmal probieren?**

MAX **Nein danke, noch nicht, aber vielleicht später.**

ELLI **Sie gehn ja ganz schön ran.**

Max tut so, als ob er sich für die exotischen Pflanzen interessiert.

ELLI **Probieren Sie's ruhig einmal, aber ich warne Sie, Sie Hochstapler.**

MAX **Dacht' ich's mir doch. Sie haben was gegen mich.**

Elli hat einen kleinen Taschenspiegel in der Hand. Sie überprüft ihr Make-up.

ELLI **Sie hängen Lampions in die Bäume, als wären Sie ein neuer Angestellter, dabei sind Sie ein, ein . . .**

MAX **Ein, was bin ich?**

ELLI **Jedenfalls sind Sie vorlaut und eitel!**

Elli tupft sich mit der Puderquaste die Nase.

VILLA DEUTZ: VERANDA/GARTEN/GEWÄCHSHAUS **21** III TAG/AUSSEN/INNEN

Max hat sich umgedreht und schaut ihr zu.

ELLI **Sie standen da so auf der Leiter herum, so, so . . .**

MAX **Wie stand ich da?**

ELLI **Wie einer, der aussieht wie, wie, wie . . . Ach. Sie können einem ja Löcher in den Bauch fragen.**

Max setzt sich zu ihr und nimmt Elli den Spiegel aus der Hand.

ELLI **Was wollen Sie damit?**

MAX **Feststellen, wie einer aussieht, der aussieht, wie, wie . . .**

Er gibt ihr den Spiegel zurück.

ELLI **Und, wie sehen Sie aus?**

MAX **Wie jemand, der gerade dabei ist, sich unsterblich zu verlieben und Sie jetzt am liebsten in die Arme nehmen möchte.**

Max hat Elli den Arm um die Schulter gelegt und sie ein wenig zu sich hingezogen. Elli läßt es geschehen.

ELLI **Sie gehen aber ganz schön ran. – Und?**

Max nähert sich ihrem Mund. Elli schielt fast.

MAX **Und küssen möchte.**

ELLI **Warum tun Sie's dann nicht endlich.**

Sie küssen sich.

Sokolowski hat von draußen die Szene beobachtet. Er ist eifersüchtig. Doch er hat sich rasch wieder im Griff, holt ein silbernes Zigarettenetui aus der Tasche, entnimmt ihm eine Zigarette, klopft sie auf dem Etuideckel fest, steckt sie in den Mund, zündet sie an. Dann schlendert er lässig hinüber zur Veranda.

Eine schwarze Limousine mit Berliner Kennzeichen kommt die Auffahrt heraufgefahren. Körner steigt aus. Einer der Bediensteten führt ihn ins Haus. Friedrich kommt von der Veranda in die Bibliothek. Körner erwartet ihn schon ungeduldig.

KÖRNER **Ich komme direkt aus Berlin. Das Wirtschaftsministerium hat endlich den Benzinvertrag unterzeichnet. Die I.G. kann unverzüglich mit dem Ausbau der Anlage in Leuna auf eine Kapazität von 350 000 Tonnen pro Jahr beginnen.**

Körner zieht aus seiner Aktentasche ein umfangreiches Schriftstück und übergibt es Friedrich.

FRIEDRICH **Gott sei Dank.**

KÖRNER **Danken Sie lieber dem Führer. Er hat den Vertrag persönlich befürwortet.**

Friedrich schaut sich um. Charlotte kommt in die Bibliothek.

CHARLOTTE **Ach hier bist du. Ich suche dich schon die ganze Zeit.**

Friedrich tippt mit dem Finger auf das Vertragswerk.

FRIEDRICH **Weiß Heinrich schon davon?**

KÖRNER **Nein. Ich dachte, ich würde ihn hier bei Ihnen finden.**

FRIEDRICH **Wo ist er eigentlich?**

CHARLOTTE **Heinrich und Luise müßten schon längst hier sein.**

Friedrich geht zum Telefon, wählt.

FRIEDRICH **Luise, wo steckt ihr denn? . . . Wir kommen sofort.**

Friedrich knallt den Hörer auf die Gabel.

FRIEDRICH **Heinrich hat sich wieder einmal eingeschlossen.**

Friedrich hat Luise in seine Arme genommen und streicht ihr beruhigend über den Rücken. Dann fängt sie an zu weinen.

LUISE **Vielleicht kannst du ihn überreden. Ich habe Angst, er tut sich was an.**

FRIEDRICH **Du bist ja ganz außer dir. So beruhige dich doch.**

Friedrich und Luise stehen vor Heinrichs Türe. Friedrich geht zur Türe und lauscht.

FRIEDRICH **Wann hat das wieder angefangen?**

LUISE **Nachdem er aus Berlin kam. Er hatte wieder so eine unerfreuliche Unterredung mit diesem Hitler.**

Friedrich horcht an der Türe. Er drückt die Türklinke herunter. Die Türe ist verschlossen.

LUISE **Es kommt über ihn, und ich kann nichts dagegen tun. Er ißt nichts.**

FRIEDRICH **Aber er trinkt?**

Luise nickt.

FRIEDRICH **Viel?**

LUISE **Schrecklich.**

Friedrich klopft an die Türe.

FRIEDRICH **Ich bin's. Mach auf, Heinrich. Körner ist gerade aus Berlin gekommen. Er hat eine sensationelle Nachricht mitgebracht.**

Friedrich macht zu Körner hin eine ungeduldige Bewegung.

FRIEDRICH **Rasch, den Benzinvertrag.**

Körner gibt ihm das Dokument.

FRIEDRICH **Die Regierung übernimmt eine Preis- und Absatzgarantie und läßt der I.G. darüber hinaus einen Gewinn von 5 Prozent. Weißt du, was das bedeutet? Wir sind endlich frei von den Weltmarktpreisen. Abgekoppelt, konkurrenzlos, autark! Dein Lebenstraum, Heinrich.**

Von drinnen ist kein Laut zu hören. Friedrich schiebt den Vertrag unter der Türe durch.

Im Zimmer ist Heinrich aufgestanden und wieder auf den Boden gefallen. In der linken Hand eine Pistole, in der rechten eine leere Schnapsflasche. Er robbt sich an die Tür und holt sich den Vertrag. Er drückt das Papier an sich und wälzt sich auf dem Boden.

Heinrich steigt mit Hilfe eines Masseurs aus dem Einzelbecken. Er wird massiert, dann hilft ihm der Masseur in den Bademantel.

Später, im Foyer des Kurhotels steht Heinrich vor einem drehbaren Postkartenständer mit braunweißen Postkarten. Heinrich nimmt die Postkarten heraus, steckt sie wieder zurück, nimmt eine neue Ansichtskarte der Kuranstalt. Auf die Rückseite der Karte klebt er eine Briefmarke mit dem Konterfei des Reichskanzlers Adolf Hitler.

HEINRICH **Was bin ich Ihnen schuldig?**

An dem Kiosk in der Halle der Kuranstalt rechnet eine Angestellte zusammen.

ANGESTELLTE **Das macht genau eine Mark und fünf, Herr Geheimrat.**

Heinrich hat sein Portemonnaie gezückt, stochert mit dem Zeigefinger im Kleingeld, legt die Geldstücke auf den Tresen.

HEINRICH **Der Rest ist für Sie.**

Heinrich beschreibt die Rückseite der Postkarten mit kleiner, enger Sütterlinschrift. Aus einem Rundfunkempfänger Nachrichten. Der Nachrichtensprecher kündigt an, daß Hitler auf dem Reichsparteitag in Nürnberg den Befehl gegeben hat, die erste Buna-Fabrik zu bauen. Heinrich springt auf, stellt das Rundfunkgerät lauter, schüttelt den Kopf.

HEINRICH **Das kann doch nicht sein. Das müßte ich doch wissen.**

Heinrich rennt zur Fernsprechzelle. Er wählt hastig. Dann schreit er aus der Zelle hinüber zu dem Telefonfräulein.

HEINRICH **Ich kriege keine Verbindung!**

TELEFONFRÄULEIN **Vielleicht ist das die Nummer für den Ortsverkehr.**

Heinrich hat einen kleinen Kalender aus der Tasche geholt, blättert darin.

HEINRICH **Ach ja. Die Nummer für den Fernverkehr ist 5549.**

Das Telefonfräulein stellt die Verbindung her.

TELEFONFRÄULEIN **Hallo. Die Nummer lautet 5549. Ja, bitte? Ist dort I.G.-Farben? Bitte Herrn Direktor Deutz.**

Sie nickt Heinrich zu. Heinrich verschwindet in der Zelle. Er schließt die Türe. Durch die schalldichte Fensterscheibe kann man sehen, wie Heinrich aufgeregt in den Telefonhörer hineinredet.

Heinrich und Friedrich wandern auf einer Alm. Heinrich hat seinen Schmetterlingsfänger über der Schulter.

FRIEDRICH **Das Problem ist von zwei Seiten zu betrachten. Einmal von der sachlichen und einmal von der personellen Seite. Was die sachliche anbelangt, sieht die Lage folgendermaßen aus: der Sonderbeauftragte für Rohstoffragen des Führers, ein Herr Keppler, kennst du den?**

Heinrich schüttelt den Kopf.

FRIEDRICH **Irgend so'n kleiner Ingenieur-Emporkömmling, betreibt eine Klebstoff-Fabrik. Eigentlich kein ernstzunehmender Gegner für Schacht, aber ein hundertprozentiger Nazi. Also der sagt, Buna, das ist Hitlers Lieblingsprojekt. Auf der anderen Seite Oberst Thomas vom Heereswaffenamt. Die haben etwa 2000 Buna-Reifen auf Militärfahrzeugen getestet. Der sagt, die Buna-Testergebnisse hätten nicht den Anforderungen entsprochen.**

Heinrich schüttelt den Kopf und lacht.

HEINRICH **Aber doch nur, weil die Reifenhersteller sich geweigert haben, Buna zu verarbeiten. Was hat das Heereswaffenamt vor?**

FRIEDRICH **Sie wollen Naturkautschuk lagern.**

HEINRICH **Haben die Herren vom Militär denn noch immer nicht begriffen, daß man Rohstoffe höchstens für ein Jahr lagern kann? Haben die aus der Salpeterkrise im Weltkrieg nichts gelernt? Was sagt der Reichswirtschaftsminister? Was sagt Schacht dazu?**

FRIEDRICH **Schacht sagt, ein Buna-Reifen kostet 92 Mark, einer aus Naturkautschuk 18. Buna ist zu teuer.**

Friedrich ist stehengeblieben.

HEINRICH **So? Buna ist den Herren also zu teuer? Es ist besser, wir erzeugen unsere eigenen Reifen, auch wenn sie etwas teurer sind, als daß wir versuchen, Naturkautschuk zu importieren, für die der Herr Reichswirtschaftsminister keine Devisen zur Verfügung stellt.**

FRIEDRICH **Der Vorstand hat beschlossen, nur dann eine Buna-Fabrik zu bauen, wenn man uns, wie beim Benzin, wieder garantiert, daß uns die gesamte Produktion abgenommen wird.**

Heinrich nickt.

HEINRICH **Alles andere wäre absoluter Wahnsinn. Was weiter?**

Friedrich zündet sich eine Zigarette an.

FRIEDRICH **Der Sonderbeauftragte des Führers, Keppler, sagt, ich beschaffe euch die Kaufgarantie.**

Heinrich verzieht die Nase.

HEINRICH **Sag mal, mußt du hier die Luft verpesten?**

FRIEDRICH **Was, hast du etwa hier das Rauchen aufgegeben?**

HEINRICH **Ich habe es mir abgewöhnt.**

FRIEDRICH **Aber das Heeresamt weigert sich, die Garantie zu geben. Und daraufhin verkündet Hitler öffentlich den Bau der Fabrik.**

Heinrich schüttelt den Kopf.

HEINRICH **Das versteh' ich nicht.**

FRIEDRICH **Du wirst schon, wenn du die personelle Seite des Problems siehst. Schacht weigerte sich also aus Kostengründen, Buna zu unterstützen, weil er weltwirtschaftlich denkt. Für Hitler aber sind Weltmarktpreise nebensächlich. Also hat Hitler ihm Göring als Reichskommissar für Rohstoffe und Devisen vor die Nase gesetzt, und jetzt kommt das beste. Göring hat von uns ein wichtiges Vorstandsmitglied angefordert, sozusagen als Sonderbeauftragter für chemische Erzeugnisse. Wie findest du das?**

Heinrich starrt Friedrich mit offenem Mund an.

HEINRICH **Das gibt's doch nicht.**

Friedrich nickt.

HEINRICH **Das ist ja eine äußerst erfreuliche Perspektive. Wenn ich das richtig verstehe, heißt das, daß wir, was die Kaufgarantien für Buna durch das Heereswaffenamt anbelangt, von jetzt an mit uns selbst verhandeln müssen. Donnerwetter!**

Heinrich stupft Friedrich an, Friedrich stupft Heinrich zurück. Beide fangen an zu lachen.

Von weitem sehen Heinrich und Friedrich aus wie zwei Lausbuben, die gemeinsam einen Streich aushecken. Heinrich und Friedrich fallen sich in den Arm und rennen schreiend die Wiese hinunter. Unten angekommen, bleiben sie atemlos stehen.

FRIEDRICH **. . . aber diese Entwicklung ist nicht ungefährlich, denn Göring hat in seiner neuen Eigenschaft angefangen, sich unsere Verträge, speziell die mit Standard Oil, genauer anzuschauen. Und er war gar nicht erfreut darüber, daß wir vertraglich zu extensivem Erfahrungsaustausch verpflichtet sind. Er verlangt, daß wir unsere Beziehungen zu den Amerikanern einsetzen sollen, aber gleichzeitig darauf zu achten haben, daß die Information nur in eine Richtung fließt.**

Heinrich stampft unwillig mit dem Fuß auf.

HEINRICH **Das sind doch alle Ganoven! Das ist völlig unmöglich! Wir sind doch keine Provinzfirma, die es sich leisten könnte, internationale Vereinbarungen zu brechen wie dieser Herr Hitler.**

FRIEDRICH **Göring betreibt intensiv den Aufbau der Luftwaffe. Und dafür braucht er dringend hochoktanhaltiges Flugbenzin.**

HEINRICH **Das kriegt er nur hin mit Bleitetraethyl.**

Friedrich nickt.

FRIEDRICH **Genau. Und da wäscht eine Hand die andere. Ich fahre in ein paar Wochen zu den Salzburger Festspielen und treffe dort unsere amerikanischen Freunde.**

HEINRICH **Die Frage ist also: Werden wir jetzt von den Nazis übernommen oder haben wir die Nazis noch im Griff?**

Elli und Max spazieren eng umschlungen durch Salzburg.

In einer Schmiedewerkstatt läßt Elli sich eine Münze zersägen. Einen Teil gibt sie Max.

ELLI **Für alle Zeit, in der wir voneinander getrennt sind. Ein Teil von mir soll immer bei dir sein, wo auch immer du bist.**

Das Paar schaut einer Aufführung des „Jedermann" zu, fährt mit dem Boot auf dem See, sitzt in einem Salzburger Restaurant und lauscht einem Zitherspieler.

Sie sind sehr verliebt.

Friedrich, Sokolowski und Mr. Packard von der Standard Oil haben im Garten des Hotels Platz genommen. Ein Kellner bringt Kaffee und Kuchen.

FRIEDRICH **Sie verschaffen uns die Patente und Lizenzen für den Bau einer Bleitetraethylfabrik. Dafür bekommen Sie von uns das Know how für die Herstellung von Buna.**

MR. PACKARD **Ein verlockendes Angebot. Aber es dürfte Ihnen bekannt sein, daß wir das Bleitetraetylpatent nur zu 50 Prozent besitzen, die andere Hälfte befindet sich in den Händen von General Motors und im Board von General Motors sitzt DuPont. Sie kennen ihn doch.**

Friedrich schenkt sich und dem Amerikaner Kaffee ein.

MR. PACKARD **Bleitetraethyl aber wird als Zusatz für Flugbenzin benötigt, und DuPont verbreitet seit einiger Zeit, daß in Deutschland im verstärkten Maße die Luftwaffe aufgerüstet würde.**

Friedrich lacht.

Er rührt seinen Kaffee um, nimmt einen Schluck. Mr. Packard stellt seine Tasse ab, greift nach dem Teller mit dem Kuchen.

MR. PACKARD **Deshalb beschwört er das State Department, die Verträge zwischen Standard Oil und I.G. zu kontrollieren.**

SOKOLOWSKI **Eines Tages muß es auch wieder eine starke deutsche Luftwaffe geben, denn an einem Macht-Vakuum in der Mitte Europas kann auch den Amerikanern auf lange Sicht nicht gelegen sein.**

MR. PACKARD **Ich glaube auch nicht, daß das State-Department unbedingt Mr. DuPonts Ansicht teilt.**

Friedrich lächelt.

Sokolowski ist unkonzentriert. Er sieht immer wieder auf den See hinaus, wo Max und Elli Boot fahren.

FRIEDRICH **Das heißt also, wir arbeiten zusammen?**

Mr. Packard lehnt sich zurück, wischt sich den Mund mit der Serviette.

MR. PACKARD **Ja, ja, selbstverständlich. Unter einer Bedingung. Wenn Sie uns Ihre Buna-Technologie überlassen.**

Friedrich macht mit dem Zeigefinger eine kleine ablehnende Bewegung.

FRIEDRICH **Warum? Nach unserem gemeinsamen Vertrag müssen wir Ihnen eigentlich nur die Entwicklungen übertragen, die Öl und Benzin betreffen. Keine chemischen Entwicklungen. Sie erinnern sich? Sie halten sich raus aus der Chemie, wir uns aus dem Ölgeschäft.**

MR. PACKARD **Das stimmt. Aber wir müssen dem State-Department irgend etwas anbieten können. Man erwartet Entgegenkommen.**

FRIEDRICH **Genau wie bei uns.**

Friedrich steht auf, auch Mr. Packard hat sich erhoben. Beide schütteln die Hände. Zusammen mit Sokolowski gehen sie hinunter zum See. Max und Elli haben mit dem Boot angelegt. Hand in Hand kommen sie vom Ufer herauf.

FRIEDRICH **Ich werde in den nächsten Tagen zurück nach Berlin fahren und mich in diesem Sinne bei den dafür zuständigen Behörden verwenden.**

MR. PACKARD **Und ich werde dem State-Department berichten, daß die Befürchtungen über den Ausbau der Luftwaffe völlig unbegründet sind. Sie können also mit der Lizenz für den Bau Ihrer Flugbenzin-Anlage rechnen.**

FRIEDRICH **Darf ich Ihnen den Leiter unserer Buna-Versuchsabteilung, Herrn Bernheim, vorstellen. Er wird Ihnen gleich die Akten mit unseren neuesten Testergebnissen übergeben.**

Friedrich macht Max ein Zeichen. Max kommt zu ihnen herüber.

Friedrich hat Max am Arm gefaßt.

FRIEDRICH **Entschuldigen Sie uns einen Augenblick.**

Friedrich und Max sind ins Foyer des Hotels gegangen. Friedrich zündet sich eine Zigarette an, schlägt die Beine übereinander.

FRIEDRICH **Sie lieben sie?**

Max nickt.

FRIEDRICH **Was wollen Sie? Wollen Sie Elli heiraten? Glauben Sie, daß Elli das aushält? Mischehen sind verboten. Also, um Ellis willen, lassen Sie sie in Ruhe.**

MAX **Haben Sie mich deshalb mitgenommen, um mir das zu sagen? Elli liebt mich.**

FRIEDRICH **Deshalb müssen Sie sie freigeben. Sie müssen es ihr selber sagen. Und zwar bald. Sie sollten auch nicht mehr nach Deutschland zurückkehren. Hier befinden Sie sich außer Gefahr. Heutzutage ist keiner vor Denunziationen sicher.**

MAX **Was wird aus meinem Vater?**

FRIEDRICH **Machen Sie sich keine Sorgen. Noch ist er einer unserer Aufsichtsratsmitglieder und sitzt im Zentralrat der Reichsbank. Solange Schacht Reichsbankpräsident ist, hat er genügend Macht, Ihren Vater zu schützen.**
Jetzt gehen Sie und holen Sie die Unterlagen bitte. Und beeilen Sie sich. Wir wollen nicht zu spät in die Oper kommen.

Max, mit einem Aktenkoffer in der Hand, kommt die Treppe im Hotel herunter und geht zu Mr. Packard in den Garten. Er übergibt ihm die Akte.

MR. PACKARD **Mr. Deutz hat mir gesagt, Sie haben vor zu emigrieren. Ich möchte Ihnen einen Vorschlag machen. Ich biete Ihnen einen guten Posten bei uns in New Jersey.**

MAX **Ich danke Ihnen. Ich werde es mir überlegen. Sie bleiben doch noch ein paar Tage?**

Packard nickt und blättert in den Akten. Max Bernheim steht neben ihm und erklärt. Man hört das mehrfache Klicken eines Fotoapparates. Packard und Max schauen auf.

SOKOLOWSKI **Einen Moment. Ja, so ist es gut. Diesen historischen Moment müssen wir doch festhalten.**

Ein Gestapobeamter hält dem Bankier Bernheim die Fotografien, die Max Bernheim und Mr. Packard von der Standard Oil zeigen und jede Phase der Übergabe der Akten dokumentieren, unter die Nase.

GESTAPOBEAMTER **Was hat Ihr Sohn eigentlich in Österreich verloren?**

Der Bankier macht ein verstörtes Gesicht. Er schüttelt den Kopf.

BANKIER **Ich weiß es nicht. Ich weiß nicht, was das alles zu bedeuten hat. Mein Sohn war eingeladen. Eine private Einladung eines unserer Direktoren.**

Der Gestapobeamte ist ein noch junger Mann. Er schaut den Bankier mit lauerndem Blick an.

GESTAPOBEAMTER **Kennen Sie diesen Herrn?**

Er deutet auf Mr. Packard. Der Bankier schüttelt den Kopf.

GESTAPOBEAMTER **Das ist der Vizepräsident der Standard Oil.**

BANKIER **Ich bin diesem Herrn noch nie begegnet.**

In dem Kontor herrscht ein unbeschreibliches Durcheinander. Mehrere Beamte sind dabei, das ganze Büro auf den Kopf zu stellen. Überall werden Akten herausgerissen, Bücher liegen auf dem Boden herum.

GESTAPOBEAMTER **Sie stecken mit denen unter einer Decke. Aber wir kriegen Sie schon. Wir kriegen sie nämlich alle. Ihren Sohn auch, verlassen Sie sich darauf.**

Der Gestapobeamte streckt die Hand aus.

GESTAPOBEAMTER **Na, was ist?**

Der Bankier schaut ihn hilflos an. Der Gestapobeamte macht eine fordernde Geste.

GESTAPOBEAMTER **Ihren Reisepaß.**

Der Bankier steigt über Akten, geht hinüber zu seinem Schreibtisch, aus der Schublade nimmt er seinen Paß und gibt ihn dem Gestapobeamten.

GESTAPOBEAMTER **Damit Sie uns nicht auch noch davonlaufen. Es könnte ja sein, wir brauchen Sie noch.**

Der Gestapobeamte macht seinen Untergebenen ein Zeichen und verläßt mit ihnen das Kontor. Der Bankier schaut sich um. Dann bückt er sich nach einem Kontobuch, hebt es auf. Dann sucht er in dem Zimmer vergeblich einen Ort, wo er es ordnungsgemäß ablegen könnte.

Elli und Max sitzen auf der Terrasse eines Weinlokals. Sie halten sich bei den Händen und hören dem Lied eines Zitherspielers zu. Elli singt in österreichischer Mundart mit.

ELLI **Mein Herz, das kennt ja nur zwei Tön,**
Dei Stimm, die Glock ist ja so schön.
Und klingen's dann vom Tal herauf,
tut sich der Himmel vor mir auf.
Und klingen's dann vom Tal herauf,
tut sich der Himmel auf.

Sie sieht, daß Max traurig ist.

ELLI **Was ist los mit dir?**

MAX **Wir dürfen uns nicht mehr länger lieben.**

ELLI **Niemand kann uns daran hindern.**

MAX **Du irrst dich. Sie können es. Deutschland ist nicht mehr mein Land, und die Deutschen sind nicht mehr mein Volk.**

Elli hat Tränen in den Augen.

ELLI **Ich werde dich nicht verlassen. Ich komme mit dir.**

MAX **Ich liebe dich.**

ELLI **Wo immer du hingehst, da will auch ich hingehen, in welchem Land du wohnst, da will auch ich wohnen.**

Sokolowski kommt auf die Terrasse. Er tritt an den Tisch und spricht Max an.

SOKOLOWSKI **Entschuldigen Sie bitte die Störung. Ich muß Sie sprechen.**

Max schaut ihn auffordernd an.

SOKOLOWSKI **Nein, nicht hier. Kommen Sie bitte.**

Max folgt ihm auf die Straße.

SOKOLOWSKI **Erschrecken Sie bitte nicht. Ihr Vater ist von der Gestapo verhaftet worden.**

MAX **Mein Gott.**

Sokolowski beruhigt ihn.

SOKOLOWSKI **Machen Sie sich keine Sorgen. Wir haben bereits alle Hebel in Bewegung gesetzt.**

MAX **Aber warum?**

SOKOLOWSKI **Sein Büro wurde durchsucht. Man hat belastendes Material gefunden. Er wird verdächtigt, es den Amerikanern zugespielt zu haben.**

Max ist außer sich.

MAX **Mein Vater ein Spion! Das ist doch lächerlich. Ich muß sofort nach Hause.**

Max ist schon auf dem Weg. Er dreht sich nochmal um.

MAX **Was wird aus Elli?**

Sokolowski ruft ihm nach.

SOKOLOWSKI **Gehen Sie nur, beeilen Sie sich. Ich werde ihr alles erklären.**

Elli wartet an ihrem Tisch. Sie ist unruhig, sie schaut auf die Uhr.

Am Ende eines langgestreckten, hallenartigen Raumes, hinter einem Schreibtisch, der Staatssekretär. Er kommt quer durch den ganzen Raum auf den Bankier zu. Der Bankier übersieht die ihm entgegengestreckte Hand des Staatssekretärs. Der setzt sich wieder hinter seinen Schreibtisch. Bernheim steht.

STAATSSEKRETÄR **Ich habe Sie hierher nach Berlin gebeten, um Ihnen persönlich zu sagen, daß Sie als Aufsichtsrat in den verschiedenen Verbänden und Industrieunternehmungen untragbar geworden sind.**

Der Bankier greift in die Tasche, nimmt seine Lesebrille aus dem Futteral, setzt sie auf, dann greift er in die Innentasche des Jacketts und bringt ein Stück Papier zum Vorschein, das er entfaltet.

BANKIER **Herr Staatssekretär. Ich möchte Ihnen danken, daß Sie es übernommen haben. . .**

Der Bankier liest seine Erwiderung wie eine Rede ab.

BANKIER **. . . mir diese Tatsache persönlich mitzuteilen. Im übrigen lege ich Wert darauf, daß Sie wissen, daß ich den Vorsitz des Aufsichtsrates meines Bankhauses nicht freiwillig niederlege, sondern nur mit Rücksicht auf die von Ihnen abgegebene Erklärung, ich sei nicht mehr tragbar.**

Der Bankier schaut auf. Der Staatssekretär sitzt mit unbewegli-chem Gesicht hinter seinem Schreibtisch.

BANKIER **Ich lege Wert darauf, daß ich aus Verantwortungsgefühl gegenüber meinem Bankhaus und der deutschen Wirtschaft niemals selbst unter den für mich so unliebsamen Umständen, wie sie es in den letzten Jahren gewesen sind, fahnenflüchtig geworden wäre. Ich bin mir bewußt, daß das eine persönliche Auffassung ist, und daß bei der Entscheidung über die mich betreffende Frage andere Gesichtspunkte mitgesprochen haben mögen, über die mir aber kein Urteil, noch weniger Kritik zusteht, für die ich aber auch in keinster Weise Verantwortung trage.**

Der Bankier rückt die Brille zurecht und fährt fort, seine Rede abzulesen.

BANKIER **Wenn ich nicht durch die Entwicklung der Verhältnisse dazu gezwungen werde, beabsichtige ich nicht, auszuwandern. Ich bin auch weiterhin dazu bereit, Ihren Interessen und damit auch den Interessen der deutschen Wirtschaft zu dienen. Auf jeden Fall werde ich nicht durch die Hintertüre verschwinden. Ich erwarte, über die Vordertreppe hinausgeworfen zu werden.**

Der Bankier faltet den Zettel wieder zusammen, steckt ihn zurück in seine Innentasche. Der Bankier verbeugt sich leicht.

BANKIER **Ich habe noch ein persönliches Anliegen. Ich möchte Sie bitten, sich für die Freilassung meines Sohnes einzusetzen.**

Der Staatssekretär schüttelt den Kopf.

STAATSSEKRETÄR **Es tut mir leid. Ich kann Ihnen nicht helfen. Nicht, solange Herr Direktor Sokolowski bei seiner Aussage bleibt.**

Die Villa in der Hardenbergstraße ist festlich erleuchtet. In den Räumen im Hochparterre, hochgestellte NS-Beamte, Militär, viel Uniform, aber auch Größen vom Theater, von Funk und Film, bunt durcheinander gemischt. Anni unterhält die Gäste mit einem Schlager.

Elli hilft bei der Bewirtung. Sie sieht schlecht aus, bleich, sichtlich angegriffen. Sie trägt ein schwarzes, hochgeschlossenes Kleid. Sie bietet Getränke an und wird so Zeuge von den verschiedenen Gesprächen, die an diesem Abend aus offiziellem und halb-offiziellem Anlaß geführt werden. Körner nimmt ein frisches Glas.

KÖRNER **Hitler will, daß die deutsche Armee in vier Jahren einsatzfähig und die deutsche Wirtschaft kriegsbereit ist.**

Elli reicht Heinrich das Tablett hin. Heinrich nimmt auch ein Glas und nickt ihr freundlich zu.

HEINRICH **Hitler will Krieg, da gibt's keinen Zweifel. Wir liefern ihm, was er dazu braucht. Wir sollten die Gunst der Stunde nützen. Prost!**

Heinrich hat das Glas mit einem Zug geleert und stellt es auf Ellis Tablett ab.

Friedrich führt ein Gespräch mit dem Präsidenten der Industrie- und Handelskammer: Akkurater Beamtentyp, Zweireiher, Parteiabzeichen im Knopfloch. Friedrich scheint mit seinen Gedanken ganz woanders zu sein.

Elli macht ihm ein Zeichen.

FRIEDRICH **Entschuldigen Sie mich.**

Friedrich ist Elli ins Treppenhaus gefolgt.

ELLI **Er ist jetzt oben.**

Friedrich und Elli gehen die Treppe hinauf.

Der Bankier sitzt auf einem Bett. Er sieht alt aus. Er mustert Friedrich mit einem leicht verächtlichen Lächeln.

BANKIER **Vor noch nicht allzu langer Zeit hat man uns gebraucht. Zum Herzeigen. Jetzt müßt ihr uns schon verstecken. Aus Furcht, oder weil ihr euch schämt?**

Friedrich hat die Türe leise hinter sich geschlossen.

FRIEDRICH **Keins von beiden. Es ist für Ihre eigene Sicherheit.**

Der Bankier holt tief Luft. Elli öffnet seinen Koffer und beginnt, ein paar Sachen für die Nacht zurechtzulegen.

BANKIER **Staatssekretär Brinkmann vom Reichswirtschaftsministerium hat mich persönlich hierhergebeten nach Berlin. Um mir mitzuteilen, daß ich nicht mehr tragbar sei. Das Bankhaus wird jetzt arisiert. Von dem Geld, was ich bekomme, bezahle ich 20 Prozent Sühneleistung, bleiben 80 Prozent. Von dem Rest bezahle ich 25 Prozent Reichsfluchtsteuer, bleiben 60 Prozent. Von den 60 Prozent gehen 5 Prozent an die Reichsvereinigung und eine Zuerwerbssteuer von 100 bis 500 Prozent auf alle Gewinne seit 1933. Es bleiben 50 Prozent. Dieses Kapital kann ich transferieren zum Kurs von 6 Prozent. Was bin ich jetzt? Ich bin ein Mann, dem Gott Reichtum, Güter und Ehre gegeben hat. Und mangelt ihm keins von allem, was auch sein Herz begehrt. Und Gott gibt doch ihm nicht Macht, es zu genießen, sondern ein anderer verzehrt es. Das ist eitel und ein böses Übel. Prediger 6, Vers 2.**

Von unten sind Stimmen, Musik und Gelächter zu hören. Der Bankier deutet nach unten.

BANKIER **Hier sind wir im Auge des Taifuns.**
Haben Sie etwas von meinem Sohn gehört?

FRIEDRICH **Ich habe alles in meiner Macht Stehende versucht, aber es war zwecklos.**

BANKIER **Aber wir haben doch die besten Beziehungen zu den höchsten Stellen. Was ist mit Sokolowski?**

FRIEDRICH **Er ist nicht bereit, seine Aussage zu widerrufen.**

Elli hat sich neben den Bankier gesetzt. Sie legt ihren Arm um seine Schulter.

BANKIER **Obwohl er es könnte, wenn er wollte.**

Elli orientiert sich im Treppenhaus. Sie geht die Treppe hoch, die in die Wohnung hinaufführt, die Sokolowski von Körner übernommen hat. Vor der Wohnungstüre bleibt sie stehen, holt tief Luft, dann drückt sie auf den Klingelknopf. Die Türe wird geöffnet. Vor ihr steht Sokolowski im Bademantel, ein Haarnetz auf dem Kopf. Verblüfft nimmt er die Zahnbürste aus dem Mund. Sokolowski schluckt die Zahnpasta hinunter. Daraufhin bekommt er einen Hustenanfall.

ELLI **Willst du mich nicht hereinbitten?**

SOKOLOWSKI **Oh, entschuldige. Selbstverständlich komm herein.**

ELLI **Ich bitte dich um einen Gefallen. Ich bitte dich, deine Aussage zu widerrufen, daß man Max freiläßt und er ins Ausland gehen kann.**

SOKOLOWSKI **Und was kriege ich als Gegenleistung?**

ELLI **Mich!**

Sokolowski betritt das Bankhaus. Er bleibt stehen und schaut sich um. Die Pracht des Bankhauses beeindruckt ihn sichtlich. Er geht die Treppe hinauf.

Körner, der neue Inhaber des Bankhauses Bernheim, steht am Fenster und blickt hinunter in die Schalterhalle, so, wie es der Bankier stets gemacht hat.

Körner geht hinüber zu dem Schreibtisch des Bankiers. Die Schreibtischplatte ist pedantisch aufgeräumt. Körner nimmt im Sessel des Bankiers Platz. Es klopft. Körner nimmt ein Kontobuch aus dem Schreibtischfach, legt es vor sich hin, blättert es auf.

KÖRNER **Kommen Sie rein.**

Erst jetzt schaut er auf.

KÖRNER **Nehmen Sie Platz.**

Sokolowski setzt sich in den bereitstehenden Ledersessel.

KÖRNER **Ich gratuliere Ihnen. Sie haben Ihre Chance gewahrt. Mit dieser Verbindung stehen Ihnen jetzt alle Möglichkeiten offen.**

Sokolowski erhebt sich ein bißchen und verbeugt sich devot.

SOKOLOWSKI **Ohne Ihre Protektion. . .**

KÖRNER **Schon gut. Ich möchte, daß Sie Ihre Hochzeitsreise nach Wien machen. Der Anschluß Österreichs steht unmittelbar bevor. Es geht im Zuge der Arisierung der Österreichischen Kreditbank um die Neuordnung der chemischen Industrie im südosteuropäischen Raum. Unser Hauptinteresse gilt vor allem den Skoda-Werken Wetzler, dem größten Chemie-Konzern. Schon seit Monaten verhandeln wir vergeblich mit Rothschild um die Aktienmehrheit.**

SOKOLOWSKI **Wie weit kann ich gehen?**

KÖRNER **Nach dem Anschluß brauchen wir keine Rücksicht mehr zu nehmen.**

Auffallend viele Gäste in den Uniformen der SS und der SA. Aus dem Radio die Übertragung Hitlers Rede auf dem Heldenplatz.

HITLER **Als Führer und Reichskanzler der deutschen Nation und des Reiches melde ich vor der Geschichte nunmehr den Eintritt meiner Heimat in das Deutsche Reich.**

Die Zuhörer werden von der Begeisterung der Übertragung angesteckt. Einige springen auf, stimmen mit ausgestrecktem Arm das Deutschlandlied an.

Sokolowski kommt die Treppe herunter, geht zur Rezeption.

PORTIER **Herr Doktor, Ihre Opernkarten für heute abend.**

SOKOLOWSKI **Was gibt es denn zur Feier des Tages?**

PORTIER **Tristan und Isolde. Knappersbusch dirigiert.**

Sokolowski legt die Karten sorgfältig in seine Brieftasche.

Elli kommt aus dem Waschraum für Damen. Sie trägt auf dem Kopf ein Hütchen mit einem kleinen zarten Schleier. Sie knipst die Handtasche zu, schaut sich suchend um, dann entdeckt sie Sokolowski und geht ihm entgegen.

SOKOLOWSKI **Ich kann leider nicht mit dir kommen. Ich habe eine dringende Verabredung. Die Ereignisse überstürzen sich ja hier.**

Elli streift sich ihre Handschuhe über.

ELLI **Fleißig, fleißig. Selbst auf der Hochzeitsreise. Ich finde mich schon alleine zurecht.**

SOKOLOWSKI **Hast du Schillinge?**

ELLI **Ich nehme doch an, daß man in Österreich jetzt in deutscher Währung zahlen kann. Wann bist du zurück?**

SOKOLOWSKI **Nicht so spät. Wir haben ja Karten für heute abend für die Oper.**

Sokolowski gibt Elli einen Abschiedskuß auf die Backe. Dann winkt er seinem Chauffeur. Der Chauffeur öffnet die Türe, Sokolowski geht hinaus. Elli schaut ihm mit unbeweglichem Gesicht nach.

Sokolowski betritt den Schalterraum. Er wird von einem österreichischen SS-Mann aufgehalten.

SS-MANN **Sein's so nett. Ihren Ausweis bitteschön.**

Sokolowski zückt seinen Ausweis. Der SS-Mann kontrolliert kurz, dann nimmt er Haltung an, salutiert.

SOKOLOWSKI **Schon gut.**

Sokolowski geht jetzt durch die Halle. Der Direktor der Bank kommt ihm entgegen.

DIREKTOR **Kommen Sie, Doktor, kommen Sie schnell. Sie müssen uns helfen. Die neuen Herren gebärden sich wie die...**

Aus einem Raum kommen fünf Angestellte mit Putzeimern und Putzlappen, angetrieben von österreichischen SA- und SS-Männern, die sie zwingen, auf den Knien in der Schalterhalle den Boden zu wischen.

SA-MANN **Gemma, gemma!**

Einer der Angestellten benimmt sich dabei etwas ungeschickt. Sokolowskis Hosenaufschlag wird naß. Sokolowski bleibt stehen, schaut hinunter. Ein älterer Mann mit gepflegtem weißem Bart schaut mit flehentlichem Gesichtsausdruck hinauf zu Sokolowski.

SOKOLOWSKI **So passen Sie doch auf.**

Der Direktor zuckt mit den Schultern, er schaut Sokolowski an.

DIREKTOR **Sie sehen ja selbst. Sie müssen uns helfen.**

SOKOLOWSKI **Ich muß gar nichts. Vor ein paar Wochen haben Sie noch im Auftrag von Rothschild mit dem Prager Verein verhandelt und mit den Italienern.**

DIREKTOR **Nach dem Anschluß . . .**

Einer der SA-Männer steht neben dem älteren Angestellten. Er tritt ihn.

SOKOLOWSKI **Die politischen Verhältnisse haben sich jetzt geändert. Eins ist klar, wir fühlen uns an unser Angebot vor dem Anschluß nicht mehr gebunden.**

DIREKTOR **Ich bin entsetzt, daß eine Weltfirma wie die I.G. zu solchen Methoden greift.**

Der Direktor öffnet die Türe zu seinem Kontor. Sokolowski geht als erster hinein und geht zum Schreibtisch. Auch hier SA und SS-Männer in Aktion. Sokolowski spricht mit dem Einsatzleiter. Er zeigt ein Legitimationspapier.

SOKOLOWSKI **Wenn Sie uns hier bitte einen Augenblick alleine lassen.**

Der Einsatzleiter nimmt Haltung an.

EINSATZLEITER **Zu Befehl, Obersturmbannführer.**

Er macht seinen Untergebenen ein Zeichen. Sie verlassen den Raum. Der Direktor schließt die Türe hinter ihnen.

Sokolowski hat hinter dem Schreibtisch des Direktors Platz genommen. Er fordert ihn mit einer eleganten Handbewegung auf, Platz zu nehmen. Der Direktor schüttelt den Kopf.

DIREKTOR **Nein danke, ich stehe lieber.**

SOKOLOWSKI **Wie Sie wollen. Unser Angebot lautet: Unsere Bank wird die Rothschild-Anteile der Wiener Kreditanstalt übernehmen. Ihr Vorstand willigt ein, daß die in ihrem Besitz befindlichen Skoda-Werke Wetzler auf uns übertragen werden. Wir beabsichtigen, dann die Skoda-Werke Wetzler mit unserer Tochter, der Anilin-Chemie, in die Donau-Chemie-AG umzuwandeln.**

DIREKTOR **Mit anderen Worten: beschlagnahmt und enteignet.**

SOKOLOWSKI **Stellen Sie sich nicht so dumm. Haben Sie noch nie etwas von Arisierung gehört?**

DIREKTOR **Ich nenne so etwas einen ganz gemeinen Diebstahl.**

SOKOLOWSKI **Nennen Sie es, wie Sie wollen. Wir nennen es die Neuordnung der chemischen Großindustrie im südosteuropäischen Raum.**

Der Direktor kommt aus seinem Kontor und wird von drei SA-Männern in Empfang genommen, die ihn wie eine Eskorte begleiten.

Ein SS-Mann öffnet die Tür, die hinunter zum Keller führt. Der Direktor wird die Treppe hinuntergestoßen, die SA-Männer folgen ihm.

Der Direktor wird von den SA-Männern zu Tode getrampelt. Er liegt in einer Wasserpfütze. Die Brille ist zerbrochen. Das Wasser färbt sich rot. Die SA-Männer lassen den Toten liegen.

In der Wiener Vorstadt sucht Elli, einen Zettel in der Hand, nach der angegebenen Adresse. Sie steht vor einem Haus. Überall hängt Wäsche auf der Leine. Sie hält einer Frau den Zettel hin.

ELLI **Entschuldigen Sie, können Sie mir helfen?**

Die Frau deutet nach oben.

FRAU **Erster Stock, zweite Türe.**

Elli läuft die Treppe herauf. Max kommt ihr entgegen. Sie fallen sich in die Arme.

Max und Elli liegen im Bett. Sie lieben sich. Auf dem Boden achtlos hingeworfene Kleidungsstücke. Elli richtet sich auf.

ELLI **Nochmal, nochmal!**

Max ist glücklich. Er lacht.

MAX **Ich glaube, da mußt du ein bißchen warten.**

Elli umarmt ihn verzweifelt.

ELLI **Oh bitte, bitte. Ich muß doch gleich weg. Ich hasse sie.**

MAX **Du wirst sehen, bald ist dieser Spuk vorbei, und dann werden wir zusammenbleiben für immer.**

ELLI **Wo willst du denn jetzt hin?**

MAX **Nach Frankreich. Ich habe Freunde in Paris.**

Elli weint hemmungslos. Die Tränen laufen ihr übers Gesicht.

MAX **Keine Abschiedstränen, bitte.**

Elli wischt sich die Tränen ab.

ELLI **Es ist ja nur, weil ich dich so lieb habe.**

Max zieht sie an sich und küßt sie.

MAX **Ich liebe dich, du kleines Biest.**

Elli schluchzt auf, wirft sich auf ihn und küßt ihn leidenschaftlich.

ELLI **Ich liebe dich auch. Ich liebe dich, ich liebe dich.**

Dann springt sie aus dem Bett und beginnt, sich hastig anzuziehen.

MAX **Dein Mann, weißt du, daß er mich in die Falle gelockt hat?**

Elli steht wie erstarrt. Dann wendet sie sich zu ihm um und schüttelt fassungslos den Kopf.

ELLI **Nein. Das habe ich nicht gewußt.**

In der Villa in der Hardenbergstraße haben sich einige Gäste bereits eingefunden. Anni begrüßt sie, begleitet sie in die Empfangszimmer.

Körner hat sich mit Sokolowski in eine Ecke zurückgezogen. Er unterschreibt Barschecks, die Sokolowski ihm vorlegt.

SOKOLOWSKI **Das sind unsere Zahlungen an die Henlein-Bewegung. Und das hier an die nationalgesinnte Presse dort im Sudetenland.**

Körner schaut Sokolowski fragend an.

KÖRNER **Sagen Sie mal, 200 000 Mark. . .**

SOKOLOWSKI **Dafür haben sie aber auch ordentlich Lärm gemacht und dafür gesorgt, daß alle Welt davon erfährt, wie sehr sie von den Tschechen unterdrückt werden.**

Ein General vom Oberkommando der Wehrmacht ist angekommen. Er geht auf Heinrich zu. Friedrich steht mit dem Staatssekretär des Reichswirtschaftsministeriums in einer Ecke.

STAATSSEKRETÄR **Göring hat beschlossen, daß die Juden eine Milliarde Mark Sühneleistung zu zahlen haben, und da wir davon ausgehen, daß die Versicherungen für den Schaden der Kristallnacht aufkommen müssen, haben sie auch diese Entschädigung an uns abzutreten.**

FRIEDRICH **Amerikas Öffentlichkeit tobt, so daß ein ruhiges Arbeiten unmöglich ist. Man boykottiert drüben alle unsere Waren.**

Der Staatssekretär zuckt mit den Achseln. Er dreht sich weg. Friedrich hält ihn zurück.

FRIEDRICH **Ich habe noch eine Bitte. Es geht um einen unserer ehemaligen Aufsichtsratsmitglieder, der im Zusammenhang mit den Ereignissen in der Kristallnacht verhaftet worden ist. Er befindet sich in einem Schutzhaftlager . . . Vielleicht könnten Sie sich bei Göring für ihn verwenden?**

STAATSSEKRETÄR **Ach so. Na ja, wir sind ja keine Unmenschen. Ich werde mich darum kümmern, aber passen Sie auf, daß er Ihnen nicht noch einmal abhanden kommt. Das nächste Mal kann ich nichts mehr für ihn tun.**

Die Baracke ist mit Gefangenen überfüllt. Unter ihnen der Bankier. Um ihn herum Ostjuden, die jiddisch miteinander sprechen. Er tastet nach seinem Kopf. An den Händen Blut. Er hat große Schmerzen.

Ein Kantor stimmt einen Psalm an.

Den Barackenraum betreten jetzt zwei SA-Männer. Der Psalmengesang geht weiter. Ein SA-Mann ist über die Häftlinge gestiegen, hat sich umgesehen, entdeckt jetzt den Bankier.

SA-MANN **Sie! Mitkommen.**

SS-Wachen stehen vor dem Eingangstor. Es ist kalt. Der Atem vor ihren Mündern ist sichtbar.

Elli hat ihren Wagen auf der gegenüberliegenden Seite geparkt. Sie ist ausgestiegen und wartet. Ab und zu blickt sie zu dem Eingangstor hinüber.

Die Türe wird geöffnet. Der Bankier kommt heraus. In der Hand einen kleinen Koffer. Seine Kleider sind ihm zu groß. Er schaut sich um.

Elli kommt auf ihn zugelaufen. Der Bankier stellt das Köfferchen ab. Sie umarmen sich. Elli nimmt das Köfferchen und begleitet den Bankier hinüber zu ihrem Wagen.

Der Wagen kommt die Straße mit den Wachtürmen entlang.

ELLI **Ich habe Max getroffen. Es geht ihm gut. Er ist in Sicherheit. Ich liebe ihn. Hier, du kannst es schon fühlen.**

Elli nimmt die Hand des Bankiers, legt sie auf ihren Bauch.

ELLI **Ich bekomme ein Kind. Es ist von ihm.**

Der Bankier weint.

IV.

AUF EHRE UND GEWISSEN

1940 – 1948

Auf dem Turm des Hauses befestigt Melzer eine Hakenkreuzfahne. Charlotte steht unten und schaut hinauf.

CHARLOTTE **Melzer, beeilen Sie sich. Mein Sohn wird jeden Augenblick hier sein. In einer halben Stunde muß alles fertig sein zu seinem Empfang.**

Auf der Rückseite des Hauses kommt Friedrich mit einem großen Korb voller bunter Ostereier die Veranda herunter, überquert den Rasen, verschwindet hinter Sträuchern, unter Hecken.

Er nimmt ein rotes Ei aus dem Korb, schaut sich suchend um. Dann geht er hinüber zum Vogelhäuschen. Friedrichs Gesicht ist gerötet, die frische Luft macht seinen Atem sichtbar. Er stutzt plötzlich, dreht sich um und schaut hinüber zur Villa.

In einem Fenster im ersten Stock blitzt etwas auf, verschwindet. Friedrich schüttelt den Kopf, dann hält er Ausschau nach neuen Verstecken. Er verschwindet hinter einem Rhododendronbusch.

CARL **Gelbes Ei, Rhododendronbusch. Hast du?**

Elli und Carl sitzen mit dem Rücken unter einem Fenster. Carl hält einen Spiegel hoch über seinen Kopf, so daß er mit diesem „Periskop" alle Bewegungen des „Osterhasen" genau verfolgen kann. Elli hat einen Block auf dem Knie und zeichnet die „Nester" in ein Planquadrat.

CARL **Kannst du mir verraten, warum du unbedingt wissen willst, wo er die Dinger versteckt?**

ELLI **Mama will es wissen. Es sei reine Lebensmittelverschwendung, sagt sie. Denn voriges Jahr haben wir die letzten Nester erst im August gefunden.**

CARL **Grünes Ei beim Gartenweg zum Werksgelände – zweiter Pfosten.**

ELLI **Grünes Ei Planquadrat R 5.**

CARL **Edmund müßte jetzt schon gestartet sein. Es muß ein tolles Gefühl sein, so ein Ritterkreuz um den Hals zu haben.**

ELLI **Warum versuchst du es nicht mal selber?**

CARL **Grünes Ei bei den Krokussen gleich daneben.**

ELLI **Grünes Ei R 6.**

CARL **Achtung, – er kommt aufs Haus zu. Ich habe schon den Antrag gestellt, meine U.K-Stellung aufzuheben.**

Elli läßt den Block sinken. Sie schaut Carl erstaunt an.

ELLI **Du spinnst wohl!**

CARL **Die anderen sind doch auch alle im Krieg. Kämpfen, bekommen Orden. . .**

ELLI **Oder einen Sarg. Du bist ja ganz gierig nach so einem Stück Blech. Weiß es dein Vater schon?**

Carl schüttelt den Kopf.

CARL **Nein, ich trau mich nicht. Noch nicht.**

Carl schaut wieder hinauf in den Spiegel.

ELLI **Aber draußen den Helden spielen.**

Friedrich steht unten auf der Veranda und schaut hinauf.

CARL **Jetzt hat er uns entdeckt.**

FRIEDRICH **Ihr Spielverderber!**

Luise in einem eleganten Flanellanzug geht in die Kapelle. Sie streicht mit der Hand über die Gedenktafel mit eingemeißelter goldener Schrift:
CARL JULIUS DEUTZ
1858 – 1931
Forschen um zu verdienen.
Verdienen um zu forschen.

Dann legt sie einen Strauß von Catthleyablüten davor. Sie dreht sich um, schaut hoch.

LUISE **Vaters Lieblingsblumen.**

Heinrich steht in der Türe zum Gewächshaus.

LUISE **Es waren die letzten, die ich hier gefunden habe.**

Luise zündet sich eine Zigarette an.

LUISE **Wenn Vater wüßte, daß Charlotte hier jetzt Gemüse anpflanzt statt seiner geliebten Orchideen. Sie denkt nur noch an die Versorgung wegen der Lebensmittelkarten. Vielleicht hat sie Angst zu verhungern. Dabei siegen wir an allen Fronten nur so blitz-blitz, daß es schon bald keinen mehr gibt, der gegen uns antritt.**

Luise hat sich bei Heinrich eingehängt und geht mit ihm durch das Gewächshaus.

HEINRICH **Sei bitte vorsichtiger mit deinen Kommentaren. Vor allem lege dich nicht mit Charlotte an. Ich gebe ja zu: vielleicht übertreibt sie ein bißchen.**

LUISE **Ein bißchen? Seit neuestem empfängt sie die Familie des Gauleiters zum Tee.**

HEINRICH **Es ist nicht gut, wenn du so redest. Einen unserer Herren hat man wegen so einer Bemerkung verhaftet. Warum können die Leute auch nicht ihren Mund halten.**

LUISE **Uns wird man schon in Ruhe lassen. Schließlich bist du doch mit den Parteibonzen per du. Und um Carl brauche ich mir auch keine Sorgen mehr zu machen.**

Heinrich ist stehengeblieben.

HEINRICH **Was ist mit Carl?**

LUISE **Hat er es dir noch nicht gesagt?**

HEINRICH **Was gesagt?**

LUISE **Er will unbedingt an die Front.**

HEINRICH **Aber, das ist doch. . .**

LUISE **Eine saubere Gesinnung.**

HEINRICH **Carl hat zu gehorchen. Er kommt mit mir.**

Im Speisezimmer wird ein goldbrauner Osterfladen mit dicken Rosinen auf den Frühstückstisch gestellt. Charlotte sieht nach dem Rechten, kontrolliert, wie das Mädchen den Frühstückstisch deckt.

In der Türe erscheint Elli.

ELLI **Hast du mit Sokolowski gesprochen, Mama?**

Charlotte schickt das Mädchen hinaus. Sie nimmt Elli an der Hand und streicht ihr übers Haar.

CHARLOTTE **Dein Mann wird in eine Scheidung nicht einwilligen. Er will, daß ihr, du und Julchen, wieder zu ihm zurückkehrt nach Berlin.**

ELLI **Das kann er nicht verlangen.**

CHARLOTTE **Wenn du nicht einwilligst, wird er gerichtliche Maßnahmen ergreifen. In was hast du dich da nur eingelassen, Kind? Was ist denn zwischen euch passiert? Ich weiß nicht, warum du mir nicht vertrauen willst. Ich war von Anfang an gegen diese Verbindung.**

Elli fängt an zu weinen. Charlotte möchte sie trösten.

ELLI **Hör auf, Mama, bitte. Du tust mir weh.**

CHARLOTTE **Ist es so schlimm?**

ELLI **Ich erzähle dir alles – später – nicht jetzt.**

Das Geräusch eines Flugzeugs ist zu hören. Charlotte springt aufgeregt auf.

CHARLOTTE **Das muß Edmund sein.**
Was auch immer es ist, du kannst auf mich zählen.

ELLI **Danke, Mama.**

CHARLOTTE **Komm, wir wollen ihn empfangen.**

Eine ME 109 im Anflug auf das Haus. Im Cockpit Edmunds lachendes Bubengesicht. Die Messerschmitt umkurvt elegant den Turm.

Friedrich, Charlotte, Elli, Luise, Heinrich und Carl kommen über die Veranda in den Garten gerannt. Elli hat Julchen auf dem Arm. Sie schauen in den Himmel, winken und rufen.

Die ME 109 im Tiefflug auf das Haus. Sie wackelt zur Begrüßung mit den Tragflächen. Dann verschwindet sie über dem Dach.

Edmund zieht eine Schleife und kommt zurück. Er schaut durch das gläserne Kanzeldach hinunter auf die Erde. Er lacht und winkt.

Wenig später ist die ganze Familie um den Frühstückstisch versammelt.

Edmund, in Fliegeruniform, ist der Mittelpunkt der Gesellschaft. Um seinen Hals ein Ritterkreuz.

Beim Ostereier-Kicken geht es laut und turbulent zu. Jeder versucht, das Osterei seines Nachbarn – stumpfe Seite gegen stumpfe Seite und spitze Seite gegen spitze Seite – anzuknacksen. Die Sieger lassen sich gebührend feiern.

Elli hat Julchen auf dem Schoß und füttert sie.

EDMUND **So schön es auch ist, mit dem Ritterkreuz ausgezeichnet zu werden, so ist es doch noch schöner, wieder zu Hause zu sein. Bei euch und vor allem bei dir, Mutter.**

Das Mädchen kommt herein und geht zu Elli.

MÄDCHEN **Ihr Mann ist draußen. Er möchte Sie sprechen, gnädige Frau.**

Elli nimmt ihre Tochter auf den Arm und geht in die Bibliothek, wo Sokolowski wartet.

SOKOLOWSKI **Julia, mein Liebling, komm zu Pappi.**

Julchen macht sich los und rennt auf Sokolowski zu.

JULIA **Das ist Pappi. Julia kommt zu Pappi, kriegt einen Kuß von Pappi. Ich krieg noch einen Kuß, weil ich meinen Pappi so lange nicht gesehen habe.**

SOKOLOWSKI **Ja. Sei still mein Häschen.**

Sokolowski hat Julia auf den Arm genommen. Er überreicht Elli einen Brief.

ELLI **Woher hast du den?**

SOKOLOWSKI **Einer unserer Verbindungsleute in Frankreich war so nett. Es war nicht sehr schwer, herauszufinden, daß Max Bernheim in Paris untergetaucht ist.**

Julia streckt Sokolowski ein Ei entgegen.

JULIA **Das ist mein Osterei.**

SOKOLOWSKI **Wie lange geht das eigentlich schon zwischen euch?**

ELLI **Willst du das denn wirklich wissen? Was willst du hier?**

SOKOLOWSKI **Ich bin gekommen, um euch abzuholen. Was du getan hast, hat mich getroffen. Tief getroffen. Aber unserer Tochter zuliebe will ich dir noch einmal verzeihen.**

ELLI **Meine Tochter. Woher willst du wissen, daß sie auch deine ist?**

Elli schaut ihn verächtlich an.

SOKOLOWSKI **Du haßt mich.**

ELLI **Ja.**

SOKOLOWSKI **Warum hast du mich geheiratet?**

ELLI **Vielleicht, um mich so an dir zu rächen.**

SOKOLOWSKI **Ich bestehe darauf, daß du mit ihr zurück nach Berlin kommst.**

ELLI **Und wenn ich's nicht tu?**

SOKOLOWSKI **Du weißt, was mit ihm geschieht, wenn er in Paris in die Hände der Gestapo fällt.**

ELLI **Entschuldige, wie konnte ich nur vergessen, daß du ihn schon einmal ans Messer geliefert hast.**

Elli nimmt Julchen auf den Arm.

ELLI **Komm, Liebling.**

SOKOLOWSKI **Wo gehst du hin?**

Elli bleibt in der Türe stehen, schaut sich um.

ELLI **Koffer packen.**

Friedrich kommt in Begleitung von Körner aus dem Paternoster. Er geht durch das Sekretariat. Die Sekretärinnen stehen auf.

SEKRETÄRINNEN **Heil Hitler, Herr Direktor.**

FRIEDRICH **Guten Morgen, meine Damen.**

Eine der Sekretärinnen öffnet die Türe zum großen Sitzungssaal. Friedrich geht hinein. Die Sekretärin hat hinter ihm die Türe geschlossen.

FRIEDRICH **Meine Herren. Frankreich hat kapituliert. Marschall Petain hat um Waffenstillstand gebeten. Der Führer hat ein siebentägiges Festgeläut angeordnet.**

Für einen Augenblick sind die Direktoren, Vorstandsmitglieder und Sachbearbeiter still. Friedrich geht an dem langen Tisch vorbei zum Fenster und öffnet es. Die Kirchenglocken fangen an zu läuten. Friedrich dreht sich um. Es bricht ein unbeschreiblicher Jubel aus.

KÖRNER **Meine Herren! Jetzt verlangen wir die Neuordnung der chemischen Industrie in ganz Europa. Der Tag ist gekommen, das Diktat von Versailles zu zerreißen.**

Die Vorstandsmitglieder reden durcheinander, machen Vorschläge, Einwürfe, tragen Wünsche vor, machen Bedenken geltend.

- **An dem belgischen Solvaykomplex sind die Reichswerke Hermann Göring interessiert.**
- **Was haben die auf dem Chemiesektor überhaupt verloren?**
- **Was ist mit der deutschen Solvay-Gesellschaft?**
- **Wird wegen Kapitalmangels kaum in der Lage sein, dieses Problem zu lösen.**
- **Haben wir Interesse, die Unilever in Holland zu übernehmen?**
- **Was geschieht mit der amerikanischen Kodak in Europa?**

Einige springen auf, andere blättern in Akten, wieder andere beugen sich vor.

- **Die deutsche Kodak ist anscheinend interessiert, dieses Erbe anzutreten.**
- **Wir sollten versuchen, ihr zuvorzukommen.**
- **Die Amerikaner haben doch uns noch gar nicht den Krieg erklärt.**

Friedrich steht immer noch am Fenster. Er schüttelt den Kopf, hebt die Arme.

FRIEDRICH **Bitte beruhigen sie sich, meine Herren. Der Schlüssel zur Neuordnung und Kontrolle der chemischen Industrie in Europa liegt in Frankreich – und wir werden ihn uns von den Franzosen zurückholen.**

Friedrich verläßt wohlgelaunt den Sitzungsraum. Er summt leise vor sich hin.

Elli wartet in Friedrichs Büro auf ihren Vater.

Friedrich betritt sein Büro, geht mit raschen Schritten gutgelaunt hinüber zu seinem Schreibtisch, öffnet den Safe.

ELLI **Wann fährst du nach Paris?**

Friedrich schaut Elli erstaunt an.

FRIEDRICH **Woher weißt du, daß ich nach Paris fahre?**

ELLI **Im Radio haben sie die Kapitulation durchgegeben. Es liegt also nahe, daß du in Paris zu tun haben wirst.**

Friedrich lacht. Er verstaut Dokumente in seiner Aktentasche.

ELLI **Nimm mich mit.**

FRIEDRICH **Das geht nicht. Ich habe geschäftlich in Paris zu tun.**

ELLI **Ich bitte dich. Du hast gesagt, du willst mir helfen.**

FRIEDRICH **Es geht um den jungen Bernheim?**

ELLI **Er ist in Gefahr. Er braucht Papiere.**

FRIEDRICH **Ich werde mich darum kümmern. Ich verspreche es dir, mein Kind. Ich werde Charlotte mitnehmen.**

Elli drückt Friedrich die Hälfte der zersägten Münze in die Hand.

ELLI **Sagt ihm, daß ich immer an ihn denke und ihn nie vergessen werde. Oder besser, sagt nichts. Sagt, daß ich glücklich bin und daß es mir gut geht.**

Körner und Friedrich betreten wieder den Verhandlungsraum.

Vier Herren der französischen Delegation sitzen an einem ovalen Tisch. Sie haben die Jacken über die Stuhllehnen gehängt. Über dem Tisch eine tiefhängende Lampe. Es sieht aus, als hätte sich hier eine völlig übernächtige Pokerrunde zusammengefunden. Friedrich steht an dem Tisch. Sein Gesicht wird von dem Lampenschirm zur Hälfte abgedeckt. Er tippt mit den Fingerspitzen auf die Tischoberfläche.

FRIEDRICH **Alors!**

Einer der französischen Delegierten schaut nach links zu seinem Nachbarn, schaut nach rechts und dann zu Friedrich hinauf.

FRANZÖSISCHER DELEGIERTER **Wir sind der Ansicht, daß man das deutsch-französische Farbstoffkartell von 1927 zur Grundlage machen muß. Dieses Modell entspricht am besten den Richtlinien der Kollaborationsvereinbarungen, die in den letzten Wochen zwischen Hitler und Marschall Petain in Montoire ausgearbeitet wurden. Schließlich verhandeln wir hier als Geschäftsleute und nicht wie Sieger und Besiegte.**

Körner haut mit der flachen Hand auf den Tisch. Er fängt an zu schreien.

KÖRNER **Sie haben offensichtlich vergessen, daß dieses Abkommen vom Jahr 1927 nur das Ergebnis des Schanddiktats von Versailles ist. Ich verbiete jede Diskussion über diesen Vorschlag.**

Körner will aufstehen, doch Friedrich legt ihm die Hand auf die Schulter.

FRIEDRICH **Sie sollten sich endlich darauf besinnen, daß Sie den Krieg verloren haben, Messieurs. . .**

Die französischen Delegierten springen von ihren Stühlen auf. Sie unterhalten sich erregt in französisch.

FRIEDRICH **Und unsere Führungskontrolle anerkennen.**

Friedrich nimmt neben Körner Platz. Er legt die vor ihm liegenden Papiere ordentlich zusammen.

FRIEDRICH **Messieurs, bleiben wir doch bei den Tatsachen. Schließlich haben Sie uns den Krieg erklärt und ihn verloren. C'est la vie.**

Friedrich macht eine versöhnliche Geste, die ausdrückt, daß die Herren gegenüber doch wieder Platz nehmen sollen.

Der französische Delegierte nimmt eine Zigarette aus seinem Zigarettenetui. Friedrich beugt sich vor, gibt ihm Feuer.

FRANZÖSISCHER DELEGIERTER **Merci. Also, wie soll die Führungsrolle der I.G. aussehen?**

KÖRNER **Unbeschränkte finanzielle, technische und besitzrechtliche Kontrolle über die französische Chemieindustrie. Das heißt, 51 Prozent an dem gemeinsam zu gründenden Chemieunternehmen Francolor für uns, 49 Prozent für Sie. Darüber hinaus verzichten Sie auf jeglichen Export, und wir übernehmen und kontrollieren die Herstellung und den Verkauf Ihrer Produkte.**

Dieser Vorschlag löst eine noch größere Empörung bei der französischen Delegation aus. Friedrich hebt schlichtend beide Hände.

FRIEDRICH **Messieurs! Es ist Ihnen doch klar, daß wir genügend Einfluß haben, um mit einem Federstrich das Ende der französischen Chemieindustrie zu besiegeln.**

Der Sprecher der französischen Delegation steht auf.

FRANZÖSISCHER DELEGIERTER **Wir weigern uns, unter Druck weiter zu verhandeln. Wir bitten Sie deshalb um einen Aufschub, um noch einmal beraten zu können.**

Auch Friedrich ist aufgestanden. Er legt die Papiere in einen kleinen ledernen Aktenkoffer.

FRIEDRICH **Messieurs, nicht nur Ihre Geduld, sondern auch unsere hat ihre Grenze. Ich glaube, wir haben genug verhandelt.**

Zusammen mit Körner verläßt er den Verhandlungsraum. Charlotte betritt die Hotelhalle, gibt den Schlüssel beim Portier ab. Friedrich kommt ihr entgegen.

FRIEDRICH **Du gehst jetzt?**

Charlotte nickt.

CHARLOTTE **Ich nehme die Metro.**

FRIEDRICH **Sei vorsichtig. Hast du die Dokumente?**

Charlotte nickt.

FRIEDRICH **Und den Passierschein? Wahrscheinlich werden die Metrostationen überwacht.**

CHARLOTTE **Ich komme schon zurecht.**

FRIEDRICH **Soll ich nicht doch lieber mitkommen?**

CHARLOTTE **Und wenn sie dich dabei erwischen? Nein, nein. Das ist zu gefährlich für dich.**

FRIEDRICH **Und was ist mit dir?**

Charlotte lacht.

CHARLOTTE **Mir wird schon nichts passieren. Ich bin eine Frau.**

Eine Metrostation. Auffallend viele deutsche Wehrmachtsangehörige, aber auch französische Zivilisten. Deutsche Feldgendarme kontrollieren zusammen mit französischen Flics. Charlotte kommt aus der Metrostation, sie trägt einen Trenchcoat, auf dem Kopf eine Baskenmütze. Auch sie wird kontrolliert. Dann geht sie die Treppe hinauf zum Cinema Etoile.

Eine Platzanweiserin führt sie zu ihrem Sitz. Charlotte gibt ihr ein Trinkgeld. Das Kino ist fast leer. Es läuft eine französische Wochenschau.

Max hat neben Charlotte Platz genommen. Charlotte flüstert.

CHARLOTTE **Hallo Max. Wie sicher sind wir hier?**

MAX **So sicher, wie in Abrahams Schoß, wenn Sie der Gestapo eine plausible Erklärung dafür geben können, warum Sie sich in Paris ausgerechnet mit einem jüdischen Emigranten treffen. Und ich, wenn ich meinen Freunden im Untergrund klarmachen kann, warum ich mich ausgerechnet mit der Frau eines deutschen Großindustriellen treffe. Wie geht es meinem Vater?**

CHARLOTTE **Den Umständen entsprechend. Es geht ihm gut. Friedrich hat ihn in Berlin bei Anni untergebracht.**

MAX **Erwarten Sie keine Dankbarkeit. Jeder weiß, warum Sie und ihr Mann in diese Stadt gekommen sind. Denn wie ein Rudel von Schakalen folgt die I.G. der blutigen Spur Hitlers quer durch Europa. Was wollen Sie von mir?**

CHARLOTTE **Ihnen helfen. Elli hat uns darum gebeten. Ich habe Papiere für Sie. Damit können Sie über die Schweiz nach London.**

Max macht eine kleine Pause, bevor er antwortet.

MAX **Elli? Und wer sagt mir, daß das nicht wieder eine Falle ist?**

Charlotte kramt in ihrer Manteltasche. Sie reicht ihm Ellis Münzhälfte hinüber.

CHARLOTTE **Hier.**

Max nimmt die zersägte Münze in die Hand. Aus der Tasche holt er das fehlende Stück. Beide Stücke passen ineinander.

Zwei deutsche Feldgendarme kommen in das Kino, suchen die Reihen ab.

Max schaut wie starr vor sich hin. Charlotte legt ihren Arm um ihn, zieht ihn zu sich, küßt ihn.

Der Feldgendarm kommt zu ihrer Reihe. Mit einer Taschenlampe leuchtet er Charlotte ins Gesicht.

Charlotte schaut ihn an, dann schaut sie durch ihn hindurch. Langsam schließt sie die Augen, so als würde der Kuß machen, daß alles um sie herum verschwimmt. Sie zieht Max noch fester zu sich. Der Feldgendarm von der Metrostation erkennt Charlotte wieder. Er grinst anzüglich. Er knipst die Lampe aus, folgt seinem Kollegen.

Charlotte hat sich wieder richtig hingesetzt und schaut auf die Leinwand.

CHARLOTTE **Ich kann Ihre Gefühle verstehen nach allem, was passiert ist. Trotzdem möchte ich Sie um etwas bitten. Lassen Sie Elli in Ruhe. Sie läßt Ihnen ausrichten, es geht ihr gut.**

Charlotte holt aus ihrer Tasche eine Fotografie. Max versucht in der Dunkelheit das Foto zu betrachten. Das Foto zeigt Elli, Sokolowski und Julchen: Eine glückliche Familie.

CHARLOTTE **Das ist Julchen, zweieinhalb, ihre Tochter.**

MAX **Daß sie ein Kind haben, davon hat sie mir nie etwas geschrieben.**

Charlotte ist aufgestanden. Max gibt ihr Ellis Münzhälfte zurück.

CHARLOTTE **Leben Sie wohl, viel Glück.**

Charlotte geht gebückt durch die Reihe und verläßt das Kino.

Auf dem Tisch im Frühstückszimmer sieht es aus wie in einem Delikatessengeschäft. Weinflaschen, Champagnerflaschen, Gänseleber, Gänsebrust, Parfums, Seife, Schinken, Käse, Cognac. Friedrich sitzt am Tisch im Bademantel und schlürft einen heißen Kaffee. Anni redet auf ihn ein.

FRIEDRICH **Was ist? Bist du unzufrieden? Gefällt dir was nicht?**

ANNI **Doch, aber. . .**

FRIEDRICH **Was, aber? Ich mußte Charlotte mit nach Paris nehmen.**

ANNI **Und warum nicht mich?**

FRIEDRICH **Weil ich keine Lust dazu hatte. Weil du mir auf die Nerven gehst mit deiner ewigen Eifersucht. Entschuldige bitte.**

Er steht auf und geht auf und ab.

ANNI **Und ich langweile mich. Das scheint dich überhaupt nicht zu berühren. Ich sitze hier herum mit diesem alten Herrn da oben.**

FRIEDRICH **Du hast doch alles, was du brauchst.**

ANNI **Dieser goldene Käfig geht mir aber auf die Nerven. Ich will wieder arbeiten, so wie früher.**

FRIEDRICH **Nein! Ein für allemal, nein! Punktum – und damit basta.**

Der Bankier kommt herein.

BANKIER **Der Wehrmachtsbericht bringt nicht viel Neues. Die Eisenbahnen sollen nun regelmäßiger gehen. Sicher sind dann die Züge nicht mehr so überfüllt. Trotzdem sollte man sich überlegen, ob man nicht einen Luftschutzbunker baut. Die Kosten kann man von der Steuer absetzen.**

Der Bankier begutachtet die Delikatessen, wählt sorgfältig, nimmt ein bißchen Gänsebrust, sucht nach einem geeigneten Messer, schneidet sich eine Scheibe ab, bestreicht sich ein Stück Brot mit Butter.

BANKIER **Wie war es in Paris?**

Friedrich hat sich wieder gesetzt und fährt sich mit den Händen über die Haare.

FRIEDRICH **Wir haben Ihren Sohn getroffen.**

Der Bankier reagiert nicht. Er nimmt ein Stückchen von der Gänsebrust.

BANKIER **Deliziös! Aus Straßburg?**

Friedrich nickt.

FRIEDRICH **Er geht nach London.**

BANKIER **Was meinen Sie? Ja, ja, die Großangriffe auf London haben bereits begonnen. Ich hoffe, daß sie so heftig geführt werden, daß die Engländer überhaupt nicht mehr daran denken können, hier bei uns einzufliegen. Guten Morgen!**

Der Bankier zieht seine Jacke aus, legt sie ordentlich über einen Stuhl. Mit einer grünen Schürze und einem breiten Strohhut verläßt er die Küche durch die Hintertüre.

Heinrich, begleitet von Carl, kommt ins Zimmer.

HEINRICH **Ich muß dich geschäftlich sprechen.**

Heinrich verläßt mit Friedrich den Raum. Carl steht etwas unglücklich herum.

ANNI **Bitte setzen Sie sich doch. Bedienen Sie sich nur.**

Sie reicht ihm die Hörnchen und gießt ihm Kaffee ein.

Heinrich und Friedrich gehen auf der Terrasse auf und ab.

HEINRICH **Göring und der Generalbevollmächtigte für Chemie sind an uns herangetreten. Sie wollen die Buna-Produktion in Hüls und Schkopau verdoppeln. Aber das ist noch nicht alles. Sie verlangen von uns den Bau eines dritten Buna-Werkes, gekoppelt mit einem Hydrierwerk für Flugbenzin, mit einer Leistung von mindestens 750 000 Tonnen pro Jahr. Das wird das größte Werk für synthetisches Benzin und Buna, das jemals auf der Welt gebaut wurde. Hitler hat angeordnet, daß der Generalstab das russische Problem in Angriff nimmt.**

FRIEDRICH **Das bedeutet: Krieg an zwei Fronten.**

HEINRICH **Er hat keine andere Wahl. Er muß Rußland schlagen, um England in die Knie zu zwingen.**

FRIEDRICH **Das kann er doch nicht wollen, das hat er doch immer wieder als baren Unsinn bezeichnet.**

HEINRICH **Ich wollte erst mit dir darüber sprechen, bevor ich damit vor den technischen Ausschuß gehe. Stell dir nur vor, was für eine Perspektive, welche gigantischen Ausbeutungsmöglichkeiten, unermeßliche Bodenschätze, riesige, neue Märkte.**

FRIEDRICH **Und wo soll diese Anlage errichtet werden?**

HEINRICH **Im oberschlesischen Raum.**

FRIEDRICH **Warum immer weiter nach Osten? In unsere alten Anlagen am Rhein müssen wir investieren.**

HEINRICH **Sind nicht sicher genug. Hast du die Luftangriffe im letzten Krieg vergessen? In Oberschlesien sind wir weit genug vom Schuß.**

FRIEDRICH **Und wie hoch schätzt du die Investitionen?**

Heinrich unterbricht seine rastlose Wanderung und bleibt vor Friedrich stehen.

HEINRICH **Eine Milliarde Reichsmark.**

Friedrich schaut Heinrich fassungslos an.

Heinrich, beide Hände auf Friedrichs Schulter gelegt, spricht ganz leise.

HEINRICH **Als wir Leuna bauten, haben wir einen großen Fehler gemacht. Wir waren damals nicht bereit, das finanzielle Risiko alleine zu tragen. Millionen mußten deshalb aufgrund des Benzinvertrages an den Staat zurückbezahlt werden. Diesen Fehler dürfen wir nicht noch einmal machen. Die Chancen, die dieses Projekt bringt, sind so immens, daß wir auf jeden Fall diese Anlage ohne staatliche Subventionen bauen sollten.**

Friedrich schüttelt den Kopf.

FRIEDRICH **Eine Milliarde Reichsmark. Soviel ist selbst von uns nicht zu schaffen. Das ist mehr als wir haben. Ich weigere mich, da mitzumachen.**

Heinrich wendet sich ab.

HEINRICH **Schade, kann man nichts machen. Du bist und bleibst für mich nur ein Koofmich.**

Er ruft ins Haus.

HEINRICH **Komm, mein Sohn.**

Eine flache, abgeerntete Ackerlandschaft. Herbststimmung, Hochnebel. Eine Wagenkolonne kommt einen Feldweg heruntergefahren. Am Bahndamm biegt sie links ein. Die Kolonne hält. SS-Soldaten steigen aus. Klapptische werden aufgestellt, Stühle, Kartenmaterial wird ausgebreitet.

Ein SS-Sturmbannführer stellt sich breitbeinig in Positur. Er holt ein Fernglas aus dem Futteral und beobachtet den Horizont.

Der Schienenstrang führt tief in die flache Landschaft. Deutlich ist jetzt das Stampfen einer Lokomotive zu hören. Am Horizont weiße Dampfwolken. Der Zug kommt rasch näher. In der Höhe der Autokolonne hält er zischend und mit quietschenden Bremsen, Fenster und Türen werden geöffnet.

Heinrich in Begleitung von Carl und weiteren Ingenieuren und Chemikern verlassen den Zug.

Er wird von den Soldaten und den Beamten der zuständigen Behörde herzlich begrüßt.

Mit Feldsteinen werden die Karten auf den Klapptischen an allen vier Ecken befestigt, damit der Wind sie nicht herunterwehen kann.

Heinrich steckt den Zeigefinger in den Mund, hält ihn in den Wind.

HEINRICH **Um ein neues Buna-Werk anzulegen, darf man nicht mit der Rohstoffrage anfangen, sondern man muß herausfinden, aus welcher Richtung der Wind weht. Wir wollen ja nicht, daß die Bewohner in der Umgebung von dem Gestank mehr als notwendig belästigt werden.**

Heinrich beugt sich über den Meßtisch und dreht die Karte um 45 Grad. Dann deutet er in die Richtung, aus der der Wind kommt.

HEINRICH **Das Werksgelände erstreckt sich acht Kilometer in der Tiefe. . .**

Heinrich breitet die Arme aus.

HEINRICH **. . .und drei Kilometer in der Breite.**

Mit einem Stift zeichnet er die Ausdehnung des Werkes in die Karte. Der SS-Sturmbannführer schaut ihm über die Schulter.

SS-STURMBANNFÜHRER HÖSS **Die Gegend hier ist kulturell völlig unerschlossen. Jeder Deutsche, der hierher kommt, ist Kolonialist.**

Heinrich richtet sich auf.

HEINRICH **Alles, was wir brauchen, finden wir hier im Überfluß. Wasser von der Sola. Und der – wie?**

CARL **Przemsa.**

Heinrich lacht. Er deutet in die verschiedenen Richtungen.

HEINRICH **Przemsa – und der Vistula.**

Mit dem Rotstift zieht er eine Verbindungslinie auf der Karte.

HEINRICH **Wir müssen nur hier einen kleinen Kanal bauen, um die Vistula mit der Oder zu verbinden. Dann liegt das Werk so. Das heißt, es muß von Osten nach Westen gebaut werden.**

Am Horizont ein Birkenwald, Weiden, Sträucher, ein Damm, der hinüberführt zum Mischwald und zu einigen Einzelhöfen.

HEINRICH **Die Ebene ist ausgezeichnet geeignet dafür. Vor allem gibt's kaum Bewaldung. Da fallen die Rodungsarbeiten weg. Das vereinfacht die Sache, weil wir dann auch keine Schwierigkeiten mit der Planierung haben.**

Heinrich wendet sich an einen hinter ihm stehenden Verwaltungsbeamten. Er deutet auf die Landkarte.

HEINRICH **Hier verläuft die Eisenbahnlinie von Krakau nach Wien. Können wir da angeschlossen werden?**

VERWALTUNGSBEAMTER **Selbstverständlich können wir die Strecke ausbauen. Das gilt auch für die Autobahn, zwölf Kilometer von hier. Da drüben, sehen Sie?**

Heinrich nimmt das Fernglas vor die Augen und schaut in die angegebene Richtung. Dann setzt er das Glas wieder ab, blickt sich suchend um, winkt den SS-Sturmbannführer zu sich.

HEINRICH **Und wo liegt jetzt das Lager?**

Der SS-Sturmbannführer deutet in die andere Richtung.

SS-STURMBANNFÜHRER HÖSS **Da drüben, etwa sieben Kilometer Luftlinie.**

Heinrich nimmt das Fernglas wieder vor die Augen.

HEINRICH **Sehr gut. Und wieviel Häftlinge befinden sich dort zur Zeit?**

SS-STURMBANNFÜHRER HÖSS **Etwa 8000.**

Heinrich setzt das Glas wieder ab und reicht es Carl, der neben ihm steht.

HEINRICH **Achttausend? Das ist zu wenig.**

Die Delegation geht zurück zum Zug.

Heinrich steigt ein, die begleitenden Männer folgen ihm.

Die Lokomotive wird unter Dampf gesetzt. Sie stößt schwarze Rauchwolken aus. Der Zug setzt sich in Bewegung, nimmt langsam Fahrt auf.

Der Zug fährt langsam durch die herbstliche Ackerlandschaft. Heinrich und sein Stab und die Herren von der SS sind in dem Konstruktionswaggon zu einem kleinen Umtrunk zusammengekommen. Heinrich steht am Fenster und schaut hinaus. Der begleitende SS-Sturmbannführer gibt lehrerhaft ein paar Erläuterungen.

SS-STURMBANNFÜHRER HÖSS **Diese Gegend hier ist reines Agrargebiet. Früher hat es zu Galizien gehört. Prost.**

HEINRICH **Prost.**

SS-STURMBANNFÜHRER HÖSS **Die Einwohner setzen sich zusammen aus zweitausend Deutschen, viertausend Juden und siebentausend Polen. Die Juden und Polen könnten, wenn das Werk gebaut wird, ausgewiesen werden, so daß dann die Stadt für die Belegschaft der Fabrik zur Verfügung stünde.**

HEINRICH **Warum ausweisen? Die könnten wir doch gut gebrauchen als Arbeitskräfte.**

Der Zug biegt auf den Rangierteil eines kleinen Landbahnhofes ein. Heinrich schaut zum Fenster hinaus. Langsam wird das Bahnhofschild erkennbar. Heinrich buchstabiert.

HEINRICH **OSWIECIM.**

Er schaut den SS-Sturmbannführer fragend an.

SS-STURMBANNFÜHRER HÖSS **Das ist polnisch. Ich werde sofort veranlassen, daß das geändert wird. Auf deutsch heißt die Ortschaft Auschwitz.**

Auf dem Tisch liegen Pläne des geplanten Werkes. Heinrich hat die Jacke ausgezogen, die Ärmel hochgekrempelt, in der Hand ein leeres Glas.

Carl kommt mit einer neuen Flasche. Heinrich hält ihm sein Glas hin. Carl füllt es bis zum Rand.

HEINRICH **Komm, stoß an mit deinem Vater.**

Carl schüttelt den Kopf.

CARL **Nein danke. Mir ist schlecht. Ich hab genug. Dir ist ja nie schlecht, wenn du betrunken bist.**

HEINRICH **Ich vertrag ja auch mehr als du. Das ist der Grund. Na, komm schon. Der Herr ist wohl immer noch beleidigt; sei doch kein Spielverderber.**

CARL **Mir ist nicht danach, laß mich damit in Ruhe.**

HEINRICH **Das also ist der Dank dafür, daß ich mich für dich eingesetzt habe und du nicht an die Front mußt.**

CARL **Keiner hat dich darum gebeten.**

Auf dem Nachbargleis hält ein Güterzug. Unrasierte und abgehärmte Gesichter starren verständnislos in den Salon- und Konstruktionswagen hinüber.

HEINRICH **Ich weiß, ich weiß. Komm her. Das hier wird die größte Anlage dieser Art auf der ganzen Welt, und dazu brauche ich junge, begeisterungsfähige Chemiker und Ingenieure. Leute wie dich, die den Ehrgeiz haben, etwas völlig Neues aus dem Boden zu stampfen. So wie wir damals im Winter 1916 anfingen, Leuna innerhalb nur eines Jahres auf einen leeren Acker zu setzen.**

Heinrich deutet auf die Pläne.

HEINRICH **Hier: Benzin, Öl, Schmierstoffe und da: synthetischer Kautschuk. Beide Sparten zum ersten Mal vereint. Komm, laß uns darauf anstoßen. Trinken wir auf die I.G. Auschwitz.**

Durch die Scheibe sieht man, wie Heinrich und Carl mit den Gläsern anstoßen. Heinrich umarmt seinen Sohn, Carl macht ihn auf den auf dem Nachbargleis haltenden Transportzug aufmerksam. Heinrich dreht sich um. Er geht zum Fenster, zieht, während der Güterzug langsam wieder anfährt, die grüne Fensterverdunkelung herunter.

Sokolowski und Körner kommen durch den Lichthof des Amtes. Sie werden von einem SS-Mann begleitet. Die Ehrenwache im Lichthof nimmt Haltung an.

Eine hohe Türe wird aufgestoßen. Sie gibt den Blick frei in einen schlauchartigen Raum und auf einen schweren Schreibtisch. Hinter dem Schreibtisch der SS-Gruppenführer. Er steht auf.

SOKOLOWSKI **Heil Hitler, Gruppenführer.**

Der Gruppenführer geht mit raschen Schritten auf Sokolowski und Körner zu. Er streckt Körner die Hand entgegen.

GRUPPENFÜHRER **Guten Morgen, Herr Direktor.**

Der Gruppenführer macht eine einladende Bewegung hinüber zu einer überdimensionalen Sitzgruppe.

Der Gruppenführer hat ein paar seiner Mitarbeiter zu dem Gespräch zugezogen, trotzdem wirkt die Gruppe wie verloren in dem großen überdimensionalen Raum. Körner liest, beugt sich vor, legt das Papier auf den Tisch.

KÖRNER **Wir müssen davon ausgehen, daß ein Häftling nicht die gleiche Arbeitskraft hat wie ein deutscher Arbeiter.**

Körner bemüht sich aus seinem Sessel hochzukommen, um dem Gruppenführer seine Vorschläge hinüberzuschieben.

KÖRNER **Wir rechnen mit einer Arbeitsleistung von nur 75 Prozent.**

Sokolowski hat einen kleinen Notizblock auf den Knien, er rechnet.

SOKOLOWSKI **Bei 75 Prozent Arbeitsleistung kommen wir auf einen Mietpreis von 3 Mark pro Tag für einen ungelernten Häftling, für einen gelernten würden wir 4 Mark bezahlen.**

Der Gruppenführer muß sich weit über den Tisch beugen, um an die Papiere zu kommen, die Körner ihm hinübergeschoben hat. Dann läßt er sich mit einem großen Plumps wieder zurück in seinen Sessel fallen.

GRUPPENFÜHRER **Was ist mit Kindern?**

SOKOLOWSKI **Mehr als 1 Mark 50 pro Tag können wir nicht ansetzen. Mit diesem Betrag sind dann aber alle Kosten gedeckt.**

Einer der Mitarbeiter des Gruppenführers ist aufgestanden, nimmt die Papiere und bringt sie auf die andere Seite zu Körner.

KÖRNER **Und wer kommt für das Barackenlager auf?**

Der Gruppenführer beugt sich vor.

GRUPPENFÜHRER **Na, Sie natürlich. Schließlich sollen die Häftlinge ja auf Ihrer Baustelle eingesetzt werden.**

Der Gruppenführer liest mit monotoner Stimme vor.

GRUPPENFÜHRER **Dazu kommen die Unkosten für die Erfassung der Stunden und deren Weiterberechnung, dann die Umsatzsteuer in Höhe von 2,04 Prozent sowie alle Transportkosten für die Häftlinge. Ja, und dann noch die Bezahlung der Kapos.**

Sokolowski schaut zu Körner hinüber. Körner nickt. Der Gruppenführer beugt sich vor.

GRUPPENFÜHRER **Und wie hoch schätzen Sie Ihren Arbeiterbedarf?**

KÖRNER **Wir rechnen mit ein paar Tausend Mann – für den Anfang. Was wir vordringlich brauchen, sind Unterkünfte für unsere eigenen Leute.**

Ein Mitarbeiter des Gruppenführers kommt mit einem Tablett voller Gläser. Er stellt das Tablett auf den Tisch.

GRUPPENFÜHRER **Wir haben mit der Aussiedlung der jüdischen Bevölkerung in Auschwitz bereits begonnen.**

Die Herren prosten sich zu.

In der Konstruktionsbaracke herrscht intensive Arbeitsatmosphäre. Dicker Tabaksqualm hängt im Raum. Auf dem Arbeitstisch halbgeleerte Gläser, abgegessenes Geschirr. Carl und die Männer haben die Ärmel aufgekrempelt.

WERKSLEITER **Und wer ist zuständig für die Überwachung der Häftlinge?**

HAUPTSTURMBANNFÜHRER BURBOECK **Wir haben die Kapos aus den Berufsverbrechern herausgesucht.**

1. ZEICHNER **Der Durchgang zwischen Halle 9 und 7 muß auf 12 Meter verbreitert werden.**

2. Zeichner **In Ordnung, ich ändere das.**

HAUPTSTURMBANNFÜHRER BURBOECK **Wir haben sehr gute Erfahrungen mit ihnen gemacht.**

OBERINGENIEUR **Wieviel Häftlinge können eigentlich von einem Kapo überwacht werden?**

STURMBANNFÜHRER HÖSS **Etwa zwanzig. Die Aktion ist schon in vollem Gange. Wir ziehen gerade aus allen Konzentrationslagern Berufsverbrecher nach Auschwitz.**

Georg kommt im Fond eines Taxis vor die Toreinfahrt des Studios gefahren. Das Taxi hält. Georg steigt aus, er will bezahlen. Der Taxifahrer beugt sich hinüber.

TAXIFAHRER **Ne, behalten Sie mal, Herr Professor, aber ein Autogramm, das hätt ick jerne von Ihnen gehabt. War 'ne Ehre für mich, Sie zu fahren. Wissen Sie, ick liebe das Kino, und Sie und Ihre Filme haben mir schon viel Freude bereitet in dieser siegreichen Zeit.**

Georg lächelt. Der Taxifahrer hält ihm einen Zettel unter die Nase. Georg schreibt seinen Namen darauf. Der Taxifahrer tippt dankend an den Schirm seiner Mütze.

TAXIFAHRER **Schönen Tag noch und nix für unjut, Herr Professor.**

Georg betritt das Studio, geht hinüber zur Kulisse, wo der Aufnahmestab schon alle Vorbereitungen getroffen hat.

GEORG **Können wir?**

Auf einem Tisch wird eine Hakenkreuzfahne gebügelt. Georg deutet darauf.

GEORG **Das will ich hier im Studio nicht sehen.**

ASSISTENT **Es gibt da ein kleines Problem. Es geht um Lotti Kremer, unsere Sängerin.**

GEORG **Was Ernstes?**

ASSISTENT **Ich habe sie gestern abend zum letzten Mal in der Kantine gesehen. Sie hat wieder ein bißchen zuviel Sekt – na Sie kennen sie ja, wenn sie was getrunken hat. Vor allem ihr scharfes Mundwerk. Der Herr Minister bittet um einen Rückruf.**

GEORG **Ich hab' es ihr immer wieder gesagt. Daß sie ihren Mund auch nicht halten kann.**

Georg steht im Produktionsbüro am Telefon. Der Assistent neben ihm. Georg hört hinein, dann nimmt er Haltung an.

GEORG **Jawohl, Herr Minister. Es tut mir auch leid. Jawohl, dann kann man eben nichts machen.**

Nachdenklich legt er den Telefonhörer zurück auf die Gabel. Georg zuckt mit den Achseln. Er lächelt gequält.

GEORG **Manche Kollegen sind von einer unglaublichen Niederträchtigkeit.**

ASSISTENT **Was ist denn passiert?**

Georg holt tief Luft.

GEORG **Nur weil sie hier von irgend so einem Schwein denunziert worden ist, und weil das damit aktenkundig geworden ist. Da kann auch der Herr Minister leider nichts mehr machen. Aber Goebbels fand auch, daß sie eine große Sängerin war.**

Er geht zurück ins Studio. Anni ist zu Probeaufnahmen gekommen. Er setzt sich in seinen Regiestuhl, hört ihr zu und lächelt. Anni singt einen Schlager und tanzt dazu.

ANNI **Nach einer schönen Nacht,
in der du mich froh gemacht,
gabst du mir zum Abschied noch einen Kuß
und gingst fort.
Und von unserem großen Glück
blieb mir nicht viel zurück:
Du gabst mir deinen braunen Teddybär,
denn immer wenn ich traurig wär,
sagt er ein liebes Wort.**

**Du kleiner brauner Teddybär,
dich lieb ich Tag und Nacht so sehr.**

**Du bist so braun und du bist so nett
und sitzt so stumm auf meinem Bett,
lege ich dich dann auf deinen Rücken um,
machst du verliebt mit deiner tiefen Stimme brumm.**

Die Vorhänge sind zugezogen. Durch einen Spalt fällt Sonnenlicht. Georg liegt im Bett auf dem Rücken, über die Augen eine schwarze Schlafmaske. Neben ihm ein nackter junger Mann. Es klingelt. Georg richtet sich auf, sucht nach dem Telefon, nimmt den Hörer ab. Es klingelt. Georg nimmt die Schlafmaske vom Gesicht, reibt sich die Augen, schaut auf den neben ihm liegenden Jüngling, berührt ihn leicht. Der junge Mann kommt verschlafen hoch. Georg macht eine Kopfbewegung hinüber zum Badezimmer. Der junge Mann huscht aus dem Bett und verschwindet darin. Georg wirft sich einen seidenen Kimono über und geht auf Zehenspitzen über den Flur zur Türe. Vorsichtig öffnet er den Messingdeckel des Spions. Vor der Türe steht Charlotte.

GEORG **Mama?**

CHARLOTTE **Ich wollte dich überraschen. Willst du mich nicht hineinlassen?**

Georg ist verwirrt. Er schaut zurück in die Wohnung, schaut seine Mutter an. Er führt seine Mutter an der Hand ins Haus.

GEORG **Einen Augenblick. Ich bin gleich zurück.**

Georg bringt den jungen Mann zur Türe. Er schaut, ob draußen die Luft rein ist. Dann öffnet er rasch die Wohnungstüre. Er steckt dem jungen Mann einen Geldschein zu. Charlotte sieht, wie sich Georg verabschiedet.

GEORG **Sei vorsichtig.**

Charlotte hat sich auf Georgs Bett gesetzt. Sie lächelt, öffnet die Arme. Georg läuft ihr entgegen. Charlotte umarmt ihn zärtlich. Sie streicht ihm über das Haar.

CHARLOTTE **Georg sei vorsichtig. Du weißt, was passiert, wenn sie dahinterkommen.**

GEORG **Wie lange bleibst du? Ich hoffe, du hast ein bißchen Zeit für mich.**

CHARLOTTE **Ich bin nur auf einen Sprung da. Friedrich bringt mich am Nachmittag nach Hause zurück.**

GEORG **Du bist nicht wegen mir gekommen?**

CHARLOTTE **Du und Elli, ihr seid hier in Berlin. Auch Friedrich hat ja nur noch in Berlin zu tun. Er kommt ganz selten nach Hause. Das Haus ist jetzt so leer und verlassen.**

GEORG **Du willst doch was. Ich spür' es. Warum bist du wirklich hier?**

Charlotte streicht ihm über die Haare.

CHARLOTTE **Du kennst mich wirklich gut. Ich möchte dich um etwas bitten. Es geht um Anni. Als Friedrich sie nach Berlin abschob, dachte ich. . .**

GEORG **Du bist doch nicht etwa eifersüchtig?**

CHARLOTTE **Nicht eifersüchtig. Aber diese kleine Tänzerin ist dabei, mir meinen Platz streitig zu machen. Friedrich zeigt sich jetzt sogar mit ihr bei offiziellen Anlässen.**

GEORG **Das hat doch nichts zu bedeuten. Niemand kann gegen dich antreten.**

CHARLOTTE **Ich will, daß sie jetzt wieder zurücktritt in die Reihe, wo sie hingehört. Sie wird allmählich lästig.**

GEORG **Sie will unbedingt zum Film. Seit Wochen liegt sie mir damit in den Ohren, aber Friedrich verbietet es ihr.**

Charlotte lächelt.

CHARLOTTE **Natürlich, er hat immer noch Angst, sie zu verlieren.**

GEORG **Und du, was willst du?**

CHARLOTTE **Probier sie aus. Gib ihr eine Chance. Ganz egal, ob sie gut ist oder nicht.**

GEORG **Und Friedrich?**

CHARLOTTE **Wird schäumen vor Wut.**

GEORG **Warum tust du das?**

CHARLOTTE **Nur so aus Spaß.**

Georg nimmt die Hände von Charlotte, drückt ihr einen Kuß auf die Innenfläche.

Ein amerikanischer Foxtrott erklingt. Anni fängt an mit ihrer Steppnummer. Sie singt dazu.

ANNI **Mein Kavalier, komm her zu mir
und schwing mit mir das Tanzbein.
Das macht uns froh, mal so, mal so,
hoppla, Sir, mach doch mit.
Und wenn die Geigen klingen, fliegen wir dahin,
das macht Vergnügen und verwirrt uns so den Sinn.
Daß wir im Träumen den Tag versäumen,
komm, probier mit mir den Schritt.
Was mir die Nacht erzählt. . .**

Die Kamera läuft.

Im grellweißen Lichtkegel kommt Anni die Showtreppe herunter mit den Tänzern.

GEORG **Halt, Schluß, warte.**

Die Szene wird abgeläutet. Arbeitslicht flammt auf.

Georg ist von seinem Regiestuhl aufgestanden, geht hinüber zu Anni.

GEORG **Bitte, du sollst nicht die Treppe herunterkommen.**

ANNI **Aber du hast doch gesagt, ich soll die Treppe herunterkommen.**

GEORG **Ja, das Ding hat zwar Stufen, ist aber keine Treppe. Verstehst du?**

ANNI **Das ist also keine Treppe?**

GEORG **Nein, das ist dein Auftritt. Die Treppe verstärkt deinen Auftritt. Das Publikum will nämlich nicht sehen, wie du die Treppe herunterkommst. Es will deinen Auftritt erleben.**

Anni schaut Georg verständnislos an. Georg deutet hinüber zu einer Kulissentüre.

GEORG **Siehst du die Tür dort drüben?**

Anni schaut in die angegebene Richtung. Sie nickt.

GEORG **Gut, dann geh doch bitte einmal außen herum und komm durch die Tür wieder herein.**

Anni wirft wütend den Kopf in den Nacken. Sie geht mit raschen Schritten zur Türe, öffnet sie und wirft sie ins Schloß, daß die Fensterscheiben klirren.

Das ganze Filmteam schaut zu ihr hinüber.

Georg ruft ihr mit ausgebreiteten Armen zu.

GEORG **Warum nicht gleich so? Türen, Treppen, kannst du alles vergessen. Nur immer an eines denken! An deinen Auftritt.**

Auf eine Weihnachtskarte mit dem I.G.-Farben-Zeichen setzt Sokolowski schwungvoll seine Unterschrift. Dann legt er sie auf die linke Seite zu dem Stapel der bereits unterschriebenen. Von dem Stapel auf der rechten holt er sich eine neue Karte. Auf einem Beistelltisch viele frankierte Briefkuverts mit Adressen in aller Welt. Elli lehnt in der Türe. Sie schaut spöttisch zu Sokolowski hinüber. Man merkt ganz deutlich, sie hat einen kleinen Schwips. Leise, ohne daß Sokolowski es hört, geht sie durch das Zimmer, tritt hinter ihn. Sokolowski fährt herum.

SOKOLOWSKI **Wo warst du?**

ELLI **Ist das jetzt deine neueste Masche, Weihnachtskarten in alle möglichen Länder der Welt zu schicken, die miteinander im Krieg liegen? Du triffst wohl Vorsorge für die Zeit danach, stimmt's?**

SOKOLOWSKI **Ich hab' dich was gefragt.**

Elli antwortet nicht. Sie trällert das Lied, wonach Anni getanzt hat, macht ein paar flüchtige Tanzschritte dazu. Sokolowski ist aufgestanden und ihr nachgegangen. Er faßt sie an, zieht sie zu sich. Elli nützt den Schwung aus, fällt ihm um den Hals, hält ihn fest, küßt ihn auf den Mund. Sokolowski macht sich los.

SOKOLOWSKI **Wo ist sie? Wo ist meine Tochter?**

Elli lacht. Sie läßt sich in einen Stuhl fallen.

ELLI **In Sicherheit. Mama hat sie mitgenommen. Du bist ja ganz rot am Mund.**

Elli drückt ihre Lippen auf den Handrücken, zeigt Sokolowski den Abdruck des Lippenstifts.

Sokolowski kann sich nur mühsam beherrschen. Er wischt sich den Mund, macht damit alles noch schlimmer.

SOKOLOWSKI **Ich werde die Vaterschaft gerichtlich feststellen lassen. So laß ich nicht mit mir spielen.**

Elli ist zum Schnapsschrank gegangen und gießt sich einen Cognac ins Glas. Sie prostet Sokolowski zu.

ELLI **Würde ich nicht.**

SOKOLOWSKI **Du wirst mich nicht hindern.**

ELLI **Und wenn das Gutachten gegen dich ausfällt?**

SOKOLOWSKI **Dann werde ich mich. . .**

ELLI **Scheiden lassen?**

Sokolowski schaut lange zu ihr hinüber. Er ist wieder zum Tisch gegangen und streckt ihr einen Umschlag entgegen. Elli kommt näher.

ELLI **Was haben wir denn da?**

SOKOLOWSKI **Einen Bericht über Max Bernheim.**

ELLI **Von einem deiner I.G.-Kontakte?**

SOKOLOWSKI **Neugierig?**

ELLI **Hast du keine Angst?**

SOKOLOWSKI **Warum?**

ELLI **Daß Canaris eifersüchtig werden könnte auf deinen privaten I.G.-Geheimdienst?**

SOKOLOWSKI **Möchtest du ihn nicht lesen?**

ELLI **Diese Genugtuung werde ich dir nie geben.**

Sie wendet sich abrupt um und geht raus.

Max, in der Uniform eines amerkanischen Leutnants, sitzt mit einem britischen Abwehroffizier in der Vorhalle. Max ist nervös.

ABWEHROFFIZIER **Haben Sie Geduld. Sie kommen noch früh genug da rein.**

MAX **Die Strategie muß von Grund auf geändert werden.**

Der Abwehroffizier schaut ihn spöttisch an.

ABWEHROFFIZIER **Ich gebe Ihnen einen guten Rat. Behalten Sie diese Meinung lieber für sich. Es gibt hier starke antisemitische Kreise, die Ihre Aufklärungsarbeit mit ziemlichem Mißtrauen verfolgen.**

Max Bernheim schüttelt den Kopf.

MAX **Glauben Sie mir. Die Deutschen werden die Nazis niemals zum Teufel jagen, solange wir ihnen Bomben auf den Kopf schmeißen. Das erzeugt nämlich bei denen nur Durchhalteparolen.**

Der Abwehroffizier zuckt geringschätzig mit den Schultern. Eine Türe wird geöffnet. Max schaut auf. Sie gehen den dunklen Korridor hinunter und verschwinden in dem Zimmer von General Spaatz.

Luftaufnahmen einer riesigen Baustelle. Die Grundrisse des Werkes sind deutlich zu erkennen. Max deutet auf die Fotografien.

MAX **Eine Baustelle von gigantischer Größe. Acht Kilometer lang – drei Kilometer breit. Nach Information der polnischen Exilregierung wird diese Anlage aus dem Boden gestampft mit den Häftlingen aus diesen beiden Lagern. Sehen Sie – hier. Hier entsteht eine Anlage, in der sowohl Buna als auch Flugbenzin produziert werden soll. Sie liegt hart an der Grenze zu Oberschlesien im besetzten Polen.**

Sehen Sie, das ist die Achillesferse der deutschen Armee: Die Munition – Benzin und Bunaproduktion der deutschen Chemie in Ludwigshafen, Hoechst, Leverkusen, Hüls, Scholwen und Gladbeck – hier und in Leuna bei Merseburg.

General Spaatz schüttelt den Kopf.

MAX **Ein gezielter Angriff auf diese Fabriken und in ein paar Monaten haben die Deutschen keinen Tropfen Benzin mehr. Die deutsche Armee kommt zum Stillstand. Sie kann sich nicht bewegen, weder vor noch zurück. Flugzeuge, Schlachtschiffe, Panzer und U-Boote: alles wertloser Schrott.**

GENERAL SPAATZ **Wir kennen diese These, Leutnant, und ich will Ihnen ganz offen sagen: Wir halten gar nichts davon. Beschäftigen Sie sich also bitte mit der Auswertung dieser Aufnahmen und hören Sie auf, strategische Ratschläge zu erteilen. Davon verstehen Sie nämlich nichts.**

MAX **Aber es ist der schnellste Weg, den Krieg zu beenden.**

GENERAL SPAATZ **Europa wird nur dann nicht mehr das Schlachtfeld der Deutschen sein, wenn Deutschland das Schlachtfeld Europas geworden ist. Deshalb legen wir ihre Städte in Schutt und Asche.**

MAX **Sir, vor kurzem hat ein deutscher Industrieller in Lausanne im Büro des jüdischen Weltkongresses erklärt, die Nazis wollten das gesamte jüdische Volk vernichten.**
Er sprach dabei von einem Vernichtungslager in Oberschlesien, in dem bereits 100 000 Juden in Gaskammern mit Gift getötet worden seien.

GENERAL SPAATZ **Das ist Greuelpropaganda! Eine Weltfirma in Zusammenhang zu bringen mit Sklavenarbeit und Massenmord. Übertreiben Sie nicht ein bißchen?**

Assessor Schreiber diktiert. Die Sekretärin tippt: I.G.-Farbenindustrie Aktiengesellschaft, Werk Auschwitz. Wochenbericht Nr. 126.

ASSESSOR SCHREIBER **Haben Sie?**

Die Sekretärin wiederholt.

SEKRETÄRIN **Eine Sorge, die von Woche zu Woche brennender wird. . .**

Sie schaut von der Schreibmaschine auf.

ASSESSOR SCHREIBER **. . . bildet die ständig abnehmende Arbeitsmoral auf der Baustelle wegen der außerordentlich bunten Zusammensetzung der Belegschaft.**

Die Sekretärin tippt das Diktierte in die Maschine.

Carl kommt ins Büro. Er hat mehrere Konstruktionszeichnungen und Blaupausen unterm Arm, die er auf einem Arbeitstisch ausrollt.

CARL **Lassen Sie sich nicht stören, Herr Assessor, ich habe Zeit. Machen Sie erst fertig.**

ASSESSOR SCHREIBER **Bedauerlich ist, daß die SS, nein, die Gestapo, bei der Behandlung der Arbeitsbummelei nicht so prompt reagiert, wie es von uns gewünscht wird.**

Carl schaut aus dem Fenster.

ASSESSOR SCHREIBER **Bezüglich der Behandlung der Häftlinge war ich zwar stets dagegen, daß Häftlinge auf der Baustelle erschossen oder halb totgeschlagen werden. Ich stehe jedoch auf dem Standpunkt, daß eine Züchtigung in gemäßigten Formen unbedingt notwendig ist, um die nötige Disziplin unter den Häftlingen zu wahren.**

Draußen regnet es. Auf der gegenüberliegenden Baustelle etwa 20 Häftlinge in gestreiften, dünnen Zebraanzügen mit Holzpantinen an den Füßen. Sie sind dabei, Zementsäcke aus Eisenbahnwaggons zu entladen. Die Arbeit muß im Laufschritt gemacht werden.

ASSESSOR SCHREIBER **Es geht nicht an, daß ein Häftling einem Meister nachruft: „Dich werden wir auch noch von deinem Fahrrad herunterholen.“ Es war von jeher üblich, daß ein tatkräftiger deutscher Polier auch einmal handgreiflich wurde, und es der Geselle dem Meister durchaus nicht übelnahm, wenn er für eine Dummheit eine Backpfeife bekam.**

Carl dreht sich vom Fenster weg.

CARL **Ein Sack Zement. Was wiegt ein Sack Zement?**

ASSESSOR SCHREIBER **Ein Zentner.**

Einer der Häftlinge ist unter der Last zusammengebrochen. Er liegt völlig erschöpft im Dreck. Ein Aufseher steht über ihm, schlägt ihn mit einem Spaten.

Carl wendet sich an Schreiber.

CARL **Er schlägt ihn ja halb tot! Er soll aufhören! Stellen Sie das sofort ab!**

Der Assessor schüttelt den Kopf.

ASSESSOR SCHREIBER **Sie machen sich doch nur lächerlich damit! Das ändert doch überhaupt nichts.**

Heinrich und Carl kommen einen Spazierweg entlang. Heinrich bleibt an einem Baum stehen. Er schaut hinauf.

CARL **Es haben immer wieder Besprechungen mit dem Kommandanten Höss stattgefunden. Aber man hat jede weitere Bewachungskompanie abgelehnt. Die Häftlinge können immer nur in Gruppen von 20 Mann eingesetzt werden. Die Folge davon ist, daß sie sich gegenseitig bei der Arbeit behindern.**

Heinrich hat seinen Rucksack abgesetzt und seinen Schirm aufgespannt.

HEINRICH **Ein Konzentrationslager braucht eben auf wirtschaftliche Gesichtspunkte überhaupt keine Rücksicht zu nehmen. Wir hätten uns niemals darauf einlassen sollen.**

CARL **Erschwerend kommt hinzu, daß die Häftlinge immer nur bei Tageslicht ausrücken und bei Tageslicht wieder ins Lager zurückkehren müssen. Wenn es neblig ist, dürfen die Häftlinge überhaupt nicht ausrücken. Wir haben also keine Möglichkeit, sie im Schichtbetrieb einzusetzen.**

HEINRICH **Erst hat es geheißen, da ist ein unerschöpfliches Arbeitsreservoir – und jetzt das!**

Heinrich kniet sich an den Wegrand und holt einen Tausendfüßler aus der Erde, den er zwischen Zeigefinger und Daumen hält. Aus seinem Rucksack holt er einige Reagenzgläser und Watte.

CARL **In den letzten Wochen haben wir immer wieder festgestellt, daß Häftlinge von den Kapos auf der Baustelle schwer gezüchtigt werden. Da spielen sich außerordentlich unangenehme Szenen ab, an die man sich erst nach einiger Zeit gewöhnt. Das kannst du dir gar nicht vorstellen.**

Heinrich beträufelt die Watte mit Äther, er läßt den Tausendfüßler in das Reagenzglas fallen und stopft es mit dem ätherisierten Wattebausch zu.

CARL **Du hörst mir überhaupt nicht zu! Hast du eine Ahnung, wie demoralisierend das auf unsere freien Arbeiter wirkt? Wie es aussieht, wenn die Häftlinge jeden Abend ihre Toten und ihre völlig erschöpften Kameraden sieben Kilometer weit zurück ins Lager schleppen?**

Das Verwaltungsgebäude der I.G.-Farben am Grüneburgplatz in Frankfurt am Main. An den Fahnenstangen vor dem Gebäude Hakenkreuzfahnen.

In dem Konferenz- und Tagungsraum sitzen an dem langen Tisch die sieben Mitglieder des Zentralausschusses des engeren Vorstands.

KÖRNER **Das ganze Problem ist nur zu lösen, wenn wir die Häftlinge neben der Baustelle in einem eigenen Lager unterbringen. Das kann doch nicht die Welt kosten. Was schätzen Sie? Ein Lager für etwa 5000 Häftlinge erfordert eine Investition von ca. 5 Millionen Mark. Aber was sind 5 Millionen, wenn eine Milliarde auf dem Spiel steht.**

Friedrich wischt sich mit dem Taschentuch über die Stirn, er lehnt sich zurück. Er schaut hinüber zu Heinrich.

FRIEDRICH **Warum sagst du nichts? Du bist doch der, der diese Investition durchgedrückt hat.**

Heinrich sitzt am anderen Tischende. Er schweigt.

KÖRNER **Dann sollten wir es versuchen. Ich beantrage den Bau eines firmeneigenen Konzentrationslagers für etwa 5000 Häftlinge. Die I.G. sorgt für Unterbringung und Verpflegung und Gesundheit. Die SS für Bewachung, Bestrafung und Nachschub. Wer dafür ist. . .**

Körner hebt die rechte Hand. Er schaut nach rechts und links.

Heinrich starrt vor sich hin. Dann hebt er die Hand.

KÖRNER **Dann ist es so beschlossen. Mittagspause, meine Herren. Hühnchen auf Reis.**

Die Herren nehmen ihre Akten und verlassen den Sitzungssaal. Friedrich bleibt in der Türe stehen und wartet auf Heinrich, der unbeweglich sitzen geblieben ist.

FRIEDRICH **Was ist los mit dir?**

Heinrich nimmt eine Akte und wirft sie Friedrich hin.

HEINRICH **Da lies!**

Friedrich überfliegt das Dokument, dann schaut er auf.

FRIEDRICH **Das ist eine Jahresbilanz. Was soll das? Wir haben jetzt Wichtigeres zu besprechen. Die Firma scheint recht gute Geschäfte gemacht zu haben.**

Heinrich hat sich auf eine Lederbank an der Wand gesetzt.

HEINRICH **Ich wußte doch, daß du von Bilanzen etwas verstehst.**

Friedrich blättert in dem bilanzähnlichen Dokument.

FRIEDRICH **Der Reingewinn ist in den letzten zwei Jahren von 45 475 Mark 78 auf 127 985 Mark 79 gestiegen. Mit was handeln die eigentlich?**

HEINRICH **Mit Insektiziden. Blausäure absorbiert von Kieselgur, mit einem Stabilisator, der verhindert, daß sich die Blausäure verflüchtigt. Hochgiftig, deshalb ist das Ganze auch versehen mit einem Warnduft. Vor dir liegt eine Bilanz der Firma Degesch. 42,5 Prozent gehört uns, weitere 42,5 Prozent einer anderen Firma, an der wir wiederum mit einem Drittel beteiligt sind. Haupteinnahmequelle ist der Vertrieb des Insektizids Cyklon B. Das Patent darauf ist schon seit einiger Zeit abgelaufen. Das einzige, worauf noch ein Monopol besteht, ist der Warngeruch, der dem Cyklon B seit 1940 beigemischt werden mußte. Kennst du Kurt Gerstein?**

Friedrich schüttelt den Kopf.

HEINRICH **Leitender Entseuchungsoffizier der Waffen-SS. Er hat irrsinnige Mengen von dem Zeug angefordert. Das würde reichen, um jede chinesische Insektenplage der letzten 200 Jahre zu bekämpfen.**

Friedrich ist aufgestanden und geht zur Türe.

FRIEDRICH **Es gibt Epidemien im Ostraum. Typhus, Gelbfieber, Cholera.**

Heinrich schüttelt den Kopf.

HEINRICH **Darum geht es gar nicht.**

FRIEDRICH **Worum dann?**

HEINRICH **Die SS hat verlangt, daß das Gift nach Auschwitz geliefert wird – und zwar ohne den Warnduft.**

Anni steht im Salon am Fenster mit einer heißen Tasse Kaffee. Sie pustet. Sie schaut dabei immer wieder hinaus in den Garten.

ELLI **Komm, hilf mir doch mal.**

ANNI **Wenn ich nur wüßte, was er vorhat da draußen.**

Elli hält Anni einen Mantel hin.

ELLI **Da, halt mal.**

Anni nimmt den Mantel, hält ihn vor sich, stellt sich damit vor den Garderobenspiegel. Elli befestigt den Davidstern mit einer Sicherheitsnadel an der dafür verordneten Stelle. Dann nimmt sie Anni den Mantel ab.

Im Garten erscheint der Bankier mit einem Arm voller Reiser und befestigt sie in dem Laubdach einer kleinen Hütte.

BANKIER **Sieben Tage sollt ihr in Laubhütten wohnen, daß eure Nachkommen wissen, wie ich die Kinder Israels habe in Hütten wohnen lassen, als ich sie aus Ägypten führte.**

Elli hat sich zu Anni an den Tisch gesetzt, sie näht das polizeiverordnete Kennzeichen auf den Mantel des Bankiers. Anni schaut wieder hinaus, schüttelt beunruhigt den Kopf.

ANNI **Wenn ich nur wüßte, was er vorhat!**

Der Bankier kommt durch die Verandatüre aus dem Garten, durchquert den Salon, sucht an der Garderobe nach seinem Mantel.

BANKIER **Hat jemand von euch meinen Mantel gesehen?**

Elli ist ihm nachgegangen, sie hält ihm das Kleidungsstück so, daß er hineinschlüpfen kann. Der Bankier betrachtet sich im Spiegel.

BANKIER **Sie werden mich niemals dazu zwingen, das zu tragen.**

ELLI **Aber du mußt doch.**

Der Bankier reißt den gelben Fleck ab.

Anni schiebt Elli eine Kaffeetasse hinüber.

ELLI **Hoffentlich passiert ihm nichts.**

ANNI **Mach dir keine Sorgen. Nichts wird so heiß gegessen, wie es gekocht wird.**

Sie nimmt ihre Tasse und trinkt. Sie verbrennt sich den Mund. Elli lacht.

ANNI **Wenn ich nur wüßte, was er da draußen vorhat.**

ELLI **Um was geht's denn?**

ANNI **Er ist schon seit ein paar Tagen so merkwürdig. Er hat sich draußen eine kleine Laubhütte wie ein Kind gebaut.**

Elli schaut Anni entgeistert an.

ELLI **Eine Laubhütte?**

Anni nickt. Elli geht ans Fenster und schaut raus.

ELLI **Das sieht aus, als ob er das Laubhüttenfest feiern will. Oh Gott! In aller Öffentlichkeit.**

Der Bankier spaziert durch das Palmenhaus, plötzlich bleibt er stehen, schaut sich suchend um. Das Palmenhaus ist leer. Der Bankier ist ganz alleine.

Der Bankier holt aus der Tasche ein Klappmesser, öffnet es, geht hinüber zu einer kleinen Ölpalme und versucht, einen Zweig abzuschneiden. Eine Aufsichtsperson steht im Eingang zum Palmenhaus. Der Bankier ist immer noch damit beschäftigt, den Palmenzweig vom Baum zu schneiden.

AUFSICHTSPERSON **He, was machen Sie denn da?**

Der Bankier dreht sich erschrocken um. Er sieht die Wärterin auf sich zukommen.

BANKIER **Ich schneide mir einen Lulaw.**

Die Aufsichtsperson schaut den Bankier verständnislos an.

BANKIER **Einen Palmenzweig. Ich brauche ihn. Beim Hallel. Sehen Sie, so.**

Der Bankier verbeugt sich in alle Richtungen.

BANKIER **Von dir – für dich. Wie dieses, so auch der ganzen Welt.**

Die Aufsichtsperson nimmt dem Bankier den abgeschnittenen Palmenzweig aus der Hand.

AUFSICHTSPERSON **Kommen Sie mal mit.**

Elli läuft auf den Bahnsteig, auf dem der Personenzug noch ein paar Minuten Aufenthalt hat. Sie läuft an den Waggons vorbei. Sie schaut durch die Scheiben.

Carl sitzt in seinem Abteil, das Gesicht ist von seinem Mantel halb verdeckt. Er schläft. Elli schaut durch das Fenster. Sie sieht ihn nicht.

Elli bleibt stehen, schaut sich verzweifelt um. Aus dem Lautsprecher eine Ansage.

LAUTSPRECHER **Achtung! Der Personenzug Berlin – Krakau über Breslau fährt in einer Minute ab.**

Der Zeiger auf der Normaluhr rückt um eine Minute weiter.

SCHAFFNER **Türen schließen. Vorsicht an der Bahnsteigkante.**

Elli hat Carl entdeckt. Sie klopft an das Fenster. Carl öffnet das Fenster.

CARL **Was machst du denn hier?**

ELLI **Frag nicht. Ich kann es dir jetzt nicht erklären. Hör zu. Sie haben Bernheim verhaftet. Vor ein paar Tagen ging hier ein großer Transport ab, nach Osten. Wahrscheinlich nach Auschwitz. . .**

Der Zug setzt sich in Bewegung. Carl streckt seine Hand aus.

Elli läuft mit dem Zug. Carl beugt sich aus dem Fenster.

CARL **Beruhige dich. Es wird schon nicht so schlimm.**

Er läßt Ellis Hand los. Sie weint. Carl winkt ihr nach und ruft.

CARL **Ich werde ihn finden. In ein paar Wochen ist er wieder bei euch.**

Das Schneetreiben hat sich etwas gelegt. Carl steigt aus. Der Assessor hilft ihm und nimmt ihm seinen Koffer ab. Beide gehen den Bahnsteig hinunter an dem Zug entlang.

ASSESSOR SCHREIBER **Haben Sie in Berlin etwas erreicht?**

CARL **Ja, die Herren waren eigentlich kooperativ. Sie haben uns für die Zukunft nur sorgfältig ausgewählte Arbeiter versprochen.**

Der Assessor ist stehengeblieben.

ASSESSOR SCHREIBER **Ach, das erklärt ja einiges.**

Carl dreht sich um.

CARL **Was erklärt das?**

ASSESSOR SCHREIBER **Vor ein paar Tagen kam ein Transport aus Berlin. 5022 Häftlinge, alles Juden. Aber es sind nur 40 an uns überstellt worden.**

Carl hat seinen Koffer in das bereitstehende Auto gestellt. Er steigt ein.

CARL **Und wo sind die restlichen 4800 hin?**

ASSESSOR SCHREIBER **Nein, es waren 4982, ganz exakt. Die männlichen Häftlinge seien zu alt und zu schwach für uns gewesen und die weiblichen hauptsächlich noch Kinder.**

CARL **Und wo sind die jetzt hin?**

Der Assessor zuckt die Schultern.

ASSESSOR SCHREIBER **Ich denke, sie sind nach Birkenau überstellt worden.**

Carl fährt sich mit der Hand übers Gesicht. Der Assessor läßt den Wagen an.

ASSESSOR SCHREIBER **Ach, da fällt mir ein, wir hatten eine Weihnachtsfeier vorgestern in der Halle des Seraphimklosters, an der Krakauer Straße. Heute abend wollen sich die Kameraden von der Waffen-SS revanchieren. Julfest, mit großem Ringelpietz und Gänseessen.**

Max Bernheim hat das Tonaufzeichnungsgerät auf einen Tisch gestellt und die Magnettonbandspule eingelegt. Er drückt auf einen Knopf. Das Gerät fängt an zu laufen. Eine schleppende Stimme ertönt leise, monoton, scheinbar ohne innere Anteilnahme.

MAX **Das sind Aussagen von zwei Häftlingen, die fliehen konnten.**

1. HÄFTLING **Wir arbeiteten in der riesigen Buna-Fabrik, wohin man uns jeden Morgen um drei Uhr trieb. Unser Mittagessen bestand aus Kartoffeln und Rübensuppe. Abends bekamen wir etwas Brot. Während der Arbeitszeit wurden wir fürchterlich mißhandelt. Da unser Arbeitsplatz außerhalb der Wachtürme lag, war er in kleine Parzellen von 100 Quadratmeter eingeteilt, die von jeweils einem SS-Mann bewacht wurden.**

Während das Tonband läuft, werden Lichtbilder auf eine Leinwand projiziert: Luftaufnahmen ausgewertet und mit Erklärungen versehen. Auschwitz-Birkenau-Komplex, Osqiecim Pland, 26 June 1944. Die Bezeichnungen in der Luftaufnahme lauten: Convois, SS-baracks. Das nächste Bild erscheint.

2. HÄFTLING **Wer während der Arbeitszeit aus seiner Parzelle herausging, wurde auf der Stelle wegen Fluchtversuchs erschossen. Manchmal machten sich die SS-Männer einen Spaß daraus, jemand nach einer Sache zu schicken, die außerhalb seiner Parzelle lag.**

Eine Vergrößerung. Die einzelnen Baracken sind zu sehen. Bezeichnungen sind zu lesen wie: Gas chamber I, kitchen, registration building. Wieder eine Vergrößerung, deutlich zu erkennen: group on way to gas-chamber, prisoners, crematorium, dressing-room, Cyklon B vent. Weitere Vergrößerungen.

Höhere Offiziere, Angehörige der Royal Air Force sowie der American Airforce, haben sich versammelt. Während Max nach vorne geht zu einem Kartenständer mit den Markierungen von chemischen Großanlagen, läuft das Tonband weiter.

1. HÄFTLING **Wenn er dem Befehl Folge leistete, wurde er erschossen, weil er seinen anbefohlenen Platz verlassen hatte. Die Arbeit war außergewöhnlich hart, und es gab keine Pausen. Der Weg von und zur Arbeit wurde in scharfem Marschtempo zurückgelegt. Wer nicht mithalten konnte, wurde erschossen.**

MAX **Das I.G.-Werk. Das I.G.-Konzentrationslager Auschwitz 3. Auch Monowitz genannt. Das Hauptlager Auschwitz I und hier Auschwitz II – das Vernichtungslager Birkenau. Eine Großaufnahme von Birkenau. Frauentrakt hier, das ist der Männertrakt. Und hier befinden sich die Gaskammern.**

Eine weitere Großaufnahme.

MAX **Da sind Häftlinge auf dem Weg in die Gaskammer. Hier der Raum, wo sie sich ausziehen. Cyklon B-Entlüftungsschacht, Gaskammer und Krematorium.**

Der General der Royal Air Force steht auf und tritt vor die Landkarte.

GENERAL RAF **Nur 27 Anlagen müssen zerstört werden, um die Mineralölerzeugung um 50 Prozent zu reduzieren. Die Ziele konzentrieren sich auf diese Bereiche . . .**

Er deutet auf die einzeln markierten Punkte.

GENERAL RAF **. . . den Oberrhein, den Mittelrhein, die Gegend um Leipzig – und hier in Oberschlesien und Polen. Im Zusammenspiel der 8. und der 15. amerikanischen Luftflotte müßte es zu schaffen sein. Die Ziele im Westen können wir von England aus erreichen und die in Oberschlesien und Polen von Sizilien oder Foggia. Wir benötigen bei guter Sicht 10 bis 15 Tage.**

GENERAL SPAATZ **Also gut, sie haben die Genehmigung. Aber Sie haben nur zwei Tage Zeit.**

Die Offiziere des zum Combined Bomber gehörenden Stabs machen sich Notizen.

Der General schaut zu General Spaatz hinüber. General Spaatz nickt.

Auf Bernheims Gesicht Erleichterung.

Start der britischen und amerikanischen Bomberverbände im Morgengrauen.

Edmund in der Kanzel seiner ME 109. Er ist im Einsatz.

Bomberverbände mit langen weißen Kondensstreifen am blauen Himmel.

NACHRICHTENSTIMME **Feindliche Bomberverbände im Anflug über die Eifel mit Kurs Süd, Süd-Ost.**

Flächenbombardement auf deutsche Industriezentren.

Detonationen, Einschläge und Treffer in Leuna. Der Betriebsleiter am Telefon.

BETRIEBSLEITER **Wir haben schwere Treffer. . . Nein, ich kann nicht dafür garantieren. . .**

Weitere Detonationen. Dampf zischt in den Raum.

BETRIEBSLEITER **Wir müssen die Anlage stillegen. . .**

Die Leitung ist unterbrochen. Der Betriebsführer drückt mehrmals auf die Telefongabel. Er hustet. Draußen weitere Detonationen.

In der Grüneburg werden aus den verschiedenen Büros der Chefetage Akten waschkorbweise über den Gang zum Aufzug getragen. Körner überwacht die Aktion.

KÖRNER **Alle E-Akten in Abteilung 1. Und alle P.T.-Akten ab 35 in mein Büro. Und sorgen Sie dafür, daß alle C-Akten auf 06 sind, jederzeit fertig zum Abtransport.**

Friedrich steht hinter seinem Schreibtisch. Er legt den Hörer auf. Mehrere Männer kommen herein. Friedrich deutet auf die Waschkörbe mit den Akten, die als nächstes mitgenommen werden sollen. Dann wählt er eine Telefonnummer.

FRIEDRICH **Hallo, Luise. . . ja, ich komme noch vorbei. . . Eine Katastrophe. Leuna, Schkopau und Bitterfeld sind völlig zerstört. Wie sieht es bei euch aus. . .?**

Luise steht am Telefon.

LUISE **Uns haben sie bis jetzt verschont. Ich glaube nicht, daß sie uns angreifen. Irgendwo müssen die Amerikaner schließlich wohnen. Ich meine nach dem Endsieg, natürlich. Carl hat sich freiwillig gemeldet. An die Ostfront. Ein Brief war das letzte, was wir hörten. Heinrich hat sich aufgeführt wie ein Wahnsinniger, daß ich dachte, es ist wieder mal so weit.**

Sirenen fangen an zu heulen.

LUISE **Ich muß jetzt aufhören. . . Ja. Bis später.**

Sie legt den Telefonhörer auf.

Heinrich sitzt an seinem Schreibtisch, ein gefülltes Glas in der Hand. Luise kommt ins Zimmer.

LUISE **Komm in den Luftschutzkeller.**

Heinrich reagiert nicht. Er starrt auf den vor ihm liegenden Brief.

HEINRICH **Geh schon alleine.**

Luise nimmt sich einen Stuhl und setzt sich Heinrich gegenüber. Heinrich trinkt.

LUISE **Hör doch auf, dich zu quälen. Du kannst daran nichts mehr ändern.**

HEINRICH **Aber, warum ausgerechnet in ein Strafbataillon? Was will er uns damit beweisen, wenn er fällt?**

LUISE **Es ist nicht deine Schuld.**

HEINRICH **Jeder in Auschwitz weiß, daß die Leichen, die verbrannt worden sind, an Epidemien gestorben sind.**

LUISE **Hör auf, bitte. Laß uns davon nicht weiter sprechen.**

HEINRICH **Du bist Ärztin. Du weißt doch selbst, daß, wo so viele Menschen zusammengepfercht sind, Epidemien entstehen, Typhus, Fleckfieber. Wie oft haben wir in der letzten Zeit die Arbeit auf der Baustelle stoppen müssen, weil die Häftlinge im Lager unter Quarantäne waren.**

LUISE **Ja, ja. Es ist schon gut.**

Sie versucht Heinrich dazu zu bewegen aufzustehen. Sie merkt, daß er betrunken ist.

HEINRICH **Erinnerst du dich noch? Der, welcher machen kann, daß zwei Halme wachsen, wo sonst nur einer wuchs, hat für sein Vaterland mehr getan als oft alle Politiker zusammen genommen.**

Luise weint.

LUISE **Ja, ich erinnere mich.**

HEINRICH **Wir haben Großes vollbracht. Unsere Chemie hat die Welt verändert.**

Die Gegenstände auf dem Schreibtisch fangen an zu zittern. Heinrich schaut sich um.

Die Gläser im Schrank vibrieren.

Er steht auf. Im Gang bleibt er stehen. Die Vase auf einem Beistelltisch fängt an zu zittern, fällt auf den Boden, zerspringt. Das Telefon klingelt. Heinrich rennt zum Telefon, nimmt den Hörer ab. Luise ist ihm nachgelaufen.

LUISE **Was ist los?**

HEINRICH **Jetzt greifen sie Oppau an und Ludwigshafen. Komm.**

Heinrich öffnet die Tür, torkelt hinaus auf die Veranda. Der Himmel ist rot vom Feuerschein der brennenden Fabriken.

Der Feuerschein auf Heinrichs Gesicht. Über dem Haus die dröhnenden Flugzeugmotoren der abziehenden feindlichen Bomberverbände. Heinrich schaut hinauf. Tränen laufen ihm über das Gesicht. Er stößt einen lang hingezogenen Schrei aus, der vom Fluglärm überlagert wird.

HEINRICH **Sie werden es nicht wagen.**

Luise legt ihre Arme um ihn. Heinrich schleudert die Schnapsflasche in die Nacht. Die Flasche zerspringt klirrend.

HEINRICH **Geh weg von mir, eh es zu spät ist. Ich bringe allen nur Unglück.**

Luise läßt nicht los.

LUISE **Einer muß immer bei dir bleiben, der dich schützt vor dir selbst.**

Heinrich legt den Kopf an ihre Schulter.

Ein Lastkraftwagen der Wehrmacht kommt mit abgedunkelten Scheinwerfern die Auffahrt hinunter vor die Eingangstüre.

Heinrich sitzt neben einem Schaukasten mit einer Ameisenkolonie. Er trinkt, gießt sich nach, kippt den Schnaps hinunter. Friedrich erscheint in der Türe.

FRIEDRICH **Du verkriechst dich. Du läßt uns im Stich. Sie haben angefangen, unsere Fabriken zu bombardieren. Sie haben Leuna fast zerstört. Göring tobt.**

HEINRICH **Am Anfang dieses Jahres haben sie nur ein paar Prozent ihrer Bomben bei uns abgeladen. In diesem Monat war es ein Fünftel. Sie haben uns entdeckt. Ich habe schon lange damit gerechnet. Wir müssen unter die Erde. Uns eingraben. Projekt „Dachs": Eine Großraffinerie für 1,5 Millionen Tonnen Erdöl in einer Höhlenschlucht bei Steinbach. Projekt „Schwalbe": Unterirdische Neuanlage für eine viertel Million Tonnen Düsenjägertreibstoff. Projekt „Wüste": Verarbeitung von Ölschiefer. Projekt „Ofen": Kleindestillationsanlagen in Steinbrüchen an Berghängen.**

Friedrich schüttelt den Kopf.

HEINRICH **Schließ die Türe bitte, laß mich allein.**

Der Armeelastwagen ist auf dem Hof der Villa Beck geparkt. Soldaten entladen ihn und tragen die Wäschekörbe mit den Akten fort.

Körner dirigiert die Aktion.

KÖRNER **Beeilung. Sie kommen mit mir, ich zeige Ihnen, wo die Akten verbrannt werden. Der Bunker liegt hinterm Haus.**

Feindliche Bomberverbände am Himmel. Die Soldaten unterbrechen ihre Arbeit und schauen in den nächtlichen Himmel. Geräusche eines Luftkampfes sind zu hören.

1. SOLDAT **Das sind Notabwürfe.**

2. SOLDAT **Nein, das sind blinde Würfe.**

1. SOLDAT **Das ist wahrscheinlich einer unserer Nachtjäger.**

2. SOLDAT **Da ist eine fliegende Festung runtergekommen. Eine Viermotorige, eine Lancaster oder eine Bristol.**

Edmund in der Kanzel seiner ME 109. Um ihn herum Detonationen und das monotone Dröhnen der anfliegenden Verbände. Er wird von einer Maschinengewehrsalve getroffen. Der Motor setzt aus.

Die Maschine schmiert ab, gerät ins Trudeln und stürzt wie ein Stein herunter auf die Erde.

KÖRNER **Die müssen aufgehoben werden, die müssen in den Bunker. Kommen Sie, ich zeig Ihnen, wo er ist.**

Scheinwerfer flammen auf. Die Musik setzt ein. Auf der Leinwand Annis großer Auftritt auf der weißen Treppe. Anni sitzt im Zuschauerraum. Sie friert. Sie stellt den Pelzkragen ihres Persianers auf. Georg sitzt hinter ihr. Er legt ihr seine Hand auf die Schulter wie zur Beruhigung und beugt sich zu ihr vor.

GEORG **Gefällt es dir?**

Anni gibt ihm einen Kuß auf die Backe.

ANNI **Das wird bestimmt ein Riesenerfolg.**

Anni tanzt und singt. Männer in Frack und Zylinder kommen die Treppe hoch und legen sich ihr zu Füßen. Das Vorführlicht wird dunkler, der Ton tiefer, das Bild langsamer. Es bleibt stehen und erlöscht. Sirenen heulen: Fliegeralarm.

Eine Notbeleuchtung wird eingeschaltet. Im Zuschauerraum mehrere hohe Parteifunktionäre mit ihren Freundinnen.

Die enttäuschten Gesichter der Zuschauer. Dann ein Einschlag. Mörtelstaub rieselt von der Decke. Alle schauen nach oben.

Die Zuschauer verlassen fluchtartig die Privatvorführung. Ein weiterer Einschlag.

PARTEIFUNKTIONÄR **Bewahren Sie die Ruhe. Der Bunker ist gleich um die Ecke.**

Der Luftschutzwart erscheint in der Türe, die hinaus ins Freie führt.

LUFTSCHUTZWART **Kommen Sie schnell in den Luftschutzkeller.**

Ein Pfeifen. Der Luftschutzwart duckt sich. Er hält den Stahlhelm mit der einen Hand fest auf den Kopf gedrückt. Dann ein Einschlag.

Georg und Anni kommen ins Freie. Sie ducken sich. Eine Detonation nach der anderen. Sie werfen sich flach auf den Boden. Es brennt. Georg ist rasch wieder auf den Beinen. Er hilft Anni hoch. Sie rennen über die Straße und verschwinden in der Türe des Luftschutzbunkers.

Dicht gedrängt sitzen Frauen, Männer, Schauspieler, Komparsen auf Bänken und Kisten. Georg und Anni bahnen sich einen Weg.

Sie setzen sich. Draußen Einschläge. Die Schutzsuchenden schreien auf. Das Notlicht flackert.

Anni zittert am ganzen Leib. Ihre Lippe blutet. Georg hat ihr den Pelzmantel um die Schultern gebreitet und tröstet sie. Anni hat einen kleinen Spiegel genommen und schaut ihren blutenden Mund an. Sie erschrickt und fängt an zu weinen.

ANNI **Oh mein Gott! Ich werde nie wieder einen Film machen können.**

GEORG **Tut es dir sehr weh?**
Keine Angst – es wird schon alles wieder gut werden. Denk an den nächsten Film, den wir zusammen machen werden. Schließ deine Augen. Der Vorhang geht auf. Die erste Einstellung ist in schwarz-weiß. Lange Kamerafahrt, halbtotal. Der letzte Schnee schmilzt in der Frühlingssonne. Ein kleiner Bach schlängelt sich durch eine bunte Blumenwiese. – Dann kommt die Musik. Dann Bienen, Schmetterlinge, Käfer. . .

Die Schalterhalle ist leer, Scherben liegen herum. Zwei amerikanische Offiziere stehen wartend in der Mitte.

Körner kommt die Marmortreppe hinunter. Er trägt einen tadellos sitzenden Nadelstreifenanzug. An den Füßen frisch geputzte Oxford-Schuhe.

KÖRNER **Ich kann Ihnen gar nicht sagen, wie froh ich bin, daß der Krieg vorbei ist, Gentlemen. Endlich können wir wieder mit unseren Freunden, den DuPonts in Wilmington und mit Jack Morgan, Kontakt aufnehmen. Gerade in den letzten Jahren habe ich die Trennung von ihnen als besonders schmerzlich empfunden.**

Körner greift nach den Händen der amerikanischen Offiziere, setzt an zum großen Shake hands.

UNTERSUCHUNGSOFFIZIER **Wir sind nicht hierhergekommen, um mit Ihnen zu plaudern. Bitte, kommen Sie mit.**

Körner stutzt. Dann schüttelt er den Kopf.

KÖRNER **Sorry, Gentlemen. Ich bedaure sehr, aber ich habe schon mehrere Termine.**

Er holt aus dem Jackett einen kleinen Terminkalender, blättert darin.

KÖRNER **Am Dienstag könnte es ganz gut passen. Da treffe ich mich mit dem befehlshabenden amerikanischen Oberst. Da könnte ich auch Ihnen zur Verfügung stehen. Gentlemen, die Militärregierung macht es allerdings sehr schwierig, da sie auf Passierscheinen besteht. Sie müßten mir also einen Passierschein besorgen. Oder am besten, warten Sie, am besten, vielleicht holen Sie mich mit Ihrem Wagen. . .**

Die beiden Offiziere haben Körner rechts und links am Arm gepackt und führen ihn ab.

Der letzte Schnee schmilzt in der Frühlingssonne. Ein Bach schlängelt sich durch die Wiese. Blühende Kirschbäume. Ein gelbes Rapsfeld. Heinrich hat sich die Hosenbeine hochgekrempelt, er watet im seichten Wasser. Auf dem Kopf hat er ein an den vier Ecken geknotetes Taschentuch zum Schutz gegen die Sonne. Am Ufer liegen Botaniknetz und Botaniktrommel.

Luise sitzt auf dem Steg und läßt die Beine ins Wasser baumeln. Sie hat den Rock über die Knie geschoben und liest laut vor.

LUISE **Schöner Jüngling. Kannst nicht länger leben,**
du versiechest nun an diesem Ort.
Meine Kette habe ich dir gegeben.
Deine Locke nehme ich mit mir fort.
Sieh sie an genau,
morgen bist du grau
und braun erscheinst du wieder dort.
Höre Mutter, nun die letzte Bitte.
Einen Scheiterhaufen schichte du,
öffne meine. . .

Aus der Ferne das rasch näherkommende Geräusch eines Autos. Luise schaut auf.

Ein amerikanischer Jeep hält auf dem Weg. Zwei Offiziere springen heraus, laufen die Böschung hinunter.

Einer der beiden hat einen Haftbefehl in der Hand.

OFFIZIER **Sind Sie Herr Doktor Beck?**

Heinrich schaut auf, nickt.

OFFIZIER **Sie sind verhaftet.**

Die Direktoren und Vorstandsmitglieder der Interessengemeinschaft, unter ihnen Körner, Sokolowski, Heinrich und Friedrich, betreten den großen, kahlen, hallenartigen Raum. Stühle sind aufgestellt, ein amerikanischer GI spannt ein großes, weißes Bettlaken an die Wand, ein anderer baut einen 16-mm-Projektor auf.

Die Industriellen nehmen Platz. Auffällig ist, daß sie nicht miteinander sprechen, sondern eher bemüht sind, gegenseitig auf Distanz zu gehen. Ein amerikanischer Offizier begleitet Spencer, den Vertreter der Anklage, in den Raum.

SPENCER **Die Vereinigten Staaten von Amerika werden Sie in einem Kriegsverbrecherprozeß vor einem Militärtribunal anklagen. Die Anklagepunkte lauten: Planung, Vorbereitung und Führung von Angriffskriegen und Einfällen in andere Länder, Raub und Plünderung, Versklavung und Tötung der Zivilbevölkerung, Kriegsgefangener und Konzentrationslagerinsassen.**

Der Untersuchungsoffizier gibt das Zeichen für den Filmvorführer.

Es werden die Aufnahmen gezeigt, die amerikanische und russische Kriegsberichterstatter gemacht haben bei der Befreiung des Konzentrationslagers Auschwitz.

In den Gesichtern der Industriellen ungläubiges Staunen, Verständnislosigkeit, ratloses Kopfschütteln. Sokolowski springt erregt auf.

SOKOLOWSKI **Das sind doch Leichen von Menschen, die umgekommen sind bei amerikanischen und englischen Bombenangriffen.**

Ein neben Sokolowski stehender junger amerikanischer Wachsoldat geht einen Schritt vor, schlägt ihm mit der Hand ins Gesicht.

Friedrich wird in Begleitung von zwei GI's in die Vernehmungsbaracke geführt.

Hinter dem Tisch hat Spencer Platz genommen. Er steht auf und bietet Friedrich mit einer Geste einen Stuhl an. Friedrich nimmt Platz.

Spencer setzt sich, nimmt einen Aktenordner vom Schreibtisch, blättert darin. Dann schaut er Friedrich an.

SPENCER **Ich habe hier eine Aussage von Professor Robert Elia Weiz. Professor an der Universität Strasbourg. Ein ehemaliger Häftling und international anerkannter Mediziner. Er hat im Krankenrevier von Monowitz gearbeitet. Er bezeugt, ich zitiere: „Ich fand bald heraus, daß das firmeneigene Konzentrationslager der I.G. Monowitz ein Vernichtungslager war. Durch die miserablen Bedingungen wurden die Gefangenen einem psychischen und physischen Verfall ausgesetzt, der schließlich in der Gaskammer endete. Das Ziel war deutlich. Die totale Entmenschlichung und schließliche Zerstörung der Gefangenen, die in der I.G. Auschwitz eingesetzt waren.**

Spencer nimmt die Brille ab und schaut Friedrich an.

Friedrich schaut vor sich hin. Er schweigt.

SPENCER **Waren Sie jemals in Auschwitz?**

FRIEDRICH **Ja.**

SPENCER **Haben Sie die Häftlinge gesehen, die auf der Baustelle gearbeitet haben?**

FRIEDRICH **Ich habe nur ein paar Arbeiter gesehen, die langsam arbeiteten und deren Köpfe geschoren waren.**

Spencer beugt sich nach vorne.

SPENCER **Haben Sie irgend etwas gesehen, Hinweise auf das, was mit den Häftlingen passiert ist?**

FRIEDRICH **Wenn etwas Unangenehmes dort geschehen sein sollte, hätt' ich es gar nicht wahrnehmen können, denn ich überblickte damals das Gelände von der Spitze des höchsten Gebäudes. Also konnte ich keine Einzelheiten erkennen.**

SPENCER **Haben Sie das Konzentrationslager Monowitz besucht?**

FRIEDRICH **Ja.**

SPENCER **Können Sie uns sagen, wie es dort aussah?**

FRIEDRICH **Es war schon spät am Nachmittag, so ungefähr 5 Uhr. Ich kann mich ganz genau erinnern. Es war schon dunkel, und deswegen konnte ich kaum etwas erkennen.**

Körner hat auf dem Stuhl, auf dem Friedrich gesessen hatte, Platz genommen.

SPENCER **Wieviel Geld wurde in die I.G. Auschwitz investiert?**

KÖRNER **Im Laufe der Jahre ungefähr eine Milliarde Mark.**

Spencer blättert in einer Handakte, dann nimmt er ein paar Seiten heraus, reicht sie hinüber zu Körner.

SPENCER **Diese Wochenberichte enthalten Mitteilungen über den Fortgang der Bauarbeiten und damit der Investitionen.**

KÖRNER **Ich bin der Meinung, was da drin steht, ist mehr die persönliche und impulsive Meinung des Verfassers. Diese Wochenberichte behandeln nur unwichtige Sachen. Ich habe sie so gut wie nie gelesen.**

SPENCER **Sind Investitionen von nahezu einer Milliarde Reichsmark für Sie unwichtig?**

KÖRNER **Diese Wochenberichte bezogen sich nur darauf, was im Laufe einer Woche passierte. Meistens wurde berichtet, daß nichts passiert ist.**

Spencer nimmt ein beschriebenes Blatt Papier, lehnt sich zurück.

SPENCER **Wochenbericht Nr. 126/127 für die Zeit vom 18.10. 43 – 31.10.43. Ich zitiere: Eine Sorge, die von Woche zu Woche brennender wird, bildet die ständig abnehmende Arbeitsmoral auf der Baustelle. . . Bedauerlich ist, daß die Gestapo bei der Behandlung von Fragen der Arbeitsbummelei nicht so prompt reagiert, wie dies von uns gewünscht wird. . .**

Bezüglich der Behandlung der Häftlinge war ich zwar stets dagegen, daß Häftlinge auf der Baustelle erschossen oder halb totgeschlagen werden, ich stehe jedoch auf dem Standpunkt, daß eine Züchtigung in gemäßigter Form notwendig ist – und so weiter und so weiter.

Spencer schaut auf.

SPENCER **Meinen Sie das damit, wenn Sie sagen, daß meistens berichtet wurde, daß nichts passiert ist?**

Heinrich sitzt jetzt auf dem Stuhl, wo Körner gesessen hat. Er verliest eine Rechtfertigungsrede.

HEINRICH **Die I.G. war eine Interessengemeinschaft. Ein Zusammenschluß für das Gemeinwohl. Ich war verantwortlich für 150 000 Arbeiter und ihre Familien. Und deshalb mußte ich im Geschirr bleiben. Ich war immer loyal gegenüber meinem Vaterland. Mein Lebenswerk. . .**

Heinrich hält plötzlich inne. Er faltet den Zettel zusammen und steckt ihn ein.

HEINRICH **Er vernichtete mein Lebenswerk – Hitler – Hitler.**

SPENCER **Allein 300 000 Häftlinge haben die I.G. Auschwitz durchlaufen. Fünfundzwanzigtausend davon haben sich auf der Baustelle buchstäblich zu Tode gearbeitet. Die anderen, wenn alle Energie aus ihnen herausgepumpt war, kamen nach Birkenau.**

Unterstellt, daß Sie die menschenunwürdige Behandlung weder gewollt noch herbeigeführt haben. Aber niemand, der Auschwitz besuchte, konnte übersehen, daß es ein Vernichtungslager war. Warum verteidigen Sie sich nicht? Wahrscheinlich haben auch Sie nichts davon gewußt, haben nichts gesehen, nichts veranlaßt. Was ich einfach nicht verstehen kann, ist, daß nicht einer von Ihnen den Mut hat aufzustehen, die Wahrheit zu sagen und die Verantwortung zu übernehmen. Das ist doch etwas, worauf Sie sich verstehen. Verantwortung zu tragen, im Geschirr zu bleiben, wie Sie vorhin sagten.

Spencer nimmt ein Dokument aus seiner Handakte, steht auf, geht damit zum Fenster, hält es ans Licht, um besser lesen zu können.

SPENCER **Keine Antwort. Dann passen Sie mal auf. Ich habe hier eine Zeugenaussage. Von einem Ihrer Mitarbeiter in Auschwitz. Vielleicht wird das Ihr Gedächtnis auffrischen. Ich zitiere: Die Häftlinge mußten schwere körperliche Arbeit leisten. Zum Beispiel Stahlträger, Rohre, Kabel, Zementsäcke tragen. Ich habe gesehen, wie Häftlinge gezwungen wurden, im Marschtempo zu arbeiten. Wie sie es nicht schafften und zusammenbrachen. Daß Arbeitsgruppen von vier- bis fünfhundert Häftlingen am Abend oft bis zu zwanzig Leichen zurück ins Lager brachten. Die Toten wurden zum Appellplatz getragen und als anwesend gezählt. Alle Mitarbeiter der I.G. wußten, was vor sich ging. Niemand konnte in Auschwitz wohnen oder arbeiten oder auch nur zu Besuch kommen, ohne zu erfahren, was jeder wußte.**

Heinrich schweigt. Spencer steht auf. Er geht zur Türe und verschwindet im Nebenraum. Carl steht auf. Spencer geht zu ihm hinüber.

CARL **Wie hat er reagiert?**

SPENCER **Wie ich es Ihnen gesagt habe.**

Carl schaut zu Boden.

SPENCER **Gehen Sie hinein. Reden Sie mit ihm, Sie werden ja sehen.**

Carl betritt den Verhörraum. Heinrich ist überrascht. Doch dann geht er mit raschen Schritten auf ihn zu. Er umarmt ihn.

HEINRICH **Wie schön, daß du gekommen bist. Hast du deine Mutter gesehen? Weiß sie, daß du hier bist.**

CARL **Ich habe mit ihr telefoniert.**

HEINRICH **Sie kommt morgen oder übermorgen. Sie hilft mir bei der Verteidigung. Sag, wie geht es dir? Was machst du eigentlich hier?**

CARL **Während der Gefangenschaft gab es Zeitungen. Sie berichteten von diesem Prozeß. Damals hab ich mich entschlossen, hier als Zeuge auszusagen.**

Heinrich geht einen Schritt zurück.

HEINRICH **Du hast diese Aussage gemacht?**

Carl nickt.

HEINRICH **Wie kommst du dazu? Wie kannst du nur so etwas behaupten?**

CARL **Weil es die Wahrheit ist.**

HEINRICH **Woher willst du wissen, was die Wahrheit ist?**

CARL **Die Wahrheit ist, daß wir uns schuldig gemacht haben. Deshalb werde ich alles sagen, was ich gesehen und gehört habe.**

Heinrich geht erregt zurück zu seinem Stuhl. Er setzt sich.

HEINRICH **Aber warum du? Warum willst ausgerechnet du gegen mich aussagen? Gegen deinen eigenen Vater. Willst du dich rächen? Wir – ich war daran beteiligt, das gebe ich zu. Aber niemand in diesem Krieg ist ohne Schuld.**

CARL **Das einzige, was unsere Schuld auslöschen kann, ist, mit offenen Augen hinzuschauen und zu sehen, was wir getan haben.**
Ich hatte genügend Zeit darüber nachzudenken. Unsere Opfer, all diese Toten verlangen nicht nach Rache. Sie verlangen etwas ganz anderes. Sie warten auf unsere Trauer. Aber all eure Rechtfertigungen hier zeigen nur, daß ihr unfähig dazu seid.

Heinrich ist aufgestanden. Er dreht sich um.

CARL **Du tust mir leid.**

HEINRICH **Also dann. . .**

CARL **Brauchst du noch etwas?**

Heinrich schüttelt den Kopf.

HEINRICH **Ich habe alles, was ich brauche. Leb wohl. Wir sehn uns wieder. Du im Zeugenstand, ich angeklagt.**

Max in Uniform steht neben der Portiersloge. Auf dem Rücken einen grünen Armeesack.

Der alte Portier kommt die große Marmortreppe heruntergelaufen. Er bleibt vor Max stehen. Max läßt den Sack von den Schultern gleiten und streckt dem Portier die Hand hin. Der Portier schaut zu Boden. Er schüttelt den Kopf.

PORTIER **Ich kann Ihnen die Hand nicht geben.**

MAX **Warum nicht?**

PORTIER **Nach allem, was geschehen ist. Ich schäme mich.**

Max geht einen Schritt auf den Alten zu, nimmt seine Hand.

Max kommt die Treppe hoch. Der Portier läuft ihm hinterher.

PORTIER **Sie werden bereits erwartet.**

MAX **So? Wer ist es denn?**

PORTIER **Ich weiß es nicht. Er hat es mir nicht gesagt. Er muß Sie dringend sprechen. Es sei wichtig.**

Max betritt den leeren Schalterraum. In der Mitte der Halle bleibt er stehen. Er schaut hinauf zum Fenster, an dem sein Vater immer gestanden hat.

Das Fenster zum ehemaligen Kontor ist geschlossen. Hinter der zerbrochenen Scheibe der Schatten von Spencer.

MAX **Kann mir schon denken, was er von mir will. Mr. Spencer? Sind Sie es?**

SPENCER **Mr. Bernheim. Schön, daß Sie es noch geschafft haben. Uns bleibt nicht mehr viel Zeit. Die Maschine nach Nürnberg geht in ein paar Stunden. Wir brauchen Ihre Hilfe.**

Spencer hat seine randlose Brille abgenommen. Er hält sie gegen das Licht, haucht die Gläser an und versucht, sie mit einem Zipfel seines Hemdes zu putzen.

SPENCER **Denken Sie daran, was Roosevelt gesagt hat. Niemand, der an diesen Verbrechen beteiligt war, darf ungestraft bleiben. Nur wenige können aus eigener Erfahrung berichten, wie es dazu gekommen ist. Helfen Sie uns.**

Max sieht sich in dem Raum um. Überall Schutt und Dreck. Er stößt mit dem Fuß an ein zerbrochenes Bild.

MAX **Sie wissen, was Sie da vorhaben? Sie wollen hochqualifizierte Wissenschaftler vor ein Tribunal stellen. Liebevolle Familienväter, gebildete Vetreter des deutschen Bürgertums, tüchtig, gewissenhaft, die Elite. Das Beste, was damals zu haben war in Deutschland. Sind Sie denn so sicher, daß eine Anklage gegen die Direktoren der I.G. Erfolg haben wird? Diese Herren werden doch wieder gebraucht.**

SPENCER **Das schlimmste für uns ist, sie ahnen es. Dementsprechend verhalten sie sich auch.**

MAX **Aber wie wollen Sie sie für diesen Krieg verantwortlich machen? Sie waren weder in der Armee, noch im Kriegsministerium. Worin also unterscheiden sie sich von ihren amerikanischen oder englischen Kollegen?**

Spencer zuckt resigniert mit den Schultern.

SPENCER **Die Generäle wollen nicht, daß ihre deutschen Kollegen vor ein Tribunal gestellt werden. Die Diplomaten wollen keinen Prozeß gegen Diplomaten und unsere Industriellen keinen gegen die, mit denen sie früher einmal Geschäfte gemacht haben.**

Spencer schaut unruhig auf die Uhr. Er steht auf.

SPENCER **Ich hab nicht mehr viel Zeit. Vielleicht haben Sie recht, nicht mit nach Nürnberg zu kommen. Vielleicht fehlt mir die nötige Überzeugungskraft. Aber wenn wir ihnen jetzt nicht den Prozeß machen, dann bleibt nur noch eine Gruppe übrig, die wir verantwortlich machen können: Die Opfer in ihren Gräbern. Leben Sie wohl.**

Auch Max ist aufgestanden. Auch er schaut auf seine Uhr.

MAX **Warten Sie. Ich muß nur noch ein paar Sachen packen. Wieviel Zeit haben wir noch?**

Spencer ist zufrieden.

SPENCER **Wenn Sie sich beeilen, schaffen wir es.**

STEWARD **Wenn Sie bitte solange in der Lounge Platz nehmen. Ihr Flug wird in etwa zwei Stunden aufgerufen.**

Max sitzt in der Lounge. Er schmeißt die Zeitung auf den Tisch.

MAX **Amerikanische Abgeordnete behaupten, daß unter den Vertretern der Anklage kommunistische Sympathisanten seien. Wie finden Sie das?**

Spencer steht am Fenster, schaut hinunter in die Abflughalle. Er dreht sich um, nimmt die Zeitung vom Tisch, faltet sie auseinander.

SPENCER **„Was sich in Nürnberg abspielt, ist eine Schande für die Vereinigten Staaten. Alle anderen Länder haben ihre Hände gewaschen und sich aus dieser Prozeßorgie zurückgezogen. Aber zweieinhalb Jahre nach Ende des Krieges betreibt eine rassische Minderheit in Nürnberg im Namen der Vereinigten Staaten nicht nur die Hinrichtung deutscher Soldaten, sondern auch einen Prozeß gegen deutsche Geschäftsleute. Und so weiter und so weiter.**

Spencer läßt die Zeitung sinken.

LAUTSPRECHER **Abflug PAN AMERICAN nach Nürnberg.**

Luise hat Max in seinem Büro aufgesucht. Sie hat auf einem Stuhl vor seinem Schreibtisch Platz genommen.

LUISE **Es tut mir leid. Was geschehen ist, können wir nicht mehr ändern. Wir haben damals alles unternommen, um Ihren Vater zu retten. Aber was hätten wir tun können, als wir von den Verbrechen erfuhren? Glauben Sie, keiner von uns hat gewollt, daß das passierte.**

Luise kramt nervös in ihrer Tasche, bringt ein Päckchen Zigaretten zum Vorschein, steckt sich eine an. Luise macht ein paar hastige Züge. Sie schaut sich um. Max schiebt ihr einen Aschenbecher hinüber.

LUISE **Es sind keine schlechten Menschen, keine Verbrecher.**

MAX **Machen Sie sie nicht kleiner als sie sind.**

LUISE **Wir haben von diesen entsetzlichen Dingen erst erfahren, als es zu spät war. Sie wissen es doch selbst. Damals, als die I.G. sich mit den Nazis zusammengetan hat, hatte keiner von uns die Vorstellung von dem, was sich einmal in Auschwitz zutragen würde.**

MAX **Das ist einfach zu wenig. Wenigstens geben Sie zu, überhaupt etwas gewußt zu haben. Das ist schon viel. Die Angeklagten leugnen alles, machen Ausflüchte, schieben sich gegenseitig die Verantwortung zu. Benehmen sich, als wären sie zutiefst von ihrer Unschuld überzeugt.**

LUISE **Deshalb bin ich zu Ihnen gekommen. Um Ihnen zu sagen, daß ich mich schäme. Aber trotzdem alles tun werde, meinem Mann bei seiner Verteidigung zu helfen. Leben Sie wohl Max, und bitte, verzeihen Sie mir.**

Max ist aufgestanden, begleitet sie zur Türe. Luise streckt ihm die Hand hin. Er ergreift sie zögernd.

Max Bernheim kommt den Gang im Justizpalast entlang. Er bleibt an einem Getränkeautomaten stehen und füllt ein Kännchen mit Kaffee. Am unteren Ende des Korridors ausländische Journalisten, die aufgeregt miteinander diskutieren. Einer der Reporter winkt aufgeregt mit der HARALD TRIBUNE.

REPORTER **Hört euch das an, die neueste Schlagzeile. Die Kommunisten haben in der Tschechoslowakei die Macht übernommen. Bernheim, haben Sie schon das Neueste gehört? Die Kommunisten haben Gottwalt zum Ministerpräsidenten gemacht und in der Tschechoslowakei die Staatsgewalt übernommen. Churchill sagt, wir hätten das falsche Schwein geschlachtet.**

Auf der Treppe sieht Max Sokolowski im Gespräch mit Spencer.

Sokolowski schaut Spencer nachdenklich an.

SOKOLOWSKI **Was ist, wenn ich im Sinne der Anklage aussage?**

SPENCER **Dann kommen Sie nicht ins Gefängnis.**

SOKOLOWSKI **Darf ich Ihnen etwas verraten? Die anderen kommen nicht ins Gefängnis. Und wie steh ich dann da?**

Sokolowski verabschiedet sich und geht an Max vorbei. Max schaut ihm fassungslos nach. Spencer kommt auf ihn zu.

SPENCER **Sie wundern sich wahrscheinlich, warum er frei herumläuft. Er hilft uns hin und wieder. Sein Gedächtnis ist phänomenal. Kommen Sie. Machen Sie nicht so ein Gesicht. Auch die Anklage kommt manchmal in Beweisnot.**

Das Büro der Anklage ist ein kahler Raum. Auf Holzböcken Bretter, die vollbepackt sind mit Akten. In der Mitte des Zimmers ein Stuhl, eine Lampe, ein Tisch. Max schiebt einen Aktenberg zur Seite und starrt schweigend vor sich hin.

MAX **Diese Aussagen sind wirklich unglaublich. In London haben wir mehr davon gewußt, was in der I.G. Auschwitz wirklich los war, als die, die dafür verantwortlich waren. Ich versteh' nicht. Glauben die wirklich, so einfach davonzukommen?**

Spencer steht auf.

SPENCER **Kommen Sie, lassen Sie uns irgendwo etwas trinken.**

Vor der Nachtbar ein paar deutsche Fräuleins mit Amerikanern. Ein paar Schwarzhändler. Ein Jeep kommt vorgefahren. Spencer und Max steigen aus. Sie gehen in die Bar.

Ein kleiner, voller, verräucherter Raum mit einer provisorischen Bühne, auf der ein schwarzer Flügel steht. Der Inhaber des Etablissements hebt beschwichtigend die Hände.

INHABER **Ladies und Gentlemen, ich bitte um Ruhe und Applaus für unseren Star des Abends.**

Max Bernheim und Spencer sitzen an einem kleinen Tisch mit dem Rücken zur Wand.

Die GI's und ihre Ami-Liebchen klatschen. Spencer setzt das Glas ab, blickt zur Bühne.

Das Licht geht aus. Der Spotscheinwerfer flammt auf, Anni tritt auf in einem schwarzen Paillettenkleid. Während sie singt, geht sie langsam durch die Reihen. Es ist der gleiche Schlager, den sie in ihrem ersten UFA-Film gesungen hat. Nur diesmal in englischer Sprache.

Vor Max Bernheim bleibt sie stehen. Max schaut sie mit großen Augen an.

Anni blickt auf ihn hinunter, sie dreht sich um, geht wieder denselben Weg zurück, singt das Lied zu Ende. Max schaut Anni nach.

SPENCER **Sie kennen sie?**

Max nickt. Spencer steht auf.

SPENCER **Sie kümmert sich hier um einige der Angeklagten. Sie backt und kocht für sie. Und ersingt sich hier die Naturalien dazu. Gute Nacht. Ich nehme an, Sie bleiben noch ein wenig.**

Max nickt. Spencer nimmt seinen Hut. Er geht durch das Lokal hinaus. Draußen holt er tief Luft, dann faßt er mit beiden Händen den Mantel, schlägt ihn übereinander und verschwindet in der Nacht.

Anni hat am Tisch von Max Platz genommen.

MAX **Wie geht es Charlotte? Ist sie auch in Nürnberg?**

Anni schüttelt den Kopf.

ANNI **Nach dem Zusammenbruch ging sie in ein Sanatorium. Sie wollte nicht wahrhaben, daß der Krieg verloren war. Und was hier in Nürnberg passiert.**

MAX **Und die Zwillinge?**

ANNI **Edmund ist gefallen.**

Anni steht auf.

ANNI **Na dann, ich muß wieder singen.**

Sie dreht sich noch einmal um.

ANNI **Ach ja. Elli hat sich scheiden lassen. Weiß sie überhaupt, daß Sie wieder in Deutschland sind?**

Max schüttelt den Kopf. Anni öffnet ihren Lippenstift und kritzelt damit eine Nummer auf die Papiertischdecke.

ANNI **Ihre Telefonnummer. Vielleicht versuchen Sie's einmal.**

Anni lehnt an dem Klavier. Sie hat ihren letzten Auftritt. Das Lokal hat sich schon etwas geleert. Max steht an der Theke. Der Barkeeper hat den Telefonhörer in der Hand.

BARKEEPER **Einen Augenblick.**

Er gibt den Telefonhörer weiter an Max.

BARKEEPER **Hier Ihre Verbindung.**

Max legt die linke Hand auf die Sprechmuschel. Ellis Stimme ist zu hören.

ELLI **Hallo. Wer ist da? So sprechen Sie doch. . .**

Max legt den Telefonhörer zurück auf die Gabel. Er schiebt dem Barkeeper eine Dollarnote zu. Dann geht er zurück zu seinem Platz. Ein hochgewachsener breitschultriger Amerikaner in Zivil schaut ihm nach. Er leert das Bierglas in einem Zug, wischt sich den Mund und geht Max nach.

Vor dem Tisch, an dem Max Bernheim sitzt, bleibt der Amerikaner stehen, verbeugt sich. Max Bernheim schaut erstaunt auf.

MR. SMITH **Mr. Bernheim? Darf ich mich vorstellen. Sagen wir, Smith, John Smith. Hätten Sie etwas dagegen, wenn ich mich für einen Moment zu Ihnen setze?**

Ohne besondere Aufforderung nimmt Mr. Smith am Tisch von Max Bernheim Platz.

Mr. Smith dreht sich um, blickt hinüber zur Bühne. Anni hat ihre Nummer beendet. Mr. Smith nickt Max anerkennend zu.

MR. SMITH **Sie haben Probleme? Bestimmt eine Frau. Nehmen Sie es nicht so schwer.**

MAX **Wer sind Sie? Was wollen Sie?**

Die Kellnerin kommt, nimmt die Bestellung auf.

MR. SMITH **Für mich bitte noch ein Bier.**

Er beugt sich vor.

MR. SMITH **Drüben im Pentagon machen uns zwei Probleme Kopfzerbrechen. Die Russen und die Atombombe. Ich möchte ganz offen mit Ihnen sein.**

MAX **Bitte, tun Sie sich keinen Zwang an.**

Die Bedienung stellt ein großes Glas Bier auf den Tisch.

MR. SMITH **Wir fürchten, daß die Anklage versucht, den Angeklagten so eine Art Kriegskomplott nachzuweisen.**

Max Bernheim schüttelt den Kopf.

MAX **Ich verstehe Sie nicht.**

MR. SMITH **Dann will ich es Ihnen erklären. Wie können wir unsere Industrie auffordern, aufzurüsten und Kriegsgüter herzustellen, während wir hier ihre Geschäftspartner deswegen vor einem Tribunal anklagen und verurteilen.**

Max Bernheim beugt sich vor.

MAX **Hören Sie, Mr. Smith. Sie sind nicht der einzige, der hier diese Frage stellt. Vielleicht fragen Sie mal die Herren, die für die Anklage zuständig sind? Ich bin hier nur ein Sachverständiger.**

Mr. Smith nimmt einen kräftigen Schluck aus seinem Glas, er wischt sich den Schaum vom Mund. Er lacht.

MR. SMITH **Das ist etwas, was ihr Deutschen wirklich könnt – ein gutes Bier brauen. Sagen Sie, Mr. Bernheim, Sie sind doch Jude?**

Max Bernheim nickt.

MR. SMITH **Sehen Sie, nehmen Sie es bitte nicht persönlich, aber wir finden, es sind einfach zu viele Juden in der Anklage.**

Die Villa liegt im warmen Nachmittagslicht. Georg geht durchs ganze Haus. Er schaut in jedes Zimmer. Er ist allein. Im Kinderzimmer bückt er sich, um in sein Kinderhaus hineinzukommen. Auf dem Dachboden nimmt er im Labor Gläser und Tiegel in die Hand. In der Bibliothek setzt er sich in den Sessel am Fenster, in dem sein Großvater immer saß, und schaut hinaus.

Charlotte kommt aus dem Sanatorium zurück. An der Einfahrt bittet sie den Fahrer anzuhalten. Sie steigt aus und kommt langsam, etwas gebeugt und älter geworden, über den Rasen auf das Haus zu.

Georg sieht sie kommen. Er läuft aus dem Haus, ihr entgegen. Er nimmt sie in den Arm.

GEORG **Komm heim, Mama. Es sind keine Amerikaner mehr da im Haus.**

Beide gehen Arm in Arm ins Haus.

Nachspann

In Nürnberg wurden 10 der Angeklagten sofort freigesprochen, dreizehn weitere zu Gefängnisstrafen zwischen 1½ und 8 Jahren verurteilt, aber nach kurzer Zeit schon wieder auf freien Fuß gesetzt. Einige von ihnen halfen als Männer des Wirtschaftswunders tatkräftig beim Wiederaufbau der Bundesrepublik.

Die I.G. wurde liquidiert.

Heute ist jede der drei Nachfolgefirmen größer als die I.G. auf dem Höhepunkt ihrer Macht.

GEHEIMRAT DEUTZ	**Burt Lancaster**
CHARLOTTE DEUTZ	**Julie Christie**
HEINRICH BECK	**Bruno Ganz**
FRIEDRICH DEUTZ	**Dieter Laser**
LUISE BECK GEB. DEUTZ	**Tina Engel**
BANKIER BERNHEIM	**Martin Benrath**
GEORG DEUTZ	**Herbert Grönemeyer**
DR. KÖRNER	**Christian Doermer**
SOKOLOWSKI	**Alexander Radszun**
ELLI DEUTZ	**Katharina Thalbach**
ANNI	**Cyrielle Claire**
MAX BERNHEIM	**Hannes Jaenicke**
OLGA	**Daphne Wagner**
JUDITH BERNHEIM	**Laura Morante**
ULRICH DEUTZ	**Rüdiger Vogler**
CARL BECK	**Burkhard Heyl**
EDMUND DEUTZ	**Martin Falk**

sowie
Werner Abrolat · Holger Artl · Hark Bohm · Hans Brenner · Gert Burkhard · Christopher Burton · Jean Claudio · Sean Conway · Robert Cunningham · Andre Dumas · Bernd Fischerauer · John Fosberry · Heidemarie Geese · Günter Geiermann · Paul Glawion · Ludwig Haas · Marcus Hetzner · Anna Karesová · Jan Kotva · Karlheinz Lemken · Ute Loeck · James Drew Lucas · Jan Meyer · Rainer Penkert · Holger Petzold · Jiri Pleskot · Christoph Quest · Osman Ragheb · Marshall Raynor · Peter Reinhardt · Wilm Roll · Nicolas Roth · Peter Sehr · Edgar Selge · Otto Sevcik · Heinz Schimmelpfennig · Franziska Stömmer · Miroslav Svoboda · Chad Tabor · Lutz Teschner

BILDGESTALTUNG	**Dietrich Lohmann**
AUSSTATTUNG	**Götz Weidner · Erhard Engel**
KOSTÜME	**Barbara Baum · Monika Jakobs**
MASKE	**Peter Knöpfle · Heidi Kirsch · Albin Löw · Georgette Kunsemüller · Klaus Börrnert**
MUSIK	**Peer Raben**
SCHNITT	**Jean-Claude Piroué**
TON	**Rainer Wiehr · Werner Böhm · Holger Gimpel**
PRODUKTIONSLEITER	**Dieter Minx**
REDAKTION	**Wolf-Dietrich Brücker**
PRODUZENTEN	**Jörn Schröder · Helmut Krapp**
BUCH UND REGIE	**Bernhard Sinkel**

Burt Lancaster

Julie Christie

Bruno Ganz

Dieter Laser

Tina Engel

Martin Benrath

Herbert Grönemeyer

Christian Doermer

Alexander Radszun

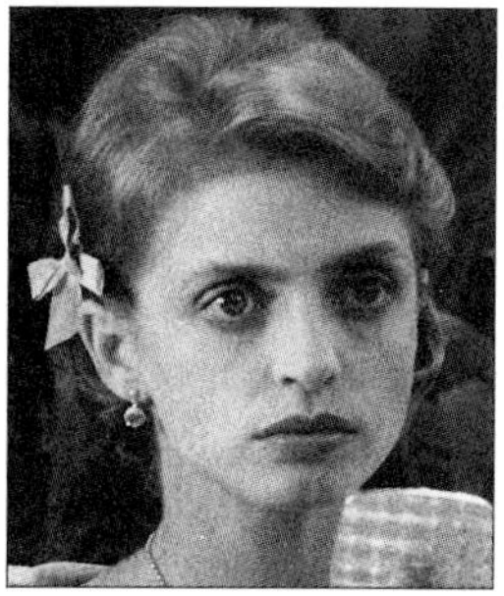
Katharina Thalbach

Hannes Jaenicke

Daphne Wagner

Laura Morante

Rüdiger Vogler

Cyrielle Claire

Anhang

Christiane Grefe
Rekonstruktion eines Filmprojektes

Cool und gelassen bleibt so eine wie ich überhaupt nicht, wenn sie mit jenem Götz Weidner redet, der als Filmarchitekt dieser wundervoll schlichten ersten Fernseh-Science-Fiction-Serie „Raumschiff Orion" schon maßgeblich die Aktivitäten in ihrem Kinderzimmer beeinflußt hat – oder mit anderen, die am Drehbuch oder an der Maske zum „Boot" oder „Berlin Alexanderplatz" mitgewirkt haben. Im Gegenteil versetzt es mich jedes Mal in hellaufgeregtes inneres Flimmern, wenn ich das Gelände der „Bavaria" betrete – gar nicht so sehr wegen des Gefühls, „nah beim Star" zu sein. Vielmehr fasziniert mich: Diese besondere Synthese aus Hirn, Herz und Handwerk beim Film, aus Können und vielfach herbeigeführtem Zufall; das Verschmelzen der großen Ursprungs-Idee eines einzelnen mit den vielen Ideen der anderen, von Gefühl, Geschichte und Geschichten mit Schreinerei und Tonband, von Organisation, Schauspielkunst und Transportproblemen, von Bautenzeichnung, Phantasie und Übernachtungskosten, von viel Geld und Klamotten, Koordination und Schminke, Zoff und Zeit zu einem Material, das vervielfältigbar ist, das, über den Projektor bewegt, einer anfänglichen Vorstellung vielleicht nahekommt und bei Tausenden tausendfach neue erzeugt. Manche von denen erleben wie ich mit Staunen, zum Beispiel bei der mystifizierenden Entmystifizierungs-Selbstinszenierung „Film-Tour", daß etwa die tolle olle Bavaria der „Fabrik" doch viel mehr entspricht als ihrer Vorsilbe „Traum". Und auch das liebe ich an dieser Art von Warenproduktion: Sie entzieht sich im jeweiligen chaotischen Einzelfall noch immer und wohl für immer weitestgehend den ernüchternden Klauen der elektronischen Datenverarbeitung.

Das wird zum Beispiel im Büro des – mittlerweile zum Bavaria-Herstellungsleiter avancierten – „Väter und Söhne"-Produktionsleiters Dieter Minx deutlich. Der Weg führt durch nackten ungeschmückten, nüchternen Flur über die abgetretene Treppe eben einer Fertigungsstätte. Da hängt, während Minx längst nur noch „mit der Krümelkacke aus lauter sonen Sachen bei den Nachwehen der Produktion" beschäftigt ist, noch immer ein etwa zwei mal einen Meter großes, mehrfach überklebtes Stück Papier an der Wand, das in winzige, höchstens halbe Quadratzentimeter umfassende Kästchen aufgeteilt ist und dessen Tabellenachsen irgendwie Drehorte und -termine, Schauspieler und Buchszenen zusammenbringen. München, Prag, Nürnberg, Heidelberg, DDR, Salzburg, steht oben über Daten, Feiertagen, rätselhaften Ziffern und Schraffierungen. In den Kästchen Bleistiftzahlen: „2" ist Dieter Laser, „6" Bruno Ganz, „12" Christian Doermer. Drehplan, nennt Dieter Minx diese Filigranarbeit kühn – das Herzstück der „Väter und Söhne"-Verfilmung. „Das war ein unglaubliches logistisches Problem! Ein Wanderzirkus über acht Monate, die Schauspieler alle mit unterschiedlichen Theaterterminen und Filmverpflichtungen, mit An- und Abreise, der Lancaster hatte nur fünf Wochen Zeit – und das alles mit einer sinnvollen Drehfolge der einzelnen Szenen unter einen Hut zu kriegen. . .", stöhnt der ruhige und runde, aber nicht beleibte Dieter Minx noch nachträglich in leutseligem Berlinerisch. „Laufend mußten Sachen umgeschmissen werden – dann sind alle sauer, denn alle arbeiten nur nach diesem Stück Papier: Maske, Regieassistenz, Kostüme. . . wenn etwa der Bruno Ganz am 12. Juni einen Frack braucht, der in der Szene nicht vorgesehen war, dann kriegt er den nicht." Alltagsessenzen, aus denen ein Fernseherеignis gebraut wird; Arbeitsplätze, an denen das Abbild deutscher Größe, deutschen Größenwahns und deutscher Schuld, das unter die Haut geht, genauso konstruiert wird wie Schimanski, der Fahnder oder Formel 1.

Im Anfang war das Drehbuch. Seit 1981 in Bernhard Sinkels Kopf und Herz und auf riesigen Papierbogen in breiten Zeilen aus winziger Handschrift in Skizzen in Kolonnenform mit zahllosen Pfeilen und Randnotizen bereits im Werden, beginnt sein offizieller Weg im September 1982: Günter Rohrbach erteilt den Drehbuchauftrag, nachdem er beim WDR die Bereitschaft zur Produktion abgesichert hat. „Im Zuge dieser ganzen Diskussion um ‚Holocaust' tauchte ja auch die Frage auf, welche Rolle eigentlich die Industrie gespielt hat", sagte Rohrbach. „Doch dieses Problem ist immer wieder verdrängt worden. Es wurde nie im Zusammenhang dargestellt." Berührungsängste habe es beim WDR überhaupt nicht gegeben. Aber ob das heute auch noch so wäre? „Inhaltlich hätte ich da keine Bedenken, aber ob man sich den Luxus einer solchen Produktion noch leisten würde unter dem Druck von Landesrechnungshof und KEF und eigener Revision – ich bin da nicht so sicher."

Doch Bavaria-Fernsehchef Helmut Krapp hegt seine Zweifel. „Solche großen Geschichten wird es im Fernsehen nicht mehr allzu häufig geben", meint er. Vier schwere Bände in Schwarz, Weiß, Rot und Gold lagen im Herbst 1983 auf seinem Schreibtisch: Sinkels erster Entwurf. Alle schwärmen davon. Der eine sagt es leicht pathetisch: „Gleich der seltene, ganz große Wurf" (WDR-Fernsehspielchef Gunther Witte) – der andere seinem Naturell entsprechend eher nüchtern: „War im großen und ganzen gleich gelungen" (Redakteur Wolf Dietrich Brücker); der dritte, Günter Rohrbach, als Papa Deutsches Kino richtig väterlich: „Sinkel war ja sehr unsicher, als er zu mir kam. In der Zusammenarbeit mit Alf Brustellin war wohl Brustellin immer der Schreiber gewesen. Ich finde aber, daß Sinkel gerade sehr

Bernhard Sinkel

gute Bücher geschrieben hat." Nach dem großen Verlust ist es für Sinkel selbst „auch eine Befreiung aus der Symbiose mit Alf" gewesen, „Väter und Söhne" zu schreiben.

All das heißt nicht, daß nicht noch zwei Jahre lang am Buch gearbeitet wurde. Zuerst nur mit dem alten Bavaria-Hasen Krapp, später zu viert auch mit Produzent Jörn Schröder und dem WDR-Redakteur (der dort von Max von der Grün bis zur Roten Erde mit Vorliebe Industriegeschichte betreut) wird „in Team-Arbeit im besten Sinne" (Brücker) aus einer erst geplanten Rückblenden-Geschichte eine „Zopfdramaturgie" entwickelt oder, wie Bernhard Sinkel sagt, „ein geheimer Stafettenlauf, bei dem die Firmengeschichte vorangetrieben wird, immer dann, wenn die vertrauten Personen zusammenkommen"; wird, was Sinkel doch noch eher scheu entworfen hatte, Krapps Aufmunterung angepaßt: „Mach es groß!", wird aus einem noch näher an historischer Chronologie entlang konzipierten Stück „immer mehr ein Kunstgebilde" herausgearbeitet, so Krapp, „bei dem von Anfang an klar war, daß der Unterhaltungsquotient nicht über Gebühr heruntergemendelt werden sollte. Der ist aber ohnehin sehr groß, wie ja auch beispielsweise die Flick-Affäre einen hohen Unterhaltungswert besitzt."

Rheinland-Besetzung und Schlieffen-Plan etwa fliegen raus. Zentral die Frage: Kommt Hitler vor? Sinkel will erst nicht. „Er sollte doch wenigstens von hinten zu sehen sein", meint einer. Günter Rohrbach findet: „Man muß die Dämonisierung Hitlers überwinden, darf nicht so tun, als könne man ihn nicht spielen." Wo die Szene drehen? Was macht Hitler, während er redet? Unsicherheit. „Auch Chaplin wußte schon, daß diese Figur nicht darstellbar ist", urteilt im nachhinein Helmut Krapp. Und leicht trotzig wirkt Sinkels Auskunft über die Szene. Etwas wunderlich schmunzelnd erläutert er nicht viel mehr dazu, als daß „Hitler ein Mann ist, der ein Erdbeertörtchen essen muß. Er will das Törtchen, aber er hat einfach Angst, zu dick zu werden. Deshalb beißt er nur einmal ab. Übrigens verbrennt sich sein Gegenüber dabei die Lippen am Kaffee." Es fällt weiter die Grundentscheidung, daß Friedrich Deutz und Heinrich Beck als zentrale Figuren die ganze Geschichte durch tragen sollen – auch wenn, wie Bernhard Sinkel meint, „das Leben sich ganz anders abspielt, mit viel mehr Fluktuation. Im Film machen zehn Leben eine Figur."

Das ist in diesem Fall nicht zuletzt aus juristischen Gründen so. Sich abzusichern, daß historische Vorbilder für Väter- und Söhne-Figuren, ihre Handlungen und ihre Beziehungen untereinander nicht allzu kenntlich werden, ist ein zentraler Punkt bei den Drehbuchgesprächen. Denn wo es auch privat wird, wo nicht wie beim sogenannten Dokumentarspiel Pappkameraden ausschließlich Geschichte machen, sind Persönlichkeitsrechte berührt, könnten es Betroffene und ihre Angehörigen leicht haben, über ihr Einspruchsrecht den Film unglaubwürdig machen zu wollen. Beispielsweise könnte Heinrich Beck sehr viel mit der vielschichtigen und fatal in die Geschichte zweier Kriege eingebundenen Person des genialen Chemikers Carl Bosch zu tun haben.

Tatsächlich stimulierte seine Geschichte nicht nur den Drehbuchautor, sondern ein Foto Boschs auch den Darsteller Bruno Ganz zur zentralen Vorstellung von seiner Rolle. „Am Anfang war ein Foto", schreibt Ganz in Erinnerungen an die Dreharbeiten. „Als ich es zum ersten Mal sah, im Produktionsbüro der Bavaria, Halle I, nahm es mich sofort gefangen. DAS WAR'S! So mußte Beck aussehen: Stiftenkopf, Brille, alemannischer Schädel. Es erzählte mir alles auf absolute, eindeutige Weise. Eine abstrakte ‚Figur' aus Dialog und beschriebenem Verhalten war schlagartig zur Person geworden; ich konnte ‚ihn' sehen, dank dieses Fotos." Doch Heinrich Beck ist, wie alle anderen, eine Summen-Figur aus vielen Mächtigen der Chemie – aus Erfindungen und Recherchen wie persönlichen Beobachtungen, Erinnerungen und Dokumenten Bernhard Sinkels, der selbst einer Chemikerfamilie entstammt. Sein Vater war Prokurist bei der I.G. und später unter Karl Krauch, und damit dem Wirtschaftsministerium Görings, Chemiebeauftragter für das Ruhrgebiet. Seine Personen seien „nicht authentisch – aber nicht unwahr", meint Sinkel. Und, auf sauberes Verschleiern hoffend, Günter Rohrbach: „Wenn sich doch irgendwelche Personen in irgendwelchen Figuren wiederfinden, dann ist das nicht Absicht, sondern passiert."

Jörn Schröder, Bernhard Sinkel, Bruno Ganz

Geschichte zumindest als Stichwortgeber für „Väter und Söhne"-Geschichten: Zum Beispiel könnten die Akten um Norbert Jähne, der – selbst Ingenieur in Auschwitz – bei den Nürnberger Prozessen gegen den I.G.-Farben-Funktionär Friedrich Jähne, seinen eigenen Vater, aussagte, durchaus die – auch symbolische – Spannung zwischen Heinrich Beck und seinem Sohn Carl mit inspiriert haben. Oder das Schicksal Isidor Pollacks, des jüdischen Generaldirektors der österreichischen Skoda-Werke Wetzler, jene kalt-grausame Folter-Szene nach dem „Anschluß" – Pollack wurde tatsächlich von der SA brutal zu Tode getrampelt. Vielleicht gab auch Clara Haber ein Vorbild für die humanistische Haltung der Judith Bernheim ab. Sie hatte vergeblich ihren Mann, den Nobelpreisträger Fritz Haber, davon abzuhalten versucht, nach dem ersten Gasangriff auf dem Schlachtfeld von Ypres nun einen weiteren an der Ostfront zu planen. Clara Haber heißt es, habe sich deswegen umgebracht. Sinkel schreibt um, fügt hinzu, erneuert. „Das hat die Prägnanz verbessert", sagt er. „Auch wenn ich manchmal geflucht habe wie ein Bierkutscher, weil jede Änderung Arbeit an vier Büchern bedeutete." 6 Millionen Mark hatte der WDR anfänglich zugesagt – er erhöhte auf zehn. RAI in Italien, das FR 3 in Frankreich und schließlich auch das ORF in Österreich beteiligen sich. Leo Kirchs Taurus-Film kauft die englischsprachigen Rechte – und damit den amerikanischen Markt. „Das machen wir nicht gern", sagt Günter Rohrbach. „Aber für die Bavaria als Unternehmen, das von zwei Rundfunk-Werbetöchtern mitgetragen wird, sind Risikogeschäfte heikel. Und so eine Serie in den USA unterzubringen – das ist nicht im voraus berechenbar." Etwas über 18 Millionen Mark stehen schließlich zur Verfügung. Ausländische Schauspieler, Auflagen der ausländischen Partner, müssen eingeplant werden – und wenn's, wie im Falle Österreich, auch schließlich nur eine dialektgefärbte Synchronstimme für eine fremdsprachige Darstellerin ist. In bezug auf den US-Markt ist das freilich ein Glücksfall: mit Burt Lancaster komme, schwärmt Bernhard Sinkel, „eine ganz neue Dimension" in diese deutsche Saga. Auch Weltstar Julie Christie ist als Zugpferd und Schlüsselreiz für Abnehmer der Number-One-TV-Nation Folge der Taurus-Beteiligung – ebenso wie die Tatsache, daß in Englisch gedreht wird. „Väter und Söhne ist eine nach außen gerichtete Produktion", sagt Bernhard Sinkel im kulturpragmatischen Brustton desjenigen, der seit neuestem gemeinsam mit Ex-Taurus-Manager Bodo Skriba seine eigene Produktionsfirma betreibt. „Opern wurden ja auch auf Italienisch geschrieben. Und wir sind eben ein besetztes Land." – „Der einzige Weg, gegen den Kulturimperialismus anzugehen", fügt sein Kompagnon hinzu, „ist es, die Amerikaner mit ihren eigenen Waffen zu schlagen, damit sie einen nicht schon an der Tür abweisen." Burt Lancaster jedenfalls sei vom Drehbuch begeistert gewesen, heißt es. Er habe „unter seinem üblichen Preis" mitgewirkt – den ich hier aber leider nicht nennen darf. Der Regisseur und Autor lächelt zufrieden: „Ich habe schon die 18-Millionen-Fassung geschrieben, als alle anderen noch bei 6 Millionen waren. . ."

B. Sinkel, Burt Lancaster, Herbert Grönemeyer

B. Sinkel, Julie Christie

Doch auch so muß um jedes Detail gerechnet und gerungen werden, sind Drehorte festzulegen, Bauten, Honorare und Gagen, Kostüme und Statisten in zähem Ringen mit Produzent, Produktionsleitung und Ausstattung zu kalkulieren: die Kohle als schnöde profaner Input der künstlerischen Entscheidungsfindung. Da flirtet denn Friedrich Deutz mit seiner Tänzerin nunmehr statt auf einem Atlantik-Ozeanriesen (Dieter Minx: „Wo kriegen wir um Himmels willen den Dampfer her?") im Saale des New Yorker Waldorf Astoria-Hotels – auch wenn dieses in Wirklichkeit ganz anders heißt und in Karlsbad steht, wo man ohnehin zu tun hat.

Dieter Minx, Götz Weidner, Jürgen Kussatz vor Schloß Stein

Besagter Filmarchitekt Götz Weidner also tritt nun besonders heftig in Aktion. Zwar konnte er beim „Boot" und der „Unendlichen Geschichte" viel ausgiebiger seinem beruflichen Vergnügen des „Faking" frönen. Der sportlich in Popeline-Blouson gekleidete Profi-Pedant mit dem jungenhaften Haarschnitt, der seit den 60er Jahren gelernt hat, Illusionen zu basteln und mit dem geringstmöglichen Aufwand die größtmöglichen Lügen herzustellen, macht aus seiner Grundhaltung keinen Hehl: „Das Betrügen macht mir einfach Freude!" strahlt er – und wenn man Glück hat, verliert er sich gerade in lehrreichen Referaten über dieses sein Handwerk. Zum Beispiel erläutert er dann grinsend sein Unverständnis darüber, daß die Münchner jahrelang an der historischen Restaurierung der Kirchturmspitze vom Mariahilfplatz wirkten: „Die hätten wir denen doch in knapp zwei Wochen da draufgesetzt."

Im Falle „Väter und Söhne" jedenfalls sind zumindest Trick und Pappe weniger gefragt als kunsthistorisch möglichst glaubwürdiges Immobil und Mobilar. Allem voran steht dabei die Suche nach dem Ort, wo drei Generationen großbürgerlicher Familiengeschichte inszeniert werden sollen: der Villa Deutz. Über ein halbes Jahr lang wälzt Weidner Bücher, telefoniert, besichtigt Industrievillen, stellt Rechnungen auf. Ein Haus bei Wien steht schon zur engsten Wahl. Denn, wie Jörn Schröder berichtet, hierzulande dienen geeignete Objekte mittlerweile als Tagungshäuser für „Gewerkschaften und andere Institutionen, die Geld haben" oder stehen aus anderen Gründen nicht zur Verfügung. Im Ruhrgebiet etwa, sagt Götz Weidner, hätten Besitzer der entsprechenden Preisklasse gern wissen wollen, welchem Sujet ihr Haus denn dienen solle, und dann vorgezogen, von einem Mitwirken Abstand zu nehmen. Schon ziemlich früh jedenfalls ist auch das Faber-Castell-Schloß in Stein bei Nürnberg im Gespräch. Beim Ortstermin jedoch stellt Weidner enttäuscht fest, „daß es leer und sehr renovierungsbedürftig war. Der Garten war seit 30 Jahren nicht gepflegt worden. Innen drin standen noch Hinweise an der Wand wie 'Emergency Exit', waren Möbel verstaubt und zerlegt und Fußböden überbaut worden. Im Garten ein Schwimmbecken von olympischen Ausmaßen, in dem schon meterhoch die Birken wuchsen. . ." Das hatten die Amerikaner gebaut. Denn ab 1947 lebte hier das amerikanische Pressecorps während der Nürnberger Prozesse, nachdem während des Krieges deutsche Truppen eine Flakscheinwerferabteilung unterhalten hatten. Bis 1953 diente Stein US-Truppen als Offizierscasino.

Weidner erwägt, die Kosten für die Wiederbelebung des Gartens zu umgehen, indem er alle Außenaufnahmen in das

„Firmenjubiläum" in Schloß Stein

„Villeroy and Boch"-Schloß nach Saarbrücken verlegen will. „Aber das wäre von den Anschlüssen her zu kompliziert gewesen", erzählt er, „weil die Julie Christie dann in Saarbrücken mit genau der gleichen Kleidung und Frisur, der gleichen Stimmung und vielleicht dem gleichen Blumenstrauß durch die Gartentür in das Wohnzimmer hätte hineingehen müssen, in dem sie vielleicht schon viele Wochen vorher angekommen gewesen wäre. . . Außerdem wären die Reise- und Aufenthaltskosten für Saarbrücken und Nürnberg zu teuer geworden." Was allerdings in Bavaria-Chef Rohrbachs Augen auch schon allein für Nürnberg gilt. „Nur über meine Leiche", sagt er kategorisch, wenn auch folgenlos. Denn irgendwann sind alle unumstößlich davon überzeugt: „Stein ist es!" – und schließlich auch er. Wobei den Ausschlag der Besitzer des „Pencil Palace" (wie die US-Zeitschrift „Interiors" das Schloß getauft hat), Graf Anton Wolfgang von Faber Castell, genannt „der Graf", gibt, vor dessen Reaktion auf das Thema I.G.-Farben in ihrer Begeisterung alle so sehr gezittert hatten, daß der Schriftverkehr zunächst vorsichtshalber nur die „fiktive Geschichte einer deutschen Industriellenfamilie" preisgab. Als der junge Graf, der sich der Presse gern in ganz weltlichen Blue Jeans mit Janker zeigt und ebenso weltoffen sein Konterfei „American Express" zur Verfügung stellt, schließlich doch fragt: „Was wollt ihr denn da eigentlich machen?" seien er, Dieter Minx und Bernhard Sinkel schier unter dem Tisch versunken, erinnert sich Jörn Schröder. Dabei reagiert der Graf sofort („tolle Geschichte") mit der Bereitschaft, Sinkels Projekt zu unterstützen, und ein symbiotisches Verhältnis nimmt Formen an. Der Graf wird von der Bavaria gleichsam in Naturalien entlohnt, indem sie den Garten und das neben dem Schloß liegende Wohngebäude sowie zahlreiche Installationen im „Bleistift-Palast" selbst dauerhaft renoviert. Mal abgesehen auch von dem eher ideellen Image-Zuwachs, den der Graf nach dem jahrzehntelangen Dornröschenschlaf Schloß Steins im Sommer nach den Dreharbeiten beispielsweise schon in eine große Ausstellung „Wohnen im Schloß" mit "Väter und Söhne"-Abteilung umgesetzt hat und weiter umzusetzen beabsichtigt – und abgesehen möglicherweise auch von kleinen Steuervorteilen, die sich aus immerhin denkmalschutzfähiger Restaurierung alter Bausubstanz ergeben könnte.

Und die Filmleute ihrerseits schwärmen vom großen Engagement des Grafen, der sie in allen nur erdenklichen Weisen unterstützt habe. Was ihm selbst aber auch ein gewisses Vergnügen bereitet haben muß. Immerhin lädt er die vom Fernsehen nicht nur zum Weltstar-Abendessen, sondern gewinnt auch noch seine original blaublütige Verwandtschaft als Komparserie bei der Weihnachtsszene (in der übrigens Burt Lancaster zum Truthahn-Tranchieren gedoubelt wird), sowie verdienstreiche Faber-Castell-Firmendirektoren im Ruhestand für das Parteispenden-Frühstück des alten Deutz. Denn, teilt die Stein'sche Presseabteilung mit: „Bavaria suchte Personen, die Gesellschaftsanlässe gewohnt sind und sich somit in diesen Situationen natürlich bewegen können."

Für Götz Weidner jedenfalls bedeutet die Entscheidung für Stein „eine Riesenrecherche: Wie sah das früher aus?" 23 Zimmer – „nein Säle" – werden renoviert. In Weidners Büro hängt noch der Grundriß Schloß Steins. Vor ihm auf dem Schreibtisch ein Ordner mit Polaroid-Fotos von zahlreichen Einzelstücken, von der Hängelampe bis zur Chaiselongue, der seitenweise allein verschiedene Stühle auflistet: Bestandsaufnahme. Teils hat das alles noch im Schloß gestanden, teils hat der Graf es in den jetzigen Wohnsitz Schloß Dürrenhembach gerettet, und teils lag es nur noch in Einzelteilen auf dem Dachboden und im Keller. „Die haben wir dann auf der Wiese ausgebreitet, und manchmal, wenn man Glück hatte, kamen noch ganze Stücke bei dem Puzzle heraus." Anderes wird auf Flohmärkten gekauft oder bei Antiquitätenhändlern ausgeborgt. Was gar nicht einfach ist: „Der Stil mußte ja einheitlich sein und zum Hause passen. Manche Räume waren außerdem in dem sehr seltenen Sezessionsstil gehalten, der ungeheuer schwer zu finden ist. Außerdem sollte sich alles über die Jahrzehnte hin verändern, um über die Innenräume spürbar zu machen, daß Zeit vergangen ist. . ." Ebenso schwierig: historische Stoffe zu finden, Vorhänge, Dekorationen und Fachleute, die noch die alten Polsterungen beherrschten. „Ganz München und ganz Nürnberg habe ich abgeklappert, aber das lernt ja heute kein

Im Zimmer des „Geheimrats"

Raumausstatter mehr. . ." Bis Weidner schließlich auf Adam Humpenöder in einer bayerischen Kleinstadt stößt: „Der alte Mann blühte richtig auf", sagt Weidner. Nach dem einträglichen Bavaria-Geschäft fragt Humpenöder nun, nach über einem Jahr Drehschluß in Stein, ein wenig aufgeregt: „Wann kommt denn das eigentlich im Fernsehen?" Und ist dann richtig beruhigt: „Wissen's wir wollen dann ja auch a bisserl Werbung damit machen." Das dürfte auch für die kleine Gärtnerei in Nürnberg gelten, die Weidner bei der Herstellung des Frühlings in Stein aus der Patsche half. Dies hat nämlich – nachdem das Schwimmbecken zugeschüttet, ein Springbrunnen und eine Steintreppe angelegt, der verwahrloste Rasen umgemäht und neu angepflanzt worden waren – innerhalb weniger Tage zu erfolgen, weil für die Anfangssequenzen gleich ein Blütenmeer gewünscht wird. „Du spinnst", haben Bavaria-Kollegen Weidner schlichtweg für verrückt erklärt. Doch seine neuen Nürnberger Partner machen einfach ein paar Tage lang ihren Laden dicht und pflanzen nicht nur Maienpracht im März im Garten an, sondern gestalten auch mit Hilfe von tropischen Pflanzen das Palmenhaus, so wie es ursprünglich ausgesehen hat.

Nachdem er sich Stück für Stück, Drehtag für Drehtag, Raum für Raum vorgearbeitet hat, erfährt Götz Weidner jedenfalls Bestätigung: „Ich mache ja kein l'art pour l'art", erklärt er, „auch wenn etwa der Bernhard Sinkel dazu neigt. Ich finde, es muß nicht alles hundertprozentig authentisch sein. Aber das alte Zeitgefühl wollte ich wiederherstellen." Daß ihm das gelang, daß „das Feeling da" ist, bestätigen ihm die Rührungstränen eines angereisten Faber-Castell-Familienablegers aus Australien wie auch der Graf, bei dem der Anblick des Palmenhauses die Erinnerung an muntere Kinderstreiche weckt, wozu etwa gehört haben soll, dem Vater einen Wasserkübel über den Kopf zu schütten. Der Schloßkeller wird noch zum firmeneigenen Krankenhaus umfunktioniert. Und auch für Nürnbergs Geschichtlichkeit hat die „Väter und Söhne"-Produktion noch einen positiven Effekt: die alte Metallwarenfabrik nämlich, die als Deutz'sche dient, wird nun nicht mehr abgerissen. Pech für den längst eingeplanten Supermarkt, daß Götz Weidners Nutzungsinteresse den Denkmalschutz mobilisierte.

Ortstermin: Die ehemalige I.G.-Farben-Zentralverwaltung am Frankfurter Grüneburgweg. Für Götz Weidner wird ein Kindheitstraum wahr: „Offiziell und als Erwachsener an der Pforte abgeholt zu werden. . . Ich bin nämlich in Frankfurt aufgewachsen. Und schon als Vierjähriger hat mich dieses Gebäude einfach maßlos beeindruckt. Das war damals noch viel größer für mich als heute, genauso wie die Neger, die es bewachten und die uns immer wieder gleich packten, wenn wir auf alle erdenkliche Weise versuchten, dort reinzukommen." „General Abrahams Building" heißt der monströse Bau heute, auch wenn viele Soldaten des 5. Headquarters der US-Armee sich den ursprünglichen Namen einfach nicht abgewöhnen wollen und „I.G.-Farben-Building" sagen. Das Pentagon hat sogar für Innenaufnahmen die Drehgenehmigung erteilt, obwohl man andererseits Götz Weidner aus Attentats-Angststimmung heraus schon untersagt, nur Polaroid-Fotos bei der Vorbesichtigung zu schießen. . . Er hätte dabei noch die gleichen alten Türen ablichten können, die sich damals den I.G.-Direktoren aufgeschwungen haben, die gleichen Treppen und Paternoster, und unter Wegweisern etwa wie „General Eisenhower Conference Room" hätte man auf seinem Foto noch ein abgeblättertes deutsches „Sitzungssaal 4" erkennen können. „Aber insgesamt ist das ja total amerikanisiert und militarisiert", erinnert sich Dieter Minx. Und Götz Weidner: „Von außen hätte man erst recht nicht drehen können: da sieht man 3000 US-Schlitten auf dem Parkplatz, Riesen-Antennen auf dem Dach, eine Betonmauer, die aus Angst vor dem Terrorismus gebaut wurde, und überall amerikanische Flaggen. Die hätte man ja nicht einfach durch das Hakenkreuz ersetzen können. . ."

Ersatz für die Innenaufnahmen findet sich in Prag. Die tschechische Staatsbank hat die gleichen halbrunden Korridore wie die „Grüneburg". Und der „Establishing Shot" von außen zur Orientierung wird mit einem Modell gelöst, das die tschechischen Kollegen zu Götz Weidners Begeisterung in seiner Eigenschaft als „einer, dessen Beruf in erster Linie das Sparen ist", für weniger als ein Viertel des Bavaria-Preises zusammenschreinern und das man jetzt bei der Filmtour im Raumschiff-Bauch aus „Enemy Mine" bewundern kann.

Der „Vorstand" und Dieter Laser als Friedrich Deutz vor dem Grüneburg-Modell

Wie überhaupt die CSSR-Ateliers, -Komparsen und -Arbeiter schön billig sind. Da kann man sich's zum Beispiel sogar leisten, in den teils noch der alten Ufa ähnelnden Barandov-Studios eine alte 30er Jahre-Show-Treppe zu bauen. Mal abgesehen davon, daß dort „die Zuckerbäckerzeit in konzentrierter Form erhalten ist", wie Produktionsleiter Dieter Minx schwärmt, und noch dazu ohne garstige Neuzeit-Accessoires: „Da haben Sie eben auch noch eine Bank ohne Panzerglas und ohne Computerschalter." Und von unschätzbarem Vorteil ist scheinbar auch die Tatsache, daß so ein Ostblockland arg auf Devisen scharf ist, wodurch sich für den Besitzer derselben sehr deutlich die Vorteile der Verstaatlichung erweisen: „Da klappt einfach alles. Da kriegen Sie alles, was Sie wollen. Da können Sie im Bürgermeisteramt drehen; sozusagen aus höhergeordneten Interessen klappt jede Genehmigung. Das ist dann so ähnlich, wie wenn bei uns hier bei der Bavaria die Amerikaner kommen." Die Filmleute allerdings sind nicht immer nur glücklich in der CSSR. Bruno Ganz in seinen Aufzeichnungen „über die Dreharbeiten in der Industriestadt Usti (AUSSIG)": „Chemie. Schmutz. Dicke Luft, kahle Baumstämme, wie Streichhölzer. Das Hotel, ein Ghetto für Ausländer, nicht nur 'West' – ich sehe auch russische ‚Delegatie' an- und abreisen; gefällt mir. Es ist einfach, was zu trinken zu bekommen, und die Bar ist manchmal lange offen. Die Zimmer, klein, mit einer sehr störenden Tür zwischen dem winzigen Flur und dem Zimmerchen, stinken ab 6 Uhr nach Zwiebeln. Das ganze Haus tut es für zwei Stunden. Klagen kursieren, ebenfalls Witze: Ich habe mir an der Hauptstraße kurz vor dem Bahnhof eine Eigentumswohnung gekauft! Ferien in USTI! Wer will sie im Herbst? Wir haben zwar alles, auch hier, aber es ist nicht München, denke ich im Bestreben, den Klagen eine Richtung zu geben. . ."

Auch Maskenbildnerin Heidi Kirsch hat Anekdoten über die winzigen Prager Zimmer auf Lager, wie übers Joggen mit Bruno in Nürnberg und als entsprechenden Ausgleichssport in Prag „Aerobic mit den anderen Mädels auf der Bude". Bei täglich 14

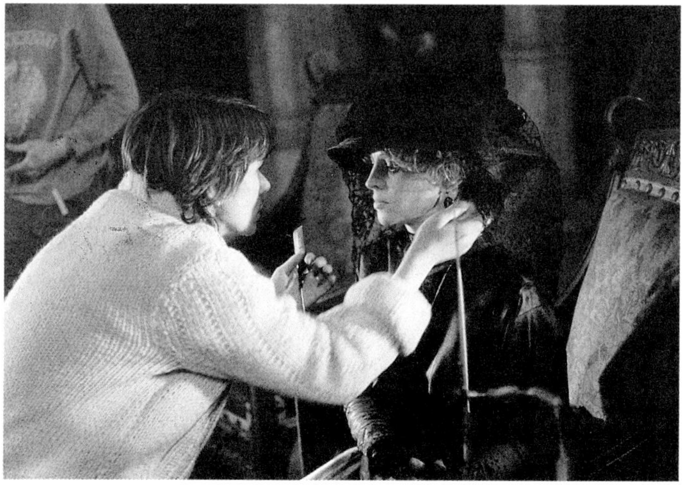

Heidi Kirsch, Julie Christie

Stunden konzentrierter Kleinarbeit am Schminktisch-Fließband klagt sie vor allem über die „Umelezka", „eine einzige Turnhalle für manchmal 160 Komparsen und mehr, die ohnehin schon randvoll war mit all den Hunderten von Kostümen. . . Da gab es nur ein einziges Waschbecken! Dabei sollte jeder Statist einen Haarschnitt kriegen – eine echte Katastrophe!" Daß Heidi „beim Film" arbeitet, erkennt man schon daran, daß wir uns alle gleich locker beim Vornamen nennen: Für die Kathie zum Beispiel, für die Tina und für die Julie hat sie je zwei Perücken und noch Haarteile geknüpft, für unterschiedliche Mode in unterschiedlichen Zeiten und angemessen für unterschiedliche Lebensalter – was schon vor Drehbeginn rund 6 Wochen Arbeit machte. Die anderen Masken-Schauspieler sind unter den insgesamt fünf Maskenbildnern aufgeteilt – plus Statisten für jeden. Nur Burt Lancaster hat einen Maskenbildner für sich allein und Julie Christie („Julchen", sagt Heidi) immerhin eine Klausel für eine eigene Garderobe im Vertrag, was sie vor der Prager Turnhalle bewahrt.

Die hohe Schminkkunst bei „Väter und Söhne" besteht im Alterungsprozeß: „Das war eine echte Tüftelarbeit, die Gesichter sanft, aber merkbar zu verändern – und in der Entwicklung der Personen zueinander", sagt Heidi Kirsch. Der Trick besteht in „einer Art Gummi-Tork", der unsichtbar ist und das Gesicht zu Falten in variabler Dichte zusammenziehen kann. Wie das genau geht, ist ein Berufsgeheimnis; Heidi hat es jedenfalls erst ausführlich an sich selbst ausprobiert, bevor sie es ihren Darstellern zumutete. Auf alle Fälle soll man das Visagenkorsett kaum spüren; dafür braucht das Gesicht ungefähr zwei Stunden, bis es wieder in die traditionelle Form zurückgebildet ist. Und weil die ganze Konstruktion nur ein paar Stunden hält, hat Heidi, wenn die Klappe – was öfters vorkam – wieder und wieder für die gleiche Szene fallen mußte, häufig nicht schlecht gezittert: „Hoffentlich fällt jetzt der ganze Krams nicht runter. . ."

Eines der größten Drehort-Probleme: alte Chemie-Anlagen, wie sie beispielsweise für die Ammoniakherstellung benötigt wurden, existieren nicht mehr. „Hierzulande ist die Hochdruck-Chemie blitzsauber. Da ist ein Trakt ordentlich blau angestrichen, ein anderer ganz in gelb. . . Das war früher nicht so", erklärt Dieter Minx. Und Götz Weidner: „Normalerweise wäre ich an die Chemische Industrie herangetreten. Aber da bestand ein absolutes Verbot. Wir befürchteten, daß die uns einen Knüppel zwischen die Beine werfen könnten. . ." Tatsächlich gab es nur wenige interessierte Anfragen, und beispielsweise der Anrufer der BASF soll sich gleich zufrieden gegeben haben, als man ihm bei der Bavaria erklärte, daß „Väter und Söhne" schon 1947 aufhöre. . . BASF, Hoechst und Bayer, die aus dem Firmen-Stock der I.G. nach dem Krieg hervorgegangen sind, sind heute als Einzelunternehmen größer als es der weltweit operierende, mächtige Chemie-Gigant I.G.-Farben je war.

Man beschloß, sich die DDR-Filmkontakte Bernhard Sinkels zunutze zu machen und an einem Originalschauplatz zu drehen. Nach Vorlage des Buches genehmigten die DDR-Behörden den Dreh in Leuna, wo die Hochdruckchemie nach wie vor erhalten ist – aus politischen Gründen, „obwohl es denen zuerst ganz und gar nicht recht war, im westdeutschen Fernsehen ihre alten Plotten herzuzeigen", sagt Dieter Minx. „Man hat richtig gespürt, daß die beeindruckt waren: ‚Donnerwetter, daß bei euch drüben so ein Stoff auch endlich möglich ist'", erinnert sich Götz Weidner. „Wir konnten die Technik wirklich so nehmen, wie sie war. Auch wenn einem von dem beißenden Ammoniak-Gestank die Tränen die Wange runterliefen. . . Die Menschen dort waren daran gewöhnt. Weil in Leuna auch die Szenen im I.G.-Farben-Lager in Auschwitz gedreht wurden, mußten wir dann noch die entsprechenden Baracken bauen". Knapp eine Woche also braucht man, um diesen Ort des Grauens für den Schein zu rekonstruieren. Doch Gegenwart herrschte vor: „Wir wollten aber nur so kurz wie möglich in der DDR bleiben", meint Weidner. „Alles war so superteuer! Mark gegen Mark. Da sind halt die innerdeutschen Beziehungen, wie sie entstanden sind."

Dreharbeiten in einer Werkshalle in Leuna

Deutsch-Deutsches philosophiert auch Bruno Ganz, der zum ersten Mal in der DDR arbeitete, in seinen Notizen während der Drehzeit: „So wie man sich das vorstellt/vorstellen möchte hierzulande, ist es ‚drüben' nicht. Es ist ihr Staat, die DDR, der Sozialismus hat eine Perspektive nach vorn, der Westen nicht, das sitzt tief und wird nicht befragt." Ganz registriert in seinen Skizzen Unsicherheit auf beiden Seiten – etwa, als zwei Arbeiter mitten im Gespräch das winzige Mikrofon entdecken, das von den Dreharbeiten noch an seinem Revers haftet. Oder: „Mißtrauen. Am 2. Drehtag fällt uns auf, daß wir nicht mit den Kollegen der DEFA, die uns beigestellt sind, zusammen Mittag essen. Jede Truppe also in einer anderen Werkskantine. Bernd Sinkel will das nicht, und siehe da, ab dem nächsten Tag essen wir gemeinsam. Wir erfahren dann, daß es Direktiven gab, den ‚gemeinsamen Kontakt' so niedrig wie möglich zu halten. Beschämend! fand ich, denn die meisten DEFA-Leute sind stolz und stehen zu ihrem Staat. . . Wie halten die Leute in Leipzig so ein West-Luxus-Hotel, wie das, in dem wir wohnen, aus? Im Japanischen Restaurant gibt es rohen Fisch, kunstvoll zerteilt, frisch. Im 27. Stock eine Bar mit nächtlichem Blick über die Skyline von Leipzig. Cognac 17 –, bezahlt wird in ‚harten Devisen'. So augenfällig – neue Kompakt-Daimler, neue VW-Busse, Lkw's, unsere lässigen Attituden, die Präsenz unserer

Dreharbeiten in Leuna

Kohle – was löst das aus? Der Neid ist sauber, sie neiden uns nur die Qualität, nicht den Besitz." Beeindruckt hat der Schauspieler aus dem Westen statt dessen kleine Gesten solidarisch-selbstverständlicher Alltagshilfsbereitschaft registriert. Und „Alles ist ‚politisch', sagt meine Begleiterin nach einem Gespräch über Kunst und Politik, nachdem wir nach langem Warten endlich von der souveränen Kellnerin einen Tisch angewiesen bekamen. Die Frage, inwieweit ein fallendes Blatt politisch ist, habe ich mir versagt. Sie hätte womöglich von Ökologie geredet, ich von Poesie. Wo gehen wir hin?"
Der Teil Leunas, in dem gedreht wurde, wird möglicherweise bald abgerissen werden. „Ich hoffe", sagt Bernhard Sinkel, „daß vorher noch jemand dreht, was in ‚Väter und Söhne' nicht berücksichtigt werden konnte: die Perspektive der Arbeiter. Die Streiks, das Klassenbewußtsein, das sich 1918 in Leuna artikulierte. . . Natürlich mußten die Gewerkschaften im Nationalsozialismus einen großen Aderlaß ertragen, größer als die Kirchen. Aber auch bei der Arbeiterschaft ist die Neigung zur historischen Lüge groß: 1932 lief sie in großen Teilen zu Hitler über, paßte sich an. Wie das Klassenbewußtsein auseinanderfiel – auch das müßte einmal untersucht werden. Diesen Film erwarte ich mir eigentlich von der DDR."

Kein Zweifel: „Väter und Söhne" ist für Bernhard Sinkel mehr als nur ein Film. Mißtrauisch, ängstlich, ein wenig linkisch, gleichzeitig klug, belesen, mit politischer Umsicht und Ironie, dann und wann jongliert er damit, sich und den Film gleichzeitig preiszugeben, zu propagieren – und doch zu schützen. Tausend Widersprüchlichkeiten und Brüche sind um diesen Mann, der erst zu keinem Gespräch bereit ist: „Schauen Sie sich ‚Väter und Söhne' an – dann ist alles gesagt. Ich will nicht darüber reden sollen – das müssen andere tun." Als wir uns einige Tage später dennoch in seinem Büro treffen, auf eine knappe Stunde, wie ich daraufhin schüchtern erwartet habe, hat er sich den ganzen Tag freigehalten, legt Klassik auf, verbreitet warmes Zwielicht, entspannte Zeitlosigkeit, lehnt er sich in (zufällig) schwarz-rot und ocker-goldener Kleidung bequem zurück, erklärt er, erinnert sich, gräbt Unterlagen aus: „Ich denke, ich sollte von mir erzählen, sollte persönlich werden." Sympathisch findet er, „daß Sie nicht gleich so ein Tonbandgerät auf den Tisch knallen" – ihm, dem Zauderer, muß es unerträglich sein, wenn seine Sätze schon während des Sprechens manifest werden; der altmodische Notizblock läßt ihm Zeit. Nachdenklich, mit langen Pausen, manchmal fragend, vermittelt er Umrisse eines Bildes von sich – doch in Momenten wohl auch von seiner wahren Person ohne den wechselhaften Öffentlichkeitsfilter. Beim nächsten Mal sehe ich ihn im Studio C bei der Bavaria: Endmischung. Sinkel entscheidet schnell, freut sich an Details, trällert und pfeift mit verständlichem Stolz: „Es wird, es wird, es wird. . .!" Dann, ein paar Tage nach unserem langen Gespräch, wieder Angst vor Mißverständnissen, vor der Festschreibung seiner Filmgeschichte auf griffige Kürzel: „Machen Sie das mit meinem Familienhintergrund doch lieber knapp. Das hat für den Inhalt des Films keine Bedeutung. Darauf kommt es nicht an."

Eitelkeit, ja. Aber auch: Sensibilität, Empfindlichkeit für Nuancen, Denken, das sich gleich wieder in Frage stellt, nachdem es sich festgelegt hat, um zu korrigieren, zu verbessern. Einfühlungsvermögen – wenn auch intellektuell Abverlangtes. Dabei ist doch nur so die offene Auseinandersetzung mit so naher Geschichte möglich – die Annäherung an Menschen, die als zielstrebige Teufel zu schildern viel einfacher und scheinbar ja auch legitim gewesen wäre. Eine „ganz wichtige Eroberung" sei es, meint nicht nur Helmut Krapp, „daß Sinkel nicht moralisiert".

„Der Geheimrat" und sein Enkel
(B. Lancaster, M. Hetzner, B. Sinkel)

Väter und Söhne: auch ein Eintauchen in persönliche Familiengeschichte. Denn Sinkel ist nicht nur Chemiker-Sohn eines I.G.-Angestellten, sondern auch Neffe Fritz ter Meers, eines der I.G.-Farben-Direktoren, für die Auschwitz kein Geheimnis gewesen sein kann; als späterer Aufsichtsratsvorsitzender von Bayer Leverkusen gab er ein typisches Beispiel ab für deutsche Kontinuität. „Ein Onkel, den ich immer sehr mochte", sagt Sinkel. „Eine Art Familienoberhaupt. Daß er in Auschwitz war, habe ich erst bei den Recherchen für ‚Väter und Söhne' erfahren." Auch mit seinem Vater hat er über dessen Funktion nie gesprochen. Er starb 1969. Ich habe das Gefühl, es ist dem viel vorausgegangen, wenn Sinkel – Version öffentlich – sehr warm über ihn spricht: „Ich werde ihn nicht angreifen – aber ich nehme ihn auch nicht in Schutz. Ich glaube nicht, daß er Nazi war – dazu hat er sich zu lange im Ausland aufgehalten, hat einmal zu viel Distanz gehabt." Ich frage, wie sein Vater wohl auf den Film reagieren würde? „Er würde sehr gefordert sein. Er würde sagen, er habe das alles ganz anders erlebt. Er wäre sehr stolz auf mich – aber seine Schwierigkeit wäre es, mir das zu zeigen."

Mensch – wozu brauchst du das? – denke ich in möglicherweise unzulässiger Überinterpretation dieser Antwort. Ihr wart es doch, die ihr keinem über dreißig trautet, uns 15 Jahre Jüngere gelehrt habt, auf das Urteil der Väter, Lehrer, Vorgesetzten, Vorbilder zu pfeifen, während wir wie ihr gleichzeitig auch als Untertanen erzogen waren. Dabei brauchtet und braucht ihr wie wir so sehr die Anerkennung derer, die ihr doch nicht respektieren konntet. Seid geprägt von der Standortzuweisung durch Autoritäten in Hierarchien. Auch im kleinen: der Lehrer zum Beispiel, der „sich hergegeben habe", Sinkel die ausschlaggebende Note für Sitzenbleiben aufzudrücken: Da fehlt noch immer jede Souveränität, da steigt helle Wut in ihm auf, sieht man die Spuren von aufsteigenden Ohnmachtsgefühlen in seinem Gesicht, Rachsucht. „Angepaßtes, opportunistisches Verhalten, sogenanntes Pflichtbewußtsein – das treibt mich in wilde Opposition!" sagt der Filmemacher; die Erregung ist echt. „Auch davon handelt ‚Väter und Söhne'": Einer seiner Film-Protagonisten trägt den Namen des Lehrers. Mir wird klar, daß durch meine Nach-68er-Erziehung doch schon ein verdammt anderer Geist geweht hat. Gott sei dank – und doch war auch das bißchen Motzigkeit nach oben nur ein Oberflächenkratzen an der Auseinandersetzung mit den Vätern: Zwei Generationen der Nazideutschland-Söhne und -Töchter, deren Un-Verhältnis zur Autorität sie viel zu lange ohne eigene Identität beließ. „Die Rigorosität von '68 war völlig untauglich", meint Sinkel. „Wir haben nicht richtig nachgefragt – und unsere geistigen Väter, Leute wie Böll oder Walser, die verlorene Generation, die den Krieg selber miterlebt hatten, die hatten das nicht gekonnt. Es nützt aber nichts abzurechnen. Es muß Verständigung möglich sein. Ich will, daß die Leute am Schluß des Films mit Heinrich Beck auf dem Stühlchen sitzen. . . Man muß sich identifizieren mit dem Vater! Ich weiß nicht genau, was das politisch macht – aber es ist unheimlich wichtig. Denn ohne Väter wäre man nicht erwachsen."

Von seinem Schreibtisch holt Sinkel ein ZEIT-Dossier: „Die Kinder der Täter" – Fallstudien. „In den Praxen der Analytiker stehen ja nun die 40jährigen zur Begutachtung an", sagt Sinkel ironisch-distanziert – und meint dabei doch auch sich selbst. Ist unsicher und entscheidet dann sehr bewußt, über seine Psychoanalyse reden zu sollen – die doch „wesentliche Voraussetzung" für die über vier Jahre dauernde Arbeit am Drehbuch gewesen sei und ihm geholfen habe, „das Projekt durchzustehen, die Auseinandersetzung mit – Ja! – den Männern zu bewältigen. Und die Ängste, die doch keineswegs nur seine persönlichen sind, sondern die all jener widerspiegeln, die sich nicht taub arrangiert oder in Ideologien verkrochen haben: „Die Angst, ein Wadenbeißer zu sein, ein Hochstapler vor diesen Menschen, die doch auch eine ungeheure Größe hatten. Die Angst, unrecht zu haben, dem vielschichtigen Thema nicht gerecht zu werden. Es ausgenutzt zu haben für mein persönliches Interesse. Angst, daran zu scheitern, Beifall von der falschen Seite zu bekommen bei dem Bemühen, das Analytische, Kritische erstmals beiseite zu lassen und mich auf die Figuren einzulassen. Die Angst, was sagen meine Freunde? Die Angst vor meiner Rigorosität, mich über die Taten der anderen herauszuheben – die Angst, daß ich genauso gehandelt hätte. Und wenn das so wäre, erzähle ich dann noch richtig? Im Grunde eine unglaubliche Existenzangst."

Vielleicht ist „Väter und Söhne" das Zeugnis für deren Überwindung, indem es den Wurzeln auch der Väter der Väter nachgeht. Zum Beispiel, meint Sinkel, „dem Erziehungsideal des 19. Jahrhunderts. Schon im Kinderzimmer wurde man hart in die Pflicht genommen, grausam und kalt. Die Kälte von Stalingrad, die Kälte, mit der Auschwitz geplant wurde, die Kälte des Militarismus haben mit diesen Beziehungen zu tun." Und wohl auch: „Das sehr Deutsche, Faustische an diesen Männern: den großen Traum zu träumen, dabei auch über Leichen zu gehen – woran man dann leidet." So habe er in Heinrich Beck eine Figur beschrieben, „die die Zwiespältigkeit ihres Tuns erfährt – aber sie verträgt". Sinkel, den Siegfried Schober in der ZEIT als „sehr bodenständig deutsch" wirkend, als „bohemig" beschreibt – ihn fasziniert der große Roman, das Großbürgertum; er „braucht" die große Ausstattung. In einem Brief an einen I.G.-Farben-Funktionär, der seinen Vater kannte, (den er nicht abgeschickt hat), schreibt Sinkel über seinen „großen, starken, leidenschaftlichen Film": „Hierbei geht es mir nicht um Anklage, kleinliche Beweisführung, Besserwisserei, nicht um Propaganda, ideologisch definierte Standpunkte und Abrechnung, sondern um die Tragödie unseres Jahrhunderts, eine Tragödie Shakespeareschen Ausmaßes. Was mich interessiert, sind die Menschen, wie sie gelebt haben, gekämpft, gearbeitet, wie sie gelitten haben, geliebt, mit den Problemen, die auf sie zugekommen sind, fertig geworden sind."

Bruno Ganz, Christian Doermer

B. Sinkel, D. Laser, B. Lancaster, R. Vogler

D. Laser, A. Radszun, M. Benrath, B. Sinkel

„Warum ist diese Geschichte: die Verbindung von Großbürgertum und Macht und deren politische Folgen – nie geschrieben worden?" fragt Sinkel. Denn „genau diese Figuren" seien es doch, „die die Kontinuität unserer Geschichte ausmachen". „Die Personalisierung von Interessen", wende ich ein, „lag wohl nicht im Interesse derjenigen, die Interessen und ihre Eigendynamik als historische Triebkraft ernstnehmen." Nur ein DEFA-Film, der gleich nach dem Krieg entstand, hat bisher überhaupt die I.G.-Farben-Geschichte thematisiert, jedoch als Klassen-Lehrstück mit holzschnittartigen Gutis und Bösis, bei dem man sich nur zu leicht entziehen kann – zu nah an der Zeit. Vielleicht verdrängen dafür manchmal die persönlichen Dramen der „Väter und Söhne"-Familien das Politische an die Unterhaltung; vielleicht ist vor allem nicht nur „genug", sondern längst viel zu viel Zeit verstrichen in diesem Land, als daß die Wurzeln der ja auch heute bestehenden unheiligen Allianzen fruchtbar und nicht ohnehin zukunftslos debattiert werden könnten. Immerhin hat ein Teil der bundesdeutschen Presse mit Massenauflagen, haben die Tagesthemen in gleicher Weise keinerlei Schwierigkeiten damit, in Berichten über die Dreharbeiten die Geschichte deutscher Schuld dumpf und zynisch auf „Ein deutsches Dallas" und „Das deutsche Denver" zurechtzukokettieren. „Dieses Land steht auf Lügen", sagt Bernhard Sinkel. „Zu zeigen, wie sich diese Lügen allmählich aufbauen – auch das ist Thema von ‚Väter und Söhne'. Die Akteure der I.G. gaben sich – trotz internationaler Expansion – stets als Vertreter des nationalen Interesses. Heute funktioniert die reine Interessenpolitik doch noch präziser: da wirken Funktionäre völlig anonym. Im Zusammenhang mit den Kriegen ist stets nur über Krupp geredet worden – nie aber über die Chemie. Eine ähnliche Situation haben wir jetzt in der Atomindustrie. Doch niemand fragt: Wie konnte dieser Weg beschritten werden? Auch da geht es nur um Interessen – mit Moral haben die nichts zu tun." Auch da wird – Tschernobyl hin, Harrisburg her – „Zwiespältigkeit des

Tuns erfahren" und gut vertragen; man lausche den Worten eines DWK-Sprechers, eines Innenministers. Gespannt sind, Monate vor der Fernsehausstrahlung, die meisten Film-Mitwirkenden, wie die Chemie, wie die Industrie reagieren wird. Vordergründig-eiskalt, wie sie gewöhnlich auftritt, wird sie es leicht haben, sich in Sinkels Absichten nicht wiederzufinden: „Ein Film über Wissenschaft und Politik. Über die Kinderstube des 19. Jahrhunderts. Über die Trennung von Vätern und Söhnen. Ein Film über unsere Geschichte", sagt Sinkel. „Manchmal ein Film über mich. Das hängt von der jeweiligen Stimmung ab."

„Was er da unternimmt, ist enorm", hat Bruno Ganz über Sinkel notiert. „Mein notorisches Freund-Feind-Verhältnis zu Regisseuren, natürlich auch zu ihm. Ein stiller Kämpfer, mir manchmal zu vorsichtig, aber zäh und beständig. Etwa so sentimental wie ich, ein Umstand, der – diesmal – einiges befördert hat; intelligent und großzügig. Er hängt an dieser Geschichte, man spürt den Dunstkreis von Familiärem und Kindheit. Große Liebe zu Schauspielern und zur Musik. Mußte von mir manche Schroffheit einstecken. Hat er mit Fairness getan." Und Ganz, den an seiner Rolle vor allem „das Verhängnis" fasziniert hat, die „Figur, die eine Epoche widerspiegelt, vielleicht dieses Jahrhundert – und wie nah das beieinander ist: Leben und Tod"; Ganz ergänzt im Gespräch: „Sentimentalität schwächt einen eben, und das muß ja nicht immer gut gehen zwischen zwei Menschen. Aber trotz oder auch wegen: Dem Film hat es, glaube ich, nicht geschadet." Konkretisieren mag Ganz diese Auseinandersetzungen mit Sinkel um Filmsprache und Rollenverständnis nicht. Scheinbar muß aber die Verhörszene dazugehört haben: „Leider", sagt Ganz, „wird Beck ja nun nicht nach Auschwitz gefragt. . ." Denn wenn er gefragt worden wäre, hätte Ganz als Beck, weil er ihn „nicht einfach so preisgeben" wollte, weil er wollte, „daß Beck nicht nur feige lügt, sondern irgendwie aufrecht steht", gesagt: „Ich habe es gewußt. Aber ich habe es in Kauf genommen für Wichtigeres." Sinkel schwärmt von Ganz als einem, „den ich bei den Proben beobachtet und dann gepflückt habe" – einen intuitiven Schauspieler, anders als beispielsweise Dieter Laser, auch wenn er mit dem schon einmal als siamesischer Zwilling auf der Bühne gestanden hat.

B. Sinkel, Tina Engel, B. Ganz

Denn der wirkt auch dann noch durchdacht, wenn er von der Spannung spricht, mit der ihm die anderen Figuren „über den Bauch" beispielsweise eingegeben hätten, daß „Friedrich einer ist, der nach der Liebe seines Vaters lechzt und sie nicht bekommt; der als Kompensation und aus Schwäche einen Führungsanspruch, Zynismus und Eitelkeit demonstriert. Und die Frauen, die das spüren, nehmen ihn sich ab und zu. Daß nicht er sie nimmt, wurde mir erst durch die Signale der anderen klar." Um die konkrete Ausformulierung dessen, um die Echtheit oder möglicherweise zu sehr geplante Kopfigkeit von Gesten muß es zwischen ihm und dem Regisseur auch mehrmals gekracht haben. Doch dergleichen Konflikte dienen dem scheinbar immer noch aufrechten '68er Laser nur dazu – „damals hätte ich gesagt: die dritte Sache zu finden, den besseren Kompromiß. Das geht eben nicht ohne Kampf ab. Beim Film kämpft jeder auf seinem Gebiet: der Ton will unbedingt Filz unter die Schuhe aller Schauspieler kleben, der Produktionsleiter will aber, daß der Dreh nicht aufgehalten wird, und mir geht es nur darum: was sind jetzt Friedrichs Gefühle? Da muß dann der Regisseur als intellektuelle Oberaufsicht entscheiden." Sinkel selber freilich bezeichnet den Regisseur als den „einzigen Laien am Ort", was, und das mag auch für Bernhard Sinkel gelten, sein Regieassistent Peter Sehr so erklärt: „Bestimmtheit muß nicht unbedingt ein Wissensvorsprung sein – und Offenheit keine Schwäche; sie holt im Gegenteil vielleicht viel mehr aus den Beteiligten heraus."

Außerdem habe man unter großem Zeitdruck gestanden dabei, „einen Spielfilm unter Fernsehproduktionsbedingungen zu drehen. Wenn andere eine Minute am Tag drehen, dann waren es bei uns jeden Tag vier – da bleibt zum Beispiel manchmal nur wenig Zeit, mit den Schauspielern zu proben." Und hinzu kam noch die englische Sprache: „Da war eine Riesenkonzentration erforderlich", sagt Tina Engel. „Und Französisch wurde beim Drehen ja manchmal auch noch gesprochen und übersetzt und alles gleichzeitig – da war dann schon ein höchstes Flirren in der Luft." Und Dieter Laser: „Englisch ist ein Spielblocker. Der Kopf denkt weiter Deutsch. Wenn man zum Beispiel weiß: Da unter der Lampe mußt du die rechte Schulter ein wenig anziehen, weil der Kameramann das fürs Licht günstiger findet, wenn man also eiskalt im Kopf sein muß und gleichzeitig gerade sehr einfühlsam, und dann kommt noch die fremde Sprache hinzu, dann wird es schwierig. Da habe ich schon manchmal gedacht: Und wenn ich mich jetzt zwanzigmal verspreche – jetzt muß gefühlt werden!"

„Englisch ist immer ein kleiner Verlust", meint auch Bruno Ganz, „auch wenn ich die Sprache gern mag; die Chemiesprache etwa, die klang plötzlich wie Lyrik. . . Aber oft sieht man doch die Anstrengung der Konzentration im Gesicht. Andererseits: Man hatte so ein bißchen das Gefühl, man hätte sich Hollywood genähert wie ein kleiner John Wayne. . ."

Umschwärmt war derjenige, der Hollywood schon des öfteren nah war: Burt Lancaster – nicht nur von Fans, die auch schon mal 300 Kilometer weit anreisten, um ihn zu sehen. „Ungeheuer professionell", sagen auch alle, die bei „Väter und Söhne"

B. Lancaster, B. Sinkel, D. Laser

M. Benrath, B. Sinkel, B. Lancaster

beteiligt waren, „erstaunlich diszipliniert". So erzählt etwa Jörn Schröder, daß „dieser 72jährige gescheite, ältere Herr, der sehr viel Liebe für Europa hat", ihn Ostern vor Drehbeginn im Hotel Bayerischer Hof in seinem Zimmer empfangen habe: „Schon ganz der Geheimrat, kanzelte er mich regelrecht ab: Warum arbeiten wir nicht? Ich antwortete, daß nun mal Feiertag sei. Darauf er, ganz Deutz, auch mit entsprechend gekämmten Bart: Ich bin nicht nach München gekommen, um Ostern zu feiern. . . .". „Er ist ein wunderbarer Bursche", sagte Bruno Ganz. „A nice guy, who does not want to be nice. Sein berühmtes Lächeln hat uns ja schon ganz früher beeindruckt. Und jetzt mit ihm auf einem Foto abgelichtet zu werden. . ."

Es sei ja wohl weniger das Anekdotische, was an diesem Filmprojekt interessiere, meint Regieassistent Peter Sehr, als vielmehr die Frage: „Was hat das bei den Beteiligten ausgelöst?" Er selbst hat gleichzeitig als Chemiefachberater gedient. Bevor er beim Film anfing, hat Sehr nämlich Chemie und Biophysik studiert und in der Forschung gearbeitet. Er half beispielsweise zu entscheiden, ob es plausibel ist, wenn Luises Haarnadel als

Peter Sehr, Bernhard Sinkel

Katalysatorstoff bei der Ammoniakherstellung dient. „Für den Zuschauer sind solche Feinheiten vielleicht unwichtig", meint Sehr. „Aber die Industrie reagiert ja oft, indem sie fachliche Details angreift und damit das andere, die politische Wahrheit, unglaubwürdig zu machen versucht." Für ihn jedenfalls ist die Frage sehr konkret, „inwieweit Wissenschaftler für die Folgen ihres Tuns verantwortlich sind". Und auch wenn heute „durch das Wettrüsten schon eine ganz andere Diskussion geführt wird als zu Anfang dieses Jahrhunderts, auch wenn es die ‚Ärzte gegen Atomenergie' und ähnliche Gruppen gibt", glaubt Sehr, daß diese Auseinandersetzung die in den Chemiekolossen institutionalisierten Interessen nicht berührt: „Wir wissen doch gar nicht, was in diesen Labors auch heute geschieht." Diskussionen darum habe es während der Dreharbeiten aber kaum gegeben, meint Sehr, denn: „Der Film ist kein intellektuelles Milieu." Persönliche Betroffenheit sei allerdings schon aufgekommen in Situationen wie etwa in Prag, wo Mitglieder der jüdischen Kultusgemeinde, „der fast nur noch alte Menschen angehören", wieder vor deutschen Besatzern die Treppe wischen mußten, wo Tschechen SA- und SS-Leute spielten oder gar Häftlinge in Theresienstadt. Oder als sich herumsprach, daß der tschechische Oberbeleuchter tatsächlich 2 Jahre lang dort inhaftiert gewesen war. „In solchen Momenten", sagt Sehr, „hatte man schon das Gefühl: Wir haben nicht das Recht dazu. . . Da hat einen schon die Geschichte eingeholt."

Auch Bruno Ganz zeigt sich in seinen Notizen betroffen: „Beklommenheit. Bei allem. Die Frage: Was geht bei den Kollegen des CSSR-Teams vor? Über dem Tor steht (frisch gestrichen): ARBEIT MACHT FREI. Tschechische Komparsen in US-Uniformen. Junge Männer. Was denken sie?" Oder später, wo durch die Dreharbeiten Orte von Schuld und (wenn auch nicht immer erfolgter) Sühne zusammengebracht werden, schreibt Ganz: „Es ist kalt. Wir gehen in Anzügen (zu weite Hemdkragen, ohne Schlips) über den Hof. Originalschauplatz, denke ich, obwohl ich weiß, daß diese Szene sich in Frankfurt oder Nürnberg abgespielt hat. Gasöfen, dicken Kanonen gleichend, heizen den ‚Set'. Zu spielen sind Reaktionen auf die

Vorführung eines sowjetischen Films, der von der Roten Armee anläßlich der Befreiung von Auschwitz gedreht wurde. Der Film ist aber nicht da. Es ist mein 10. Drehtag (von rund 60) und meine letzte Szene im ganzen Film! Was nun spielen? Ich weiß nicht, nehme die Brille ab. Geblieben sind mir – außer dem gedrehten Material – zwei Begriffe. Ein US-Offizier, gespielt von einem Amerikaner, sagt: Schau sie dir an (I.G.-Vorstand, bestehend aus 4 deutschen Schauspielern und 15 tschechischen Komparsen!). Sie sind so verdammt voll selfrightness and selfpitiness."

Heinrich Beck (B. Ganz) und Friedrich Deutz (D. Laser) während des Nürnberger Prozesses

In Theresienstadt ist auch Martin Benrath alias Bankier Bernheim berührt: „Ein eigenartiges Gefühl im Bauch. Wann kommt man schon mal in ein KZ?" Bei so einer Geschichte, deren Niveau noch dazu im Fernsehen immer seltener werde, bekomme „mein Beruf wieder einen tieferen Sinn: den der Aufklärung für die jüngere Generation".

Bankier Bernheim (M. Benrath) in Schutzhaft

Wiewohl für ihn persönlich „die Bewältigung der Vergangenheit begriffen ist. Privat will ich da nichts mehr mit zu tun haben. Ich brauche da nicht mehr dran herumzumachen." Dieter Laser hofft, daß „die Zuschauer wie ich den gleichen Schock haben, wenn sie das Schild vom I.G.-Farben-KZ in Auschwitz sehen. . . Daß es das gab, habe ich zum Beispiel vorher nicht gewußt. Und auch anderes habe ich erst durch diesen Film, auch über das Gefühl, das er vermittelt, gelernt. Er spielt mit „auch als Sohn der Verbrecher, obwohl mein Vater im Strafbataillon gefallen ist, in das er geschickt wurde, weil er nicht den Hitlergruß entbieten wollte. Aber ich möchte für mich nicht die Gnade der späten Geburt in Anspruch nehmen. . . Natürlich ist man auch als Deutscher betroffen, wenn man so etwas spielt. Kann sich besser hineinversetzen in diese Mischung aus deutscher Kultur und Barbarei als beispielsweise in einen Cowboy".

Ich wollte unbedingt wissen, wie einer heute redet, der damals wirklich dazugehörte. Als sich Otto Ambros tatsächlich am Telefon meldet – einer, der an der Standortwahl der I.G.-Auschwitz beteiligt war, einer, der als Giftgasexperte Hitler persönlich beraten hat, einer der wenigen auch, die im Gefängnis waren, – bin ich erst irritiert, bin erstaunt und wie geschockt beim Übertritt von der Leinwand in die Wirklichkeit. Ich ersuche um die Möglichkeit eines Gesprächs. „Wenn ich Sie bitten dürfte", antwortet Ambros, „mich da herauszuhalten. . . ich bin 85 Jahre alt und an der Geschichte nicht mehr interessiert, die uns so übel mitgespielt hat. Sie wissen ja, wir wurden damals inhaftiert, aufgelöst. . . Ich bitte Sie sehr herzlich, mich davon zu befreien."

Ob er nicht noch einmal darüber nachdenken wolle, frage ich: Es sei doch gerade für meine und die noch jüngeren Generationen wichtig, auch von Zeitzeugen zu erfahren, wie sie dieses folgenschwere Stück deutscher Geschichte erlebt hätten. „Macht alles nichts", sagt Ambros. „Vergessen Sie's. Vergessen Sie das alles."

Alexander Kluge/Bernhard Sinkel
Gespräch über die Väter und die Söhne

A.K. Wer war denn eigentlich dieser Geheimrat, den Burt Lancaster in deinem Film spielt?

B.S. Der Geheimrat ist eine Gründerfigur. Eine Figur, die es heute eigentlich nicht mehr gibt, die mir sehr nahe und wichtig ist; denn dieser Geheimrat ist zwar streng, aber gerecht. Er ist einerseits gütig, aber er unterdrückt auch. Er hat dieses Erziehungsideal des 19. Jahrhunderts, aber man kann sich auf ihn verlassen: Wenn er straft, straft er, wenn er liebt, liebt er. Und es ist, finde ich, wichtig, Menschen gegenüberzustehen, auf deren Gefühle man sich verlassen kann, deren Gefühle eindeutig sind.

A.K. Du hast ja in deiner eigenen Biographie eine Verbindung zu dieser Figur.

B.S. Mein Urgroßvater ist sicherlich solch ein Mann gewesen, aber ich habe ihn nicht mehr kennengelernt. Er starb, bevor ich auf die Welt kam. Aber ich habe Bilder von ihm gesehen, und es gibt Geschichten über ihn, die ihn als einen solchen Patriarchen schildern.
Manchmal habe ich große Sehnsucht nach solchen Männern. Aber meine Fragestellung ist eigentlich eine andere, sie zielt auf Identität. Woher komme ich. Wo sind meine Wurzeln, und wo sind die Wurzeln derer, die meine Wurzeln gemacht haben, also die meiner Eltern. Und diese Suche ist nicht mit einer Abrechnung verbunden, also nicht damit zu sagen, Ihr habt euch schuldig gemacht, sondern es ist eine Suche mit viel Verständnis. Es ist also der Versuch zu erklären, warum jemand so geworden ist, wie ich geworden bin.

A.K. Wie kommt es eigentlich, daß die große amerikanische Dramaturgie immer nach Schuld und Sühne fragt, während man heute zunehmend diese Wertungen als uninteressant beiseite legt und nach etwas ganz anderem fragt: Woher komme ich, was kann ich wissen, was kann ich werden.

B.S. Ich glaube, es liegt daran, daß die Amerikaner nur eine Dramaturgie von Gut und Böse kennen. Deren Helden sind entweder gut oder böse – good guy or bad guy –, und deswegen stecken sie zwangsläufig, wenn der Showdown kommt, in einem moralischen Panzer.

A.K. Das ist in der deutschen Geschichte schwierig.

B.S. Verdammt schwierig. Aber es wäre sehr einfach, Geschichten so zu erzählen, nur wäre das auch langweilig; denn man bringt damit nichts Neues an den Tag. Und Schuld vorzuwerfen, – das möchte ich dann doch lieber den Pfarrern überlassen oder den Juristen oder schlechten Parlamentariern.

A.K. Es ist ja eigenartig. Wir beide sind ja eigentlich unseren Eltern gegenüber treu. Mit winzigen Verschiebungen – bei mir „spinnt“ die mütterliche Seite offenbar etwas stärker.

B.S. Ich habe mich in diesem Film besonders mit den Männern beschäftigt, weil in meiner Kindheit, also 1940 bis 1945, die Männer nicht da waren. Ich bin aufgewachsen in einer Zeit, in der es keine Männer gab, und wenn es sie gab, dann haben sie einem Bomben auf den Kopf geschmissen. Und dann kamen die Männer zurück und haben die Frauen wieder beansprucht. Im Grunde genommen habe ich immer sehr ambivalente Gefühle gegenüber den Männern, den Vätern, gehabt. Und ich glaube, daß von daher dieses Gefühl kommt, daß Männer eigentlich überflüssig sind. Ich bin in einem Haus voller Frauen aufgewachsen. Daß ich mich trotzdem schwer tue, wenn ich Frauenfiguren erfinden muß, scheint dem zu widersprechen. Doch es ist einfacher, etwas zu erträumen, als realistisch zu beschreiben, was man gelebt hat. Andererseits kann ich Männerfiguren viel eher erträumen als Frauenfiguren – große, starke, wichtige Männerfiguren. Ich glaube, das hängt mit dieser Konstellation zusammen.

A.K. Nun heißt dein Film „Väter und Söhne“. Diese Polarität ist doch eigentlich immer ein Konflikt gewesen, oder?

B.S. Es war immer ein Konflikt. Es wäre zwar wünschenswert zu überlegen, ob das nicht gemeinsam geht, aber offensichtlich ist die Biologie so angelegt.

A.K. Kennst du Hildebrand und Hadubrand?

B.S. Wo siehst du da den Zusammenhang?

A.K. Hildebrand ist der Waffenmeister der Hunnen und der Vater von Hadubrand. Er kommt als berühmter alter Mann aus einem fernem Land als der beste Waffenmeister und Kämpfer zurück über die Alpen gezogen. Hadubrand ist voller Sehnsucht, seinen Vater zu finden und reist ihm entgegen von Italien, von Ravenna, nordwärts über die Alpenpässe und begegnet dort einem Greis. Und dieser Greis, befragt, wer er sei, antwortet, ich bin Hildebrand, der Vater Hadubrands. Und Hadubrand, der junge Held, hält das für eine grobe Form von Hochstapelei. Er kennt doch seinen Vater. Das ist ein jugendlicher Held, der ihn verlassen hat. Und das läßt sich nur durch einen Zweikampf entscheiden, bei dem nicht der Vater stirbt, sondern der Sohn. Und in dem Moment, wo der Sohn vom mächtigen Vater getötet wird, erkennen beide, wer sie sind, und was sie verloren haben. Das ist der deutsche Mythos. Und wenn ich jetzt den antiken Mythos nehme, der ja immer ein bißchen schlitzohriger und auswegreicher ist, da hat Odysseus mit der Kirke einen Sohn gezeugt, den Telegonos, den Ferngeborenen. Der kommt auf der Suche nach seinem Vater auf eine Insel. Die Mannschaft des Schiffs hat Hunger, er landet und schlachtet einige Rinderherden. Jetzt muß Odysseus, dem geweissagt ist, daß er durch seinen Sohn sterben wird, und der deswegen seinen Schützer und Sohn Telemachos in die Verbannung geschickt hat, den Zweikampf annehmen, und in diesem Fall stirbt der Vater. In diesem Moment erkennt der sehnsüchtige Sohn, daß er nach nichts anderem gesucht hat, als nach seinem Vater. Genauso wie der Vater, der recht stolz ist, daß aus seinen Irrfahrten so etwas wie ein Sieger hervorkommt. Beide treffen sich nur im Tod. Umgekehrt wie in Deutschland, aber genauso negativ. Ich könnte jetzt am Beispiel Friedrichs des Großen, des Soldatenkönigs, was man uns ja als Kinder eingetrichtert hat, noch zahlreiche Fälle von Väter und Söhnen aufführen, die alle im Konflikt enden. Wo siehst du die Einigungsmöglichkeit?

B.S. Die Einigungsmöglichkeit ist sicher eine Utopie, und das hat etwas mit dem Wunschbild eines gerechten Vaters zu tun, daß Sohn und Vater sich gegenseitig respektieren und akzeptieren. Ich sage das jetzt einmal von der Sohnesseite. Denn ich habe ja einen Film gemacht, der um die Väter geht. Ich finde, man kann so einen Film erst dann machen, wenn man die moralischen Rigorismen, die gerade 1968 besonders en vogue waren, beiseite legt. Rigorose Moralvorstellungen und Haltungen, die dann auch zu den ganz großen Schuldvorwürfen führten. Und nachdem mir das gelungen war, konnte ich überhaupt erst den wirklichen Konflikt analysieren und sehen. Eigentlich bezeichnet ja 1968 die Verlagerung einer Auseinandersetzung, die 1945 nicht stattgefunden hat. Das heißt, daß im Grunde genommen die Lüge, die 1945 oder 48 angelegt worden ist, zu diesem Zeitpunkt wie ein Geschwür aufgegangen ist.

A.K. Du hast ja an wesentlicher Stelle bei dem Film „Deutschland im Herbst“ mitgearbeitet, und deine Idee als Nachfolgeprodukt für „Deutschland im Herbst“ in der Diskussion mit Fassbinder und Schlöndorff und auch mit mir war immer ein Film über unsere Eltern; über diese Frage Sohn – Mutter, Tochter – Mutter usw.

B.S. Es gibt zwei Filme, die ich in Nachfolge zu „Deutschland im Herbst“ gemacht habe. Einer hieß „Kaltgestellt“ und der zweite ist dieser hier.

A.K. Wir haben eigentlich alle nach „Deutschland im Herbst“ mindestens einen Fortsetzungsfilm gemacht, wenn nicht mehrere. Vater und Sohn als ein Grundkonflikt von Macht und Ohnmacht.

B.S. Beim Vater-Sohn-Konflikt fasziniert mich, daß seit 1945 etwas Neues hinzugekommen ist, eine neue Qualität, die uns bestimmt: der Feminismus. Die Rolle der Frauen heute ist sehr viel wichtiger geworden als zu der Zeit, in der mein Film spielt. Dadurch sind die Konflikte zwischen Männergenerationen nicht mehr so wichtig zu nehmen. Sie haben irgendwo auch etwas Lächerliches. Die Balz, die da um Macht und Hierarchie stattfindet, ist überholt.

A.K. Zwei Szenen oder zwei Sequenzen würde ich gern gemeinsam mit dir inszenieren. Die eine ist Blüchers Schwangerschaft. Der Oberbefehlshaber der preußischen Armee, Leberecht von Blücher, hatte tatsächlich zwei Scheinschwangerschaften, bei denen er alle Symptome hatte, die auch eine Frau hat. Blutungen, all das, auch einen dicken Bauch. Er glaubte und verkündigte in England, nach dem Sieg von Waterloo, daß er während der Niederlage von Ligny von einem französischen Artilleriekorporal vergewaltigt worden sei, unter einem Pferd liegend. Er lag tatsächlich unter einem Pferd, schwerverwundet, bei dieser Niederlage der Preußen. Und er hatte diese Scheinschwangerschaft. Man konnte den Oberbefehlshaber der Preußen ja nicht physisch untersuchen; möglicherweise war er Zwitter. Und stell dir die Probleme des preußischen Botschafters am englischen Hof vor, der einen Feldmarschall hat, der dauernd behauptet, schwanger zu sein, und dauernd darauf hinweist. Das ist überliefert, das ist wahr. Und der Punkt, der mich interessiert, wäre, ob man bei einem preußischen Feldmarschall Männchen und Weibchen unterscheiden kann.

B.S. Ich werde dir eine Gegenfrage stellen. Wie ist das bei Päpsten und Kardinälen? Es ist ja überliefert, daß ein Papst ein Kind geboren hat, zwar eine Totgeburt, aber in der Prozession gleich anschließend ist der Papst dann gesteinigt worden. Man hat noch versucht, das als eine Offenbarung oder ein Wunder hinzustellen. Also, wie sind sie damit umgegangen? Haben die Männer Angst bekommen? Und der Feldmarschall, war der in Gefahr?

A.K. Überhaupt nicht. Aber die Quelle seiner Einbildung war diese Eigenschaft, sich weder als männlich noch als weiblich zu definieren. Ich trage dir einen weiteren kooperativen Film an, über die Rolle der Persönlichkeit in der Geschichte. Sie betrifft Hitler. Im Frühjahr 1943, also zu einem Zeitpunkt, wo man angeblich noch hätte Frieden schließen können, sitzt er vollständig abgesichert gegen Attentäter in seiner Wolfsschanze in Ostpreußen bei Rastenburg und wird von einem für ihn abkommandierten Friseur infiziert. Der kommt vom Stadttheater Halberstadt und wollte nie wehrpflichtig werden, konnte nichts als frisieren – Haareschneiden – und ist jetzt abkommandiert, den Feldherren die Haare zu scheren. Er hatte eine Kopfgrippe, eine ganz erhebliche Kopfgrippe mit hohem Fieber. Er hatte das seinen Vorgesetzten gemeldet, die sagten aber, ein deutscher Soldat verweigert nicht wegen einer Grippe den Dienst. Er kommt also mitsamt seinen Bakterien durch sämtliche Sicherheitszonen hindurch, schert dem Führer den Kopf, und der bekommt eine Kopfgrippe, die anschließend – sein Darm war seit jeher empfindlich – in eine Darmgrippe übergeht. Und nun ist dieser schwer geschwächte Mann drei Monate lang nicht in der Lage, überhaupt nur einen Moment zu überlegen, ob man hier nicht noch einen Kompromißfrieden schließen könnte. Diese Geschichte, Hitlers Friseur, würde ich gern verfilmen. Weil mich daran ebenfalls interessiert: Gibt es wegen der Schwächemomente dieser Persönlichkeit des 20. Jahrhunderts eine Stelle, an der die Geschichte hätte anders verlaufen können, und ist es möglich, das zu beschreiben, und zwar nicht auf karikaturistische Weise, also nicht so, wie Chaplin das tat.

B.S. Ich weiß nicht, ich glaube, daß das ein sehr trauriger Film wird, weil er versucht, eine Kausalkette zu unterbrechen. Was wäre wenn. . ., das ist ja auch ein Spiel, was irgendwie verzweiflungsvoll ist. Die Frage nach der Darstellbarkeit solcher Figuren löst, glaube ich, die Zeit. Wenn ich mir überlege, wie Napoleon dargestellt wurde. Tolstoi hat 50 Jahre nach der Schlacht von Borodino *Krieg und Frieden* geschrieben und hat Napoleon immer ganz groß – quasi in der Totalen – dargestellt. Napoleon hatte Bauchweh und Schnupfen während der Schlacht – deshalb haben andere für ihn gekämpft. Was wäre gewesen, wenn Napoleon keine Bauchgrippe gehabt hätte? Wäre also ohne diesen Schwächemoment die Geschichte des 19. Jahrhunderts anders verlaufen? Tolstoi war der Meinung, daß Napoleon sehr viel weniger mit seinen Siegen und Niederlagen zu tun hatte, als die Soldaten auf dem Schlachtfeld.

A.K. Das ist die verdeckte, gehortete Hochachtung. Also wenn ich mir den Hitler vorstelle, dann ist das für mich – ich rede jetzt abstrakt – wie eine Bank, in die die Menschen unseres Landes – kollektiv – ungeheure Mengen ihrer Verluste, ihrer Treuewünsche einzahlen. Gewissermaßen losgelöst von den Tatsachen, zahlen sie ihre subjektive Seite ein, und zwar aufgrund von jahrhundertealter Gewohnheit und aufgrund von Irrtum. Nun bin ich ja nicht gegen Irrtümer. Wie soll ich das sein? Ich kann ja sonst nie Mehrheiten entwickeln. Das heißt also, das interessiert mich politisch. Hitler muß darstellbar sein, muß veröffentlicht werden. Und ich kann ihn nicht veröffentlichen und gleichzeitig verdrängen. Ich muß also klar machen, welche Kräfte in diesem Mann steckten, was nichts mit ihm, sondern nur mit den Menschen zu tun hat, die ihre Loyalität dort eingezahlt haben. Und wenn ich das kann, dann wird das ein starker Spielfilm. Dann ist etwas von unserem Auftrag erfüllt.

B.S. Wir haben ja schon früher von der Schwierigkeit der Darstellbarkeit Hitlers gesprochen, und ich glaube, daß man das nur mit dem vergleichen kann, was man aus den „Sandalen"-Filmen kennt. Die Darstellung von Jesus Christus in Bibelverfilmungen. Zunächst ist nur ein Schatten von ihm erschienen, dann kam mal ein Finger ins Bild, dann wurde er von hinten gezeigt oder die Sandalen gingen durchs Bild, bis man ihn nachher richtig besetzt hat und ihn schließlich zu einem Musical-Star machte und ans Kreuz nagelte. Hier ist es umgekehrt. Die Berührungsangst des Auslands vor Hitler ist gleich Null. Er ist für sie einer der wichtigsten Zulieferer für Stoffe, die man im Kino dramatisieren kann. Bei uns ist das wahnsinnig schwer. Faßbinder hat zum Beispiel in *Lilli Marlen* nur grelles Licht genommen. Ich kenne keinen Kollegen, der Hitler gezeigt hat, und alle haben mir abgeraten, selbst du hast mir abgeraten. Du hast gesagt, wenn du Hitler zeigst, zeig, wie der Schauspieler geschminkt wird. Ich habe das gut verstanden. Ich weiß auch nicht, ob es gelungen ist. Nur habe ich versucht, wenn ich schon Hitler zeige, ihn dann nicht als Karikatur darzustellen, sondern ich habe ihn als einen müden Mann gezeigt, der von einer Wahlveranstaltung kommt und dessen Haushälterin ihn auffordert, etwas zu essen. Ein Erdbeertörtchen, was er auch nimmt, aber dann wegschiebt, weil er nicht zu dick werden will. Das ist das, was in ihm eigentlich vorgeht, während er von Autarkie, Großdeutschem Reich und synthetischem Benzin spricht. In der Realität des Filmes taucht Hitler auf wie eine Märchenfigur. Ich meine trotzdem, daß man ihn darstellen kann. Nur kann man das nicht von heute auf morgen machen. Vielleicht ist auch innerhalb eines solchen Films, wie du ihn entwickelt hast, ein solcher Prozeß darstellbar, und diesen Prozeß, aus dem man eigentlich viele Filme machen müßte, kann man vielleicht in einem Film verknappen. Wie bei Napoleon, man hat sich dem Mann genähert und ihn immer genauer beschrieben. . . Aber wenn ich mir jetzt diesen Mann Hitler vorstelle, der mit meinem Leben eine ganze Menge zu tun hat, denn er hat ja mein Leben maßgebend mitgeprägt. Meine Erziehung. . .

A.K. Ja, die Luftangriffe hat er uns beschert.

B.S. In den Bombenkeller hat er mich gebracht, da war ich vier, fünf Jahre alt. Dann interessiert es mich natürlich, und es muß mich interessieren, daß der ja auch mal fünf oder sechs Jahre alt gewesen ist. Wenn ich plötzlich das Kind, den jungen Menschen, den Buben Adolf sehe, . . .

A.K. Der Heidelberger Analytiker Helm Stierlin hat ein vorzügliches Buch geschrieben über Hitler und sein Verhältnis zu seiner Mutter Klara. Diese Mutter Klara lag als Magd, ärmlich und beschämt im unteren Teil eines Hauses, als die Frau Hietler – das schrieb sich damals noch mit ie –, die offizielle Frau des Vaters von Adolf Hitler, gerade starb. Sie aber war bereits schwanger. Und verlor ein Kind nach dem anderen und fühlte das als Strafe Gottes. Und sie hat ihrem Sohn auf eine nicht verbale Weise eine Sendung weitergegeben: Meine Mutter darf niemals beschämt werden. Niemals wieder. Das hat der Patriarch, der alte Hitler, der Vater, schwer auf dem Gewissen, wenn es überhaupt eine Gewissensfrage ist. Und jetzt wird die Mutter ersetzt durch Deutschland. So eine Abstraktion ist im Grunde sehr einfach. Jeder, der ein gleiches Schicksal hat, meine Voreltern, alles das, wovon ich herkomme, meine Identität, darf nicht weiter belastet werden. Nicht durch Danzig, nicht durch irgend etwas anderes. Er versteht sie – nicht verbal. Während die Worte, wie wir sie heute lesen, diese Art von Ausuferung, von Prophezeiung haben, so daß man sich eigentlich nicht täuschen dürfte. Auf diese Art und Weise kommen diese ungeheuren nachträglichen Einigungen zustande, denen ich so bitter mißtraue. Daher finde ich, es lohnt die Arbeitskraft von uns, daß wir das, was überhaupt für das nächste Jahrhundert durch nichts ausgeschlossen werden kann, in seiner Entstehung zeigen. Denn daß sich Menschen schämen und nicht schämen wollen, daß sie ihre Würde bewahren wollen, das ist ja immer noch genauso virulent und wird verletzt wie eh und je. Wenn wir das herausarbeiten könnten, dann tun wir unsere Pflicht als Chronisten. Mehr als Künstler und Wissenschaftler. Wir würden im Grunde dem folgen, was Christa Wolf meint, wenn sie sagt: im Zweifel der Wahrheit immer die Ehre geben. Wir können die konkreten Dinge gar nicht genau genug beurteilen, um sagen zu können, wir schwören der Wahrheit ab. Das ist ein galileisches Prinzip. Das bezieht sich jetzt plötzlich auf etwas Inneres. Nicht auf die Sterne, oder ob sich die Sonne bewegt oder die Erde, sondern auf uns innerlich, auf das, was wir zu tun haben. Da nützt uns die Frage von Schuld gar nichts. Sondern wir müssen die Bewegungsgesetze erforschen.

B.S. Aber die Frage nach Schuld, die Frage nach Sühne, nach Rache, das sind Fragen nach Gefühlen, die nützlich sind, weil es sie gibt. Trauer, Scham, Schuld sind vorhanden. Als Gefühle sind sie vorhanden. Es ist ja nicht von ungefähr, daß die Menschen sagen, daß man soundso lange trauern muß, oder daß man soundso lange gefühlsmäßig Abstand haben muß, um über jemanden oder über ein Ereignis u.s.w. Auskunft erteilen zu können.

A.K. Sieben Stationen brauchen wir, um Trauer zu leisten.

B.S. Solange die nicht abgeschritten sind, werden wir die Probleme haben. Und ich bin der Meinung, daß wir noch nicht einmal bei der zweiten angelangt sind. Erst wenn wir alle hinter uns haben, dann sind wir vielleicht in der Lage, meinetwegen ein Bild über Hitler als Kind und sein Verhältnis zu seiner Mutter zu zeigen. Was übrigens bei Himmler ganz anders ist.

A.K. Himmler war ein Bürokrat. Da konnte auch niemand einzahlen. Da hat es nie eine Massenloyalität gegeben, nur immer die Furcht vor der Macht.

B.S. Ich komme zurück auf Trauerstation zwei. Du kannst von Hitler, von diesem Menschen noch nicht wie von einem Menschen sprechen.

A.K. Nein, und das ist unheimlich. Denn die Geheimhaltung, daß man also sagt, das gehört zur Realität nicht dazu, heißt ja, daß wir nicht souverän sind, und wir sind nicht souverän, nachdem eine Bewegung oder Gruppierung oder eine Räuberbande die Souveränität 1933 geklaut hat. Und um sie wiederzugewinnen, brauchen wir die Souveränität des Vorstellungsvermögens. Und in diesem Circulus vitiosus haben wir eine bittere, alchimistische Pflicht.

Primo Levi
„Die drei Leute vom Labor"

Wieviele Monate sind seit unserer Einlieferung ins Lager vergangen? Wieviele seit dem Tag meiner Entlassung aus dem KB*? Und seit dem Tag der Chemieprüfung? Und seit der Selektion im Oktober?

Alberto und ich stellen uns häufig diese Fragen und noch viele andere mehr. Sechsundneunzig waren wir, als wir ankamen, wir, die Italiener vom Transport Einhundertvierundsiebzigtausend; nur neunundzwanzig von uns waren bis zum Oktober noch am Leben, und von diesen endeten acht in der Selektion. Nun sind wir einundzwanzig, und der Winter hat eben erst begonnen. Wieviele von uns werden das neue Jahr erleben? Wieviele den Frühling?

Seit mehreren Wochen gibt es keine Luftangriffe mehr; der Novemberregen wurde zu Schnee, und der Schnee hat die Trümmer zugedeckt. Die Deutschen und die Polen kommen mit Gummistiefeln zur Arbeit, mit Ohrenschützern aus Fell und wattierten Arbeitsanzügen, die englischen Gefangenen mit ihren herrlichen Pelzjacken. In unserem Lager sind Mäntel nur an ein paar Privilegierte ausgegeben worden; wir sind ein Fachkommando, das theoretisch nur im geschlossenen Raum arbeitet: Und darum haben wir unsere Sommerklamotten anbehalten.

Wir sind die Chemiker: Darum arbeiten wir an den Säcken des Phenylbeta. Wir haben das Magazin nach den ersten Luftangriffen geräumt, mitten im Hochsommer; das Phenylbeta drang unter die Kleidung, heftete sich an die schweißnassen Glieder, fraß an uns wie die Lepra; von unsern Gesichtern schälte sich die Haut in großen, verbrannten Fetzen. Dann setzten die Luftangriffe aus, und wir haben die Säcke wieder ins Magazin geschafft. Dann wurde das Magazin getroffen, und wir haben die Säcke in den Keller der Styrol-Abteilung verstaut. Nun ist das Magazin repariert worden, und die Säcke müssen noch einmal dort aufgestapelt werden. Der ätzende Geruch des Phenylbeta setzt sich in unserm einzigen Anzug fest, begleitet uns Tag und Nacht wie unser Schatten. Bis jetzt hat uns der Umstand, im Chemie-Kommando zu sein, nur das eingebracht: Die andern haben Mäntel und wir keine; die andern schleppen Fünfzig-Kilo-Säcke Zement und wir Sechzig-Kilo-Säcke Phenylbeta. Wie soll man da noch an die Chemieprüfung und an die Illusionen von damals denken? Mindestens viermal war im Sommer die Rede vom Laboratorium des Doktor Pannwitz im Bau 939, und es hieß, daß man unter uns die Analytiker für die Polymerisations-Abteilung aussuchen würde.

Jetzt ist es genug damit, jetzt ist Schluß. Dies ist der letzte Akt: Der Winter hat begonnen und mit ihm unser letzter Kampf. Und kein Zweifel kann mehr bestehen, daß es der letzte ist. In welchem Augenblick des Tages auch immer es uns geschieht, daß wir auf die Stimme unserer Körper horchen, daß wir unsre Glieder fragen, die Antwort lautet stets: Die Kräfte werden nicht ausreichen. Rings um uns spricht alles von Auflösung und Ende. Die Hälfte des Baus 939 ist ein Wust von verbogenen Eisenschienen und Schutt; aus den riesigen Rohrleitungen, in denen einst der überhitzte Dampf fauchte, hängen jetzt bis zum Erdboden unförmige, blaue Eiszapfen, dick wie Säulen. Buna ist nun still, und steht der Wind günstig und hört man genau hin, vernimmt man ein anhaltendes, dumpfes, unterirdisches Grollen, die Front, die näherrückt. Dreihundert Gefangene aus dem Ghetto von Lodz sind im Lager eingetroffen, die die Deutschen vor dem russischen Vormarsch abtransportiert haben: Sie trugen bis zu uns die Kunde vom legendären Kampf im Ghetto von Warschau, und sie berichteten uns, auf welche Weise die Deutschen schon vor einem Jahr das Lager von Lublin liquidierten; vier Maschinengewehre an die Ecken, und die Baracken in Brand gesteckt; die zivile Welt wird nie davon erfahren. Wann sind wir an der Reihe?

Heute früh hat der Kapo wie üblich die Arbeitsgruppen eingeteilt. Die zehn vom Chlormagnesium zum Chlormagnesium: Sie ziehen los, schleppenden Fußes, so langsam wie nur irgendwie

* Krankenbau

möglich, denn das Chlormagnesium ist härteste Arbeit; den ganzen Tag steht man bis zu den Knöcheln im salzigen, eisigen Wasser, das Schuhe, Kleidung und Haut zerfrißt. Der Kapo packt einen Ziegelstein und schleudert ihn mitten in den Haufen hinein: Jene weichen tolpatschig aus, aber sie gehen darum auch nicht schneller. Das ist schon fast eine Gewohnheit, die sich jeden Morgen wiederholt und nicht unbedingt und immer beim Kapo eine böse Absicht voraussetzt.

Die vier vom *Scheißhaus* zur Arbeit: Und die vier, die eine neue Latrine bauen müssen, ziehen los. Wir haben nämlich durch die Transporte aus Lodz und Siebenbürgen den Effektivbestand von fünfzig Häftlingen überschritten; daraufhin ermächtigte uns der mysteriöse deutsche Bürokrat, der diesen Dingen vorsteht, zum Bau eines *zweiplatzigen Kommandoscheißhauses,* eines Abortes mit zwei Plätzen, der für unser Kommando reserviert ist. Wir sind nicht unempfindlich für diese Auszeichnung, die aus unserm Kommando eines der wenigen macht, denen man mit Stolz angehören kann; allerdings entfällt somit natürlich der einfachste Vorwand, sich von der Arbeit zu entfernen und mit Zivilisten irgendwelche „Kombinationen" auszutüfeln. „Noblesse oblige", meint Henri, der noch ganz anderes auf Lager hat.

Die zwölf von den Ziegeln. Die fünf vom Meister Dahm. Die zwei von den Zisternen. Wieviele fehlen? Drei: Hamolka ist heute früh in den KB gekommen, der Schlosser ist gestern gestorben, François wurde wer weiß warum und wer weiß wohin versetzt. Die Rechnung geht auf; der Kapo notiert und ist befriedigt. Jetzt sind nur noch wir achtzehn vom Phenylbeta da, wenn man von den Prominenten des Kommandos absieht. Und jetzt geschieht das Unerwartete.

Der Kapo sagt: „Doktor Pannwitz hat dem Arbeitsdienst mitgeteilt, daß drei Häftlinge fürs Labor ausgesucht wurden; 169 509 Brackier, 175 633 Kandel, 174 517 Levi." Einen Augenblick lang sausen mir die Ohren und Buna dreht sich vor meinen Augen. Wir sind drei Levi im Kommando 98, aber *Hundertvierundsiebzig Fünfhundertsiebzehn* bin ich, da kann es keinen Zweifel geben. Ich bin einer der drei Erwählten.

Mit einer mißgünstigen Lache mißt uns der Kapo von Kopf bis Fuß. Ein Belgier, ein Rumäne und ein Italiener: Das sind also drei *Franzosen.* Ist denn so etwas möglich, daß ausgerechnet drei *Franzosen* die Erwählten fürs Labor-Paradies sind?

Viele Kameraden wünschen Glück. Allen voran Alberto, mit ehrlicher Freude, ohne den mindesten Anflug von Neid, Alberto hat nichts zu kritteln an dem Glück, das mir zuteil wurde, er ist sogar sehr zufrieden damit, sei es aus Freundschaft, sei es, weil auch er seinen Nutzen davon haben wird; denn wir zwei sind nunmehr durch einen festen Freundschaftspakt verbunden, wonach jedes „organisierte" Stück in zwei peinlich genaue Hälften geteilt wird. Er hat auch keinen Grund, mich zu beneiden, denn er hatte weder gehofft noch gewünscht, ins Laboratorium zu kommen. Das Blut, das in Albertos Adern rinnt, ist zu frei, daß mein ungebändigter Freund daran denken könnte, sich in ein System zu schicken; sein natürlicher Trieb führt ihn anderswohin, zu anderen Lösungen, dem Unerwarteten, Improvisierten, Neuen entgegen. Einer guten, festen Stellung zieht Alberto ohne Bedenken die Ungewißheiten und Kämpfe des „freien Berufs" vor.

In der Tasche habe ich einen Zettel des Arbeitsdienstes, der besagt, daß der Häftling 174 517 als Facharbeiter Anspruch auf ein neues Hemd und neue Unterhosen hat und jeden Mittwoch rasiert werden muß.

Das zerschlagene Buna liegt unter dem ersten Schnee, regungslos und steif, wie ein riesiger Leichnam. Täglich heulen die Sirenen Fliegeralarm; die Russen stehen achtzig Kilometer entfernt. Die Elektrozentrale steht still, die Methanol-Destilliersäulen existieren nicht mehr, die Gasometer des Azetylens sind in die Luft geflogen. In unser Lager strömen Tag für Tag die aus sämtlichen Lagern Ostpolens „geborgenen" Häftlinge; die wenigsten kommen zur Arbeit, die meisten wandern ohne weiteres nach Birkenau und durch den Kamin. Schon wieder ist die Ration verringert worden. Der KB quillt über; die E-Häftlinge haben Scharlach, Diphtherie und Flecktyphus ins Lager gebracht.

Aber der Häftling 174 517 ist zum Facharbeiter befördert worden und hat Anspruch auf ein neues Hemd und neue Unterhosen und muß jeden Mittwoch rasiert werden. Keiner maße sich an, die Deutschen zu begreifen.

Schüchtern, mißtrauisch und benommen sind wir ins Labor getreten, wie drei wilde Tiere, die in eine große Stadt eindringen. Wie glatt und sauber der Fußboden ist! Ein Laboratorium, das überraschenderweise so aussieht wie jedes andere. Drei lange Arbeitstische und auf ihnen hunderte von vertrauten Dingen. In einer Ecke die Gläser zum Abtropfen, die analytische Waage, ein Heraeus-Ofen, ein Höppler-Thermostat. Der Geruch, dieser leicht aromatische Geruch in den Labors organischer Chemie, trifft mich wie ein Schlag. Für einen Augenblick durchzuckt mich die Erinnerung an den halbdunklen Universitätssaal, an mein viertes Studienjahr, an die milde Maienluft in Italien.

Herr Stawinoga weist uns die Arbeitsplätze zu. Stawinoga ist ein noch junger Deutschpole mit energischem und zugleich traurigem und müdem Gesicht. Auch er ist ein Doktor: nicht der Chemie, sondern (ne pas chercher à comprendre) der Sprachwissenschaft; aber er ist Chef des Laboratoriums. Mit uns redet er nicht gern, doch er scheint nicht unleidlich zu sein. Er nennt uns „Monsieur“, das ist ebenso lächerlich wie verwirrend.

Die Temperatur im Labor ist wundervoll; das Thermometer zeigt 24 Grad. Und wenn wir auch die Gläser waschen müssen, denken wir, oder den Fußboden kehren oder die Wasserstoffflaschen transportieren oder irgendeinen andern Dienst verrichten, nur um hier drinnen bleiben zu können, so ist das Problem des Winters für uns gelöst. Und eine zweite Überlegung sagt uns, daß auch das Problem des Hungers nicht schwer zu lösen sein dürfte. Ob sie uns wirklich jeden Tag beim Fortgehen durchsuchen werden? Und ob sie es dann auch jedesmal tun, wenn wir darum bitten, zur Latrine gehen zu dürfen? Bestimmt nicht. Aber hier gibt es Seife, Benzin, Alkohol. Ich werde mir eine Geheimtasche innen in die Jacke nähen, werde eine Kombination mit dem Engländer machen, der in der Werkstatt arbeitet und mit Benzin handelt. Wir werden schon sehen, wie streng die Überwachung sein wird. Immerhin bin ich jetzt ein Jahr im Lager, und ich weiß: Wenn einer wirklich stehlen will und es ernstlich darauf anlegt, dann kann ihn keine Überwachung und keine Durchsuchung daran hindern.

Jedenfalls scheint es das Schicksal auf ungewohnten Wegen so eingerichtet zu haben, daß wir drei zum Neide der zehntausend Verurteilten in diesem Winter keine Kälte und keinen Hunger zu leiden brauchen. Und das heißt, mit großer Wahrscheinlichkeit nicht ernstlich krank zu werden, von Erfrierungen verschont zu bleiben und die Selektionen zu überstehen. Unter diesen Umständen könnten Menschen, die mit den Dingen des Lagers weniger vertraut sind als wir, versucht sein, auf ein Überleben zu hoffen, an die Freiheit zu denken. Wir nicht. Wir wissen, was es mit solchen Sachen auf sich hat: Dies alles ist ein Geschenk des Schicksals, und als solches wird es so intensiv wie möglich ausgekostet, augenblicklich; denn das Morgen ist ungewiß. Beim ersten Glas, das ich zerbrechen werde, beim ersten Wiegefehler, bei der ersten Unachtsamkeit muß ich wieder zurück, muß mich wieder in Schnee und Wind verzehren, bis auch ich reif sein werde für den Kamin. Und wer kann endlich wissen, was geschehen wird, wenn die Russen kommen?

Denn die Russen werden kommen. Tag und Nacht bebt die Erde unter unsern Füßen; im neuen Schweigen von Buna ertönt nun ununterbrochen das leise, dumpfe Grollen der Artillerien. Die Luft, die man atmet, ist gespannt, entscheidungsvoll. Die Polen arbeiten nicht mehr, die Franzosen gehen wieder erhobenen Hauptes. Die Engländer zwinkern uns zu, grüßen uns heimlich mit dem „V“ des Zeige- und Mittelfingers; und nicht immer heimlich.

Aber die Deutschen sind taub und blind, verschlossen in einem Panzer von Starrsinn und bewußter Unkenntnis. Schon wieder haben sie einen Termin für die Produktionsaufnahme des synthetischen Gummis festgelegt: den 1. Februar 1945. Sie bauen Luftschutzräume und Splittergräben, reparieren die Schäden, bauen, kämpfen, kommandieren, organisieren und töten. Was sollten sie auch sonst tun? Es sind Deutsche: Dieses ihr Handeln ist nicht überlegt und vorsätzlich, sondern entstammt ihrer Natur und dem Schicksal, das sie sich erwählt haben. Sie könnten gar nicht anders: Verwundet man den Leib eines Sterbenden, beginnt die Wunde zu verheilen, selbst wenn der ganze Körper am nächsten Tag sterben wird.

Nun ruft der Kapo jeden Morgen bei der Gruppeneinteilung vor allen andern uns drei vom Laboratorium auf: *die drei Leute vom Labor.* Morgens und abends im Lager unterscheidet mich nichts von der Herde, aber tagsüber, bei der Arbeit, bin ich im geschützten, warmen Raum, und keiner schlägt mich; ich stehle und verkaufe Seife und Benzin ohne ernstliches Risiko; vielleicht bekomme ich auch einen Gutschein für Lederschuhe. Und schließlich: Kann man das arbeiten nennen, was ich tue? Arbeiten heißt Waggons schieben, Balken schleppen, Steine klopfen, Erde ausheben, mit nackten Händen den Schauder vereisten Eisens umklammern. Ich aber sitze den ganzen Tag, habe Heft und Bleistift, und sogar ein Buch hat man mir gegeben, um mein Gedächtnis über die analytischen Methoden aufzufrischen. Ich verfüge über eine Schublade, in die ich Mütze und Handschuhe legen kann, und will ich hinaus, brauche ich es nur Herrn Stawinoga zu melden, der nie nein sagt und keine Fragen stellt, wenn ich länger ausbleibe; es scheint, als leide er körperlich unter der ihn umgebenden Zerstörung.

Meine Kameraden vom Kommando beneiden mich mit Recht. Müßte ich mich nicht glücklich schätzen? Aber kaum bin ich morgens der Wut des Windes entronnen und trete über die Schwelle des Labors, ist mir schon die Gefährtin aller Augenblicke der Entspannung, des KB und der Ruhesonntage zur Seite: die Qual der Erinnerung, die alte, grausame Sehnsucht, sich wieder als Mensch zu fühlen, die mich wie ein Hund in dem Augenblick anfällt, da das Bewußtsein aus dem Dunkel tritt. Dann nehme ich Bleistift und Heft und schreibe, was ich niemandem zu sagen vermöchte.

Schließlich sind da noch die Frauen. Wieviele Monate lang hatte ich keine Frau gesehen? Manchmal begegnete man in Buna den ukrainischen und polnischen Arbeiterinnen, mit Hosen und Lederjacke, derb und heftig wie ihre Männer. Verschwitzt und zerzaust waren sie im Sommer, dick eingemummt im Winter; sie arbeiteten mit Schaufel und Spitzhacke, und man fühlte sie nicht als Frauen neben sich.

Hier ist das anders. Beim Anblick der Mädchen im Labor möchten wir drei vor Scham und Verlegenheit in den Erdboden versinken. Wir wissen, wie wir aussehen: wir sehen ja einander, und es begibt sich zuweilen, daß wir uns in einem blanken Glas spiegeln. Lächerlich sind wir, abstoßend. Montags sind unsere Schädel kahl, samstags sind sie mit kurzem, dunkelbraunem Flaum bedeckt. Wir haben aufgequollene, gelbe Gesichter, die fortwährend von den Schnitten des hastigen Barbiers und häufig von blauen Flecken und stumpfen Wunden gezeichnet sind; wir haben lange, knotige Hälse wie gerupfte Hühner. Unsere Klamotten sind unsagbar dreckig, voller Flecken von Schlamm, Blut und Schmierfett; Kandels Hosen reichen ihm bis zur Hälfte der Waden, entblößen die knochigen und behaarten Schienbeine; meine Jacke hängt mir auf den Schultern wie auf einem hölzernen Kleiderbügel. Wir sind voller Flöhe, und oft kratzen wir uns in schamloser Weise; es ist demütigend, wie häufig wir darum bitten müssen, zur Latrine zu gehen. Unsere Holzpantinen mit ihren verschiedenen Krusten von Kot und vorschriftsmäßigem Fett machen einen unerträglichen Lärm.

Und an unsern Geruch sind wir ja inzwischen schon gewöhnt, nicht aber die Mädchen, die es uns bei jeder Gelegenheit fühlen lassen. Das ist nicht der allgemeine Geruch des schlecht Gewaschenen, sondern der Geruch des Häftlings, fade und süßlich, der uns bei unserer Ankunft im Lager empfing und stetig aus den Schlafräumen, Küchen, Waschräumen und Aborten des Lagers dringt. Man erwirbt ihn augenblicklich und verliert ihn nimmer; „so jung und schon so stinkig", pflegt man bei uns die Neuankömmlinge zu begrüßen.

Diese Mädchen kommen uns wie überirdische Wesen vor. Drei junge Deutsche sind es, die polnische Magazinverwalterin Fräulein Liczba und die Sekretärin Frau Mayer. Sie haben eine glatte, rosige Haut, hübsche bunte, saubere und warme Kleider, und ihr Haar ist blond, lang und wohlgepflegt; sie sprechen sehr anmutig und gesittet, und statt das Laboratorium sauber und ordentlich zu halten, wie es ihre Aufgabe wäre, rauchen sie in den Ecken, essen vor aller Augen Marmeladenbrote, feilen sich die Fingernägel, zerschlagen viel Glas und versuchen, die Schuld auf uns zu schieben; wenn sie fegen, dann fegen sie über unsere Füße. Sie reden nicht mit uns und rümpfen die Nase, wenn sie uns elend und verdreckt, unpaß und unsicher in unsern Pantinen durchs Labor schlurfen sehen. Einmal habe ich Fräulein Liczba um eine Auskunft gebeten, doch sie hat mir nicht geantwortet, sondern sich mit angewidertem Gesicht Stawinoga zugewandt und hastig auf ihn eingeredet. Ihr Reden habe ich nicht verstanden, doch *Stinkjude* habe ich ganz deutlich gehört, und das Blut ist mir in den Adern geronnen. Und Stawinoga hat mir gesagt, daß wir uns mit allem, was die Arbeit betrifft, unmittelbar an ihn zu wenden haben.

Die Mädchen singen, wie alle Mädchen in allen Labors der Welt, und das macht uns tiefunglücklich. Sie unterhalten sich miteinander, sprechen über die Lebensmittelkarten, ihre Verlobten, ihr Zuhause, die bevorstehenden Feiertage . . .

„Fährst du Sonntag nach Haus? Ich nicht, das Reisen ist so beschwerlich!"

„Ich fahr Weihnachten. In zwei Wochen ist schon wieder Weihnachten. Dies Jahr ist so schnell vergangen, kaum zu glauben!"

. . . Dies Jahr ist schnell vergangen. Voriges Jahr um diese Zeit war ich ein freier Mensch: in der Illegalität, aber frei; ich besaß einen Namen und eine Familie, einen hungrigen, ruhelosen Geist und einen gewandten und gesunden Körper. Ich dachte über so vieles, weit Entferntes nach: meine Arbeit, das Kriegsende, Gut und Böse, das Wesen der Dinge, die Gesetze, die das menschliche Tun bestimmen; und ich dachte auch an die Berge, an das Singen, an Liebe, Musik und Poesie. Ich hatte ein ungeheures, eingefleischtes, törichtes Vertrauen in das Wohlwollen des Schicksals; und Töten und Sterben erschienen mir wie fremde, literarische Dinge. Meine Tage waren heiter und traurig, doch alle waren sie mir teuer, alle waren erfüllt und positiv; und die Zukunft stand vor mir wie ein großer Reichtum. Heute ist mir nur so viel von meinem damaligen Leben geblieben, um Hunger und Kälte ertragen zu können; ich bin nicht mehr lebendig genug, mich umzubringen.

Spräche ich besser Deutsch, könnte ich den Versuch machen, Frau Mayer dies alles zu erklären. Aber sie würde sicher nicht verstehen; und wäre sie auch so intelligent und so gut zu verstehen, könnte sie doch meine Nähe nicht ertragen und würde mich fliehen, wie man die Berührung mit einem unheilbar Kranken oder einem zum Tod Verurteilten flieht. Oder sie würde mir vielleicht einen Gutschein für einen halben Liter Zivilsuppe schenken.

Dies Jahr ist schnell vergangen.

Gottfried Plumpe
Chronologie

1856 William H. Perkin, Schüler des deutschen Chemikers A.W. Hofmann, entdeckt den ersten synthetischen Farbstoff.

1863 Gründung der Friedrich Bayer & Co., ab 1881 Farbenfabriken vorm. Friedr. Bayer & Co. AG (FFB), der Meister, Lucius & Brüning, ab 1880 Farbwerke, vorm. Meister, Lucius & Brüning AG (FWH) und Kalle & Co.

1865 Gründung der Badischen Anilin- und Sodafabrik AG in Mannheim.

1873 Gründung der Aktiengesellschaft für Anilin-Fabrikation in Berlin (Agfa).

1877 Gründung der Farbwerk Dr. E. ter Meer & Co.

1881 Erste Alizarin-(Farbstoff) Konvention u. a. zwischen BASF, Afga, FFB, FWH und British Alizarine.

1883 FWH beginnt mit der Arzneimittelherstellung (Antifebrin); 1888 folgen die FFB (Phenacetin).

1890 Katalytisches Schwefelsäureverfahren (Kontaktverfahren) wird bei der BASF entwickelt.

1897 Beginn der Produktion von synthetischem Indigo bei der BASF; 1902 folgen die FWH mit einem eigenen Indigoverfahren.

1904 Bildung einer Interessengemeinschaft zwischen den FWH und Cassella, der 1906 Kalle beitritt (Dreierverband).
Bildung einer Interessengemeinschaft zwischen Agfa, BASF und FFB mit Wirkung zum 1. 1. 1905 (Dreibund).

1906–1911 Unter technischer und finanzieller Beteiligung der BASF baut die Norsk Hydroelektrisk Kvaelstof Aktiengesellschaft in Norwegen Anlagen zur Stickstoffgewinnung im Lichtbogen.

1909 Fritz Haber erhält ein Patent auf ein Verfahren zur Herstellung von Ammoniak (NH_3) unter hohem Druck, bei hohen Temperaturen und Anwesenheit eines Katalysators. Die BASF unterstützte Habers Arbeiten.

1909–1911 Unter Leitung von Carl Bosch entwickelt die BASF ein technisches Verfahren zur Ammoniaksynthese aus Luftstickstoff und Wasserstoffgas (Synthesegas) nach dem Haber-Prozeß (Doppelrohr, Eisen-Alkali-Katalysator, Synthesegasverfahren).

Carl Bosch (1874–1940), 1925–1935 Vorstandsvorsitzender, 1935–1940 Aufsichtsratsvorsitzender der I.G.

1906–1912 In den FFB wird ein Verfahren zur Synthese von Kautschuk aus Dimethylbutadien entwickelt (Fritz Hoffmann), das jedoch kein wettbewerbsfähiges Produkt ergibt.

9.9.1913 Die Produktion von Ammoniak im ersten Synthesewerk der Welt in Oppau beginnt. Endprodukt ist das Düngemittel Ammonsulfat. Oppau produziert 1913/14 etwa 4000 t Stickstoff (N), das entspricht einem Anteil von 3,6% der gesamten deutschen Stickstoffproduktion.

28. 7. 1914 Mit dem österreichischen Angriff auf Serbien beginnt der Erste Weltkrieg. Am 1. August erklärt Deutschland Rußland den Krieg und am 3. August Frankreich. Der Krieg im Westen beginnt am 4. August mit dem deutschen Angriff auf Lüttich unter Bruch der belgischen Neutralität. Am 4. August erklärt England Deutschland den Krieg.

August 1914 Der Industrielle Walther Rathenau (AEG) bietet dem Reichskanzler seine Dienste für den Krieg an.

8.–13. 8. 1914 Auf Rathenaus Initiative wird im Preußischen Kriegsministerium eine Kriegsrohstoffabteilung (KRA) gebildet, zu deren Leiter der Kriegsminister Falkenhayn Rathenau ernennt. Fritz Haber arbeitet als Chemiesachverständiger mit.

23. 8. 1914 Die Farbenfabriken lehnen auf Anfrage des Kriegsministeriums die Beteiligung an der Kriegsproduktion ab, da man keine entsprechenden Erfahrungen hat und die Produktion von Sprengstoffen und Pulver zu gefährlich ist.

9. 9. 1914 Mit dem Rückzugsbefehl für die deutschen Westarmeen nach der Marneschlacht ist der ursprüngliche deutsche Kriegsplan (Schlieffenplan) gescheitert.
Der Munitionsverbrauch aller beteiligten Armeen übersteigt die geplanten und vorbereiteten Mengen um ein Vielfaches. Die englische Seeblockade unterbindet die Zufuhr der Rohstoffe, die für die Ausweitung der deutschen Sprengstoff- und Pulverproduktion benötigt werden (Salpeter, Schwefel, Glycerin, Baumwolle usw.). Sie unterbindet auch die Düngemitteleinfuhren und die Nahrungsmittelimporte, so daß in Deutschland Tausende von Zivilisten verhungern und Mangelkrankheiten erleiden.
Das Ende der deutschen Vorräte ist absehbar.

Sept. 1914 Carl Bosch gibt im Kriegsministerium die Zusage, daß die BASF vor dem Ende der Salpetervorräte ein Verfahren zur Synthese von Salpeter (Natriumnitrat, $NaNO_3$) aus Ammoniak entwickeln wird. Natriumnitrat ist das Grundprodukt, aus dem nach dem Stand der Technik Natriumnitrit und Salpetersäure (HNO_3) hergestellt werden, die wiederum unentbehrliche Nitriermittel für die Sprengstoff- und Pulverproduktion sind.

Das „Salpeter-Versprechen" wird gehalten. Ende 1914 beginnt der Bau von Anlagen für die Produktion von Kunst-Salpeter.
Im Frühjahr 1915 ist das Salpeterproblem gelöst.

8. 10. 1914 Rußland schließt den ersten Kriegslieferungsvertrag mit dem größten Sprengstoffunternehmen der Welt, du Pont de Nemours in Wilmington.

12. 10. 1914 Frankreich schließt den ersten Liefervertrag mit du Pont.

Okt. 1914 Falkenhayn, Chef der Obersten Heeresleitung, setzt auf Anregung der Wissenschaftler Haber und Walter Nernst eine Kommission aus Wissenschaftlern, Industriellen und Offizieren ein, die chemische Kampfmittel entwickeln soll, mit denen der Gegner vorübergehend kampfunfähig gemacht werden kann.

Nov. 1914 Die Farbstoffindustrie erklärt sich auf Drängen des Kriegsministeriums bereit, die Herstellung von Kriegsmaterial aufzunehmen.

Dez. 1914 Die Oberste Heeresleitung will auch tödlich wirkende Substanzen in die Kampfstoffüberlegungen miteinbeziehen.

22. 4. 1915 Erster deutscher Gasangriff mit Chlorgas bei Bixschoote/Langemarck mit 30 t Chlor aus 6000 Stahlzylindern.
Fritz Haber wird zum Hauptmann befördert.
Am 25. 9. 1915 antwortet die englische Armee mit dem gleichen Mittel.

Mai 1915 Beginn der Produktion von synthetischer Salpetersäure durch Ammoniak-Oxidation nach dem Ostwald-Verfahren in der Farbstoffindustrie.

Aug. 1915 Beginn der Bildung einer großen Interessengemeinschaft zwischen Dreibund und Dreierverband.

21. 2. 1916 Französische Artillerie beschießt deutsche Stellungen vor Verdun mit Phosgen-Granaten ($COCl_2$, Chlorkohlenoxid).

Februar 1916 Nach Wiederaufnahme der Methylkautschukproduktion beginnt die FFB mit der Lieferung von künstlichem Hartgummi an die Elektroindustrie.

19./28. 4. 1916 Vertrag zwischen dem Deutschen Reich und der BASF über den Bau einer neuen Ammoniaksyntheseanlage, um die Düngemittel- und Sprengstoffversorgung zu verbessern.

19. 5. 1916 Erster Spatenstich für das neue Ammoniakwerk bei Leuna zwischen Merseburg und Corbetha an der Saale.

Baustelle des Ammoniakwerkes Merseburg 1916.

Juni 1916 National Defense Act in den USA, Beginn der kriegswirtschaftlichen Vorbereitungen in den USA.

August 1916 Das britische Farbstoffunternehmen Levinstein & Co. kauft von der britischen Regierung das enteignete Tochterunternehmen der FWH in England, die Ellesmere Port Works und verschafft sich damit Zugang zur deutschen Farbstofftechnik und den Patentrechten. Levinstein verkauft Verfahren und Rechte an du Pont weiter, das daraufhin beginnt in die Farbstoffchemie einzusteigen, vor allem die Indigoherstellung. Es wird erkennbar, daß die westlichen Industriestaaten den Krieg dazu nutzen wollen, die deutsche Farbstoffindustrie vom Weltmarkt zu verdrängen.

18. 8. 1916 Agfa, BASF, Cassella, Chemische Fabrik Griesheim Elektron, Chemische Fabrik, vorm. Weiler-ter Meer, FFB, FWH und Kalle bilden die „große" Interessengemeinschaft der deutschen Teerfarbenindustrie, um nach dem Krieg gemeinsam ihre Stellung auf dem Weltmarkt wiederzugewinnen.

29. 8. 1916 Die dritte Oberste Heeresleitung (Hindenburg-Ludendorff) wird ernannt. Neue Phase der kriegswirtschaftlichen Mobilisierung beginnt im September (Hindenburgprogramm).

Sept. 1916 USA führen prohibitive Farbstoffzölle ein (Emergency Dye Tariff).

5. 12. 1916 Gesetz über den Vaterländischen Hilfsdienst führt in Deutschland die Dienstpflicht für alle nicht eingezogenen Männer zwischen 17 und 60 Jahren ein.

22. 1. 1917 In Frankreich wird ein staatliches Farbstoffunternehmen, Compagnie Nationale des Matiéres Colorantes et Produits Chimiques, gegründet.

1. 2. 1917 Erklärung des uneingeschränkten U-Boot-Krieges durch Deutschland.

23. 2. 1917 Beginn der russischen Revolution.

6. 4. 1917 USA erklären Deutschland den Krieg.

27. 4. 1917 Beginn der Ammoniakproduktion in Leuna. Insgesamt werden 1917/18 in Leuna rund 61 000 t Stickstoff hergestellt. Bis Anfang der 20er Jahre arbeitet das Ammoniakwerk mit Verlusten.

12./13. 7. 1917 Deutsche Artillerie schießt zum ersten Mal mit Lost-Granaten (Gelbkreuz, Dichlordiethylsulfid).

12. 10. 1917 Trading-with-the-Enemy Act vom Präsidenten unterzeichnet. Aufgrund dieses Gesetzes wird das Privateigentum feindlicher Ausländer, darunter auch die Patente und Tochtergesellschaften der deutschen Farbstoffindustrie in den USA beschlagnahmt.

26. 5. 1917 Die führenden amerikanischen Farbstoffunternehmen schließen sich für National Aniline and Chemical Co. (NACCO) zusammen.

24. 10. 1917 Oktoberrevolution in Petrograd.

8. 1. 1918 US-Präsident Wilson proklamiert die 14 Punkte für einen allgemeinen Frieden.

3. 3. 1918 Friede von Brest-Litowsk zwischen Deutschland, Österreich, Ungarn und Rußland.

8. 8. 1918 Durchbruch der Alliierten an der deutschen Westfront. Beginn des Rückzugs.

3./4. 10. 1918 Deutsches Waffenstillstandsangebot.

29. 10. 1918 Meuterei in der deutschen Flotte in Wilhelmshaven; Novemberrevolution beginnt.

11. 11. 1918 Waffenstillstand auf der Basis der 14 Punkte Wilsons.

15. 11. 1918 Stinnes-Legien-Abkommen: Gewerkschaften und Arbeitgeber vereinbaren auf der Basis gegenseitiger Anerkennung gemeinsame Sozial- und Wirtschaftspolitik (Zentralarbeitsgemeinschaft), 8-Stunden-Regelarbeitstag, Einstellung aller entlassenen Soldaten.

Nov./Dez. 1918 Alliierte Truppen besetzen das linksrheinische Deutschland sowie einige rechtsrheinische Brückenköpfe, darunter Frankfurt am Main, Hoechst und Leverkusen. Sie beenden dort die Unruhen.

12. 12. 1918 Der Verwalter des Feindvermögens verkauft die Tochtergesellschaften der FFB in den USA an Sterling Products Co., Sterling verkauft die Farbstoffabteilung an Grasselli Chemical Co. weiter und behält die Pharmaabteilung, die Bayer Co. New York und die Synthetik Patents Co., einschließlich des Namens, der Rechte und der Warenzeichen (Bayerkreuz, Aspirin) der FFB.

7. 9. 1918 Bildung einer Interessengemeinschaft zwischen den großen Schweizer Farbstoffunternehmen Chemische Industrie in Basel (CIBA), Sandoz und Geigy (Schweizer I.G.).

18. 1. 1919 Friedenskonferenz in Paris beginnt. Die Sieger rücken von den 14 Punkten ab. Den deutschen Delegationen gehören zeitweise als Sachverständige führende Vertreter der Farbstoffindustrie wie Carl Bosch, Weinberg (Cassella) und Duisberg an.

Februar 1919 Francis P. Garvan, Treuhänder des beschlagnahmten Feindvermögens in den USA, gründet Chemical Foundation und überträgt ihr das Eigentum an den amerikanischen Patenten der deutschen Chemieindustrie. Die Chemical Foundation beginnt mit dem Verkauf der Patente an die amerikanischen Unternehmen, um den deutschen Firmen die Rückkehr auf den amerikanischen Markt zu verbauen.

24. 2. 1919 Britische Regierung verbietet Farbstoffeinfuhren. Verbot wird Ende 1919 von einem Gericht als unrechtmäßig aufgehoben.

1. Mai 1919 Weinberg bietet als Sprecher der I.G. den Alliierten Farbstofflieferungen an, um Lebensmitteleinfuhren für das weiterhin blockierte Deutschland zu erhalten.

Mai–Juni 1919 British Dyestuffs Corporation wird unter Führung von Nobel Industries Ltd. und Beihilfe der Regierung in England organisiert. Gründerfirma sind Levinstein & Co. und die 1915 gegründete staatliche British Dyes.

8. 5. 1919 Stickstoffsyndikat GmbH wird gegründet. BASF erhält die größte Quote, bis 1924 wird das Syndikat vom Staat kontrolliert.

Juni 1919 Carl Bosch wird Vorstandsvorsitzender der BASF.

28. 6. 1919 Friedensvertrag von Versailles wird unterzeichnet. Deutschland muß die alleinige Kriegsschuld anerkennen, Gebiete abtreten und sich zu prinzipiell unbegrenzten Reparationen verpflichten.
Die deutsche Farbstoffindustrie muß sofort die Hälfte ihrer Farbstoff- und Arzneimittelvorräte für die Sieger bereitstellen und von 1920 bis 1925 jährlich 25% der Produktion auf Verlangen der Sieger zum jeweils günstigsten Preis ausliefern.
Die I.G. erklärt sich bereit, die Verpflichtungen zu erfüllen. Die Verteilung der Lieferungen erfolgt in den berechtigten Ländern durch die Textil- und Farbstoffindustrie. Deutschland muß auf den Anspruch der Wiederherstellung seines Auslandsvermögens, auch des Privateigentums, verzichten. In Frankreich werden daraufhin, nunmehr völkerrechtlich legal, die Unternehmen der deutschen Farbstoffindustrie liquidiert und verkauft.

Der Friedensvertrag tritt am 10. 1. 1920 in Kraft. Von den USA wird er nicht ratifiziert. Die Kriegsanlagen der Farbstoffindustrie müssen unter Überwachung einer Internationalen Militär-Kommission abgerissen werden.

14. 8. 1919 Die am 31. 7. 1919 von der Nationalversammlung verabschiedete Weimarer Verfassung tritt in Kraft. Die Weimarer Republik beginnt.

15. 8. 1919 Sterling Products wendet sich mit einem Verhandlungsangebot an die FFB. Das gleiche tut Grasselli.

Sommer 1919 Verhandlungen mit Frankreich und französischen Industriellen (Loucheur, Patart, Frossard) über eine technische und wirtschaftliche Kooperation auf dem Stickstoff- und Farbstoffgebiet beginnen.

10. 10. 1919 Die I.G. beschließt die Integration des Ammoniakwerkes Merseburg in die I.G. und die Gründung einer GmbH.

11. 11. 1919 Vor die Wahl gestellt, ihre Ammoniakanlagen zerstören zu müssen oder Frankreich technische Hilfe beim Aufbau einer Ammoniaksyntheseindustrie zu leisten, schließt die BASF mit dem staatlichen Office National Industriel de l'Azote (ONIA) einen Lizenzvertrag.

Herbst 1919 Fritz Haber nimmt den Nobel-Preis für Chemie entgegen, der ihm 1918 verliehen wurde.

Ende 1919 I.G. befindet sich in einer äußerst schlechten Lage. Finanzielle Reserven sind auf ein Fünftel des Standes von 1914 geschrumpft. Infolge der Blockade und der Einfuhrverbote ist das Exportgeschäft noch nicht wieder in Gang gekommen. Der Umsatz beträgt nur noch knapp 23% des Wertes von 1913. Politische Unruhen, unzureichende Kohleversorgung und die innerdeutsche Grenze führen zu erheblichen Schwierigkeiten.

März 1920 Kapp-Putsch. Die Chemieindustrie unter Führung der I.G. stellt sich gemeinsam mit den Gewerkschaften gegen den Putsch. Duisberg, ihr Sprecher, fordet eine breite Parlamentarische Mehrheitsregierung unter Einschluß der SPD.

Oktober 1920 Beschluß zu Gründung der Ammoniakwerk GmbH. Die I.G. wird bis zum 31. 12. 1999 verlängert und nur noch mit 80% der Stimmen kündbar.

28. 10. 1920 The Bayer Co. New York (Sterling) und die FFB schließen einen Vertrag über die gemeinsame Führung des Arzneimittelgeschäfts in Süd- und Mittelamerika.

Dez. 1920 Durch Fusion der Barrett Co., General Chemical Co., Semet-Solvay, Solvay Process Co. und der NACCO entsteht die Allied Chemical and Dye, der nach dem Kapital größte Chemiekonzern der Welt.

Dez. 1920/Jan. 1921 I.G. und Compagnie Nationale des Matières Colorantes (CN) schließen ein umfassendes Farbstoffabkommen. Die I.G. gewährt der CN technische Hilfe beim Ausbau ihrer Farbstoffanlagen und verzichtet auf eigenes Geschäft in Frankreich. CN räumt dafür der I.G. 50% des Gewinns ein und verzichtet ihrerseits weitgehend auf Export. Technische und kaufmännische Angelegenheiten sollen in einer gemeinsamen Kommission einvernehmlich geregelt werden.

15. 1. 1921 Dyestuffs (Import Regulation) Act unterbindet endgültig die freie Einfuhr von Farbstoffen nach Großbritannien. Einfuhrlizenzen werden nur mit Zustimmung der britischen Produzenten erteilt.

22. 9. 1921 Explosion im Düngemittellager von Oppau führt zu einer Katastrophe mit mehr als 500 Toten und der weitgehenden Zerstörung des BASF-Werkes Oppau.

27. 10. 1921 Verhandlungen zwischen British Dyestuffs Corporation und I.G. über ein Farbstoffabkommen wie mit der CN beginnen in Paris.

16. 4. 1922 Vertrag von Rapallo zwischen Deutschland und Rußland.

24. 6. 1922 Rathenau wird von Rechtsradikalen ermordet.

Januar 1923 Französische Truppen besetzen das Ruhrgebiet mit der Begründung, daß die Deutschen mit den Reparationsleistungen in Verzug geraten sind.

Das BASF-Werk Oppau nach der Explosionskatastrophe vom 22. 9. 1921.

9. 4. 1923 Vertrag zwischen Sterling und FFB/I.G. über die Regelung der gemeinsamen Interessen. Sterling behält Bayer-Namen und Warenzeichen und betreibt alleine das US-Aspiringeschäft. Für das sonstige Pharmageschäft wird eine gemeinsame Tochtergesellschaft, Winthrop Chemical Co. Inc., gegründet.

12. 6. 1923 Beginn der Produktion von synthetischem Methanol in Leuna, nachdem die Besetzung von Ludwigshafen/Oppau die Verlegung nach Leuna erfordert hatte.

Nov. 1923 Nachdem die 1919 verstärkt einsetzende Inflation im Laufe des Jahres 1923 in eine Hyperinflation übergegangen ist, wird die Währung in einer Relation von 1 Billion Papiermark zu 1 Goldmark von 1913 stabilisiert.

24. 11.1923 British Dyestuffs gibt den Abschluß eines Farbstoffabkommens mit der I.G. bekannt, das ähnliche Konditionen enthält wie das Duisberg-Frossard-Abkommen von 1921.

Ende 1923 Der Kuhlmann-Konzern, der schon zuvor im Aufsichtsrat der CN tonangebend war, übernimmt die damit privatisierte CN durch Fusion. Das Abkommen mit der I.G. wird daraufhin gebrochen. Neuverhandlungen scheitern an den Forderungen von Kuhlmann endgültig im Sommer 1924.

7. 6. 1924 Japan, einer der wichtigsten Exportmärkte der I.G., führt zur Förderung einer eigenen Farbstoffindustrie ein gegen die I.G. gerichtetes Importlizenzverfahren ein. Der Farbstoffexport nach Japan schrumpft daraufhin drastisch und zwingt die I.G. zu Rationalisierungen.

August 1924 Die britische Regierung verbietet den zwischen I.G. und British Dyestuffs abgeschlossenen Vertrag auf Druck der Textilindustrie, die fürchtete, daß die beiden Unternehmen den britischen Markt auf Dauer monopolisieren wollten.

1. 9. 1924 Dawes-Plan zur Regelung der deutschen Reparationsleistungen tritt in Kraft. Er bringt unter anderem für die deutsche Industrie, auch für die I.G., eine erhebliche Belastung. Die I.G. tritt weiterhin für Erfüllung des Versailler Vertrages ein, ohne ihn grundsätzlich für richtig zu halten.

Oktober 1924 Verhandlungen in der I.G. über eine organisatorische Neugliederung mit dem Ziel einer strafferen Führung und Anpassung der Unternehmensstrukturen an die veränderten Weltmarktbedingungen beginnen.
Duisberg schlägt die Bildung einer Holding-Gesellschaft vor. Carl Bosch und die Mehrheit der anderen entscheidenden Vorstandsmitglieder der I.G.-Firmen plädieren für eine sofortige Fusion.

Ende 1924 Infolge des rasch expandierenden Düngemittelgeschäfts übersteigen die Umsätze der I.G. 1924 zum ersten Mal wieder nach dem Krieg das Niveau von 1913.

10. 7. 1925 Duisberg und Bosch kündigen in einem gemeinsamen Brief an die I.G.-Firmen die Einigung über die organisatorischen Fragen der Fusion an.

1925 Carl Duisberg wird Präsident des Reichsverbands der Deutschen Industrie.

28. 10. 1925 Auf der 299. Sitzung des Aufsichtsrats der BASF wird, entsprechend den Vereinbarungen über die Fusion, das Kapital der BASF auf 646 Mio RM erhöht, der Name der Firma in I.G. Farbenindustrie AG geändert und der Firmensitz nach Frankfurt am Main verlegt. Die übrigen fusionierenden Firmen, Chemische Fabrik Griesheim Elektron, Chemische Fabrik vorm. Weiler-ter Meer, FFB und FWH, schließen daraufhin Fusionsverträge mit der I.G. und lösen sich als eigenständige Gesellschaften auf. Cassella, Kalle und Ammoniakwerk Merseburg GmbH werden als Tochtergesellschaften übernommen. Juristisch und rechnerisch tritt die Fusion rückwirkend zum 1. 1. 1925 in Kraft.

7. 5. 1926 Gründung der Vereinigten Stahlwerke AG, des größten deutschen Industriekonzerns.

10. 6. 1926 Erste ordentliche Generalversammlung der I.G.. Vorsitzender des Vorstandes ist Carl Bosch und Vorsitzender des Verwaltungsrates des Aufsichtsrates Carl Duisberg.

9.–11. 8. 1926 Gespräche zwischen I.G., Brunner, Mond & Co. und Solvay über eine umfassende Verständigung zwischen der deutschen und der britischen Chemieindustrie, unter Einbeziehung von Solvay und Allied Chemical and Dye, finden statt.

1. 9. 1926 Die Köln-Rottweil AG wird durch Fusion von der I.G. übernommen.

17. 9. 1926 Interessengemeinschaftsvertrag zwischen I.G. und Dynamit AG, vorm. Alfred Nobel & Co., wird abgeschlossen (DAG). .I.G übernimmt 100 Prozent des Vorzugskapitals der DAG. Durch Aktientausch werden du Pont und Imperial Chemical Industries, die etwa 20 Prozent des DAG-Kapitals hielten, zu Großaktionären der I.G.

Oktober 1926 Beschluß über die Bildung der Imperial Chemical Industries (Aquitania Agreement) aus den größten britischen Chemiekonzernen Brunner, Mond & Co., Nobel Industries, British Dyestuffs u. a., nachdem praktisch in letzter Minute eine beschlossene Vereinigung von Brunner, Mond & Co. mit der I.G. scheiterte. In den 20er und 30er Jahren ist die I.C.I. hinter du Pont und der I.G. einer der größten Chemiekonzerne der Welt.

1924–1932 I.G. investiert erhebliche Summen in die Entwicklung eines Verfahrens zur Braunkohlenhydrierung, weil man eine baldige Erschöpfung der Erdöllagerstätten erwartet und die katalytische Hochdrucktechnik nach der Ammoniak- und Methanolsynthese weiterentwickeln möchte.

Carl Duisberg, Aufsichtsratsvorsitzender der I.G., bei seiner Verabschiedung als Vorsitzender der RDI (1931).

Herbst 1926 I.G. beschließt Wiederaufnahme der Entwicklungsarbeiten für ein Kautschuksyntheseverfahren aufgrund verbesserter Zwischenprodukt-Verfahren und erheblich gestiegener Kautschukpreise. Spekulationen über eine maßgebliche Beteiligung der großen Ölkonzerne Standard Oil und Shell treiben den Kurs der I.G.-Aktie nach oben, allerdings im Rahmen einer allgemeinen Aufwärtsentwicklung.

27. 9. 1927 I.G. und Standard Oil vereinbaren gemeinsame Forschungsarbeiten auf dem Gebiet der Mineralölhydrierung.

15. 11. 1927 I.G. und französische Farbstoffindustrie unter Führung von Kuhlmann vereinbaren ein Exportkartell mit der Perspektive einer Kapitalverflechtung.

18. 10./21. 11. 1927 Vertrag zwischen I.G. und Norsk Hydro A/S (NH). I.G. überläßt NH ihre Stickstoff- und Düngemitteltechnik und beteiligt sich mit 25 Prozent am Kapital der NH. Stickstoffsyndikat übernimmt bei einer garantierten Quote das Exportgeschäft der NH.

Juni 1928 I.G. gründet Internationale Gesellschaft für Chemische Industrie AG in Basel (I.G. Chemie).

1928 Nachdem die I.G. zusammen mit befreundeten Firmen bereits seit 1926 die Majorität an der Grasselli Chemical Co. hielt, wird das Unternehmen 1928 übernommen und in General Anilin Works (GAW) umbenannt.
Zusammen mit Ansco gründet die I.G. die Agfa-Ansco Corp., an der die I.G. die Mehrheit besitzt, als Tochtergesellschaft für ihr amerikanisches Photogeschäft.

Januar 1929 I.G. schließt Dividendengarantievertrag mit I.G. Chemie ab und vereinbart eine jederzeit auszuübende Option auf sämtliche Beteiligungen der I.G. Chemie. Darauf überträgt die I.G. ihre Beteiligungen an den GAW, der Agfa-Ansco und die 50%ige Beteiligung an Winthrop auf die I.G. Chemie.

26. 4. 1929 Unter Beteiligung namhafter amerikanischer Industrieller und Bankiers gründet die I.G. als Holding-Gesellschaft die American I.G. Chemical Corporation.
Im Austausch gegen eigene Aktien erhält die American I.G. von der I.G. Chemie die ehemaligen I.G.-Beteiligungen an den GAW und Agfa-Ansco. Die Winthrop-Beteiligung wird auf die GAW übertragen.

26. 4. 1929 Schweizer I.G., I.G. und die französische Farbstoffindustrie unter Führung von Kuhlmann schließen mit Wirkung vom 1. 1. 1929 auf der Basis des Status-quo ein Farbstoffkartell für die Dauer von 40 Jahren ab.

1. 6. 1929 Der Vorstand der I.G. (Arbeits-Ausschuß) beschließt einen Einstellungsstopp. Die Anfänge der Weltwirtschaftskrise machen sich in der I.G. bemerkbar.

August 1929 Der I.G.-Konzern wird durch Bildung von drei technisch gegliederten Sparten neu organisiert, zunächst nur zur strafferen Investitionskontrolle. Carl Krauch, der noch nicht ordentliches Vorstandsmitglied ist, übernimmt die Sparte I (Stickstoff, Mineralöl), Fritz ter Meer die Sparte II (Farbstoffe, Chemikalien, Pharma) und Fritz Gajewski die Sparte III (Photo und Kunstseide).

24. 10. 1929 Drastischer Kurseinbruch an der New Yorker Börse signalisiert den Ausbruch der Wirtschaftskrise. Allerdings kommt es zunächst zu einer Kurserholung.

9. 11. 1929 Standard Oil of New Jersey und I.G. vereinbaren Aufteilung ihrer beiderseitigen Arbeitsgebiete (Division of Fields Agreement). Standard bietet I.G. alle Neuerungen auf dem Gebiet der Chemie zur Kontrolle an und I.G. Standard Oil alle Neuerungen außerhalb Deutschlands, die in irgendeinem wesentlichen Zusammenhang mit Erdöl oder Erdgas stehen.
Eine gemeinsame Tochtergesellschaft Standard-I.G. Company (Standard Oil 80%, I.G. 20%) übernimmt von der I.G. die Verfahrensrechte an den Hydrierverfahren.

Nov. 1929 I.C.I. und du Pont vereinbaren ein Patent and Processes Agreement, das eine umfassende Kooperation der beiden Konzerne begründet und u. a. weltweite Marktabsprachen enthält. Beide Partner wollen sich aber eine Verständigung mit der I.G. offenhalten.

Das neue Verwaltungsgebäude der I.G., „Grüneburg"

Dez. 1929 Die Gesamtzahl der Arbeitslosen in Deutschland steigt von 2,9 Mio. im November auf 4,2 Mio. dramatisch an.

25. 2. 1930 Nach langjährigen Verhandlungen kommt es zum Abschluß eines Stickstoffkartellvertrages zwischen dem unter Führung der I.G. stehenden deutschen Stickstoffsyndikat und der I.C.I.

27. 3. 1930 Kabinett Müller tritt zurück und damit die letzte parlamentarische Regierung der Weimarer Republik. Heinrich Brüning wird Reichskanzler. Brüning stützt sich zwar auf eine sogenannte Tolerierungsmehrheit im Reichstag, zu der auch die oppositionelle SPD gehört, regiert aber in allen wichtigen Fragen mit dem Notverordnungsrecht des Reichspräsidenten. Erster Finanzminister Brünings ist Paul Moldenhauer, der bis zu seinem Eintritt in das Kabinett Müller der I.G. als Aufsichtsratsmitglied angehörte. Moldenhauer gerät aber in wachsenden Gegensatz zur Wirtschaft, auch zur I.G., und tritt deshalb zurück. Die I.G. stützt Brüning, da sie in seiner Finanz- und Wirtschaftspolitik ein Mittel zur Überwindung der Krise sieht.

30. 9. 1930 Standard Oil und I.G. gründen gemeinsame Forschungs- und Entwicklungsgesellschaft (Joint American Study Company/ JASCO).

14. 9. 1930 Die infolge der Politik Brünings notwendige Auflösung des Reichstages macht Neuwahlen erforderlich. Nachdem die NSDAP schon bei kleineren Wahlen stetig zugenommen hatte, gelingt ihr sensationell der reichsweite politische Durchbruch mit einem Stimmenanteil von 18,3% und mehr als 6,4 Millionen Wählern. Bei der letzten Reichstagswahl 1928 hatte sie 2,6% der Stimmen erhalten. Gemäßigte Linke (SPD) verliert zugunsten der Kommunisten, ohne daß die Linke insgesamt zunimmt.

2. 12. 1930 Erste große Notverordnung Brünings.

Ende 1930 Der I.G.-Konzern beschäftigt 114 197 Arbeiter und Angestellte und damit 17 555 weniger als ein Jahr zuvor. Die Gesamtzahl der Arbeitslosen erreicht knapp 6,8 Mio.

Sommer 1931 Bankenkrise in Deutschland. Kapitalmarkt bricht zusammen infolge von Kapitalabzügen vor allem in die USA, die im Frühjahr 1931 begonnen haben.

20. 9. 1931 Großbritannien gibt die Goldbindung des Pfundes auf und wertet seine Währung ab. Dadurch verschlechtert sich die Lage der deutschen Exportwirtschaft erheblich. Stimmen nach einer aktiven Konjunkturpolitik und Arbeitsbeschaffung mehren sich.

1931/32 Kampf auf dem Weltstickstoffmarkt um Marktanteile. Deutschland führt im Sommer 1931 Stickstoffzoll ein.

Oktober 1931 Hermann Warmbold, Vorstandsmitglied der I.G., tritt auf Wunsch Brünings in dessen zweites Kabinett ein. Schon im Dezember 1931 bietet er seinen Rücktritt an, weil Brüning die Deflationspolitik nicht aufgeben will. Aus Rücksicht auf die Reichspräsidentenwahl bleibt Warmbold aber bis Mai 1932 in der Regierung.

12. 11. 1931 Bosch erhält den Nobelpreis.

9. 12. 1931 Brünings vierte große Notverordnung bringt erneut drastische Eingriffe in die sozialen und wirtschaftlichen Verhältnisse.

Ende 1931 Der I.G.-Konzern beschäftigt nur noch 98 716 Arbeiter und Angestellte.

Zahl der Arbeitslosen erreicht 9,3 Mio., das entspricht 14,2% der Bevölkerung.

26. 2. 1932 I.C.I. schließt sich dem Kontinentalen Farbstoffkartell an.

13. 3. 1932 Reichspräsidentenwahlen. Hitler tritt gegen Hindenburg an, der von der Regierung Brüning und im zweiten Wahlgang am 10.4.1932 auch von der SPD unterstützt wird. Carl Duisberg organisiert Wahlspenden der Wirtschaft für Hindenburg und ausdrücklich gegen Hitler, weil man seine Wirtschaftspolitik für unberechenbar hält. I.G. beteiligt sich daran. Hindenburg gewinnt im zweiten Wahlgang mit 53% der Stimmen. Hitler erhält 13,4 Mio. Stimmen; ein dramatisches Signal für die Stärke der NSDAP.

10. 5. 1932 Strasser/NSDAP verkündet großes Programm zur Belebung der Wirtschaft und Arbeitsbeschaffung, betont antikapitalistische Sehnsucht im deutschen Volk. Am gleichen Tag nimmt Bosch zum ersten Mal auf einer Aktionärsversammlung der I.G. Stellung zu politischen Fragen und lehnt Autarkiebestrebungen, die in vielen Ländern um sich greifen, grundsätzlich ab. Bosch fordert politische Verständigung, Lösung der Reparationsfrage und Abbau der Handelshemmnisse.

31. 5. 1932 Hindenburg entläßt Brüning. Kabinett Papen wird gebildet.

Juli 1932 Erneuerung des internationalen Stickstoffkartells bringt abschließende Regulierung des Stickstoffmarktes. Stickstoffkrise ist aus der Sicht der Industrie damit überwunden.
Die Weiterführung der verlustreichen Hydrierarbeiten wird in der I.G. zunehmend umstritten. Nach harten Auseinandersetzungen wird im Juli 1932 die Fortführung der Arbeiten, wenn auch auf verringertem Niveau, beschlossen, nicht zuletzt wegen der engen Verbundwirtschaft mit der Ammoniaksynthese und weil die Techniker zusichern, nach weiteren Verbesserungen wettbewerbsfähige Kosten erreichen zu können.

16. 6.–9. 7. Konferenz in Lausanne bringt das Ende der Reparationen. Papen verkündet darauf eine Wende in der Wirtschaftspolitik.

31. 7. 1932 Nach der Auflösung des Reichstages durch Papen finden Neuwahlen statt. Die NSDAP erringt auf dem Tiefpunkt der Weltwirtschaftskrise in Deutschland ihren größten Erfolg bei freien Wahlen und wird mit 37,3% vor der SPD stärkste Partei im Reichstag. Göring wird Reichstagspräsident.

4. 9. 1932 Verordnung des Reichspräsidenten zur Belebung der Wirtschaft wird erlassen (Papen-Programm). Die Wirtschaft begrüßt die wirtschaftspolitische Wende. Die I.G. beschließt, das Papen-Programm nach Kräften zu unterstützen. Zum ersten Mal seit langer Zeit steigt die Zahl der Beschäftigten bei der I.G. im Herbst 1932 wieder an.
Saisonbereinigt nimmt die Zahl der Arbeitslosen ab, die Erträge der Wirtschaft wachsen. Die Weltwirtschaftskrise hat in Deutschland offenbar ihren Tiefpunkt durchschritten. Politische Krise bleibt, da Papen keine parlamentarische Mehrheit hat. Sondierungen über eine Regierungsbeteiligung der NSDAP, ganz oder teilweise, halten an.

Tankstelle mit Leuna-Benzin, Anfang der 30er Jahre.

Nov. 1932 Im Auftrag Boschs arrangiert der für die Kontakte zu den Parteien zuständige Leiter der Wirtschaftspolitischen Abteilung ein Treffen mit Hitler, das Anfang November stattfindet. Von der I.G. nehmen daran teil der Leiter der Wirtschaftspolitischen Abteilung und der technische Direktor der Leunawerke, der für die Benzinhydrierung verantwortlich ist. Es geht der I.G. darum zu erfahren, wie sich die NSDAP als Regierungspartei zu den Treibstoffzöllen stellt, die von der Automobilindustrie und der Presse attackiert werden. Die NSDAP tritt für eine forcierte Motorisierung ein. Hitler erklärt, daß er die deutsche Benzinproduktion für sinnvoll hält und diese, wie die bisherigen Regierungen, politisch schützen will (Zölle).

6. 11. 1932 Die erneute Auflösung des Reichstages durch Papen macht die dritte Wahl binnen drei Jahren erforderlich. NSDAP verliert über 2 Mio.Wähler, bleibt aber mit einem Drittel der Reichstagsmandate stärktste Partei. Stimmenanteile der Linken bleiben etwa gleich; allerdings verliert die SPD erneut zugunsten der KPD. Parlamentarische Mehrheit ohne die extremen Parteien ist nicht möglich.

19. 11. 1932 Schacht organisiert Eingabe von Wirtschaftsführern an den Reichspräsidenten, in der gefordert wird, Hitler zum Reichskanzler zu ernennen. Von der I.G. beteiligt sich niemand an dieser Eingabe.

2. 12. 1932 Kurt Schleicher wird Reichskanzler. Hindenburg läßt zu, daß Papen weiter für eine parlamentarische Regierung bei den Parteien sondiert. Anfang Januar kommt es zur grundlegenden Einigung zwischen Papen und Hitler.

30. 1. 1933 Hindenburg ernennt Hitler zum Reichskanzler einer Regierung der „nationalen Konzentration", in der die NSDAP scheinbar nur einer von mehreren Koalitionspartnern ist.

1. 2. 1933 In einer Rundfunkansprache erklärt Hitler, den wirtschaftlichen Wiederaufbau mit zwei großen Vierjahresplänen zu schaffen.

8. 2. 1933 Vor dem Kabinett erklärt Hitler, daß die nächsten fünf Jahre vor allem der Wiederaufrüstung dienen sollen.

20. 2. 1933 Wahlrede Hitlers vor führenden Industriellen. Anschließend bittet Schacht um Wahlspende für die Regierung. I.G. spendet 400 000 RM bei einer Gesamtspende von 3 Mio. RM, die an die Regierungsparteien NSDAP, DNVP, aber auch DVP verteilt werden soll.

27. 2. 1933 Reichstagsbrand. Unterdrückung und Verfolgung der Kommunisten beginnt. Terror und Schikanen gegen jüdische Bürger und Oppositionelle verschärfen sich im Laufe der Zeit.

5. 3. 1933 Reichstagswahl. NSDAP gewinnt bei den kaum noch frei zu nennenden Wahlen über 5,5 Mio. Stimmen, verfehlt mit 43,9% aber klar die absolute Mehrheit.

23. 3. 1933 Reichstag verabschiedet gegen die Stimmen der SPD das Ermächtigungsgesetz, das Hitler diktatorische Vollmachten gibt.

5. 5. 1933 Reichskommissariat für Luftfahrt wird Reichsluftfahrtministerium, Göring Minister. Geheime Luftrüstung beginnt.

22. 5. 1933 Arbeitsausschuß des Reichsverteidigungsrates tagt. Planungen für die wirtschaftliche Aufrüstung beginnen. Aufgrund dieser Arbeiten nimmt die Reichswehr auch Kontakte zur Industrie auf, die die geheimen Pläne nicht kennt.

29. 5. 1933 Versammlung führender Wirtschaftler bei Hitler, an der auch Bosch teilnimmt. Bosch fordert als Mittel gegen die noch hohe Arbeitslosigkeit die Einführung kürzerer Arbeitszeit. Hitler kündigt Autobahnprojekt an.

17. 7. 1933 Die britische Regierung gibt den Abschluß eines Garantievertrages mit der I.C.I. über den Bau einer Treibstoffsyntheseanlage bekannt. Durch ein nachträgliches Gesetz vom 21.12.1933 wird die Garantie legalisiert.

12. 6. 1933 I.G.-Vorstand (Zentral-Ausschuß) genehmigt die Teilnahme an der Adolf-Hitler-Spende der deutschen Industrie, zunächst 5 ‰ der Lohn- und Gehaltssumme.

14. 9. 1933 Auf Vermittlung des Stahlindustriellen Vögler, bittet das Luftfahrtministerium Krauch um eine Denkschrift für die deutsche Treibstoffversorgung, die Krauch am 14.9.1933 an Staatssekretär Milch im Luftfahrtministerium absendet.

20. 9. 1933 Generalrat der deutschen Wirtschaft versammelt sich in Berlin unter Teilnahme von Bosch. Hauptthema ist wiederum die Überwindung der Arbeitslosigkeit.

1. 12. 1933 Kabinett berät den Entwurf eines Gesetzes zur Förderung der Mineralölwirtschaft. Staatssekretär Feder (Wirtschaftsministerium) berichtet über das Projekt der I.G., das 12 000 neue Arbeitsplätze schaffen soll, und über Pläne der Ruhrindustrie, Syntheseanlagen für 1 Mio. t Benzin zu bauen.

14. 12. 1933 Vertrag zwischen der I.G. und dem Deutschen Reich über Garantien (Preis und Abnahme) für den Ausbau der Benzinsyntheseanlagen in Leuna auf 350 000 t bis 1935.

10. 1. 1934 Auf Verlangen Feders wird Hitler der Benzinvertrag vom 14. Dezember 1933 zur Kenntnisnahme vorgelegt.

29. 1. 1934 Fritz Haber stirbt, von den Nazis aus Deutschland vertrieben, in Basel. Die I.G. veröffentlicht einen ehrenden Nachruf auf den Entdecker der Ammoniaksynthese.

Frühjahr 1934 Rohstoffbewirtschaftung beginnt durch Einrichtung von Überwachungsstellen im Wirtschaftsministerium, die auch den Ausbau der Rohstoffindustrien betreiben sollen.

23. 7. 1934 Wirtschaftsministerium verlangt von der I.G., so schnell wie möglich den Bau einer Kautschuksynthesefabrik zu beginnen. Devisenmangel gefährdet den Kautschukimport und damit die Motorisierung. Der I.G. wird finanzielle Unterstützung zugesagt.

Aufmarsch zum 1. Mai 1934 in einem mitteldeutschen I.G.-Werk.

30. 7. 1934 Schacht, seit Anfang 1933 Reichsbankpräsident und Garant für die Rüstungsfinanzierung, übernimmt die Leitung des Wirtschaftsministeriums.

4. 8. 1934 Wirtschaftsministerium verlangt von der Kunstfaserindustrie, darunter der I.G., den Ausbau ihrer Kapazitäten, um die Importabhängigkeit bei Textilrohstoffen zu verringern. Nach einigem Zögern und nachdem der Staat finanzielle Risiken übernehmen will, stimmt die Industrie zu. Daneben beginnt der Aufbau einer neuen Kunstfaserindustrie (Zellwollegesellschaften).

28. 9. 1934 Verordnung über Bildung von Pflichtgemeinschaften in der Braunkohlenindustrie gibt Schacht die Möglichkeit zum Aufbau einer Benzinsyntheseindustrie auf der Basis der Braunkohle.

25. 10. 1934 Schacht ordnet die Bildung einer Pflichtgemeinschaft der Braunkohleindustrie an, der unter anderem die I.G. angehört. Durch eine Zwangsumlage auf ihre Förderung müssen die Mitglieder die Braunkohlebenzin AG (Brabag) finanzieren. Mit der Gründung der Brabag beginnt der Aufbau einer Industrie für synthetischen Treibstoff in Deutschland. I.G.-Beteiligung zunächst 10%, später 13,18%. Größter Aktionär wird Union Rheinische Braunkohlenkraftstoff AG mit 29,2%.

End Okt. 1934 Keppler, Wirtschaftsbeauftragter Hitlers, wird Sonderbeauftragter für die Rohstoffindustrie. Keppler drängt die I.G. ebenso wie das Wirtschaftsministerium zum sofortigen Bau einer Kautschuksyntheseanlage – „ein Lieblingsprojekt des Führers" –. Die I.G. kann keine Zusage geben, da noch grundlegende technische Fragen offen sind. Der Einsatz des Synthesekautschuk-Verfahrens von du Pont (Chlorkautschuk) wird erwogen; Lizenzverhandlungen beginnen.

Januar 1935 Schacht betont gegenüber Schmitz, Finanzchef der I.G., die Notwendigkeit einer Synthesekautschukanlage.

19.3.1935 Carl Duisberg stirbt. Bosch wechselt vom Vorstand in den Aufsichtsrat und übernimmt den Vorsitz des Verwaltungsrates. Stellvertretender Vorsitzender bleibt Carl von Weinberg. Hermann Schmitz wird Vorsitzender des Vorstandes.

Der Arbeits-Ausschuß des Vorstandes der I.G. Mitte der 30er Jahre. Etwa in der Bildmitte Bosch, an seiner rechten Seite Hermann Schmitz und links neben ihm Fritz ter Meer.

März 1935 Wiedereinführung der allgemeinen Wehrpflicht. Aufrüstung wird nun offiziell und unverdeckt betrieben.

Juni 1935 Britisch-Deutsches Flottenabkommen sanktioniert die deutsche Aufrüstung.

2. 9. 1935 I.G.-Vorstand (Zentral-Ausschuß) beschließt Einrichtung einer zentralen Vermittlungsstelle für wehrwirtschaftliche Angelegenheiten in Berlin (Vermittlungsstelle W).

Nov. 1935 I.G. kann Keppler nach erfolgreichem Abschluß der Versuchsarbeiten eine verbindliche Zusage über den Bau einer Großversuchsanlage für synthetischen Kautschuk bei Schkopau geben; geplante Kapazität etwa 3000 Jahrestonnen. Finanz- und Wirtschaftsministerium erklären sich aus wehrpolitischen und allgemeinen Gründen zur Übernahme von Preis- und Abnahmegarantien bereit.
Verarbeitungsproblem ist allerdings immer noch nicht gelöst, und Schacht lehnt gesetzlichen Zwang auf gummiverarbeitende Industrie ab. Wehrmacht übernimmt Reifenentwicklungskosten. Projektleiter Buna wird Otto Ambros.

1935/36 Mißernte und erhöhter Bedarf an Nahrungsmittelimporten verschärfen Außenhandels- und Devisenprobleme. Auseinandersetzungen zwischen Schacht und Ernährungsminister Darré.

4. 4. 1936 Auf Anregung von Schacht setzt Hitler Göring, zu dieser Zeit Preußischer Ministerpräsident und Reichsluftfahrtminister, zum „politischen Schiedsrichter“ für die Rohstoff- und Devisenpolitik ein. Zu seiner Beratung bildet Göring einen Rohstoff- und Devisenstab. Mit der Leitung wird der Luftwaffenoffizier Löb beauftragt. Auf Vorschlag von Milch bittet Löb Karl Krauch um seine Mitarbeit als Chemiesachverständiger. Auf Anfrage Görings nach einem Chemiesachverständigen setzt sich unabhängig davon Vögler mit Bosch in Verbindung. Nach Rücksprache mit Bosch und Schmitz erklärt sich Krauch bereit, im Rohstoff- und Devisenstab mitzuarbeiten.

Mai 1936 Minister- und Sachverständigenkonferenzen unter Beteiligung führender Industrieller, darunter Schmitz, über die zukünftige Rohstoff- und Devisenpolitik.

August 1936 Hitler formuliert eine Denkschrift zur Rohstoff- und Devisenpolitik, in der die Weichen für eine fortgesetzte und forcierte Aufrüstung und den weiteren wehrwirtschaftlichen Ausbau getroffen werden. Wehrmacht und Wirtschaft sollen in vier Jahren kriegsbereit sein. Die Denkschrift bleibt geheim und wird nur wenigen Vertrauten bekanntgegeben, darunter Göring.

9. 9. 1936 Hitler verkündet auf dem Parteitag der NSDAP den Vierjahresplan zur Sicherung der deutschen Rohstoffversorgung und Ernährungsbasis, der in Wahrheit der wirtschaftlichen Vorbereitung des Krieges dient.

18. 10. 1936 Verordnung zur Durchführung des Vierjahresplanes. Göring wird Beauftragter für den Vierjahresplan und damit oberste Instanz in der deutschen Wirtschaftspolitik.
Durchführung der Planungen in der Rohstoffwirtschaft wird einem aus dem Rohstoff- und Devisenstab neugeschaffenen Amt für Deutsche Roh- und Werkstoffe übertragen, das Oberst Löb leitet. Krauch, der ursprünglich wieder ganz zur I.G. zurückkehren wollte, übernimmt die Unterabteilung für Forschung und Entwicklung in diesem Amt.

Von Werk zu Werk

Monatsschrift der Werksgemeinschaft der J.G. Farbenindustrie Aktiengesellschaft

Oktober 1936 — Die Erholung — 27. Jahrgang

Und ich stelle dies nun heute als das neue Vierjahresprogramm auf: In vier Jahren muß Deutschland in allen jenen Stoffen vom Ausland gänzlich unabhängig sein, die irgendwie durch die deutsche Fähigkeit, durch unsere Chemie und Maschinenindustrie, sowie durch unseren Bergbau selbst beschafft werden können!

Nürnberg 1936.

Verkündung des Vierjahresplanes auf dem Parteitag der NSDAP im September 1936.

Die Planung für synthetischen Kautschuk (Buna) lautet: drei Werke mit einer Kapazität von jeweils 24 000 Jahrestonnen.

Am weiteren Ausbau der Treibstoffindustrie nimmt die I.G. zunächst nicht mehr teil. Erst Anfang 1939 beginnt sie mit Standard Oil und Shell den Bau eines neuen Hydrierwerkes bei Pölitz, Pommern. Während des Krieges werden Anlagen zur Herstellung von Hochleistungstreibstoff gebaut.

März 1937 Buna-Großversuchsanlage Schkopau nimmt Betrieb auf.

2. 4. 1937 Schacht fordert Verlangsamung der Aufrüstung und stärkere Förderung der Exportwirtschaft, setzt sich aber nachdrücklich für den weiteren Ausbau der Autarkiekapazitäten, vor allem für Treibstoff und Buna, ein.

27. 5. 1937 Göring genehmigt die von Löb und seinem Stab erarbeitete Gesamtplanung für den Industrieausbau, die 30 Arbeitsgebiete umfaßt. Bis 1940 sollen 8,8 Mrd.RM investiert werden, um etwa 1,9 Mrd.RM bei den Importen einsparen zu können. Davon entfallen knapp 8% auf Kautschuk und 10% auf allgemeine Chemievorhaben.

22. 6. 1937 Bosch wird zum Präsidenten der Kaiser-Wilhelm-Gesellschaft gewählt.

7. 7. 1937 Göring und Schacht treffen für ihre weitere Zusammenarbeit ein Agreement.

16. 8./20. 9. 1937 I.G. und Deutsches Reich (Finanz- und Wirtschaftsministerium, Amt für Deutsche Roh- und Werkstoffe/Löb) schließen grundlegenden Vertrag über den Bau des Bunawerks Schkopau, das eine Jahreskapazität von 24 000 t erhalten soll. Da die Verarbeitungsprobleme immer noch nicht geklärt sind, erhält die I.G. eine Preis- und Abnahmegarantie.
Staatliche Darlehen für die Baufinanzierung werden aus einem neu eingeführten Kautschukzoll finanziert.

Ende 1937 Aufgrund der Aktienrechtsnovelle wird der I.G.-Konzern „vereinfacht". Die jüdischen Aufsichtsratsmitglieder Arthur und Carl von Weinberg, Otto von Mendelssohn-Bartholdy, Richard Merton und Ernst von Simson scheiden daraufhin aus der I.G. aus.

Grundsteinlegung zum Bunawerk Schkopau 1936.

5. 2. 1938 Nach Schachts Rücktritt als Wirtschaftsminister nimmt Göring eine umfassende Neuordnung des Wirtschaftsministeriums vor. Das Amt für Deutsche Roh- und Werkstoffe wird in das Ministerium als Hauptabteilung I unter Generalmajor Löb eingegliedert. Unter Leitung von Major Czimatis wird dem Ministerium eine Reichsstelle für Wirtschaftsausbau angegliedert, in der Krauch weiterhin die Unterabteilung für Forschung und Entwicklung leitet. Generalreferent wird der mittelständische Textilindustrielle und NSDAP-Mann Kehrl.

Januar/Februar 1938 Nach jahrelangen Verhandlungen erzielen die I.G., die Österreichische Kreditanstalt und die Skoda-Wetzler Werke eine Einigung über eine maßgebliche Beteiligung der I.G. an der Skoda-Wetzler AG. Die Verhandlungen gehen auf Initiativen des Direktors Pollack der Skoda-Wetzler AG (SWAG) zurück, der eine Sicherung des Unternehmens unter Anschluß an die I.G. suchte. Die I.G. kann aufgrund gesetzlicher Vorschriften zwar nicht die Aktienmehrheit an der SWAG von der Kreditanstalt übernehmen, erhält aber den gewünschten technischen und wirtschaftlichen Einfluß auf die SWAG.

4. 3. 1938 I.C.I. und I.G. gründen eine gemeinsame Farbstoffgesellschaft in England (Trafford Chemical Company).

13. 3. 1938 Besetzung und Anschluß Österreichs an das Deutsche Reich. Auch in Österreich beginnt der Nazi-Terror, dem auch Pollack zum Opfer fällt.

5. 5. 1938 Einsetzung von Staatskommissaren für alle I.G.- Beteiligungen in Österreich, die jedoch schon am 13.5. wieder zurückgezogen werden.

17. 6. 1938 I.G.-Vorstand genehmigt die Übernahme der Majorität der SWAG von der Kreditanstalt auf der Basis eines von der Deutschen Revisions- und Treuhand AG geschätzten Werts.

Juni/Juli 1938 Krauch macht Görings Staatssekretär Körner darauf aufmerksam, daß die Durchführung der von Löb aufgestellten Planziele weit zurückgeblieben sei; vor allem Pulver- und Sprengstoffkapazitäten seien für einen militärischen Konflikt, der im Zusammenhang mit der sich verschärfenden Sudetenkrise zu befürchten war, völlig unzureichend.

30. 6. 1938 Göring befiehlt einen „beschleunigten Plan" für den forcierten Ausbau der Sprengstoff-, Pulver- und Kampfstoffkapazitäten und beauftragt Krauch mit seiner Durchführung. Die I.G. ist bisher weder an der Sprengstoff- und Pulver-, noch an der Kampfstoffproduktion beteiligt. Nach Kriegsausbruch beteiligt sich die I.G. in reichseigenen Anlagen an der Kampfstoffproduktion.

12. 7. 1938 Die Reichsstelle für Wirtschaftsausbau legt einen „Wehrwirtschaftlichen Neuen Erzeugungsplan" für die Arbeitsgebiete Sprengstoff, Pulver, Kampfstoff und deren Vorprodukte (PSV), Mineralöl, Kautschuk und Leichtmetall, vor.

21. 7. 1938 Das Oberkommando der Wehrmacht protestiert gegen die geplante Ernennung eines Zivilisten (Krauch) zum Bevollmächtigten für das PSV-Gebiet.

22. 7. 1938 Krauch erwidert, die Militärs könnten nur den Bedarf und die erforderlichen Mengen bestimmen, Durchführung des Anlagenausbaus sei Angelegenheit der Industrie. Man einigt sich auf Kooperation: Wehrmacht legt Bedarf und Produktionsgröße fest, Krauch erhält Verantwortung für die Durchführung des Kapazitätsausbaus.

11. 8. 1938 Die Industrie- und Handelskammer für das Rhein-Mainische Wirtschaftsgebiet bestätigt der I.G., daß sie ein deutsches Unternehmen ist nach den Richtlinien für die Unterscheidung zwischen jüdischen und nichtjüdischen Gewerbebetrieben. Damit hat die I.G. sich dem offiziellen Antisemitismus angepaßt.

13. 8. 1938 Aufstellung eines Schnellplans zum beschleunigten Ausbau der Pulver-, Sprengstoff- und Kampfstoffkapazitäten. Anlagen der I.G. sind davon nicht direkt betroffen, sie liefert aber, wie die übrige Industrie auch, die entsprechenden Vorprodukte.

22. 8. 1938 Göring ernennt Krauch offiziell zum Generalbevollmächtigten für Sonderfragen der chemischen Erzeugung (Gebechem) und damit zur verantwortlichen Instanz für die Durchführung des Kapazitätsausbaus in den Bereichen Pulver-, Spreng- und Kampfstoffe, sowie deren Vorprodukte Kautschuk, Leichtmetall und Mineralöl. Krauch gibt seine Funktionen in der I.G.-Verwaltung auf. Die Leitung de Sparte I geht auf Christian Schneider über. Krauch bleibt allerdings im Vorstand.

28. 9. 1938 Münchner Abkommen. Deutschland, England, Frankreich und Italien vereinbaren, daß die Tschechoslowakische Republik die mehrheitlich von Deutschen bewohnten Sudetengebiete an Deutschland abtreten muß. Am 30. 9. 1938 unterwirft sich die CSR dem Abkommen, deutsche Truppen rücken in das Gebiet ein.

30. 9. 1938 Der Vorstandsvorsitzende der I.G., Schmitz, stellt Hitler 500 000 RM „zur Verwendung im sudetendeutschen Gebiet" zur Verfügung.

6. 10. 1938 Die I.G. erwirbt von der Kreditanstalt die Aktienmehrheit der Skodawerke-Wetzler AG. Der Erwerb wird nach dem „Anschluß" möglich, da damit die Rechtsvorschrift der Republik Österreich hinfällig geworden ist. Nach 1939 wird aus der SWAG die Donau-Chemie AG unter Einbeziehung anderer Unterabteilungen der I.G. (Österreichische Dynamit AG und Carbitwerke Deutsch-Matrei).

25. 10. 1938 Reichswirtschaftsministerium beauftragt die Dresdner Bank in Verhandlungen mit dem Prager Verein für Chemische und metallurgische Produktion,wie der Aussiger Verein nach der „Tschechisierung" 1936 hieß, über den Verkauf der im Sudetengebiet gelegenen Anlagen zu treten. Die I.G. interessiert sich für die Farbstoffanlage in Falkenau, da sie in Deutschland keine Konkurrenten auf diesem Gebiet haben möchte. Die Chemiefirma von Heyden, deren Mehrheitsaktionär die Dresdner Bank ist, hat sich aber schon gewissermaßen ein Vorkaufsrecht gesichert. I.G. und von Heyden einigen sich auf die Gründung einer gemeinsamen Gesellschaft und die Überlassung der Farbstoffinteressen an die I.G.

Hermann Schmitz, Vorstandsvorsitzender der I.G. von 1935 bis 1945.

Karl Krauch, Vorstandsmitglied und ab 1940 Aufsichtsratsvorsitzender der I.G., 1938 bis 1945 (Gebechem.) Generalbevollmächtigter im Vierjahresplan für Sonderfragen der chemischen Erzeugung.

11. 10. 1938 I.G. (ter Meer) bittet das Wirtschaftsministerium nach der Beilegung der Sudetenkrise den weiteren Buna-Ausbau nicht mehr nur nach militärischen Kriterien weiterzuführen, weil das zunehmend die wirtschaftlichen Interessen der I.G. stört.

7. 11. 1938 Unter Leitung der Dresdner Bank finden die Verkaufsverhandlungen zwischen von Heyden, I.G. und Prager-Verein/Zivnostenska Banka, in Berlin statt. Als Kaufpreis für die Anlagen in Aussig und Falkenau werden 24 Mio.RM vereinbart. Am 7. Dezember wird der Kaufvertrag abgeschlossen, der ohne die politischen Umstände nicht zustandegekommen wäre.

15. 3. 1939 Unter Bruch seiner Zusagen an England läßt Hitler deutsche Truppen in die Tschechoslowakei einmarschieren. Die Kriegsgefahr nimmt infolgedessen erheblich zu. England gibt dem erwarteten nächsten Opfer der Nazi-Aggression, Polen, eine Garantieerklärung.

23. 5. 1939 Du Pont gibt der I.G. eine Lizenz auf ihre Superpolyamid-Verfahren (Nylon), die mit einer Marktregulierung verbunden ist.

23. 8. 1939 Sowjetunion und Deutschland schließen Nichtangriffspakt mit einem geheimen Zusatzabkommen, das Aufteilung der Interessenssphären in Osteuropa vorsieht. Zu der daraufhin einsetzenden deutsch-sowjetischen Kooperation gehören auch Rohstofflieferungen, die Deutschland unersetzliche Rohstoffe bringen, und Industrielieferungen Deutschlands an die UdSSR. Der I.G.-Export in die UdSSR nimmt sprunghaft zu, und die I.G. schlägt Vereinbarung eines 10jährigen Wirtschaftsabkommens vor. Sowjetische Delegationen besuchen die neuesten I.G.-Werke.

25. 8. 1939 Englisch-Polnischer Bündnisvertrag.

1. 9. 1939 Die deutsche Wehrmacht überfällt Polen. Am 3. 9. erklären daraufhin England und Frankreich Deutschland den Krieg. Der Zweite Weltkrieg beginnt.

10. 9. 1939 I.G. bietet dem Wirtschaftsministerium Verwalter für die polnischen Farbstoffabriken an. (In Polen gibt es vier kleinere Farbstoffunternehmen: Pabianice, das der Schweizer I.G. gehört, Winnica, das der I.G. und Kuhlmann gehört, und Anlagen in Wola und Zgierz, die durch die „Angliederung" des „Warthegaus" nunmehr zum Deutschen Reich gehörten). Die I.G. stellt den Treuhänder für Boruta/Zgierz und Wola.

Baustelle der Hydrierwerke Pölitz AG. 1939.

11. 11. 1939 Haupttreuhandstelle-Ost (HTO) wird im Vierjahresplan-Bereich eingerichtet, die für die Verwaltung und den Betrieb der Wirtschaftsbetriebe im ehemaligen Polen zuständig ist. Rückwirkend zum 1.10.1939 verpachtet die HTO die Farbstoffanlage in Zgierz an die I.G. Verhandlungen über den Kauf ziehen sich bis zum Februar 1942. Die HTO will der I.G. die Anlage nicht überlassen, weil sie angeblich nicht die volkstumspolitischen Ziele der HTO unterstützt. Am 10.2.1942 wird der Kauf genehmigt und die I.G. gründet die Teerfarbenwerke Zgierz GmbH. Wola und Winnica werden stillgelegt. Die Übernahme der polnischen Farbstoffanlagen durch die I.G. war nach 1945 ein Grund für die Verurteilung von I.G.-Managern.

26. 4. 1940 Carl Bosch stirbt. Zum Nachfolger als Aufsichtsratsvorsitzender wird Carl Krauch gewählt, der damit aus dem Vorstand ausscheidet. Krauch übt seine neue Funktion aber praktisch nicht aus. Den Vorsitz führt meist sein Stellvertreter Wilhelm F. Kalle.

10. 5. 1940 Mit dem Überfall auf Belgien, die Niederlande und Luxemburg und dem Angriff auf Frankreich beginnt der „Westfeldzug".

22. 6. 1940 Waffenstillstand nach französischer Kapitulation.

Oktober 1940 Der Staat verlangt von der I.G. den raschen Bau eines dritten Bunawerkes nach Schkopau und Hüls und fordert Oberschlesien als Standort. Die I.G. kann raschen Ausbau aber nur im Werk Ludwigshafen zusagen, weil dort die Vorzüge einer leistungsfähigen Verbundwirtschaft gegeben sind.

2. 11. 1940 Reichswirtschaftsministerium genehmigt Bunawerk Ludwigshafen unter der Auflage, viertes Bunawerk in Oberschlesien zu bauen.

15.–18. 12. 1940 Erkundungsfahrt durch Oberschlesien zur Klärung des Standortes für Buna IV.

Dez. 1940/Jan. 1941 I.G. hält nach eingehender Überprüfung und nach Absprache mit der Mineralölbaugesellschaft, die eine neue Hydrieranlage für Spezialtreibstoff baut, ein Gelände zwischen Auschwitz und Monowitz für den am besten geeigneten Standort. Ausschlaggebend für die Auswahl ist, daß die I.G. in der Nähe eine Kohlengrube erwirbt, ausreichend Wasser zur Verfügung steht und günstige Verkehrsbedingungen vorliegen. Die I.G. geht davon aus, daß die Einwohner von Auschwitz, vor allem Polen und Juden, aus „bevölkerungspolitischen Gründen" (Eindeutschung) ausgesiedelt werden, so daß genügend Wohnraum für die anzusiedelnden deutschen Arbeitskräfte zur Verfügung stünde. Es ist bekannt, daß mit dem Aufbau eines Konzentrationslagers bei Auschwitz begonnen worden war.
Am 4. Mai 1940 erhielt der SS-Hauptsturmführer Höss den Befehl, das KZ Auschwitz aufzubauen. Anfang 1941 hat das KZ etwa 1500 Häftlinge. Im Sommer 1941 erhält Höss von Himmler den Befehl, mit dem Massenmordprogramm zu beginnen. Das KZ besteht später aus drei Komplexen: Stammlager Auschwitz I, Birkenau-Auschwitz II, in dessen Nähe die Anlagen für den Massenmord liegen, einem Frauenlager und Monowitz-Auschwitz III, als Verwaltungseinheit für die 30 bis 50 Arbeitsaußenlager des KZ.

6. 2. 1941 I.G. teilt dem Wirtschaftsministerium ihre Buna-Planungen mit und unterrichtet über die Standortauswahl für Buna IV bei Auschwitz.

16. 2. 1941 Oberkommando der Wehrmacht (Thomas) teilt der I.G. die Entscheidung mit, daß Buna IV in Auschwitz gebaut werden soll.

18. 2. 1941 Göring, als Beauftragter für den Vierjahresplan, befiehlt Himmler die Bereitstellung einer möglichst großen Zahl von Baufach- und Bauhilfsarbeitern für das Bunawerk Auschwitz aus dem benachbarten KZ.

März 1941 I.G.-Vorstandsmitglied Bütefisch, Verbindungsmann zur SS, und Bauleiter I.G.-Auschwitz, Dürrfeld, verhandeln im Reichssicherheitshauptamt mit dem SS-Führer Wolff über die Einzelheiten des Häftlingseinsatzes.

11. 3. 1941 Leih- und Pachtgesetz in den USA zur Unterstützung der gegen das Dritte Reich kämpfenden Staaten, vor allem Großbritanniens.

22 .6. 1941 Unter Bruch des Hitler-Stalin-Pakts überfällt das Dritte Reich die Sowjetunion.

Herbst 1941 Im KZ-Auschwitz (Block 11) wird zum ersten Mal das zur „Entwesung von Gebäuden und Bekleidung" verwendete Giftgas Zyklon-B von Höss zur Ermordung russischer Kriegsgefangener eingesetzt. Lieferant des Zyklon-B an die Hygieneabteilung der SS ist die Firma Tesch & Stabenow in Hamburg, die das Giftgas ihrerseits von der Degesch bezieht. Hergestellt wird das Giftgas in Chemiefabriken in Dessau und Kolin (Reichsprotektorat Böhmen u. Mähren). Die Degesch (Deutsche Gesellschaft für Schädlingsbekämpfung GmbH) ist eine gemeinsame Vertriebsgesellschaft der DEGUSSA, der I.G. und der Th. Goldschmidt AG. Federführende Firma ist die Degussa. Der Geschäftsführer der Tesch & Stabenow GmbH wird nach dem Krieg von einem englischen Militärgericht zum Tode verurteilt und hingerichtet. Die Vertreter der I.G. im Verwaltungsrat der Degesch werden von dem amerikanischen Militärgerichtshof freigesprochen.

18. 11. 1941 Vertrag zwischen der I.G. und den führenden französischen Farbstoffunternehmen über die Bildung eines Gemeinschaftsunternehmens: S.A. de Matiéres Colorantes et Produits Chimiques Francolor (Francolor). Verhandlungen über eine Neuordnung der Beziehungen zwischen I.G. und der französischen Farbstoffindustrie hatten nach dem Waffenstillstand begonnen, weil die Kartellbeziehungen mit Kriegsausbruch beendet waren. Die I.G. stellte dabei den Anspruch auf eine führende Rolle bei der Neuregelung, die von den französischen Industriellen akzeptiert wurde, nachdem vereinbart worden war, daß der Präsident der Gesellschaft immer ein Franzose sein müßte. Die I.G. erhielt 51 % des Kapitals, die sie durch Überlassung eigener Aktien im entsprechenden Wert an die französischen Aktionäre der Francolor finanzierte. Die französischen Aktionäre brachten ihren 49%-Anteil durch Übertragung ihrer Farbstoffanlagen auf die Francolor ein. Die Statuten der Francolor werden am 18. 12. 1941 unterzeichnet. Die entscheidenden Gremien werden paritätisch besetzt. Um die Dauerhaftigkeit des Abkommens auch unter veränderten politischen Bedingungen abzusichern, wird in die Präambel eine Klausel aufgenommen, die Frankreich verpflichtet, das Abkommen ungeachtet eventuell veränderter Rechtsverhältnisse zu respektieren.

11. 12. 1941 Nach dem japanischen Überfall auf Pearl Harbour erklärt Deutschland den USA den Krieg.

Januar 1942 Mordaktionen in Auschwitz-Birkenau beginnen. Nach Angaben von Höss werden dabei bis zur Einstellung der systematischen Morde Ende 1944 mehr als 2 Millionen Menschen ermordet.

August 1942 Die US-Luftwaffe startet ihre Luftoffensive in Europa und unternimmt dabei auch gezielte Angriffe auf Industrieanlagen, während die britische Luftwaffe Flächenbombardements auf Städte vorzieht.

Oktober 1942 Die auf der Baustelle der I.G. in Auschwitz eingesetzten Häftlinge werden in ein Barackenlager nahe der Baustelle verlegt, das ursprünglich für zu verpflichtende deutsche Arbeitskräfte angelegt worden war. Die Baracken für die Häftlingsunterbringung werden auf KZ-Bedingungen „umgerüstet".

Das Lager wird von der SS verwaltet und bewacht und untersteht dem KZ-Bereich Auschwitz III-Monowitz. Ende 1944 arbeiten für die I.G. in Auschwitz 20 380 Arbeiter und Angestellte, darunter sind 3897 KZ-Häftlinge und 488 englische Kriegsgefangene.

Als höchste Belegung hat das Arbeitslager etwa 10 000 bis 12 000 Insassen. Die KZ-Häftlinge müssen auf der I.G.-Baustelle unter unmenschlichen Bedingungen schwere Arbeiten verrichten. Unter den Kranken und nicht mehr arbeitsfähigen Häftlingen werden von der SS Selektionen durchgeführt.

Werksleiter Dürrfeld führt den Staatssekretär Görings, Körner, der für den Vierjahresplan verantwortlich ist, über die Baustelle des I.G.-Werkes Auschwitz. 1942.

21. 1. 1943 Eine Direktive für die alliierte Luftoffensive gegen Deutschland nennt als eines der wichtigsten Ziele die Hydrier- und Synthesewerke. Danach beginnen Luftangriffe auch auf die I.G.-Anlagen, deren Folgen jedoch meist überraschend schnell behoben werden können, zumal die Angriffe noch nicht systematisch genug sind. Der Grund dafür ist, daß noch kein ausreichender Jagdschutz für die Bomberverbände zur Verfügung steht.

24. 1. 1943 Konferenz von Casablanca zwischen Roosevelt und Churchill, auf der als Kriegsziel die bedingungslose Kapitulation gefordert wird (unconditional surrender).

28. 11.–1. 12. 1943 Konferenz von Teheran zwischen Roosevelt, Churchill und Stalin. Prinzipielle Einigung über die deutsche Teilung und Debatte über Wirtschaftspolitik gegenüber dem besiegten Deutschland: Beschränkung der Industriekapazität, Internationalisierung des Ruhrgebietes.

Mai 1944 Die alliierte Luftoffensive gegen die deutschen Hydrierwerke wird systematisch aufgenommen und bis März 1945 in unterschiedlicher Intensität fortgeführt. Sie führt schon bald zu drastischen Produktionsausfällen und begrenzt die Fähigkeit der Wehrmacht zu motorisierten Aktionen wesentlich.

11.–16. 9. 1944 Konferenz von Quebec. Dem amerikanischen Finanzminister Morgenthau gelingt es, Roosevelt und Churchill auf den in seinem Ministerium ausgearbeiteten Wirtschaftsplan für Deutschland festzulegen. Er sah u. a. die völlige Demontage der Chemieindustrie vor, umfangreiche Reparationsleistungen, die Enteignung des deutschen Auslandsvermögens, Zwangsarbeit für Deutsche, Internationalisierung des Ruhrgebietes und Wirtschaftskontrolle Deutschlands für 20 Jahre.

Sept. 1944 Bekanntwerden des Morgenthau-Plans im amerikanischen Präsidentschaftswahlkampf zwingt Roosevelt zur Distanzierung von diesem Plan; auch Churchill zieht seine Zustimmung zurück. Damit ist der Morgenthau-Plan politisch gescheitert. Seine Anhänger im Finanzministerium versuchen, seine Ziele später in der Besatzungspolitik zu verwirklichen, was u. a. zu umfangreichen Untersuchungen über die I.G. führt (Bernstein-Report).

Frühjahr 1945 Mit der Besetzung Deutschlands werden auch die I.G.-Werke geschlossen und besetzt. Alliierte Offiziere übernehmen die Kontrolle. Die nicht fertiggestellte Anlage der I.G. in Auschwitz wird von der Sowjetarmee besetzt, später demontiert und in die UdSSR gebracht.

8. 5. 1945 Bedingungslose Kapitulation der Wehrmacht. Ende des Dritten Reiches und der Nazi-Herrschaft.

1. 12. 1945 Kontrollratsgesetz Nr. 9 vom 30.11.1945 tritt in Kraft, mit dem die Beschlagnahme und Kontrolle des I.G.-Vermögens legalisiert wird. Vom Anlagevermögen der I.G. lagen etwa 8% in der amerikanischen Zone, mit Schwerpunkt in Hoechst, 12,6% in der britischen Zone, mit Schwerpunkt am Niederrhein, 16,6% in der französischen Zone, mit Schwerpunkt Ludwigshafen-Oppau. Mit mehr als 54% lag weit über die Hälfte in dem sowjetisch besetzten Teil Deutschlands und gut 8% lagen außerhalb der deutschen Grenzen von 1937. Bezogen auf die Anlagenwerte waren 17% der I.G.-Anlagen zerstört. Vor allem die Hydrier- und Syntheseanlagen waren stark betroffen, während andere Anlagenteile praktisch unzerstört waren, wie etwa die Pharmaanlagen. Durch die Beschlagnahme gehen einschließlich der Konzernwerke der I.G. endgültig 52,3% des Anlagevermögens verloren.

Außer ihren Anlagen verliert die I.G. ihr gesamtes Auslandsvermögen und ihren Patentbesitz. De facto gibt es die I.G. bereits seit der Besetzung durch die alliierten Truppen nicht mehr. De jure findet die Liquidation des Vermögens Ende 1951/Anfang 1952 statt. Ab Ende 1945 werden die einzelnen Werke unter dem Werksnamen und dem Zusatz „unter Kontrolle" von alliierten Offizieren geführt.

Anfang 1946 Überlegungen in der amerikanischen Militärregierung, führende deutsche Industrielle wegen ihrer Verstrickung in die Politik des Dritten Reiches anzuklagen, werden konkret.

24. 10. 1946 Prozeßbehörde für die Durchführung der Nachfolgeprozesse wird eingerichtet. Chief of counsel for war crimes wird General Telford Taylor. Grundlage der geplanten Prozesse soll die im August 1945 verabschiedete Londoner Deklaration über Kriegsverbrechen sein.

13. 5. 1947 Der Chef-Ankläger reicht die Klageschrift gegen die I.G.-Führung beim Generalsekretär der amerikanischen Militärgerichte ein.

24. 6./7. 8. 1947 Der Militärgerichtshof VI wird konstituiert. Die Richter sind Curtis Shake, Richter am Obersten Gericht von Indiana, James Morris, Richter am Obersten Gericht von Nord-Dakota, und Paul M. Herbert, Dekan der juristischen Fakultät der Universität von Louisiana.

27. 8. 1947 Beginn des Prozesses der Vereinigten Staaten gegen Carl Krauch und 22 weitere Vorstandsmitglieder und Direktoren der I.G. Die Anklage umfaßt fünf Punkte, entsprechend dem für alle Prozesse grundlegenden Schema des Kontrollratsgesetzes Nr. 10.
In Punkt eins beschuldigt die Anklage die I.G.-Führung der Planung, Vorbereitung und Durchführung von Angriffskriegen.
In Punkt zwei, Kriegsverbrechen und Verbrechen gegen die Menschlichkeit begangen zu haben durch Inbesitznahme von privatem oder staatlichem Eigentum im Ausland.
In Punkt drei werden die Angeklagten beschuldigt, Kriegsverbrechen und Verbrechen gegen die Menschlichkeit begangen zu haben durch Versklavung von Zivilisten als Zwangsarbeiter und den widerrechtlichen Einsatz von Kriegsgefangenen. Dazu gehört auch der Vorwurf der Beteiligung an illegalen Menschenversuchen.
In Punkt vier wird einer Reihe von I.G.-Direktoren die Mitgliedschaft in Organisationen zur Last gelegt, die nach dem Urteil des Internationalen Militärtribunals als verbrecherisch verurteilt worden sind.
Und in Punkt fünf wird den Angeklagten die Teilnahme an einer Verschwörung zur Begehung von Verbrechen gegen den Frieden zur Last gelegt.
Der Chefankläger behauptet in seiner Anklagerede, die I.G. sei mächtiger als Hitler gewesen und habe dessen Pläne in die Tat umgesetzt.

29./30. 7. 1948 Urteilsverkündung. Nach fast einjähriger Prozeßdauer, der Vorlage von 6384 Dokumenten und der Vernehmung von 189 Zeugen, verkündet der Gerichtshof sein Urteil: Alle Angeklagten werden von den Beschuldigungen nach den Anklagepunkten eins und fünf freigesprochen. Zwar war unstrittig, daß die I.G.

an der Aufrüstung mitgewirkt hatte, doch nach dem Urteil des Internationalen Gerichtshofes stellte Aufrüstung kein Verbrechen im Sinne der Londoner Erklärung dar.
Zehn der Angeklagten werden von allen Anklagepunkten freigesprochen und dreizehn Angeklagte werden verurteilt; fünf, gemäß Anklagepunkt drei, wegen ihrer Beteiligung am I.G.-Werk in Auschwitz, vor allem wegen der Umstände des Arbeitseinsatzes. Sieben Angeklagte werden gemäß Anklagepunkt zwei, wegen ihrer Teilnahme an Inbesitznahme von privatem und staatlichem Eigentum im Ausland – in Polen (Zgierz), Frankreich (Francolor) und Norwegen (Norsk Hydro) – verurteilt und ein Angeklagter sowohl gemäß Punkt zwei als auch Punkt drei. Die Höchststrafe lautete acht Jahre.

3. 8. 1948 Amerikanische und Britische Militärregierungen ordnen die endgültige Auflösung der I.G. in der neugeschaffenen Bizone an. Allerdings fängt man an, deutsche Experten (FARDIP) an der Suche nach Lösungen, wirtschaftlich lebensfähige Nachfolgeunternehmen zu bilden, zu beteiligen.

24. 5. 1949 Mit Inkrafttreten des Grundgesetzes entsteht die Bundesrepublik Deutschland als erster Nachfolgestaat des Deutschen Reiches. Die Alliierten behalten aber Sonderrechte, die von der Alliierten Hohen Kommission (Petersberg) ausgeübt werden.

17. 8. 1950 Ohne Anhörung der FARDIP-Experten verkündet die Alliierte Hohe Kommission das Gesetz Nr. 53 über die Aufspaltung des Vermögens der I.G. in der Bundesrepublik. Die Bestimmungen werden allerdings in Verhandlungen modifiziert.

Frühjahr 1951 Die fünf noch einsitzenden Verurteilten werden freigelassen.

18. 1. 1952 Nach der Übertragung des größten Teils des noch verbliebenen I.G.-Vermögens auf eine Reihe von neugegründeten Gesellschaften, darunter BASF, Farbenfabriken Bayer AG, Farbwerke vorm. Meister, Lucius und Lucius AG, Cassella, Chemische Werke Hüls, wird die I.G. liquidiert. Für die I.G. in Liquidation werden die Liquidatoren bestellt, um das Restvermögen, -Ansprüche und -Verpflichtungen zu verwalten.

Nachweise

BILDNACHWEIS
Die Fotos der Seiten 11, 35, 37, 67, 81, 143, 165, 167, 173, 181, 183, 187, 189, 197, 201, 229, 263, 301, 319, 321 sowie alle in dem Beitrag von Christiane Grefe verwendeten: Bavaria/WDR – Rolf von der Heydt.
Seite 149, 161, 209, 213, 221, 223, 241, 243, 265, 311, 313, 327, 329, 331, 335, 343, 355, 381: Bavaria/WDR.

TEXTNACHWEIS
zu S. 414
Der Dialog zwischen Alexander Kluge und Bernhard Sinkel wurde mit freundlicher Genehmigung der Aufzeichnung eines längeren Gesprächs entnommen.

zu S. 420
Primo Levi wurde 1919 in Turin geboren und promovierte 1941 in seiner Vaterstadt zum Doktor der Chemie. Nach der Besetzung Norditaliens durch deutsche Truppen schloß er sich einer Partisanengruppe in der Gegend von Aosta an. Im Dezember 1943 wurde er verhaftet und als Jude nach Auschwitz deportiert. Levi war im I.G.-Lager Buna-Monowitz interniert. Er schildert Begebenheiten in diesem Außenlager von Auschwitz. Für diese I.G.-Werke arbeiteten Zwangsarbeiter verschiedener Nationen und englische Kriegsgefangene. Seine Erinnerungen wurden 1947 unter dem Titel „Se questo è un uomo“ vom Verlag Einaudi, Turin, veröffentlicht. In deutscher Sprache ist dies Buch unter dem Titel „Ist das ein Mensch?“ als Band 421 der Fischer-Bücherei, Frankfurt am Main, herausgekommen. Der hier wiedergegebene Beitrag ist diesem Buch entnommen. Übersetzung Heinz Riedt mit freundlicher Genehmigung des Hanser Verlags, München.